# Kaléidoscope

TROISIEME EDITION

# Kaléidoscope

## Grammaire en contexte

Alice C. Omaggio Hadley
University of Illinois, Urbana-Champaign

Jeffrey T. Chamberlain
George Mason University

Françoise Coulont-Henderson
DePauw University

Frédérique Chevillot
University of Denver

Leslie J. Harbour

**McGraw-Hill, Inc.**
New York  St. Louis
San Francisco  Auckland
Bogotá  Caracas  Lisbon
London  Madrid  Mexico City
Milan  Montreal  New Delhi
San Juan  Singapore
Sydney  Tokyo  Toronto

This is an  book.

*Kaléidoscope*
*Grammaire en contexte*

Copyright © 1993, 1988, 1984 by McGraw-Hill, Inc. All rights reserved. Printed in the United States of America. Except as permitted under the United States Copyright Act of 1976, no part of this publication may be reproduced or distributed in any form or by any means, or stored in a data base or retrieval system, without the prior written permission of the publisher.

This book is printed on acid-free paper.

2 3 4 5 6 7 8 9 0 DOH DOH 9 0 9 8 7 6 5 4 3

ISBN 0-07-047319-6

The editors were Leslie Berriman, Peggy Potter, Richard Mason, and Tina Barland.
The production supervisor was Tanya Nigh.
Production assistance was provided by Anne Eldredge and Jane Moorman.
Illustrations were by Susan Detrich.
The text and cover were designed by Janice Kawamoto.
The photo researcher was Judy Mason.
This book was set in Garamond by Black Dot Graphics.
This book was printed by R. R. Donnelley & Sons Company.

**Library of Congress Cataloging-in-Publication Data**

Kaléidoscope: grammaire en contexte / Alice C. Omaggio Hadley . . . [et al.].
  3. ed. p. cm.
ISBN 0-07-047319-6
1. French language—Textbooks for foreign speakers—English.
2. French language—Grammar—1950–      I. Hadley, Alice Omaggio, 1947–

PC2129.E5K35   1992                                          92-25063
448.2'421—dc20                                               CIP

**Grateful acknowledgment is made for use of the following:**

**Realia:** *Page 3* © *Mag'Jeunes; 6* Reprinted with permission of Norman W. Powell, Liaisons France-Amérique; *15 Le Figaro; 26* © *Journal Français d'Amérique; 52-53* COMODO, Librairie PLON; *54* Reprinted with permission of Le Vendôme; *56* Reproduced by permission of *Punch; 61* © *Femmes d'aujourd'hui; 68* © *Mag'Jeunes; 74* © C. Charillon, Paris; *88* Reprinted with permission of *Elle*/Scoop; *95* Cartoon by Gilles Rapaport, text from *Francoscopie 1991* by Gérard Mermet, © 1990 Librairie Larousse, Paris; *98* © Nintendo; *104* © *Pèlerin Magazine; 109 (top)* From *La Meuse, une terre à découvrir* . . . Comité Départemental du Tourisme, Bar-le-Duc, France; *109 (bottom)* © 1952 United Feature Syndicate, Inc.; *121* Reprinted with permission of *Télé 7 Jours; 125* Maison d'Ile de Jersey, adapted from *Paris Match; 136* From *Guide Touristique: Gaspésie,* Ministère du Tourisme, Québec, 1989; *138* Reprinted with permission of Les Editions Cellard; *142* From *Arles, Terre de Rencontres,* L'Office de Tourisme, Arles; *152-153* From *Gîtes de passant, Gîtes à la ferme:*

*(Continued on page 388)*

# Contents

# Les voyages et l'évasion

# Bien dans sa peau

# Aujourd'hui, c'est demain!   185

# Question d'argent   210

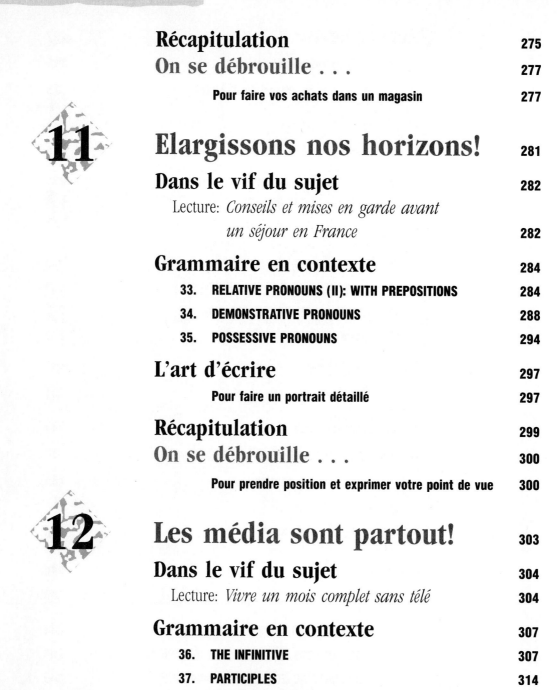

# Preface

*Kaléidoscope: Grammaire en contexte, Troisième édition,* is a comprehensive review of French grammar presented and practiced within authentic contemporary contexts drawn from a variety of sources in the French popular press. Designed for second-year programs, *Kaléidoscope* has as its goal the development of competence in listening, speaking, reading, and writing skills from the intermediate level of proficiency to the advanced range. Because the concept of "proficiency" can underlie various approaches to language learning and does not imply a particular methodology, it would be useful to describe here some of the important characteristics of the *Kaléidoscope* program.

1. New vocabulary and structures are presented in authentic contexts in readings, many of which are drawn from French-language publications. These readings begin each chapter. A carefully designed sequence of personalized activities relevant to student interests practices the new material.

2. Activities designed for small-group practice, including discussions, interviews, and role-plays, encourage creativity with the language.

3. Discussion and writing topics encourage students to use the language beyond the level of the isolated sentence, thus developing their skills in extended narration and description.

4. Functional practice is provided in each chapter in various exercises and activities, and is the main focus of the **On se débrouille . . .** section, in which students learn to use French to carry out a variety of purposes and tasks working with materials from French-speaking cultures.

5. Topics in the readings and exercises represent everyday themes and situations in the target culture, enabling students to learn the language through authentic cultural contexts.

The approach underlying the third edition is, for the most part, a continuation of the one used in the second edition, with various improvements gleaned from our own experience with the text and from users' comments. Because one of the goals of a proficiency-based program is to help students develop a greater degree of linguistic accuracy as their acquisition of the language progresses, the chapters of the third edition of *Kaléidoscope* continue to be organized around the review of particular grammatical features of the language. Although grammatical structures serve as *organizers* for the chapters, they are not meant to be the primary *focus.* Rather, the presentations are designed to allow students to review and practice structures that will be useful in carrying out communicative functions in culturally authentic contexts.

The grammatical presentations have been further refined in the third edition, both to address specific comments from users of previous editions, and to make the discussions more appropriate for learners currently at the intermediate level of proficiency who may not be ready for a detailed treatment of the more advanced topics. In some cases, topics that traditionally have been grouped together in a grammatically organized syllabus are spread out across several chapters and a cyclical treatment is used. The treatment of relative pronouns, for example, is divided so that the more common and simpler forms are presented in Chapter 4 and the more complex forms in Chapter 11. In other cases, we have deliberately chosen to present certain structures earlier in the sequence to enable students to carry out the functions and facilitate discussion of the chapter content. In Chapter 1, for example, the theme **Faisons connaissance!** enables students to introduce themselves to each other and to describe themselves, their families, and their interests. In carrying out this kind of task, adjectives and present-tense verb forms will naturally come into play. We chose, therefore, to treat the topic of adjectives in Chapter 1, leaving a more extensive review of nouns and articles for Chapter 2, where the theme **Invitations et rencontres** facilitates the practice of these features. Instructors should note that exercises in Chapter 1 provide the gender of nouns so that students will be able to work with the material without prior review of this topic.

It is not our intention that grammatical features be the primary focus of the lesson material. Proficiency-based instruction blends function and content with a concern for accuracy. Instructors will want to organize classroom activities so that students consistently work within contexts suggested by the chapter theme and learn to use the language for genuine communicative purposes.

Much controversy has surrounded the topic of error correction and accuracy in recent years. Perhaps some of this controversy stems from a misunderstanding of the intention of proponents of proficiency-based approaches regarding the correction of errors. One misconception is that advocates of proficiency primarily use structured practice in the classroom and call for the direct and overt correction of all errors. This is most certainly not the case in our approach. The *Kaléidoscope* program is designed to foster creative language use while building accuracy through sequenced activities. Students at the intermediate level of proficiency will inevitably make errors when using the language creatively for self-expression. Many instructors familiar with the concept of proficiency have learned to adjust their expectations so that they are not surprised or discouraged by frequent errors in students' oral and written production.

To foster the development of a greater degree of accuracy and precision of expression, a new feature has been added to the third edition. Within each grammar presentation section, sets of focused exercises called **Précisons!** have been included for immediate practice of the linguistic feature being reviewed. For these exercises, instructors may want to place students in small groups where they can practice together and obtain corrective feedback from one another. This latter process is facilitated if one student in a group of three is given an answer key to the structured exercises and serves as a "monitor" for the others. For additional structured practice, exercises in the Laboratory Manual and Workbook enhance those in the text.

All of the subsequent activities in each grammar section encourage open-ended and creative communication and are interactional in nature. These activities are grouped in the sections entitled **Interactions**. For these, the instructor will want to use small-group work that can be followed by whole-class discussion when appropriate. In small-group activities, the instructor circulates, reserving any corrective feedback until after students have communicated their thoughts. The instructor might take mental notes or jot down a few of the more common errors heard during these activities and bring them to the attention of the whole class in a general "debriefing." In this way, students are encouraged to communicate without interruptions that might inhibit their creativity or limit production. The goal of each lesson should be to work toward and encourage open-ended communication, while allowing students to review and practice the structural features necessary for more accurate self-expression.

The activities and exercises in this edition have been designed to link language and culture. Many of the exercises serve not only as a basis for language practice, but also as a means of presenting more explicit cultural information related to the chapter theme. The extensive use of realia and authentic texts in this edition, combined with activities that use these materials for discussion and role-plays, enhances the meaningful integration of language and culture.

Another new feature of the third edition is a section in each chapter devoted to the development of writing skills. This new section, **L'art d'écrire**, includes an introductory paragraph explaining the feature of discourse to be presented for practice, followed by a sample text, from either a literary or contemporary source, in which that feature is exemplified. An **Analyse** section helps students understand how the feature is used in skillful writing. Students are then given guidance for using the feature themselves in texts of their own creation, following the steps outlined in **Préparation à l'écriture**.

The *Kaléidoscope* program can be used in a two-semester sequence or in one semester. It can be used alone, with the accompanying Laboratory Manual/Workbook, or in combination with other supplementary materials chosen by the instructor to correspond to individual course goals.

## Chapter Organization

The third edition of *Kaléidoscope* consists of twelve chapters. Chapter organization and features new to the third edition are described below.

**Dans le vif du sujet** includes the main chapter reading and associated activities, designed to set the theme and provide the context for the review of structures and vocabulary featured in the chapter. In order to provide the most up-to-date cultural information to accommodate students' interests and to respond to feedback about the themes used in previous editions, we have revised a number of these readings and replaced others with ones new to the third edition. As in previous editions, most chapter readings are drawn from or inspired by authentic French-language sources and illustrate grammatical features as they naturally occur in context. The opening reading is preceded by a section entitled **Avant de lire**, in which students are given useful hints about the reading process to promote a more efficient reading of the text itself.

Following the reading are two sets of activities: **Avez-vous compris?**, which provides a comprehension check of the essential facts and inferences one might draw from the reading; and **Qu'en pensez-vous?**, which invites students to express themselves personally and creatively, relating the text to their own lives. To help students with this latter activity, a set of useful vocabulary items related to the questions is provided.

**Grammaire en contexte** presents the chapter's main grammatical features, most of which are introduced by an authentic text, a piece of realia, or a captioned photograph, in which the structure is used naturally. The grammatical explanations are in English, and examples are drawn from the chapter reading, the realia, or the chapter theme. Grammatical features are thus never presented ''out of context,'' but are integrated into the framework of the chapter material.

Grammatical examples have been translated when vocabulary is considered to be relatively difficult or when there are possible ambiguities or difficulties in translation for students at the intermediate level of proficiency.

The new **Précisons!** sections are embedded within the grammatical presentations to allow for immediate focused practice of the structures being reviewed. Each **Précisons!** section consists of one or more contextualized exercises provided for oral and/or written practice. The new **Interactions** sections are found after the grammar presentation portions of the chapter and consist of interactive activities that are generally open-ended and personalized. They integrate language and culture and often present specific cultural information to supplement the content of the opening reading. Instructors will want to use small-group practice for these activities.

The new **L'art d'écrire** sections in this third edition enable students to improve their written skills through focused practice appropriate for their level. Focused practice includes the writing of informal letters, descriptions of people and places, narrations in present, past, and future time frames, the writing of summaries, presentation of opinions and/or arguments for a point of view, and writing of persuasive texts. Certain features of discourse, including the appropriate use of formulae, cohesive devices, and other organizational strategies, are also treated in these writing sections. Students are guided through the process of writing and are encouraged to plan, analyze, and critique their own creative writing efforts as their skills develop throughout the chapters.

**Récapitulation** provides a brief synthesis of the chapter's grammatical features and vocabulary in a few additional exercises that recombine the main points studied. Topics for oral discussion are given to allow students further opportunity to synthesize what they have learned and to express their own points of view.

**On se débrouille . . .** is a particularly useful feature in a second-year French text: It provides functional/notional language practice within the framework of a structural syllabus. Many of the major language functions listed in the contemporary literature on notional/functional approaches are presented within the context of each of the twelve chapter themes. In addition, through activities that increase students' paraphrasing skills and encourage creative and sociolinguistically appropriate language use, they will learn in this section how to cope with a wide variety of everyday situations likely to be encountered when visiting or living in a French-speaking environment. Many of the situations practiced in *Kaléidoscope* parallel those used in the ACTFL Oral Proficiency Interview when testing at the intermediate and advanced levels.

**Mots utiles** is the topical vocabulary listed at the end of each chapter. It represents the theme of the chapter and is intended as a reference tool rather than as a list to be memorized for active control. Although some instructors may want to have students commit the vocabulary to memory, others may wish to decide on a particular subset of expressions for which students will be held responsible.

## Appendixes

The following five appendices are included in the third edition of *Kaléidoscope.*

Appendice A: Conjugaisons des verbes
Appendice B: Les temps littéraires
Appendice C: Les prépositions avec les noms géographiques
Appendice D: Le pluriel des noms composés
Appendice E: La suite des idées dans la narration

We have chosen to include the last three appendices so that students will have a handy reference to important features of French that seemed either too difficult for intensive, active review or too cumbersome to include within the body of the chapters themselves. **Appendice C,** which features prepositions to be used with geographical place names, includes a fairly comprehensive list and should prove useful to students who are still unsure about which preposition to use in a given situation. **Appendice D** includes a list of common compound nouns and their plurals, another difficult feature of French for students at the second-year level. Students may want to refer to **Appendice E,** which features conjunctions and connectors used in narration, when writing compositions or other narrative material for the **L'art d'écrire** section of each chapter. Such discourse features are essential for smooth and natural transitions.

Some instructors may wish to feature the material in **Appendices B** through **E** in their lesson plans during the semester, especially if students are experiencing difficulty with these points in their creative writing or conversation activities. Other instructors may wish to simply point them out to students for their use when needed.

## Supplementary Materials

The *Cahier d'exercices oraux et écrits* by Eliane McKee, Françoise Coulont-Henderson, and Alice Omaggio Hadley has been updated to include some new features.

The laboratory component of each chapter begins with a phonetics section, which enables students to practice difficult sounds and perfect their intonation and general pronunciation skills. The features selected for practice are those that are typically most problematic for English-speaking students at the intermediate and advanced ranges in oral proficiency. The next section consists of contextualized oral activities related to those in the main text. A partial dictation follows, again based on the chapter theme and featuring those aspects of vocabulary and grammar that are stressed in the main text for that chapter. The last section consists of a listening comprehension exercise featuring global comprehension formats. Included here are interviews, conversations, brief stories, and excerpts from naturalistic conversational discourse.

The written component of the *Cahier* offers lively contextualized exercises of various types and includes additional guided composition topics for each chapter. A correction key allows students to correct themselves, thereby encouraging self-monitoring to develop greater accuracy.

The *Cahier d'exercices oraux et écrits* is coordinated with the *Tapescript* (available to instructors only) and the Audiocassette Program.

The *Instructor's Manual* is new to this edition. It includes a suggested syllabus, a sample lesson plan, optional activities, a discussion of testing, and sample tests.

Other ancillaries that accompany the third edition of *Kaléidoscope* include videos and slides. Please consult your local McGraw-Hill representative for further information.

## Acknowledgments

The authors and publishers of *Kaléidoscope, Troisième édition,* would again like to express their thanks to the instructors who participated in reviews for the first and second editions. They are also grateful for the comments, both positive and critical, of the following reviewers for the third edition. (The appearance of these names does not imply an endorsement of the program.)

| | |
|---|---|
| Donald Assali | *Florida State University* |
| Agnes P. Beaudry | *DePauw University* |
| Roberta S. Brown | *Pacific Lutheran University* |
| Kathleen Bulgin | *University of North Carolina, Greensboro* |
| Muriel Farley-Dominguez | *Marymount University* |
| Janet R. Doner | *Bryn Mawr College* |
| John P. Doohen | *Morningside College* |
| Sister Mary Helen Kashuba | *Chestnut Hill College* |
| D. H. Kellander | *Duquesne University* |
| Gloria Kwok | *University of Illinois, Urbana-Champaign* |
| Renee Linkhorn | *Youngstown State University* |
| Terese Lyons | *Simmons College* |
| Robert McEnroe | *Corning Community College* |
| Susan Rava | *Washington University* |

We would also like to express our sincere thanks and appreciation to many other individuals who gave their help and support. Among them in particular are Nicole Dicop-Hineline, who read the manuscript for linguistic and cultural accuracy; Susan Detrich, who contributed drawings to illustrate the exercises and activities; and the members of the McGraw-Hill editing, design, and production staff for their generous support and expertise: Karen Judd, Phyllis Snyder, Francis Owens, Tanya Nigh, Jane Moorman, and, especially, Richard Mason, our Senior Editing Supervisor.

We also thank Tim Stookesberry, our Marketing Manager, and the marketing staff and salespeople for their continuing support of the book.

Special thanks are due our editors Leslie Berriman, Suzanne Cowan, and Peggy Potter, who, with extraordinary care and expert skill, carried this project through every stage to its completion. Their careful attention and their dedication to this project encouraged and enabled us to do our best possible work, and for that we are all most grateful.

# Chapitre un
# **Faisons connaissance!**

Salut! Comment vas-tu?

# Dans le vif du sujet

## Avant de lire

**Skimming and Scanning.** Before starting to read a text, it is helpful to establish expectations about its contents. A first step in doing this is to identify the kind of text: newspaper or magazine article, dialogue, letter, diary entry, advertisement, fiction or nonfiction, and so on. Identifying the type of text will give you a sense of the author's purpose and help you decide how you will approach the reading.

In addition to the title, note any pictures, subheadings, and marginal notes that will help you to *skim* the text for the gist of what you are about to read and to develop an idea of the organization and purpose of the text. You can also *scan* the text quickly to find particular information that will confirm or change the expectations you've already established by skimming.

To apply these strategies to this chapter's text, **Faisons connaissance,** skim the reading, then answer the following questions.

1. This text consists of three parts.
   a. an introduction, a newspaper article, and a journal entry
   b. an introduction, a set of advertisements, and a letter
   c. an introduction, an advice column, and a reply
2. What is each person in the "Télégrammes" section looking for?
   a. hobbies
   b. pen pals
   c. jobs
3. What type of information is found in the "Télégrammes"?
   a. recipes
   b. students' interests
   c. job descriptions

Now further define your expectations about the text by scanning it for more specific information.

1. What is the average age of the correspondents in the "Télégrammes"?
2. List five activities that are popular with the correspondents.
3. Who is Joëlle and where is she from? What kind of music does she like? How many people are in her family?

In this and the following chapters, you will find that skimming and scanning are valuable skills. By helping you to orient yourself to the writer's purpose and to formulate expectations about the content of the text, these skills will enable you to increase your reading comprehension in French.

# Faisons connaissance!

aire connaissance, nouer des liens d'amitié° est un besoin fondamental chez l'être humain. C'est ce besoin de contact qui nous conduit à chercher inlassablement° quelqu'un avec qui nous pouvons en toute confiance partager nos sentiments, nos idées, nos projets et ce qui nous intéresse en général. Si la proximité et l'instinct nous poussent d'abord vers nos parents et nos camarades de classe, notre vive curiosité nous incite bientôt à rechercher des amitiés durables hors du champ immédiat.° L'immense popularité des rubriques «correspondants étrangers» dans les magazines de jeunes semble le prouver. Voici quelques-unes de ces annonces recueillies dans le journal *Mag'Jeunes*.

nouer... se faire des amis

sans s'arrêter

champ... proximité

...télégrammes...

TRADUCTION: CHÈRE ANITA...

1 · **Véronique, Bas-Rhin,** 17 ans, cherche correspondants de son âge, de tous pays, aimant lire, sports, voyager, musique, mer, randonnées, échanges pendant les vacances.

2 · **Loïk, Loire-Atlantique,** cherche correspondants(es) parlant anglais, allemand, français, de tous pays aimant danse, peinture, musique, voyager.

3 · **Oscar, Seine-Saint-Denis,** cherche correspondantes de 17-20 ans de Bretagne, aimant musique, cinéma, dialogue, photo.

4 · **Oméga, Madagascar,** 16 ans, cherche correspondants(es) de tous pays de 16-19 ans, aimant musique, danse, cinéma tangue, parlant français.

5 · **Nadine, Ille-et-Vilaine,** 19 ans, cherche correspondants(es) de son âge de France, aimant lire, cinéma, vélo.

6 · **Christine, Isère,** 16 ans, cherche correspondants(es) de tous pays, parlant anglais ou italien, aimant animaux, sport, cinéma, musique.

7 · **Bakohy et Fanja, Madagascar,** 14 et 20 ans, cherchent correspondants(es) de France, aimant lire, musique, voyage.

8 · **Carole, Réunion,** 17 ans, cherche correspondants(es) de son âge de France et autres pays, aimant voyager, nature, aérobic, animaux et contre la torture, racisme, violence, drogue.

9 · **Sabine, Allemagne,** 20 ans, cherche correspondants(es) parlant anglais ou allemand, aimant musique, voyager, écrire.

10 · **Marie-Louise, Madagascar,** 14 ans, cherche correspondants(es) de tous pays, parlant français ou anglais, aimant écrire, lire, danser et chanter.

11 · **Mamisoa, Madagascar,** 17 ans, cherche correspondants(es) de tous pays, de son âge ou plus, parlant français ou anglais.

12 · **Sylvie, Sarthe,** 18 ans, cherche correspondants français, aimant sortir, cinéma.

13 · **Lucie et Cécile, Puy-de-Dôme,** 15 ans, cherchent correspondants(es) jumeaux, ou jumelles, de leur âge, aimant voyager, photo, de tous pays.

14 · **Djamila, Isère,** 16 ans, cherche correspondants(es) de tous pays.

15 · **Isabelle, Moselle,** 14 ans, cherche correspondants(es) de son âge aimant écrire.

16 · **Sabine, Haute-Savoie,** cherche documents sur le Groupe Dire Straits (photos).

17 · **Elisabeth, Essonne,** 15 ans, cherche correspondants(es) de 15-20 ans de Paris et sa région, aimant rire, musique, parler, sortir.

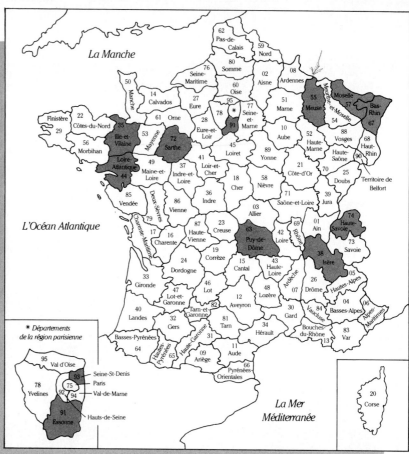

Joëlle Dussard habite à Bar-le-Duc en France et est abonnée au journal *Mag'Jeunes*.
Elle répond à la petite annonce d'Oméga. Voici sa lettre.

Bar-le-Duc, le 5 mai

Chère Oméga,

Je réponds à ta petite annonce parue dans Mag'Jeunes. Je cherche une correspondante comme toi depuis longtemps. Je m'appelle Joëlle Dussard et je suis originaire de Bar-le-Duc dans la Meuse, près du pays du Champagne.

J'ai dix-neuf ans et je suis en première année à la Fac de Droit à Nancy. Dans l'annonce, tu dis que tu aimes la musique et la danse. Moi, j'adore le rock. J'écoute "Top 50" à la radio toutes les semaines. C'est formidable! Ma mère vient de m'acheter la dernière cassette de Vanessa Paradis. Elle est super! Comment est-ce que tu la trouves? Quel genre de musique est-ce qu'on écoute à Madagascar?

Dans ta prochaine lettre, dis-moi ce que font tes parents. Moi, ma mère est institutrice et mon père travaille pour les P.T.T. Notre maison est en pierre grise et se trouve sur un boulevard très animé. J'ai trois soeurs plus jeunes qui vont encore au lycée. Quand elles ont une «boum», ça chauffe drôlement ici parce que leurs amis sont très bruyants. Mes parents ne sont pas contents et il y a beaucoup de scènes!

Tu dis que tu aimes le cinéma. Est-ce que tu connais des acteurs français? Gérard Depardieu est mon idole. Son dernier film est sensationnel! Je le trouve génial! J'aime les grands blonds comme lui. Et toi, quel genre de garçons est-ce que tu préfères?

Je joins une photo assez mauvaise, mais tu peux quand même voir que je suis petite avec de longs cheveux bruns (les boucles ne sont pas naturelles!). J'ai les yeux verts. J'espère que tu n'es pas trop déçue par cette photo. Envoie-moi une de tes photos récentes et aussi une de ta maison. J'attends de tes nouvelles avec impatience et je te quitte en t'embrassant bien fort. Grosses bises.

Ta nouvelle amie,

Joëlle

ça... (pop.) la boum est très animée. Ils font beaucoup de bruit.

Administration des Postes, Télécommunications et Télédiffusion

► **Avez-vous compris?** Répondez aux questions suivantes sur le texte et les illustrations.

1. Que dit Oméga dans son «télégramme»? Qui est-elle et quels sont ses goûts?
2. En général, que recherchent les jeunes qui envoient des télégrammes au journal *Mag'Jeunes?* Quelles sont leurs activités préférées?
3. D'après la carte du monde, pouvez-vous situer Madagascar? Dans quels autres pays voisins parle-t-on français?
4. Dans quel département français se trouve la petite ville de Bar-le-Duc? Quels sont les départements voisins?

5. Quel âge a Joëlle et quelles sont ses activités? Qu'est-ce qui montre que Joëlle aime la musique rock?
6. Décrivez la famille de Joëlle. Que font ses parents? Pourquoi est-ce qu'il y a beaucoup de scènes dans la famille de Joëlle?
7. Pourquoi Joëlle aime-t-elle Gérard Depardieu?
8. Faites le portrait physique et psychologique de Joëlle.

▶ **Qu'en pensez-vous?**

Discutez des questions suivantes avec un(e) camarade de classe. Utilisez les expressions utiles dans votre discussion, si possible.

**Expressions utiles:** Pour faire connaissance

à une soirée *at a party*
avoir _____ ans *to be _____ years old*
avoir les cheveux blonds, noirs, roux *to have blond, black, red hair*
avoir les yeux bleus, marron, noirs, verts *to have blue, brown, black, green eyes*
chez des amis, dans un café *at the home of friends, in a café*
être affectueux/affectueuse, amusant(e), ennuyeux (ennuyeuse), génial(e),
   gentil(le), sympathique *to be affectionate, funny, boring, great, kind, nice*
la façon de s'habiller *the way people are dressed*
faire la connaissance de quelqu'un *to meet someone*
faire des progrès en français *to improve in French*
partager des idées, des intérêts *to have ideas, interests in common*
pouvoir se confier à quelqu'un *to be able to confide in someone*
répondre à une petite annonce *to answer a personal ad*

1. Avez-vous un(e) correspondant(e) dans un pays étranger? Dans quel pays? A votre avis, est-ce qu'on peut vraiment apprendre à se connaître en s'écrivant? Expliquez. Si on vous demande de répondre à un des «télégrammes» du journal *Mag'Jeunes,* lequel allez-vous choisir et pourquoi? Qu'allez-vous dire dans votre lettre?
2. Qu'est-ce qui vous attire chez les personnes que vous rencontrez pour la première fois? On dit que «La première impression est toujours la bonne (*the right one*)». Etes-vous d'accord avec ce point de vue? Pourquoi ou pourquoi pas? Décrivez la personnalité de votre meilleur(e) ami(e).

# Grammaire en contexte
## 1 The Present Tense

Faisons la connaissance de Carole... Elle habite à la Réunion. Elle a dix-sept ans et cherche des correspondants de son âge en France et à l'étranger. Elle aime voyager, elle adore la nature et elle suit des cours de danse aérobique. Elle fait partie de la SPA (Société Protectrice des Animaux). Elle pense que la torture, le racisme, la violence et la drogue doivent être éliminés.

> 8. - **Carole, Réunion,** 17 ans, cherche correspondants(es) de son âge de France et autres pays, aimant voyager, nature, aérobic, animaux et contre la torture, racisme, violence, drogue.

# FORMS

French verbs are classified by their infinitive ending: **-er, -re,** or **-ir.** To form the present tense, a personal ending is added to a verb stem (usually formed from the infinitive). The different patterns are shown in the charts for each group.

## Regular Verbs

**Infinitive ending in** *-er.* Verbs with infinitives in **-er** form the largest group of French verbs.

| regarder | | étudier | |
|---|---|---|---|
| stem: **regard-** | | stem: **étudi-** | |
| je | regard**e** | j' | étudi**e** |
| tu | regard**es** | tu | étudi**es** |
| il/elle/on | regard**e** | il/elle/on | étudi**e** |
| nous | regard**ons** | nous | étudi**ons** |
| vous | regard**ez** | vous | étudi**ez** |
| ils/elles | regard**ent** | ils/elles | étudi**ent** |

The singular forms and the **ils/elles** form of regular **-er** verbs are pronounced identically; the endings are silent.

**Infinitive ending in** *-re.* This group contains two classes of verbs that have different stem patterns but the same set of endings. The **il/elle/on** form adds no ending.

| rendre | | prendre | |
|---|---|---|---|
| stem: **rend-** | | stems: **prend-/ pren-/ prenn-** | |
| je | rend**s** | je | prend**s** |
| tu | rend**s** | tu | prend**s** |
| il/elle/on | rend | il/elle/on | prend |
| nous | rend**ons** | nous | pren**ons** |
| vous | rend**ez** | vous | pren**ez** |
| ils/elles | rend**ent** | ils/elles | prenn**ent** |
| *Also*: attendre, défendre, descendre, entendre, perdre, répondre, vendre, etc. | | *Also*: *compounds of* prendre: apprendre, comprendre, reprendre, surprendre, etc. | |

**Infinitive ending in -ir.** Most -ir verbs, like **finir**, add -**iss**- to the stem in the plural forms. There are two other classes of -**ir** verbs, however, represented here by **partir** and **ouvrir,** that have quite different conjugation patterns. Endings for verbs like **finir** and **partir** are identical but, in the present tense, verbs like **ouvrir** are conjugated in the same way as regular -**er** verbs.

| finir | partir | ouvrir |
|---|---|---|
| stems: **fini-/finiss-** | stems: **par-/ part-** | stem: **ouvr-** |
| je finis | je pars | j' ouvre |
| tu finis | tu pars | tu ouvre**s** |
| il/elle/on finit | il/elle/on part | il/elle/on ouvre |
| nous finiss**ons** | nous part**ons** | nous ouvr**ons** |
| vous finiss**ez** | vous part**ez** | vous ouvr**ez** |
| ils/elles finiss**ent** | ils/elles part**ent** | ils/elles ouvr**ent** |
| *Also*: bâtir, choisir, obéir, réfléchir, remplir, réunir, réussir, etc. | *Also*: dormir, s'endormir, mentir, sentir, servir, sortir, etc. | *Also*: couvrir, offrir, souffrir, etc. |

## Spelling Changes

Some -**er** verbs have significant spelling changes in their stems that reflect their pronunciation. In the following verbs, notice how spelling changes occur when the verb ending is silent (**je, tu, il/elle/on, ils/elles** forms).

| acheter | jeter |
|---|---|
| j' ach**è**te | je je**tt**e |
| tu ach**è**tes | tu je**tt**es |
| il/elle/on ach**è**te | il/elle/on je**tt**e |
| nous achetons | nous jetons |
| vous achetez | vous jetez |
| ils/elles ach**è**tent | ils/elles je**tt**ent |
| *Also*: amener, élever, emmener, lever, mener, promener, etc. | *Also*: appeler, rappeler, rejeter, etc. |

| préférer | payer |
|---|---|
| je préfère | je paie |
| tu préfères | tu paies |
| il/elle/on préfère | il/elle/on paie |
| nous préférons | nous payons |
| vous préférez | vous payez |
| ils/elles préfèrent | ils/elles paient |
| *Also*: considérer, espérer, posséder, répéter, etc. | *Also*: employer, ennuyer, essayer, nettoyer, etc. |

The letters **-c-** and **-g-** become **-ç-** and **-ge-** before the ending **-ons.**

| commencer | voyager |
|---|---|
| je commence | je voyage |
| tu commences | tu voyages |
| il/elle/on commence | il/elle/on voyage |
| nous commen**ç**ons | nous voya**ge**ons |
| vous commencez | vous voyagez |
| ils/elles commencent | ils/elles voyagent |
| *Also*: avancer, déplacer, lancer, placer, remplacer, etc. | *Also*: changer, manger, nager, ranger, venger, etc. |

## Irregular Verbs

Most irregular verbs can be grouped by variations in present tense stems. Regardless of their number of stems, almost all these verbs take the same endings.

**Irregular verbs with one stem**

| courir | rire |
|---|---|
| stem: **cour-** | stem: **ri-** |
| je cour**s** | je ri**s** |
| tu cour**s** | tu ri**s** |
| il/elle/on cour**t** | il/elle/on ri**t** |
| nous cour**ons** | nous ri**ons** |
| vous cour**ez** | vous ri**ez** |
| ils/elles cour**ent** | ils/elles ri**ent** |
| *Also*: interrompre, rompre | *Also*: sourire |

**Irregular verbs with two stems.**  Many verbs add a consonant sound (shown in bold type) to their plural stem.

|  | SINGULAR | PLURAL |
|---|---|---|
| **battre** | je bats | nous ba**tt**ons |
| **mettre** | je mets | nous me**tt**ons |
| **conduire** | je conduis | nous condui**s**ons |
| **construire** | je construis | nous construi**s**ons |
| **écrire** | j'écris | nous écri**v**ons |
| **lire** | je lis | nous li**s**ons |
| **réduire** | je réduis | nous rédui**s**ons |
| **suivre** | je suis | nous sui**v**ons |
| **vivre** | je vis | nous vi**v**ons |
| **connaître** | je connais | nous connai**ss**ons |
|  | il connaît |  |
| **paraître** | je parais | nous parai**ss**ons |
|  | il paraît |  |
| **savoir** | je sais | nous sa**v**ons |
| **valoir** | il vaut | ils va**l**ent |
| **craindre** | je crains | nous crai**gn**ons |
| **joindre** | je joins | nous joi**gn**ons |
| **peindre** | je peins | nous pei**gn**ons |

Other verbs have a stem change in the present **nous** and **vous** forms only.

| croire | | voir | | mourir | |
|---|---|---|---|---|---|
| stems: **croi-/croy-** | | stems: **voi-/voy-** | | stems: **meur-/mour-** | |
| je | crois | je | vois | je | meurs |
| tu | crois | tu | vois | tu | meurs |
| il/elle/on | croit | il/elle/on | voit | il/elle/on | meurt |
| nous | croyons | nous | voyons | nous | mourons |
| vous | croyez | vous | voyez | vous | mourez |
| ils/elles | croient | ils/elles | voient | ils/elles | meurent |

**Irregular verbs with three stems.**    The **ils/elles** form is based on a modified singular stem.

| venir | tenir | boire |
|---|---|---|
| je   viens | je   tiens | je   bois |
| tu   viens | tu   tiens | tu   bois |
| il/elle/on   vient | il/elle/on   tient | il/elle/on   boit |
| nous   venons | nous   tenons | nous   buvons |
| vous   venez | vous   tenez | vous   buvez |
| ils/elles   viennent | ils/elles   tiennent | ils/elles   boivent |
| *Also*: convenir, devenir, revenir | *Also*: appartenir, maintenir, obtenir, retenir | |

| devoir | recevoir |
|---|---|
| je   dois | je   reçois |
| tu   dois | tu   reçois |
| il/elle/on   doit | il/elle/on   reçoit |
| nous   devons | nous   recevons |
| vous   devez | vous   recevez |
| ils/elles   doivent | ils/elles   reçoivent |

| pouvoir | vouloir |
|---|---|
| je   peux | je   veux |
| tu   peux | tu   veux |
| il/elle/on   peut | il/elle/on   veut |
| nous   pouvons | nous   voulons |
| vous   pouvez | vous   voulez |
| ils/elles   peuvent | ils/elles   veulent |

**Other irregular verbs.**    Five frequently used irregular verbs do not conform to the preceding patterns. Note, however, the parallels among the irregular forms in the following verb conjugations.

| aller | | avoir | | être | | faire | | dire | |
|---|---|---|---|---|---|---|---|---|---|
| je | vais | j' | ai | je | suis | je | fais | je | dis |
| tu | vas | tu | as | tu | es | tu | fais | tu | dis |
| il/elle/on | va | il/elle/on | a | il/elle/on | est | il/elle/on | fait | il/elle/on | dit |
| nous | allons | nous | avons | nous | sommes | nous | faisons | nous | disons |
| vous | allez | vous | avez | vous | **êtes** | vous | **faites** | vous | **dites** |
| ils/elles | **vont** | ils/elles | **ont** | ils/elles | **sont** | ils/elles | **font** | ils/elles | disent |

## Précisons!

**A.** L'art de la conversation. Si on veut faire la connaissance de quelqu'un, il est souvent utile d'avoir de la conversation (*to be a good conversationalist*). Complétez les paragraphes suivants en utilisant les verbes placés à droite.

Si vous _____¹ de la pluie et du beau temps, vous ne _____² pas de risques, mais quand vous _____³ seulement «Il _____⁴ beau», vous ne _____⁵ pas à impressionner les autres.

courir
dire
faire
parler
réussir

Certains sujets de conversation comme la religion ou la politique _____⁶ être délicats. Il y _____⁷ toujours des gens qui _____⁸ choqués si vous _____⁹ une position provocante. Les gens qui ont de la conversation _____¹⁰ être diplomates et _____¹¹ de ne pas dire des vérités trop brutales.

avoir
essayer
paraître
pouvoir
prendre
savoir

**B.** A la recherche d'un correspondant. Plusieurs personnes ont envoyé leurs annonces à un magazine de jeunes. En utilisant les indications ci-dessous, recréez leurs messages. Faites des phrases complètes, *en mettant tous les verbes au présent*.

MODELE:    Céline: vouloir correspondante française
*activité préférée:* faire du jardinage →
Céline veut une correspondante française. Elle fait souvent du jardinage.

1. Oscar et Jacques: préférer deux ou trois correspondantes américaines
*activités préférées:* prendre des photos; faire de la bicyclette; aller au cinéma
2. Elisabeth et Renée (jumelles): chercher correspondants jumeaux
*activités préférées:* faire du jogging; nager; sortir avec des amis; recevoir chez elles
3. Gilbert: vouloir trouver correspondant africain
*activités préférées:* voyager; apprendre le swahili

4. Jeanne et Christine (communistes): rechercher correspondants
   *buts principaux:* défendre la liberté du peuple; ouvrir des centres
   pour les pauvres; combattre le capitalisme sous toutes ses formes
5. Martine (avoir 15 ans): chercher correspondante depuis trois mois
   *activités préférées:* connaître allemand et italien; lire des romans
   d'aventures, faire de la cuisine chinoise

## USES

1. As in English, the present tense in French expresses actions or events in
   progress, current states and conditions, and general observations or
   facts. Also as in English, the French present tense may express events
   that will take place in the near future as well.

   | | |
   |---|---|
   | Je **réponds** à ta petite annonce parue dans *Mag'Jeunes.* | *I'm answering your ad that appeared in* Mag'Jeunes. |
   | J'**ai** dix-neuf ans et je **suis** en première année à la Fac de Droit. | *I'm nineteen years old and in my first year of law school.* |
   | Faire connaissance, c'**est** un besoin fondamental chez l'être humain. | *Meeting people is a basic human need.* |
   | On **va** au cinéma ce soir. | *We're going to the movies tonight.* |

2. French also uses the present tense in certain idiomatic constructions that
   English expresses with other tenses.

   a. **être en train de** + *infinitive*

   | | |
   |---|---|
   | Joëlle **est en train d'écrire** une réponse à l'annonce. | *Joëlle is writing an answer to the ad (at this moment).* |

   b. **venir de** + *infinitive*

   | | |
   |---|---|
   | Ma mère **vient de m'acheter** la dernière cassette de Vanessa Paradis. | *My mother has just bought me Vanessa Paradis's latest cassette.* |

   c. **depuis** + *a point in time* (*since*)
      **depuis** + *a duration* (*for*)

   | | |
   |---|---|
   | Je **suis** à la Fac de Droit **depuis octobre.** | *I've been in law school since October.* |
   | Je **cherche** une correspondante comme toi **depuis longtemps.** | *I've been looking for a pen pal like you for a long time.* |

   d. **il y a**
      **voilà**  } + *a duration* + **que** (*for*)
      **ça fait**

| | |
|---|---|
| **Il y a quelques mois que** Joëlle **cherche** une correspondante. | *Joëlle has been looking for a pen pal for a few months.* |
| **Voilà un an qu'**elle **étudie** à l'université. | *She has been studying at the university for a year.* |
| **Ça fait deux semaines** qu'elle **attend** une réponse à sa lettre. | *She's been waiting for an answer to her letter for two weeks now.* |

## Précisons!

**A.** On se présente. En utilisant les expressions que vous venez d'étudier, complétez le passage suivant.

Je m'appelle Françoise. _____¹ trois ans que je suis étudiante à la Fac. J'étudie le droit _____² deux semestres. Mes parents _____³ de m'offrir un voyage et je pars pour Londres demain. Je suis impatiente de partir et je _____⁴ de faire mes valises pour être prête.

**B.** Maintenant, présentez-vous! En utilisant les mêmes expressions, complétez votre description.

Je m'appelle _____¹ _____² (ans/semestres/mois) que je suis étudiant(e) à l'Université de _____³ J'étudie le français _____⁴ _____⁵ (semestres/trimestres). Je _____⁶ commencer ce cours de français et j'espère réussir.

## Interactions

**A.** Apprenez à vous connaître! Avec un(e) camarade de classe, faites une interview en utilisant les sujets suivants. Prenez des notes sur les réponses de votre partenaire.

MODELE:   Quel âge as-tu? Qui sont les membres de ta famille,... ?

**Sujets:** âge, famille, résidence (appartement, résidence universitaire, dortoir, foyer, maison paternelle, etc.), passe-temps, etc.

**B.** Mini-portrait. Décrivez l'apparence de votre partenaire de l'activité A, puis complétez cette description à l'aide des notes que vous venez de prendre.

MODELE:   Mon ami Gilbert a 19 ans, et il a les yeux bleus et les cheveux noirs. Il habite à Chicago avec ses deux frères et leur chien Spot. Il fait du sport régulièrement et il prend la politique au sérieux...

Votre professeur va ramasser les descriptions que vous avez faites. Il/Elle va les lire. Essayez de reconnaître les étudiants qui sont décrits.

**C.** Pour mieux se connaître. Formez un groupe de trois personnes. Deux personnes vont se poser des questions et la troisième va vérifier les questions. (Troisième personne: Des questions possibles se trouvent en bas

de la dernière page du chapitre.) Naturellement, il faut répondre aux
questions posées!

**Etudiant(e) 1:** Demandez à votre partenaire...

1. quels cours il/elle suit ce semestre
2. quel est son cours préféré
3. s'il/si elle aime son prof et pourquoi
4. depuis quand il/elle est étudiant(e) ici

**Etudiant(e) 2:** Demandez à votre partenaire...

1. s'il/si elle vient de faire une nouvelle connaissance
2. s'il/si elle essaie d'impressionner les gens qu'il/elle ne connaît pas bien
3. où il/elle va pour faire de nouvelles connaissances
4. s'il/si elle aime parler politique ou religion avec de nouveaux amis

# 2 Descriptive Adjectives

| √ QUELLES SONT LES PRINCIPALES QUALITÉS DES FRANÇAIS? | % | √ QUELS SONT LES PRINCIPAUX DÉFAUTS DES FRANÇAIS? | % |
|---|---|---|---|
| Sympathiques | 38 | Bavards | 21 |
| Intelligents | 33 | Contents d'eux | 20 |
| Travailleurs | 28 | Froids, distants | 16 |
| Accueillants | 22 | Entêtés | 14 |
| Débrouillards | 19 | Hypocrites | 13 |
| Energiques | 19 | Vieux jeu | 11 |
| Propres | 16 | Agressifs | 10 |
| Honnêtes | 16 | Menteurs | 8 |
| Sérieux | 14 | Paresseux | 5 |
| Courageux | 12 | Malhonnêtes | 4 |
| Sans opinion | 32 | Sans opinion | 45 |
| (Réponses à l'aide d'une liste.) | | (Réponses à l'aide d'une liste.) | |

*Sondage*

CE QUE PENSENT LES
**AMERICAINS**
Notre population est accueillante
mais un peu distante

## AGREEMENT OF ADJECTIVES

Adjectives in French agree in gender and number with the nouns they describe.

| | MASCULINE | FEMININE |
|---|---|---|
| *Singular* | un correspondant étranger | une langue étrang**è**re |
| *Plural* | des correspondants étranger**s** | des langues étrang**è**res |

## Gender

1. The feminine form of most descriptive adjectives adds a silent **-e** to the masculine form. The final consonant, silent in the masculine form, is pronounced in the feminine.

| MASCULINE | FEMININE |
|---|---|
| un **grand** plaisir | une **grande** aventure |
| un détail **important** | une découverte **importante** |
| un chapeau **gris** | une maison **grise** |

Adjectives that end in **-é, -i, -u,** or a pronounced final consonant (**cher, clair, loyal,** etc.) also add a silent **-e** in the feminine. Their masculine and feminine forms are pronounced identically.

| MASCULINE | FEMININE |
|---|---|
| mon **cher** ami | ma **chère** amie |
| il est **déçu** | elle est **déçue** |
| un boulevard **animé** | une rue **animée** |

2. Adjectives that end in silent **-e** in the masculine have the same form in the feminine.

| MASCULINE | FEMININE |
|---|---|
| Cet acteur est **riche** et **célèbre.** | Cette actrice est **riche** et **célèbre.** |
| Est-il **célibataire**? | Est-elle **célibataire**? |

3. Many adjectives have other spelling changes in their endings. Their pronunciation may also change.
   a. *addition* of a consonant sound in the feminine ending

| MASCULINE SINGULAR | FEMININE SINGULAR | MASCULINE SINGULAR | FEMININE SINGULAR |
|---|---|---|---|
| courageux | courageuse | complet | complète |
| capricieux | capricieuse | discret | discrète |
| heureux | heureuse | inquiet | inquiète |
|  |  | secret | secrète |
| faux | fausse |  |  |
| roux | rousse | bas | basse |
| doux | douce | gros | grosse |
| léger | légère | sot | sotte |
| premier | première | bon | bonne |
| dernier | dernière | gentil | gentille |

| MASCULINE SINGULAR | FEMININE SINGULAR |
|:---:|:---:|
| blan**c** | blan**che** |
| fran**c** | fran**che** |
| lon**g** | lon**gue** |
| vie**ux** | vie**ille** |
| favori | favori**te** |

b. *change* of final consonant sound in the feminine form

| MASCULINE SINGULAR | FEMININE SINGULAR |
|:---:|:---:|
| flatt**eur** | flatt**euse** |
| moqu**eur** | moqu**euse** |
| conserva**teur** | conserva**trice** |
| créa**teur** | créa**trice** |
| acti**f** | acti**ve** |
| bre**f** | br**ève** |
| neu**f** | neu**ve** |
| vi**f** | vi**ve** |
| se**c** | s**èche** |

c. *same* final consonant sound in masculine and feminine forms

| MASCULINE SINGULAR | FEMININE SINGULAR |
|:---:|:---:|
| extérieu**r** | extérieu**re** |
| inférieu**r** | inférieu**re** |
| intérieu**r** | intérieu**re** |
| meilleu**r** | meilleu**re** |
| publi**c** | publi**que** |
| gre**c** | gre**cque** |
| crue**l** | crue**lle** |
| nature**l** | nature**lle** |
| ne**t** | ne**tte** |
| te**l** | te**lle** |

4. A few frequently used adjectives have special liaison forms when they occur before a masculine singular noun that begins with a vowel or a mute **h.**

| MASCULINE SINGULAR BEFORE CONSONANT | MASCULINE SINGULAR BEFORE VOWEL OR MUTE **h** | FEMININE |
|---|---|---|
| un **beau** paysage | un **bel** acteur | une **belle** ville |
| un **nouveau** bateau | un **nouvel** hôtel | une **nouvelle** piscine |
| un **vieux** château | un **vieil** ami | une **vieille** maison |

The special liaison forms for the masculine singular are used only when the adjective immediately precedes the noun.

> Depardieu est un **bel** acteur, n'est-ce pas?
> Est-ce un **nouvel** hôtel? —Oui, notre hôtel est **nouveau.**

## Number

1. Most adjectives are made plural by adding a silent **-s** to the singular.

> J'ai trois sœurs plus **jeunes** qui vont au lycée.
> Quand leurs amis sont trop **bruyants,** mes parents ne sont pas très **contents.**
> J'ai de **longs** cheveux **bruns** (les boucles ne sont pas **naturelles**).

2. Masculine adjectives ending in **-s** or **-x** in the singular do not change in the plural. The feminine forms of these adjectives, which end in **-e,** add a plural **-s.**

| SINGULAR | PLURAL |
|---|---|
| Cet étudiant est **heureux** d'avoir un correspondant **français.** | Ces étudiants sont **heureux** d'avoir des correspondants **français.** |
| Cette étudiante est **heureuse** d'avoir une correspondante **française.** | Ces étudiantes sont **heureuses** d'avoir des correspondantes **françaises.** |

3. Two groups of masculine adjectives have plural forms that end in **-x** (instead of **-s**).
   a. all adjectives ending in **-eau**

   | Ce garçon est **beau.** | Ces garçons sont **beaux.** |
   |---|---|
   | C'est son **nouveau** disque. | Ce sont ses **nouveaux** disques. |

   b. several adjectives ending in **-al,** including **fondamental, génial, légal, loyal,** and **principal**

   > On apprécie toujours les amis **géniaux** et **loyaux.**
   > Connais-tu les **principaux** succès d'Alain Souchon?

   *Exceptions*: **banal (banals), fatal (fatals), final (finals), natal (natals)**

## Special Agreement Rules

1. The plural form of the adjective is used with a plural noun and also when the same adjective describes more than one singular noun.

   > A mon avis, la musique et la danse sont **formidables!**
   > Marie et Chantal sont plus **jeunes** que moi.

2. When a plural adjective describes a group consisting of both masculine and feminine nouns, the adjective takes the masculine plural form.

   > Pierre et Christine sont très **sportifs.**
   > Nos sentiments, nos idées et nos projets sont **importants** dans nos rapports avec nos amis.

3. Adjectives denoting colors usually agree with the nouns they modify, unless they are compound adjectives (made up of more than one word). In this case they are invariable.

   > J'ai les cheveux **bruns** et les yeux **verts.**
   > Pour la «boum», je mets ma chemise **bleu et blanc** et ma cravate **bleu marine.**

   Several color adjectives derived from nouns (**orange, marron, citron**) are also invariable.

   > Tous ces gens-là portent des T-shirts **orange.**
   > Ma sœur Danielle a les yeux **marron.**

**Précisons!**

Discussion d'amis. André et Sylvie viennent de se rencontrer après une longue journée difficile. Ils discutent de leur travail à Paris. André est content de son travail, mais Sylvie n'en est pas contente du tout. Complétez leur conversation en choisissant des adjectifs dans la liste qui suit.

| | | |
|---|---|---|
| agréable | fatigant | méchant (*bad, mischievous*) |
| amusant | flatteur | nouveau |
| attentif | fou | parfait |
| banal | gâté (*spoiled*) | poli |
| beau | génial | rigolo (*pop.*) (*funny*) |
| bête (*stupid*) | gentil | sérieux |
| bon | honnête | travailleur |
| conservateur | indiscret | vieux |
| créateur | intelligent | |
| crevé (*pop.*) (*exhausted*) | intéressant | |
| désagréable | léger | |
| difficile | loyal | |
| discret | malhonnête | |
| ennuyeux | mauvais | |

ANDRE:  J'aime bien mon travail. Il est _____[1] et _____.[2]

SYLVIE:  Pas moi! Je travaille trop. Mes responsabilités sont trop _____[3] et _____,[4] et mes collègues sont _____[5] et _____.[6]

ANDRE:  Je comprends ce que vous dites. De temps en temps, mon patron semble _____[7] aussi, mais d'habitude il est assez _____.[8] Et ma journée typique n'est pas trop _____.[9]

SYLVIE:  Vous avez de la chance! A la fin de la journée, moi, je suis tout à fait _____[10]! La directrice de mon bureau est si _____[11]!

ANDRE:  C'est dommage. Vous devez donner votre démission (*resignation*) tout de suite. Chez nous, on cherche un _____[12] employé qui soit _____,[13] _____[14] et _____.[15] Vous devez vous présenter. Vous allez être _____[16]!

## POSITION OF ADJECTIVES

Descriptive adjectives in French almost always follow the nouns they modify, with these exceptions:

1.  Certain frequently used short adjectives precede the noun. These adjectives describe beauty (**beau, joli**), age (**nouveau, jeune, vieux**), rank (**premier, deuxième, troisième,...**) goodness (**bon, mauvais**), and size (**petit, grand, gros, long**).

    On peut faire une **belle** promenade sur cette **longue** avenue.
    Je t'envoie une **mauvaise** photo. Les **nouvelles** photos ne sont pas encore arrivées.

2.  These adjectives, when modified by an adverb, may follow the noun.

    Madagascar a des paysages **particulièrement beaux.**
    C'est un film **tout nouveau.**

3.  When a noun is modified by more than one descriptive adjective, the adjectives occur in their usual positions. If two adjectives both precede or both follow the noun, they are often joined by the conjunction **et.**

    Nous habitons sur un **long** boulevard **animé.**
    *Mag'Jeunes,* c'est une revue **intéressante** et **contemporaine.**

4.  Some adjectives have different meanings when used before or after the noun they modify.

| | | |
|---|---|---|
| **ancien** | mon **ancien** professeur | *my former teacher* |
| | une église **ancienne** | *an ancient church* |
| **brave** | un **brave** homme | *a good, kind man* |
| | un homme **brave** | *a brave man* |
| **certain** | un **certain** charme | *a certain, particular charm* |
| | une chose **certaine** | *a sure thing* |

| cher | mon **cher** ami | *my dear friend* |
|---|---|---|
| | un hôtel **cher** | *an expensive hotel* |
| même | le **même** jour | *the same day* |
| | le jour **même** | *the very day* |
| pauvre | un **pauvre** voyageur | *an unfortunate traveler* |
| | un voyageur **pauvre** | *a poor traveler* |
| | | *(without money)* |
| propre | ma **propre** chambre | *my own room* |
| | une chambre **propre** | *a clean room* |

5. Descriptive adjectives sometimes precede the noun for emphasis.

> Notre **vive** curiosité nous incite à rechercher des amitiés durables
> hors du champ immédiat. L'**immense** popularité des rubriques
> «correspondants étrangers» semble le prouver.

**Précisons!**

Un restaurant sympathique. Jean-Claude et sa nouvelle amie Alice cherchent un restaurant dans un quartier charmant de la ville. Complétez leur dialogue, en utilisant les noms et les adjectifs entre parenthèses. Attention à la place de l'adjectif.

ALICE: Voici un petit restaurant sympathique! Tu veux y manger?

JEAN-CLAUDE: Oui, pourquoi pas? Je trouve que cet endroit a un _____ _____[1] (charme, certain).
(*Ils s'asseyent à une table du fond.*)

ALICE: Mais regarde cette nappe, Jean-Claude! Il y a des taches partout!

JEAN-CLAUDE: Hum... Ce restaurant est charmant, mais j'aimerais avoir une _____ _____[2] (nappe, propre).

ALICE: Moi aussi... Tiens! Tu reconnais cette _____ _____[3] (dame, jeune) là-bas en rouge?

JEAN-CLAUDE: Ah oui... Qui est-ce déjà? Ah, j'y suis! C'est Sophie Lorgueil, _____ _____[4] (la femme, ancien) du pharmacien.

ALICE: C'était un mari tout à fait dévoué à sa femme. Et puis elle l'a quitté l'année dernière...

JEAN-CLAUDE: Oui, le _____ _____[5] (type, pauvre) a beaucoup souffert. Mais enfin... Ah, voici le serveur avec un menu.

ALICE: Hum… avec ces prix, on pourrait quand même chacun recevoir son \_\_\_\_ \_\_\_\_[6] (menu, propre)!

JEAN-CLAUDE: Tu as raison, on va avoir un \_\_\_\_ \_\_\_\_[7] (repas, cher) même si nous ne commandons pas beaucoup de plats.

ALICE: Ça ne fait rien. Nous choisirons un endroit moins charmant demain soir.

**Interactions**

**A.** Travail à deux. Tournez au sondage «Ce que pensent les Américains… » (p. 15) et regardez les listes d'adjectifs qui décrivent les qualités et les défauts des Français selon les Américains. Avec un partenaire, faites deux listes semblables où vous décrirez les qualités et les défauts des Américains.

**B.** Travail à quatre. Comparez vos listes de l'Activité A à celles d'un autre groupe dans la classe. Notez les contrastes et essayez d'arriver à une liste commune.

**C.** Le compagnon idéal. Votre partenaire et vous êtes à la recherche du compagnon qui partagera votre appartement. Décrivez cette personne idéale: son apparence physique, sa personnalité, ses habitudes, etc. Utilisez des adjectifs de la liste qui accompagne l'exercice à la page 19.

**D.** Un compagnon impossible! Maintenant, vous faites avec votre partenaire le portrait de la personne que vous n'accepteriez sous aucune circonstance! N'ayez pas peur de souligner ses défauts.

# 3 Comparisons with Adjectives

**Les apparences sont moins importantes que la personnalité, n'est-ce pas?**

1. The following constructions are used with adjectives to express comparisons.

   a. **plus... que** (*more . . . than*)

   | | |
   |---|---|
   | Est-ce que les apparences sont **plus** importantes **que** la personnalité? | *Are appearances more important than personality?* |

   b. **moins... que** (*less . . . than*)

   | | |
   |---|---|
   | Moi, je trouve que les correspondants français sont **moins** intéressants **que** les correspondants africains. | *I think that French pen pals are less interesting than African pen pals.* |

   c. **aussi... que** (*as . . . as*)

   | | |
   |---|---|
   | Hélène est **aussi** grande **que** sa sœur. | *Helen is as tall as her sister.* |

   Stressed pronouns (Chapter 6, Section 18) are used after **que** in comparisons.

   | | |
   |---|---|
   | Connais-tu Roch Voisine? Il n'y a pas de chanteur québécois plus populaire que **lui** en ce moment. | *Do you know Roch Voisine? There is no Quebec singer more popular than he is right now.* |

2. The superlative of adjectives (*the most . . . , the least . . .* ) adds the definite article (**le, la, les**) to the comparative form. When a superlative adjective follows the noun, there are two definite articles: one before the noun, the other before the adjective. In those cases when a superlative adjective precedes the noun, the definite article comes only before the adjective. The preposition **de** expresses *in* or *of* in superlative constructions.

   | | |
   |---|---|
   | Quelle est **la** cassette **la moins chère?** | *What is the least expensive tape?* |
   | C'est **le** disque **le plus récent** de Patricia Kaas. | *That's Patricia Kaas's latest record.* |
   | Joëlle trouve que Gérard Depardieu est **le plus bel** acteur de France. | *Joëlle thinks that Gérard Depardieu is the most handsome actor in France.* |

3. Some adjectives have irregular comparative and superlative forms. The most common of these adjectives are **bon** and **mauvais**.

| ADJECTIVE | COMPARATIVE FORMS | SUPERLATIVE FORMS |
|---|---|---|
| bon(ne) | meilleur(e) | le meilleur<br>la meilleure<br>les meilleur(e)s |
| mauvais(e) | plus mauvais(e)<br>pire | le plus mauvais, le pire<br>la plus mauvaise, la pire<br>les plus mauvais(es), les pires |

**Plus mauvais** and **le plus mauvais** are used much more frequently than **pire** and **le pire,** which tend to express abstract or moral judgments in formal literary style.

A mon avis, c'est **le plus mauvais** restaurant du quartier.
*In my opinion, that's the worst restaurant in the neighborhood.*

La solitude est **la pire** situation imaginable.
*Loneliness is the worst situation imaginable.*

4. The comparative and superlative forms are repeated with each adjective.

Ma nouvelle propriétaire est **plus âgée** et **plus élégante** que l'autre.
*My new landlady is older and more elegant than the other one.*

Est-ce que les hommes sont **aussi intelligents** et **aussi affectueux** que les femmes?
*Are men as intelligent and as affectionate as women?*

5. Comparisons can be reinforced with **bien, beaucoup,** or **encore.**

L'amitié est **bien plus importante** que les biens matériels.
*Friendship is much more important than material possessions.*

Ce restaurant-là est **encore plus cher** que les autres!
*That restaurant is even more expensive than the others!*

**Précisons!**

**A.** Parlons d'amitié. Remplissez les tirets ci-dessous avec le comparatif ou le superlatif, selon vos opinions.

1. Un correspondant étranger est _____ intéressant qu'un correspondant américain.
2. Une amie qui aime les «boums» est _____ sérieuse qu'une amie qui travaille le samedi soir.
3. Un copain qui a le sens de l'humour est _____ ennuyeux qu'un copain trop travailleur.

4. Un(e) camarade de chambre indiscret/indiscrète est _____ difficile à vivre qu'un(e) hypocrite.

5. Un(e) ami(e) attentif/attentive est _____ agréable de tous/toutes!

**B.** Un nouvel ami. Vous avez un ami qui a des idées originales. Etes-vous d'accord avec ce qu'il dit? Si oui, expliquez pourquoi. Si non, transformez les phrases pour exprimer votre point de vue.

1. «Les loisirs sont plus utiles que le travail.»  2. «La vie solitaire est meilleure que la vie en famille.»  3. «L'amour est moins important que l'argent.»  4. «Le mariage moderne est la pire des institutions!»  5. «La vie à la campagne est aussi agréable que la vie en ville.»

**Interactions**

**A.** Apprenez à mieux connaître votre voisin(e)! Faites l'interview d'un(e) camarade de classe. Prenez des notes pour préparer une description dans laquelle vous vous comparez à cette personne.

LES FILMS: Demandez-lui…
1. quel est le meilleur film de cette année.
2. quel est le meilleur acteur de nos jours.
3. quel genre de films il/elle préfère.
4. s'il/si elle va au cinéma toutes les semaines.
Conclusion: plus/aussi/moins romantique que vous? aventurier? sociable?

LES ANIMAUX: Demandez-lui…
5. s'il/si elle a un animal favori à la maison.
6. de comparer les chiens et les chats (agressif, affectueux, caressant, docile, etc.).
7. de comparer les animaux exotiques et les animaux domestiques.
Conclusion: plus/moins/aussi attiré(e) par les animaux?

LES VÊTEMENTS: Demandez-lui…
8. s'il/si elle s'habille dans les grands magasins, dans les boutiques, à Monoprix.
9. s'il/si elle adore faire les magasins.*
10. quels sont ses goûts en matière de vêtements.
Conclusion: plus/moins/aussi chic que vous? plus/moins/aussi difficile à contenter? plus/moins/aussi conscient(e) que vous de ce qu'il/elle porte?

Maintenant, composez un paragraphe, d'au moins une demi-page. Comparez-vous à votre voisin(e). Concluez en résumant votre plus grande divergence.

**B.** Parlons superlativement! Choisissez, avec votre partenaire, la personne de votre connaissance qui vous semble la plus intéressante. Justifiez votre

---

*faire… passer dans beaucoup de magasins

choix, puis procédez de la même façon pour la personne la plus créative, la plus intelligente, la plus bizarre.

**C.** Une bonne image d'eux-mêmes. Voyez la photo d'une Tour Eiffel en allumettes construite par un Français qui compte parmi les 76% qui se disent adroits. Lisez l'extrait ci-dessous tiré du *Journal Français d'Amérique* sur l'image que les Français ont d'eux-mêmes. Faites le même exercice. Formez un groupe de quelques étudiants et répondez aux questions. Vous trouvez-vous...

|  | TRÈS | ASSEZ | PEU | PAS DU TOUT |
|---|---|---|---|---|
| intelligent? | —— | —— | —— | ———— |
| adroit? | —— | —— | —— | ———— |
| travailleur? | —— | —— | —— | ———— |
| accueillant? | —— | —— | —— | ———— |
| énergique? | —— | —— | —— | ———— |
| honnête? | —— | —— | —— | ———— |
| propre? | —— | —— | —— | ———— |
| sérieux? | —— | —— | —— | ———— |
| débrouillard? | —— | —— | —— | ———— |

# Une bonne image
## D'EUX-MÊMES

**Une enquête auprès d'un échantillonage**[a] de Français a permis de savoir un peu plus scientifiquement et précisément quelle image les Français ont d'eux-mêmes. A la question: *Vous trouvez-vous très, assez, peu ou pas du tout intelligent?* 4% ont opté pour le très intelligent, 1% pour le pas du tout et 72% pour la modération dans la positivité: assez intelligent. Sont-ils plutôt adroits ou plutôt maladroits? 76% sont plutôt adroits contre 16% qui avouent s'écraser un doigt lorsqu'ils plantent un clou.

**Sont-ils travailleurs?** Ou au moins, sont-ils honnêtes? Selon les sondages[b] toujours, la France est le pays européen où l'on travaille le moins. 45% se disent très travailleurs (mais l'enquête ne permet pas de dire si ces capacités sont, en fait, mises en action ou s'il ne s'agit que d'une estimation de leur potentiel) et, surprise, alors que pour les autres questions, les femmes sont plus modestes que les hommes, ici 48% d'entre elles contre 42% pour les messieurs, se disent très travailleuses. Réunis de nouveau, 47% se croient assez travailleurs, 4% peu travailleurs et 1% pas du tout.

[a] *sample*
[b] *opinion polls*

Calculez le pourcentage d'étudiants qui se disent très/assez/peu/pas du tout adroits, travailleurs, etc., dans votre groupe. Maintenant choisissez un rapporteur qui va présenter vos conclusions à la classe.

**D.** Sondage pour rire. Répondez aux questions suivantes sur les autres étudiants dans la classe.

1. Qui a les plus longs cheveux?
2. Qui est le/la plus grand(e)?
3. Qui est le/la plus curieux/curieuse?
4. Qui est le/la plus matinal(e)?
5. Qui est le/la plus bronzé(e)?
6. Qui est le/la plus âgé(e)?
7. Qui habite la ville la plus proche?
8. Qui habite la ville la plus éloignée?
9. Qui est le/la plus petit(e)?
10. Qui est le/la plus comique?

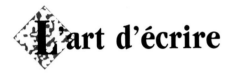

# L'art d'écrire

## Pour écrire une lettre à un(e) ami(e)

The purpose of the **L'art d'écrire** section is to help you develop your writing skills in French. This section focuses on one or two features of a written text provided as a sample, then takes you step-by-step through your own writing.

Writing a letter in French is very much like writing one in English; however, there are certain differences in style and format that are distinctively French. There are formulaic salutations and closings that are appropriate for friendly letters and others that are used in more formal correspondence.

In the letter that follows, notice the formulas with which the writer opens and closes the letter. Notice, too, how the body of the letter is organized. You will then be asked to include these same elements in a personal letter of your own.

---

Indianapolis, le 29 août

Mon chou,
Je viens à peine d'arriver et tu me manques déjà. Le vol s'est bien passé et je n'ai eu aucune difficulté avec la correspondance à New York. Je suis arrivée à Indianapolis hier soir et ma «nouvelle famille» américaine m'attendait à l'aéroport.

Les Smithson ont deux enfants, un garçon et une fille. David, l'aîné, a seize ans et il va au lycée où il apprend le français (assez bien d'ailleurs!). C'est un garçon très svelte aux cheveux d'un blond presque blanc. Il est très sportif et très bronzé. Il conduit sa propre voiture (parce qu'ici on peut conduire à l'âge de seize ans). Il travaille tous les week-ends dans une quincaillerie.° Les jeunes ici sont tellement plus indépendants et plus libres que chez nous! La petite fille s'appelle Tracy. Elle a sept ans et un sourire très malicieux. Toute la soirée elle a joué avec sa «Barbie Doll» à la déshabiller et à la rhabiller. Tracy est blonde aussi avec des yeux bleus magnifiques et des taches de rousseur plein la figure.° Elle suit des cours de ballet. Ce qui est intéressant ici, c'est que les enfants ont le droit d'utiliser le téléphone quand ils veulent! (C'est incroyable, non?)

*hardware store*

*taches... face full of freckles*

Monsieur et Madame Smithson sont formidables, très jeunes et dynamiques. Depuis hier soir ils font tout pour me mettre à l'aise. Je n'ai pas le temps d'avoir le mal du pays° parce qu'il y a tellement de choses à découvrir.

*avoir... to be homesick*

Ecris-moi pour me donner des nouvelles des copains. Ne t'ennuie pas trop! Je te quitte en t'embrassant bien fort.

Ta copine,
Sylvie

**Analyse**

1. Dans quelle partie de la lettre est-ce que Sylvie met le nom de la ville? Où est la date? Comment la lettre se termine-t-elle?
2. Est-ce que Sylvie écrit une introduction? Où commence le corps de la lettre? Où commence la conclusion? Quel est le contenu de chaque partie?

**Préparation à l'écriture**

**A.** L'appel. Il y a plusieurs façons de commencer une lettre à un(e) ami(e). Voici quelques exemples: **Mon chou, Cher Michel, Chers tous, Mon/Ma chéri(e), Salut, Mon pote** (*fam.*), etc.

**B.** La fin de la lettre. Il y a aussi plusieurs façons de conclure: **Ta copine, Ta meilleure amie, Ton ami, Ton petit chou, Grosses bises, Mille baisers, Je t'embrasse, Je te fais une bise,** etc.

**C.** Écrivez une lettre basée sur le modèle ci-dessus. Voici quelques suggestions:

1. Imaginez que l'étudiante française dans la lettre ci-dessus vient d'arriver dans votre famille (ou chez vos voisins). Quelle sorte de lettre va-t-elle écrire à ses amis pour décrire votre famille et ses impressions?

2. Imaginez que vous êtes placé(e) dans une famille très bizarre lors de votre voyage d'étude en France. Écrivez une lettre où vous décrivez vos impressions à un(e) ami(e).

# Récapitulation

**A.** Complétez le passage suivant avec les éléments qui correspondent. Attention aux accords des verbes et des adjectifs.

1. Quand mes amis et moi (nous) _____ à une boum, nous _____ très _____ de danser, parce que nous n' _____ pas souvent l'occasion d'être ensemble.

   aller
   avoir
   être
   impatient

2. Si vous _____ rencontrer de _____ amis, vous _____ écrire des «télégrammes» au magazine *Mag'Jeunes*. Vous _____ faire connaissance avec des personnes _____.

   devoir
   étranger
   nouveau
   pouvoir
   vouloir

3. Quand on _____ quelqu'un pour la _____ fois, on _____ de nouer des liens d'amitié. Si on _____ les mêmes intérêts, on _____ vite de _____ amis.

   devenir
   essayer
   partager
   premier
   rencontrer
   vrai

4. Je _____ ma _____ amie depuis trois ans. Chaque été, nous _____ ensemble. Nous _____ rendre visite à nos amis qui _____ leurs vacances au bord de la mer.

   connaître
   meilleur
   passer
   préférer
   voyager

**B.** Traduisez en français les deux paragraphes suivants. Attention: Tous les verbes doivent être au présent de l'indicatif.

Joëlle has been looking for a foreign pen pal for two months. She just found Oméga's telegram in the most recent *Mag'Jeunes* magazine and is in the process of writing a long letter to Oméga.

In Madagascar Oméga is waiting impatiently for a letter from France. She hopes that her new friend likes to dance and to listen to music. She has the largest collection of cassettes in her class.

**C.** Sujets de discussion

1. Pourquoi cherche-t-on à avoir des correspondants à l'étranger? Quels sont les avantages de cette forme de rencontre? Est-ce qu'il y a des inconvénients? Expliquez votre réponse en donnant des exemples.

2. «L'habit ne fait pas le moine» est un proverbe français qui veut dire qu'il ne faut pas se fier aux apparences. Que pensez-vous de ce proverbe? Est-ce qu'il existe un proverbe équivalent en anglais? Lequel? Est-ce qu'à votre avis «l'habit fait le moine»? Donnez des exemples.

# On se débrouille...

## Pour saluer quelqu'un ou dire au revoir

**A.** On ne salue pas de la même manière un(e) ami(e), un employeur ou une personne que l'on rencontre pour la première fois. Pour chacune des expressions suivantes, dites si vous vous adressez à (1) un bon ami (une bonne amie), (2) un professeur ou (3) la mère d'un ami. Précisez aussi s'il s'agit d'une question, d'une réponse à une question, d'une excuse ou d'une façon de saluer ou de dire au revoir.

1. «Au revoir, monsieur; je suis très heureux/heureuse d'avoir fait votre connaissance.»
2. «Pas grand-chose. Je ne suis pas très en forme en ce moment.»
3. «Salut, Marc. Qu'est-ce que tu racontes?»
4. «Très bien, merci, et toi?»
5. «Bon, salut. Il faut que je file (*run*).»
6. «Je vais très bien, je vous remercie. Et vous-même?»
7. «Mes hommages, madame.»
8. «Plutôt mieux, je vous remercie.»
9. «Alors, à tout à l'heure.»
10. «Oh, ça va comme ci, comme ça. J'ai trop de boulot (*work*) en ce moment.»
11. «Bonjour, monsieur. Comment allez-vous?»
12. «Je suis désolé(e). Je suis un peu pressé(e). A une autre fois peut-être.»
13. «Au revoir, mademoiselle. J'espère que nous aurons l'occasion de nous revoir.»
14. «Au revoir, madame. A très bientôt, j'espère.»
15. «Bon, alors, à tout à l'heure.»
16. «Tiens, bonjour, comment ça va?»
17. «Je dois partir. A plus tard. Passe-moi un coup de téléphone.»
18. «Oh, mes excuses... je suis si maladroit(e).»

**B.** Bonjour et au revoir! Avec un(e) camarade de classe, jouez les rôles de deux personnes qui se rencontrent et qui se quittent dans des situations différentes. Vous vous parlez un peu avant de vous dire au revoir.

1. Vous êtes beaucoup plus âgé(e) que l'autre personne. Saluez-la et posez-lui des questions sur sa santé, son travail, etc. Ensuite, dites-lui au revoir.   2. Vous venez de rencontrer Mme Dupont, votre professeur de français, dans un magasin tard le soir. Dites-vous bonjour.   3. Vous rencontrez un(e) ami(e) qui veut vous parler assez longtemps, mais vous êtes pressé(e). Trouvez une excuse.   4. Vous rencontrez la mère de votre ami, mais vous ne vous sentez pas bien. Vous êtes impatient(e) de rentrer chez vous. Excusez-vous.   5. En conduisant, vous rentrez dans (*collide with*) la voiture de votre voisin, M. Leduc. Il fait nuit. Faites vos excuses.

# Mots utiles: Faisons connaissance!

*Pour faire connaissance*

| | |
|---|---|
| aller à une boum, à une soirée, à une fête | to go to a party |
| apprendre à se connaître | to get to know each other |
| avoir de la conversation | to be a good conversationalist |
| avoir le sens de l'humour | to have a good sense of humor |
| courir des risques | to take chances |
| embrasser | to kiss |
| envoyer un télégramme, une lettre, un petit mot | to send a telegram, a letter, a note |
| faire la connaissance de quelqu'un | to get acquainted with someone |
| faire une nouvelle connaissance | to meet someone new |
| faire des progrès en français | to improve in French |
| impressionner les autres, les gens | to impress other people |
| partager des idées, des intérêts | to share ideas, interests |
| partir en vacances | to go on vacation |
| pouvoir se confier à quelqu'un | to be able to confide in someone |
| recevoir des amis (chez soi) | to have friends over |
| rencontrer des gens | to meet people |
| répondre à une petite annonce | to answer a personal ad |
| sortir avec des ami(e)s | to go out with friends |

*Pour faire un portrait physique*

| | |
|---|---|
| être beau/belle | to be good-looking |
| bronzé(e) | tanned |
| grand(e) | tall |
| plus agé(e) que | older than |
| sportif/sportive | athletic |
| avoir _____ ans | to be _____ years old |
| avoir les cheveux | |
| blonds | blond |
| noirs | black |
| roux | red |
| avoir les yeux | |
| bleus | blue |
| marron | brown |
| noirs | black |
| verts | green |
| la façon de s'habiller | the way people dress, are dressed |

*Pour faire un portrait moral*

| | |
|---|---|
| être accueillant(e) | to be friendly, welcoming |
| affectueux/ affectueuse | affectionate |
| amusant(e) | funny |
| bête | stupid |
| débrouillard(e) | clever, resourceful |
| ennuyeux/ennuyeuse | boring |
| entêté(e) | stubborn |
| facile/difficile à vivre | easy/hard to live with, easygoing/not easygoing |
| génial(e) | great |
| gentil(le) | kind |
| sympathique | nice |
| travailleur/ travailleuse | hard-working |
| le défaut | fault, bad quality |
| la qualité | good quality |

*Passe-temps favoris*

| | | |
|---|---|---|
| la cuisine | → | faire la cuisine, cuisiner |
| le jardinage | → | faire du jardinage |
| la lecture | → | lire |
| la musique | → | écouter de la musique, jouer d'un instrument |
| la natation | → | faire de la natation, nager |
| la peinture | → | peindre à l'eau ou à l'huile |
| la photographie | → | prendre des photos |
| le shopping | → | faire les magasins |

*Quelques expressions supplémentaires*

*Noms*

| | |
|---|---|
| un animal favori | a pet |
| le/la correspondant(e) | pen pal, correspondent |

| | |
|---|---|
| l'endroit (*m.*) | place |
| l'être humain (*m.*) | human being |
| l'inconvénient (*m.*) | drawback |
| le mal du pays | homesickness |
| les nouvelles (*f.*) | news |
| la rubrique | (newspaper) column |
| un sujet (une situation) délicat(e) | a sensitive subject (situation) |
| le vélo, le vélomoteur | bike, moped |

*Adjectifs*

| | |
|---|---|
| déçu(e) | disappointed |
| doux/douce | sweet, gentle |
| éloigné(e) | distant |
| inquiet/inquiète | worried, anxious |
| jumeaux/jumelles (*pl.*) | twins |
| même | same, very |
| prochain(e) | next |
| vieux jeu | old-fashioned, old hat |

*Verbes*

| | |
|---|---|
| attirer | to attract |
| faire semblant (de + *inf.*) | to pretend (to) |
| paraître | to seem |
| rechercher | to look for |
| sembler | to seem |

*Mots divers*

| | |
|---|---|
| lors de | on the occasion of |

*Expressions idiomatiques et proverbe*

| | |
|---|---|
| L'habit ne fait pas le moine. | Don't judge a book by its cover. (*lit.*, It is not the cowl that makes the monk.) |
| parler de la pluie et du beau temps | to talk about the weather; to make small talk |
| tout à fait | completely |

---

**The Present Tense,** Questions possibles pour Interaction C *page 14: Etudiant(e) 1:* (1) Quels cours est-ce que tu suis ce semestre? (2) Quel est ton cours préféré? (3) Est-ce que tu aimes ton prof? Pourquoi? (4) Depuis quand est-ce que tu es étudiant(e) ici?

*Etudiant(e) 2:* (1) Est-ce que tu viens de faire une nouvelle connaissance? (2) Est-ce que tu essaies d'impressionner les gens que tu ne connais pas bien? (3) Où est-ce que tu vas pour faire de nouvelles connaissances? (4) Est-ce que tu aimes parler politique ou religion avec de nouveaux amis?

# Chapitre deux
# Invitations et rencontres

Une conversation animée

# Dans le vif du sujet

## Avant de lire

**Decoding Unfamiliar Words.** When reading in French you will come across words you do not recognize or whose meaning is unclear to you. In some cases it is possible to guess a word's meaning because it contains a root you recognize and therefore resembles a word you know. Figuring out the word's part of speech by noting how it is used in the sentence may provide clues. The context in which the word appears can also be of help. You already use these strategies in reading English.

Look at the following sentence from this chapter's reading and then consider how you might decipher the meaning of the word **froideur** if you do not know it: «... il est plus utile d'essayer de comprendre la cause de cette apparente froideur.» The noun **froideur** contains a root you may recognize in the adjective **froid.** It resembles the noun **chaleur,** and if you know that **la chaleur** means *heat,* you will guess correctly that **la froideur** means *cold* or, in this context, *coldness.*

The reading describes being invited out for a drink: «Attablés à la terrasse d'un café,... vous allez parler de tout et de rien.» The word **attablés,** with the root **table,** means (*seated*) *at a table,* which fits the context of having a drink at a café. It helps to note that **attablés,** with the plural **-s,** agrees with the word it modifies, **vous.** This information tells you that the word is an adjective.

Before reading **Invitations et rencontres,** scan the text to find words with the same roots as the following: **vendre, renseigner, comprendre, un choix, étudier, connaître.** Underline them when you find them. Then, using what you know about the meaning of these words together with the context, decipher the meaning of the words in the reading.

# Invitations et rencontres

Pour un Américain habitué au grand sourire qui accompagne le salut traditionnel, une simple poignée de main° peut sembler réticente. A la première rencontre, les Français sont en effet distants et peu démonstratifs. C'est par prudence qu'ils observent et jugent leur nouvel interlocuteur avant de se mettre dans une situation délicate.

poignée... *handshake*

La formalité qui règle les rapports initiaux entre les gens assure la protection de l'individu. Les Français sont souvent surpris de voir la façon familière dont les vendeurs

**Enchantée…**

**Copains et copines à la terrasse d'un café**

et les vendeuses saluent leurs nouveaux clients dans les magasins américains. La formalité des Français est d'ailleurs évidente dans d'autres domaines comme la façon de marcher, la tenue vestimentaire et le contrôle du corps.

Cette attitude réservée des Français vis-à-vis du nouveau venu repose sur un certain pessimisme à l'égard des gens en général. L'Américain, au contraire, est optimiste et confiant. Pour lui, les gens sont bons a priori et il faut leur faire confiance même si l'on doit le regretter plus tard. L'Américain n'a pas peur de prendre des risques. Qui peut dire quelle est la meilleure attitude? Au lieu de demander comme Montesquieu «Comment peut-on être français?», il est plus utile d'essayer de comprendre la cause de cette apparente froideur. Avec de la patience et de la compréhension des deux côtés, les Français et les Américains vont arriver à mieux se comprendre et même à nouer° une amitié durable.

*establish (lit., to tie together)*

Il ne faut pas être surpris quand au lieu de vous inviter chez lui immédiatement, le Français vous convie° à prendre un verre. Attablés à la terrasse d'un café, tout en sirotant° un Vittel Menthe ou une limonade, vous allez parler de tout et de rien. Vous pouvez échanger des renseignements sur vos vies respectives, votre famille, vos études, votre avenir, vos coutumes ou votre vie de tous les jours. Si vous vous entendez bien durant cette première rencontre, votre nouvel ami va vous inviter au restaurant. Il veut naturellement vous faire goûter la cuisine dont les Français sont si fiers. Laissez-vous tenter!

*invite*
*sipping*

C'est seulement plus tard que le Français vous invite chez lui. Il choisit d'habitude un dimanche ou un jour de fête pour vous présenter à ses parents. C'est un honneur et il convient d'apporter un petit quelque chose à la maîtresse de maison pour marquer cette occasion. Un bouquet de fleurs fait toujours plaisir et montre bien votre gratitude. Vous faites la connaissance de toute la famille et la mère de votre ami met un point d'honneur

**Un repas en famille**

à mijoter° de bons petits plats et à sortir la belle nappe et la porcelaine de Limoges.    *cook*
Après l'apéritif, on passe à table. Profitez-en! Ne pensez pas aux calories ou au régime.
N'ayez pas peur de faire des compliments à vos hôtes.

    Pendant ce repas, il n'est pas convenable de poser des questions d'ordre
professionnel et il est indiscret de vouloir connaître des détails personnels. Vous pouvez
parler de vos différences culturelles en accentuant toujours le côté positif.

    Tout en dégustant, faites attention aux bonnes manières. En France, l'étiquette est
sensiblement différente. Il faut mettre les deux mains sur la table et couper la viande de
la main droite en tenant la fourchette de la main gauche. On vous offre du vin par
politesse mais il est préférable de ne pas en abuser. Les Français apprécient beaucoup
un invité «bien élevé».

    Après plusieurs heures de conversation, après le café et le pousse-café,° vous    *after-dinner drink*
sortez de table heureux d'avoir fait de nouveaux amis.

    Nombreux sont les Français qui pensent encore que le meilleur endroit pour se
réunir est autour d'une table bien garnie. Chaque jour de fête (surtout les fêtes d'origine
religieuse) est l'occasion de partager non seulement la table d'un ami, mais aussi de
partager ses joies. Le 6 janvier, on fête les Rois* avec une galette,† à la Chandeleur‡ on
mange les crêpes, à Pâques l'agneau, à Noël la dinde… Pour les premières commu-
nions et les mariages, on invite encore tous les parents et amis à la ronde.°    *à… dans la région*
Périodiquement, les Français se réunissent ainsi pour fêter l'amitié. Une fois admis dans
leur intimité, vous y êtes pour la vie.

---

***Fête des Rois** (Epiphany) celebrates the arrival of the Magi in Bethlehem.
†flaky pie with or without almond paste filling
‡**Chandeleur** (February 2) is the celebration of the presentation of Jesus in the temple. The traditional fare is
the **crêpe.**

**Avez-vous compris?**

Lisez les phrases suivantes. Selon le texte que vous venez de lire, dites si c'est probablement un(e) jeune Américain(e) ou un(e) jeune Français(e) qui parle. Ce sont de nouveaux amis. Expliquez votre réponse.

1. «Est-ce que tu veux venir prendre un verre avec moi au café du coin?»
2. «Viens passer l'après-midi chez moi; j'habite tout près d'ici. On peut prendre ma voiture.»
3. «Je connais un bon petit restaurant dans ce quartier. Ils servent une bouillabaisse excellente.»
4. «Si tu es libre le week-end prochain, viens dîner à la maison. Ma mère est une bonne cuisinière!»
5. «D'accord, mais après le repas on va faire un peu de jogging pour brûler toutes ces calories!»
6. «Chez moi, il n'y a pas beaucoup de repas en famille. On mange en cinq minutes.»
7. «Si tu ne veux pas être gêné à table, il faut mettre la main droite sur la table et la main gauche sur les genoux.»
8. «On peut commander une pizza et regarder tous ensemble le film à la télé. Qu'en penses-tu?»

**Qu'en pensez-vous?**

Discutez des questions suivantes avec un(e) camarade de classe. Utilisez les expressions suggérées pour faciliter votre discussion.

**Expressions utiles:** Rencontres

au club de sport *at the sports, health club*
dans un café *in a café*
dans l'avion *on the plane*
inviter quelqu'un à déjeuner, chez soi, à aller au cinéma *to invite someone for lunch, to your home, to go to the movies*
par hasard *by chance*
pendant les vacances *during vacation*
prendre rendez-vous avec quelqu'un *to make an appointment with someone*
prendre un verre avec quelqu'un *to have a drink with someone*
rendre visite à quelqu'un *to visit someone*
se réunir autour d'une table bien garnie *to gather around a good meal*

1. Quand vous rencontrez quelqu'un chez des amis, dans une salle de cours, à une soirée, comment faites-vous connaissance? Quelles sortes de questions posez-vous à votre futur(e) ami(e)? Lorsque quelqu'un vous pose ces questions, comment répondez-vous?
2. Où faites-vous de nouvelles rencontres? Comment? Expliquez les circonstances de ces rencontres. Que faites-vous pendant la deuxième rencontre?

# Grammaire en contexte
## 4 Nouns

Entre amis à la terrasse
d'un café

## GENDER OF NOUNS

In French, nouns are either masculine or feminine; there are no neuter
nouns as in English. Gender is a grammatical feature of nouns; it does not
mean that things or ideas are perceived as having masculine or feminine
attributes.

The gender of a French noun is often identified by an accompanying
article, adjective, or other modifier. For example, the singular indefinite
article (**un, une**) clearly indicates gender. In addition, gender can often be
identified by the meaning or the form of the noun.

1. Nouns that refer to males (both people and animals) are normally
   masculine, and those that refer to females are normally feminine.

| MASCULINE | FEMININE |
|-----------|----------|
| un bœuf | une vache |
| un homme | une femme |
| un garçon | une fille |
| un frère | une sœur |

2. Some nouns that refer to people have an added silent **-e** in the feminine form. The consonant preceding the silent **-e** is pronounced.

| | |
|---|---|
| un ami | une amie |
| un assistant | une assistante |
| un employé | une employée |
| un étudiant | une étudiante |

3. A few masculine nouns denoting professions have no corresponding feminine form. The context indicates the gender: **Madame Martin est professeur.** For emphasis, the phrase **une femme** may precede the noun.

| | |
|---|---|
| un agent | une femme agent |
| un cadre | une femme cadre |
| un ingénieur | une femme ingénieur |
| un médecin | une femme médecin |
| un professeur | une femme professeur |

4. Many nouns that end in **-e** refer to both males and females. Their gender is indicated by an article or other modifier, or by the context.

| | |
|---|---|
| un architecte | une architecte |
| un journaliste | une journaliste |
| un secrétaire | une secrétaire |
| un touriste | une touriste |

5. A few nouns have the same gender when referring to either males or females.

| ALWAYS MASCULINE | ALWAYS FEMININE |
|---|---|
| un être (*being*) | une personne |
| un mannequin (*fashion model*) | une vedette (*film star*) |

6. Many nouns have special endings in the feminine. The feminine form always ends in **-e,** and there is a corresponding change in pronunciation.

| | |
|---|---|
| un boulanger | une boulangère |
| un couturier | une couturière |
| un ouvrier | une ouvrière |
| un chanteur | une chanteuse |
| un coiffeur | une coiffeuse |
| un danseur | une danseuse |
| un acteur | une actrice |
| un directeur | une directrice |
| un patron | une patronne |
| un musicien | une musicienne |
| un informaticien | une informaticienne |

7. The gender of a noun referring to an inanimate object or an idea is sometimes shown by its ending.

| MASCULINE | | FEMININE | |
|---|---|---|---|
| **-age** | un voyage, un visage, un village, un garage, un mirage | **-esse** | la vitesse, la vieillesse |
| | | **-ance** | une connaissance |
| | | **-ence** | une agence, une science |
| **-ail** | un travail, un chandail | **-ée** | une journée, une matinée |
| **-al** | un journal, un bal, un hôpital | **-ette** | une fourchette, une omelette |
| **-eau** | un bureau, un morceau | **-ie** | la géographie, la chimie |
| **-isme** | le tourisme, le socialisme | **-sion** | une conclusion |
| **-ment** | un appartement, un gouvernement | **-tion** | une action, une nation |
| | | **-tude** | une étude, la solitude |
| **-aire** | un dictionnaire, un itinéraire | **-té** | la beauté, la santé |
| | | **-ure** | la nature, une blessure |
| *Exceptions* | | *Exceptions* | |
| **-age** | une plage, une cage, une image | **-ée** | un musée, un lycée |
| **-eau** | une eau, la peau | **-ie** | un parapluie, un incendie |

8. The names of the days, the months, and the seasons; the names of languages; and the names of colors are masculine.

|  |  |
|---|---|
| le mercredi | le français |
| le printemps | le rouge |

9. Several pairs of French nouns look the same but have different meanings and genders.

faire **un tour** *to take a trip*
**la Tour** Eiffel *the Eiffel Tower*

**un livre** de français *a French book*
**une livre** de haricots *a pound of beans*

**le mode** de vie *lifestyle*
**la mode** parisienne *Paris fashion*

trouver **un poste** *find a job*
**un poste** de radio, de télévision *radio, television set*
aller à **la poste** *to go to the post office*

**Précisons!**

**A.** Allons prendre un verre. Complétez la conversation en identifiant le genre des noms par la forme correcte des articles entre parenthèses.

STEVE: Tu as l'air fatigué aujourd'hui.
FRANÇOIS: (Le/La) mardi, j'ai (un/une) journée difficile. Ça commence avec (le/la) géographie à neuf heures, (le/la) russe à dix heures et (le/la) littérature à onze heures. (Le/La) travail pour ce cours est incroyable! Je trouve que (le/la) romantisme est un mouvement littéraire ennuyeux.
STEVE: Moi aussi. A vrai dire, je ne comprends pas la critique moderne. Je ne veux pas faire (le/la) connaissance de Mme Saitout, (le/la) professeur de maths, parce qu'on dit qu'elle est vraiment casse-pieds (*a pain in the neck*)!
FRANÇOIS: Dépêchons-nous de choisir (un/une) consommation. Voici (le/la) garçon qui arrive.

*(Ils bavardent un peu ensemble. Tout à coup François se souvient d'un rendez-vous.)*

FRANÇOIS: Zut! Regarde l'heure! J'ai rendez-vous avec (un/une) amie.
STEVE: Et moi, je vais acheter (un/une) journal parce que je veux trouver (un/une) appartement plus proche (de la/du) faculté. Après ça, je dois aller poster une lettre. (Le/La) poste est juste à côté.
FRANÇOIS: Bon, je t'accompagne. (Le/La) bibliothèque est sur (le/la) chemin. Ce n'est pas loin.

**B.** Changement de rôles. Les femmes choisissent de plus en plus les professions traditionnellement réservées aux hommes. Donnez la forme *féminine* des professions et des métiers suivants.

1. un technicien
2. un navigateur
3. un douanier
4. un mécanicien
5. un pilote
6. un ouvrier
7. un électricien
8. un administrateur
9. un cadre
10. un ingénieur
11. un garagiste
12. un artisan
13. un avocat
14. un psychologue
15. un professeur
16. un postier
17. un agriculteur
18. un bagagiste
19. un médecin
20. un plombier

**C.** A bas le sexisme! Il existe également des professions traditionnellement réservées aux femmes. De nos jours, les hommes remplissent aussi ces fonctions. Donnez la forme *masculine* des professions suivantes.

1. une réceptionniste
2. une blanchisseuse
3. une secrétaire
4. une institutrice
5. une infirmière
6. une standardiste (*telephone operator*)

## PLURAL FORMS OF NOUNS

1. The plural of most French nouns is formed by adding a silent **-s** to the singular.

| SINGULAR | PLURAL |
|----------|--------|
| une rencontre | des rencontres |
| un ami | des amis |
| un Américain | des Américains |

2. Nouns that end in **-s, -x,** or **-z** in the singular have the same form in the plural.

| | |
|----------|--------|
| un cours | des cours |
| un Français | des Français |
| une voix | des voix |
| un nez | des nez |

3. Some groups of nouns have plurals ending in **-x** or in **-s.**

| ENDING | SINGULAR | PLURAL IN -X | PLURAL IN -S |
|--------|----------|--------------|--------------|
| **-eu** | un cheveu | des cheveux | |
| | un feu | des feux | |
| | un jeu | des jeux | |
| | un lieu | des lieux | |
| | un pneu | | des pneus |
| **-eau** | un bateau | des bateaux | |
| | un château | des châteaux | |
| | un couteau | des couteaux | |
| | une eau | des eaux | |
| | un gâteau | des gâteaux | |

| ENDING | SINGULAR | PLURAL IN -X | PLURAL IN -S |
|--------|----------|--------------|--------------|
| **-ou** | un bijou | des bijoux | |
| | un chou | des choux | |
| | un genou | des genoux | |
| | un hibou | des hiboux | |
| | un clou | | des clous |
| | un sou | | des sous |
| | un trou | | des trous |
| **-al** | un cheval | des chevaux | |
| | un hôpital | des hôpitaux | |
| | un mal | des maux | |
| | un carnaval | | des carnavals |
| | un festival | | des festivals |
| **-ail** | un travail | des travaux | |
| | un vitrail | des vitraux | |
| | un chandail | | des chandails |
| | un détail | | des détails |

4. A few nouns have irregular plural forms.

| | |
|---|---|
| un œil | des yeux |
| monsieur | messieurs |
| madame | mesdames |
| mademoiselle | mesdemoiselles |

5. The plural of family names in French is indicated by a plural article. No **-s** is added to the family name.

> **Les Leblanc** ont invité **les Didier** chez eux.
>
> *The Leblancs invited the Didiers over.*

6. To refer to a group that includes males and females, the masculine plural form of the noun is used in French.

> un étudiant et trois étudiantes → quatre **étudiants**
> deux Américains et trois Américaines → cinq **Américains**

7. A few nouns have only plural forms.

> les gens (*m.*) *people*
> les vacances (*f.*) *vacation*
> les fiançailles (*f.*) *wedding engagement*

8. The plural forms of compound nouns are discussed in **Appendice D** at the back of the book.

44

Un café au bord de la Seine. Complétez la description du café en donnant le pluriel du nom qui convient.

Précisons!

C'est un charmant petit café au bord de la Seine. De vieux _____¹ jouent aux cartes. Quelques solitaires lisent leurs _____² dans un coin. De temps en temps, ils lèvent les _____³ et regardent les _____⁴ qui voguent sur la Seine.

bateau
journal
monsieur
œil

De l'autre côté du café, les _____⁵ sont installés en famille. Les nièces et les _____⁶ discutent des _____⁷ de leur vie pendant que les parents prennent du café et des _____.⁸

détail
Dupont
gâteau
neveu

Deux jeunes gens mettent leurs _____⁹ dans le juke-box. On entend par dessus (*above*) tout ce bruit les _____¹⁰ connues des _____¹¹ à la mode.

chanteur
sou
voix

Interactions

**A.** Que font-ils? Formez un petit groupe. Lisez ce que font les personnes suivantes et, à tour de rôle, devinez leurs métiers.

1. Elle fait des petits pains dorés. Elle est toujours blanche de farine. Elle vend aussi des croissants.
2. Il soigne les malades dans les hôpitaux. Il leur apporte des médicaments et il prend leur température. Le médecin lui demande de s'occuper des dossiers médicaux.

3. Elle fait des plans pour la construction des ponts et des barrages (*dams*). Elle porte un casque de sécurité au travail.
4. Elle est très chic et très svelte. Elle porte avec élégance le «dernier cri» des couturiers. Personne n'oserait porter des vêtements aussi excentriques!
5. Il travaille dans un bureau où il classe des dossiers et tape à la machine. Son patron ne peut pas se passer de (*to do without*) lui.
6. Il règle la circulation avec son petit bâton blanc. Il porte un képi (chapeau pour les militaires) et un uniforme.

**B.** Les descriptions. A votre tour maintenant de décrire certains métiers. Choisissez des professions aux pages 39 et 40 et faites en groupes des descriptions sur une feuille de papier que vous allez remettre au professeur. Quand le professeur lira les descriptions, la classe va deviner les différents métiers.

**C.** Chaîne de mots. Voici une liste de mots. Qu'est-ce que ces mots évoquent pour vous? Dans un petit groupe, pensez à tous les mots possibles qui vous viennent en tête. N'oubliez pas de mettre l'article pour les noms.

MODELE: un appartement... une table, une chaise, une fenêtre, la cuisine, l'indépendance...

1. la nature
2. un lycée
3. la beauté
4. les vacances
5. la vieillesse
6. les bureaux

**D.** Un petit cinquin.* Maintenant avec tous les mots que vous avez trouvés, composez un petit poème de cinq vers (un cinquin), en utilisant le schéma suivant.

Premier vers: Sujet (un mot)
Deuxième vers: Description du sujet (en deux mots—nom + adjectif ou deux adjectifs)
Troisième vers: Action du sujet (en trois verbes)
Quatrième vers: Expression d'une émotion sur le sujet (en quatre mots)
Cinquième vers: Autre mot sur le sujet qui reflète ce qui a déjà été dit

MODELE: Vieillesse
Tremblante, faible
Raconte, répète, rit
Pleine de souvenirs heureux
Sagesse

*idea for creating *cinquin poetry* from E. Allen and R. Valette, *Modern Language Classroom Techniques* (New York: Harcourt Brace Jovanovich, 1977), pp. 321–22.

# **5** Articles

## FORMS

French has three types of articles: definite (often corresponding to *the* in English), indefinite (corresponding to English *a, an,* or *some*), and partitive (corresponding to *some* or *any*).

|  | MASCULINE SINGULAR | FEMININE SINGULAR | MASCULINE OR FEMININE SINGULAR NOUN BEGINNING WITH VOWEL OR MUTE h | PLURAL |
|---|---|---|---|---|
| *Definite article* | **le** restaurant | **la** table | **l'** hôtel<br>**l'** hôtesse | **les** invités |
| *with* **à** | **au** restaurant | **à la** table | **à l'** hôtel<br>**à l'** hôtesse | **aux** invités |
| *with* **de** | **du** restaurant | **de la** table | **de l'** hôtel<br>**de l'** hôtesse | **des** invités |
| *Indefinite article* | **un** restaurant | **une** table | **un** hôtel<br>**une** hôtesse | **des** invités |
| *Partitive article* | **du** fromage | **de la** crème | **de l'** eau<br>**de l'** huile | **des** confitures |

## THE DEFINITE ARTICLE: USES

The definite article (**le, la, l', les**) is used, as in English, to specify people, places, things, or ideas. It is repeated with each noun in a series.

Voilà **le** restaurant où nous sommes allés avec **les** nouveaux voisins.

*There's the restaurant we went to with the new neighbors.*

J'aime bien **les** salades, **les** desserts et **les** vins qu'on y sert.

*I like the salads, desserts, and wines they serve there.*

The definite article is also found in the following contexts in French where it is not usually used in English.

1. with abstract nouns

> Les Français se réunissent
> périodiquement pour fêter
> l'amitié.

> *The French get together every*
> *so often to celebrate*
> *friendship.*

> En France, l'étiquette est
> sensiblement différente.

> *In France, etiquette is*
> *noticeably different.*

2. in general statements

> **Les** Français sont souvent
> surpris de voir la façon
> familière dont **les** vendeurs
> et **les** vendeuses saluent **les**
> nouveaux clients dans **les**
> magasins américains.

> *French people are often*
> *surprised to see the casual*
> *way in which salespeople*
> *greet new customers in*
> *American stores.*

The definite article is used after verbs like **aimer, adorer, détester,** and
**préférer,** since these verbs frequently express generalizations about
one's likes and dislikes.

> Je n'aime pas **l'**agneau. Je
> préfère **le** jambon.

> *I don't like lamb. I prefer*
> *ham.*

3. with the names of languages (except after the verb **parler**) and
academic disciplines

> Il est utile de connaître **le** latin
> pour étudier **la** médecine.

> *It is useful to know Latin in*
> *order to study medicine.*

4. with the names of countries, provinces, and states

> L'été dernier, j'ai visité **la**
> France et l'Italie.

> *Last summer I visited France*
> *and Italy.*

> **La** Californie produit
> d'excellents vins.

> *California produces excellent*
> *wines.*

5. in dates

> Le restaurant ferme **le** 30
> juillet pour les vacances.

> *The restaurant closes for*
> *vacation on July 30.*

6. with the names of the days of the week (or other time periods) to
indicate repeated or habitual action

> En France, les restaurants sont
> souvent fermés **le** lundi.

> *In France, restaurants are*
> *often closed on Mondays.*

> **Le** week-end, je préfère
> m'évader.

> *On weekends I like to get*
> *away.*

For a single day of the week, however, the article is omitted.

| | |
|---|---|
| Je vais rendre visite à ma famille jeudi. | *I'm going to see my family Thursday (this Thursday).* |

7. with units of weight, quantity, and measure

| | |
|---|---|
| Ces fleurs coûtent 20,00F **la** douzaine. | *These flowers cost 20F per dozen.* |
| Et le vin, c'est 50,00F **la** bouteille. | *And the wine, it's 50F a bottle.* |

8. with parts of the body

| | |
|---|---|
| Elle a fermé **les** yeux pour apprécier la musique. | *She closed her eyes to enjoy the music.* |
| Est-ce que je dois tenir la fourchette de **la** main gauche? | *Should I hold my fork with my left hand?* |

## THE INDEFINITE ARTICLE: USES

1. The indefinite article (**un, une, des**) is used only with nouns that can be counted. It is repeated before each noun in a series.

| | |
|---|---|
| Vous pouvez apporter **un** bouquet de fleurs, **une** bouteille de vin ou **des** bonbons. | *You can bring a bouquet of flowers, a bottle of wine, or candy.* |

2. The indefinite article **(un, une)** is used in the singular, as in English, to indicate an unspecified noun.

| | |
|---|---|
| Pour **un** Américain habitué au grand sourire qui accompagne le salut traditionnel, **une** simple poignée de main peut sembler réticente. | *For an American used to the broad smile that accompanies a normal greeting, a simple handshake can seem (a little) reserved.* |

3. The plural indefinite article **des** is used to indicate an unspecified number of people or objects. The English counterpart may be *some, several,* or the noun alone, expressing an indefinite quantity.

| | |
|---|---|
| N'ayez pas peur de faire **des** compliments à vos hôtes. | *Don't be afraid to compliment your hosts.* |

## THE PARTITIVE ARTICLE: USES

1. The partitive article (**du, de la, de l', des**) is used with noncountable or "mass" nouns that refer to quantities measured in a "mass" rather than counted (such as milk, flour, money, music), or to abstract qualities

(such as peace, patience, courage). The idea of an unspecified amount—a part of a larger quantity—is expressed in French with the partitive article. Although the words *some* or *any* may be omitted in English, the partitive article is always used in French.

| | |
|---|---|
| Avec **de la patience** et **de la compréhension** des deux côtés, les Français et les Américains vont arriver à mieux se comprendre. | *With patience and understanding on both sides, French and Americans will come to understand each other better.* |
| Je prends **de la glace** à la vanille. | *I'll have some vanilla ice cream.* |

2. "Mass nouns" can be thought of as "count nouns" with the idea of a serving, portion, type, or brand. For example, in English we can order *a coffee to go* or *two Cokes*. In such cases the indefinite article **un, une, des** (or a number) is used in French as in English.

| | |
|---|---|
| Le beaujolais est **un vin** français. | *Beaujolais is a French wine.* |
| **Un vin blanc** et **deux bières**, s'il vous plaît. | *A white wine and two beers, please.* |

**Précisons!**

**A.** Les coutumes dans un restaurant français. Il y a des différences entre les restaurants français et les restaurants américains. Remplissez les tirets avec la forme de l'article qui convient.

Au restaurant, il n'est pas nécessaire de faire _____¹ réservations. Il y a _____² établissements qui sont fermés pendant _____³ vacances, mais ils sont ouverts _____⁴ jours fériés comme _____⁵ 14 juillet, par exemple. Souvent, _____⁶ prix est affiché à _____⁷ extérieur. On peut choisir _____⁸ menu à prix fixe ou à _____⁹ carte.

_____¹⁰ repas commence souvent par _____¹¹ potage. Quand on demande si _____¹² poisson est frais, _____¹³ cuisinier répond invariablement qu'il provient directement de _____¹⁴ Atlantique. Le plus souvent je commande _____¹⁵ assiette garnie comme hors-d'œuvre, _____¹⁶ viande, _____¹⁷ haricots verts, le tout arrosé d(e) _____¹⁸ bon petit rosé.

C'est _____¹⁹ garçon qui apporte _____²⁰ addition. On n'a pas besoin d'aller payer à _____²¹ caisse. Dans presque tous _____²² restaurants, _____²³ service est compris.

**B.** Voulez-vous maigrir? Complétez les phrases suivantes avec l'article qui convient pour découvrir les principes de base d'un bon régime.

1. Prenez trois repas par jour: _____ matin, à midi, et _____ soir. Ne mangez rien entre _____ repas; _____ bonbons et _____ chocolat sont interdits.

2. Si vous avez _____ impression d'avoir faim avant _____ repas, buvez _____ verre d'eau gazeuse. On peut aussi manger _____ yaourt nature ou _____ fruits. Mais il vaut mieux les supprimer au repas suivant.

3. Buvez beaucoup, surtout entre _____ repas. Choisissez _____ boisson sans sucre et sans alcool.

4. _____ restaurants d'entreprise servent très souvent _____ aliments «interdits». Si on vous offre _____ pommes de terre frites, par exemple, demandez plutôt _____ œuf dur ou _____ tranche (*f.*) (*slice*) de rôti.

5. _____ meilleure méthode pour éviter de calculer _____ calories, c'est de manger en abondance _____ aliments permis. Prenez souvent _____ carottes, _____ laitue, _____ tomates et _____ yaourts, et supprimez _____ aliments interdits.

# OMISSION OF THE PARTITIVE OR INDEFINITE ARTICLE AFTER *de*

The partitive article, as well as the plural indefinite article **des,** is omitted after the preposition **de** in the following contexts:

1. in all expressions of quantity, including "zero" quantities

> assez de  *enough*
> beaucoup de  *many, a lot of*
> combien de  *how many, how much*
> moins de  *less, fewer*
> plus de  *more*
> trop de  *too many, too much*
> une bouteille (une boîte, un paquet, un pot, une tasse, etc.) de
>    *a bottle (a can, a package, a cup, etc.) of*
> un kilo (litre, mètre, etc.) de  *a kilogram (liter, meter, etc.) of*
> un morceau de  *a piece of*
> ne... pas de  *no, not any*
> ne... jamais de  *never any*
> ne... plus de  *no more*

J'ai **beaucoup d'**amis français.
Apportez-moi **une carafe de** vin blanc et **un morceau de** gruyère, mais **pas de** pain.

*I have a lot of French friends.*
*Bring me a carafe of white wine and a piece of Gruyère (cheese), but no bread.*

*Exceptions:*

bien du/de la/des  *many*
la plupart des/du  *most*

| | |
|---|---|
| La plupart des Américains ont bien des questions à poser aux Français. | *Most Americans have many questions to ask the French.* |

2. after expressions like **avoir besoin de, avoir envie de, manquer de,** and **se servir de** with unspecified quantities or amounts

| | |
|---|---|
| Tout le monde **a besoin d'**amis. | *Everyone needs friends.* |
| Assurez-vous que vos questions ne **manquent** pas **de** tact. | *Be sure that your questions are not tactless.* |

3. after **de,** used to complete the meaning of an adjective

plein(e) de *full of*
couvert(e) de *covered with*
décoré(e) de *decorated with*
entouré(e) de *surrounded by, with*

| | |
|---|---|
| Pour les fêtes, la table est toujours **couverte de** bonnes choses à manger. | *For holidays, the table is always covered with good things to eat.* |
| On est entouré **de parents** et **d'amis.** | *We're surrounded by family and friends.* |

## OMISSION OF THE ARTICLE IN OTHER CONTEXTS

The article is omitted:

1. before the name of a profession, nationality, race, religion, or political affiliation when it follows **être, devenir,** or **rester**

| | |
|---|---|
| Monsieur Durand **est français.** Sa femme **est canadienne;** elle veut **devenir professeur.** | *Monsieur Durand is French. His wife is Canadian; she wants to become a professor.* |

2. before an adjective preceding a plural noun (when the indefinite article **des** frequently becomes **de**)

| | |
|---|---|
| Vous sortez de table heureux d'avoir fait **de nouveaux amis.** | *You leave the table happy to have made new friends.* |

Adjective–noun combinations that represent a single semantic unit, however, are preceded by the indefinite article **des: des jeunes filles** (*girls*), **des jeunes gens** (*young people*), **des petits pains** (*rolls*), **des petits pois** (*peas*).

3. with prepositions describing where or how something is done

**en: en** classe, **en** forme, **en** ville, **en** été

**sans, avec, sous** (*with nouns that are not modified*): **sans** argent,
   **avec** impatience, **sous** contrat
**comme** (*with a profession or role*): Il travaille **comme** chef.
**par: par** avion, **par** exemple, **par** bateau (*but* par **le** train)

4. in compounds consisting of a noun described by another noun

un jour **de** fête *holiday, feast day*
des pommes **de** terre *potatoes*
un agent **de** voyages *travel agent*
des problèmes **d'**argent *money problems*
une leçon **de** piano *piano lesson*

**Précisons!**

**A. Un excès de calories!** Regardez les dessins et faites des phrases selon le modèle.

MODELE:   litre/limonade →
          Vous pouvez prendre 500 calories de trop si vous consommez
          un litre de limonade.

1. cuillerées à soupe / miel
2. livre / raisin
3. verre / whisky sec
4. douzaine / petits-beurre

5. morceau / chocolat
6. boules / glace au chocolat
7. bouteille / vin
8. poignée / bonbons

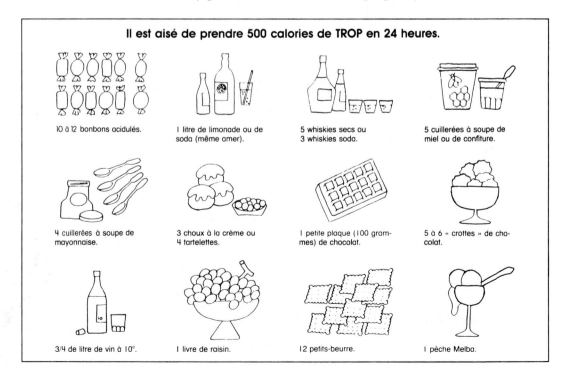

**Il est aisé de prendre 500 calories de TROP en 24 heures.**

10 à 12 bonbons acidulés.

1 litre de limonade ou de soda (même amer).

5 whiskies secs ou 3 whiskies soda.

5 cuillerées à soupe de miel ou de confiture.

4 cuillerées à soupe de mayonnaise.

3 choux à la crème ou 4 tartelettes.

1 petite plaque (100 grammes) de chocolat.

5 à 6 « crottes » de chocolat.

3/4 de litre de vin à 10°.

1 livre de raisin.

12 petits-beurre.

1 pêche Melba.

**mais les perdre est plus ardu puisqu'il faut sans discontinuer***

conduire sa voiture pendant 5 heures.

lire ou faire sa toilette pendant 4 heures.

marcher à pied pendant 2 heures et demie.

sauter à la corde pendant 1 heure et quart.

faire la vaisselle ou le ménage pendant 3 heures et demie.

repeindre son appartement pendant 3 heures.

faire la vaisselle ou le ménage en chantant à tue-tête pendant 2 heures.

aller à bicyclette (en côte) pendant 1 heure et demie.

jouer de l'accordéon ou chanter dans une chorale pendant 1 heure.

nager ou brosser ses habits pendant 50 minutes.

jouer au ping pong ou jouer de la cornemuse pendant 3/4 d'heure.

monter des escaliers pendant 1/2 heure.

*Ces surprenantes dépenses de calories ont bel et bien été établies par un groupe de chercheurs britanniques.

**B.** La diététique. En utilisant vos connaissances en diététique, complétez les phrases suivantes avec l'expression qui convient au contexte. Faites tous les accords et ajoutez les mots nécessaires.

1. _____ calories y a-t-il dans une pêche melba?
2. Il y a _____ calories dans une orange moyenne que dans une banane. (Une banane a beaucoup de calories!)
3. Si vous suivez un régime amaigrissant, vous devez manger _____ tomates mais _____ tartelettes!
4. Certaines personnes ne mangent pas _____ légumes.
5. Il y a _____ calories dans la laitue.
6. Le chef Michel Guérard conseille de ne pas manger _____ matières grasses (*fat*).
7. Le miel a _____ calories que la confiture: Il n'y a pas de différence.
8. Il y a _____ matières grasses dans la mayonnaise, que tu risques de prendre du poids si tu en manges trop, tu sais!

assez
autant
beaucoup
combien
moins
pas
peu
tellement
trop

**Interactions**

**A.** **A Québec.** Vous êtes dans un restaurant québécois. Vous voulez savoir à quelle catégorie appartiennent les plats sur le menu. Faites des commentaires au serveur (votre partenaire) et inventez d'autres questions.

CATEGORIES D'ALIMENTS

| | |
|---|---|
| poisson (*m.*) | féculent (*m.*) (*starch*) |
| viande (*f.*) | fruits de mer (*m. pl.*) (*seafood*) |
| légume (*m.*) | volaille (*f.*) (*poultry*) |
| produit laitier (*m.*) | |

MODELE:   A: Qu'est-ce que c'est que le canard au muscadet?
B: Monsieur/Madame, c'est une volaille.
A: Est-ce que vous le recommandez?
B: Bien sûr, Monsieur/Madame. C'est délicieux.

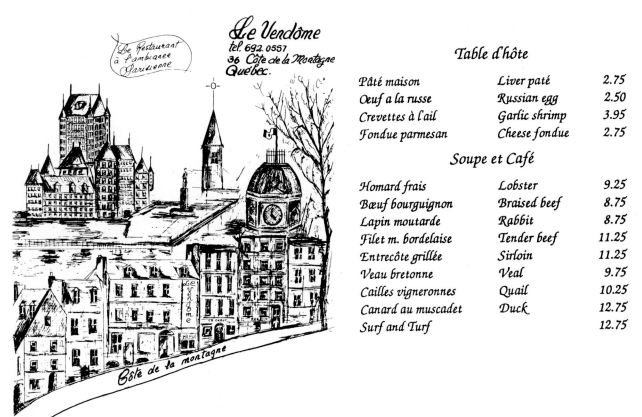

*Le Restaurant à l'ambiance Parisienne*

**Le Vendôme**
tel. 692.0557
36 Côte de la Montagne
Québec.

*Côte de la montagne*

### Table d'hôte

| | | |
|---|---|---|
| Pâté maison | Liver paté | 2.75 |
| Œuf a la russe | Russian egg | 2.50 |
| Crevettes à l'ail | Garlic shrimp | 3.95 |
| Fondue parmesan | Cheese fondue | 2.75 |

### Soupe et Café

| | | |
|---|---|---|
| Homard frais | Lobster | 9.25 |
| Bœuf bourguignon | Braised beef | 8.75 |
| Lapin moutarde | Rabbit | 8.75 |
| Filet m. bordelaise | Tender beef | 11.25 |
| Entrecôte grillée | Sirloin | 11.25 |
| Veau bretonne | Veal | 9.75 |
| Cailles vigneronnes | Quail | 10.25 |
| Canard au muscadet | Duck | 12.75 |
| Surf and Turf | | 12.75 |

**B.** **Un mélange inattendu.** Vous préparez avec votre camarade de chambre un bon repas pour six personnes. Mais hélas, dans votre enthousiasme, vous avez laissé tomber votre classeur de recettes! Tout est mélangé par terre! Essayez d'assortir les listes d'ingrédients avec les recettes et les dessins pour les deux plats que vous préparez.

2 kilos de filet de bœuf
1 oignon
1 carotte coupée en lamelles
Une pincée de thym
Sel et poivre
1 litre de cidre doux
Gros sel
Cornichons
Moutarde forte de Dijon

La veille, faites mariner le poulet coupé en morceaux. Le lendemain, retirez le poulet et égouttez-le. Egouttez les oignons et les carottes et mettez-les de côté. Faites fondre le beurre et le lard dans une cocotte. Faites revenir le poulet. Ajoutez-y les oignons marinés. Saupoudrez de farine et remuez. Arrosez avec du Grand Marnier. Faites bouillir. Ajoutez la marinade, un verre d'eau, la crème fraîche et le concentré de tomates. Salez et poivrez. Couvrez et laissez mijoter à feu doux pendant 1 heure 20 minutes. Faites revenir les champignons dans le lard qui reste. Servez avec du riz.

Coq Marnier en Cocotte

Marinade:
1 bouteille de Beaujolais
2 cuillerées d'huile
1 oignon coupé en rondelles
2 échalotes coupées en petits morceaux
1 petite carotte coupée en tranches fines
3 gousses d'ail concassées
1 bouquet garni
3 grains de poivre concassés

1 gros poulet coupé en morceaux
3 cuillerées de beurre
100 g de lard coupé en morceaux
1 cuillerée de farine
3 cuillerées de Grand Marnier
1 cuillerée de concentré de tomates
100 g de crème fraîche
Sel et poivre
Une demi-livre de champignons

Faites bouillir pendant vingt minutes une marmite pleine d'eau où vous aurez versé un litre de cidre et mis préalablement un oignon, des carottes, du thym, du sel et du poivre. Mettez-y la viande. Couvrez et laissez mijoter pendant vingt minutes (pour la viande saignante). Retirez la viande et mettez-la sur un plat de service avec du gros sel, des cornichons, et de la moutarde forte. Servez avec des pommes de terre à la vapeur.

Bœuf Martine

**C.** Liste de commissions. Maintenant, choisissez avec votre partenaire une recette que vous aimez tous les deux. Faites la liste des ingrédients dont vous allez avoir besoin. Voici ce que vous avez déjà dans votre frigo et vos placards: *une boîte de riz de 250mg, une demi-livre de beurre, une bouteille d'huile, du sel, du poivre, un bocal de cornichons presque vide.*

Il est maintenant temps d'essayer de cuisiner un de ces bon petit plats! Bon appétit!

**D. De bonnes habitudes.** Votre partenaire et vous voulez changer vos habitudes alimentaires. Vous voulez perdre du poids et votre camarade veut gagner du poids. Regardez les listes pour chaque repas. Dites-lui ce que vous allez manger et il/elle va vous dire ce qu'il/elle va prendre.

> MODELE: Pour le premier jour au petit déjeuner, je prends du jus d'ananas et un œuf, mais je ne prends pas de lait chocolaté. Et toi?

« Le chef pâtissier vous offre aujourd'hui : charlotte à la noix de coco, mousse de noix de coco façon chantilly, îles de noix de coco flottantes et beignets de coco à la noix. »

HENRY MARTIN © 1985 PUNCH

1. PETIT DEJEUNER

   Pain et beurre
   Lait chocolaté
   Jus d'ananas
   (et un œuf pour les
     adolescents et les sportifs)

   DEJEUNER

   Assiette de crudités
   Rôti de dinde
   Haricots verts
   Lait froid

   GOUTER

   Biscuits secs
   Lait aromatisé
   (et crème caramel pour les
     sportifs)

   DINER

   Potage au céleri
   Spaghetti
   Salade
   Compote de pommes
   (et un fruit frais pour les
     adolescents)

2. PETIT DEJEUNER

   Corn-flakes au lait
   Thé sucré
   Pomme
   (et jambon pour les
     adolescents et les sportifs)

   DEJEUNER

   Filets de poisson
   Pommes de terre
   Salade de fruits crus et cuits

   GOUTER

   Tartines au demi-sel (*bread
     and butter*)
   Jus de fruits
   (et une part de fromage
     pour les adolescents et
     les sportifs)

   DINER

   Gazpacho (potage froid à la
     tomate)
   Œufs brouillés
   Carottes
   Fruit
   (et fromage pour les
     adolescents)

# 6 Possessive and Demonstrative Adjectives

## POSSESSIVE ADJECTIVES

1. Like all adjectives in French, possessive adjectives agree in gender and number with the nouns they modify.

**Cette femme mijote un bon repas pour ses invités américains.**

| SINGULAR NOUNS | | | PLURAL NOUNS | |
|---|---|---|---|---|
| *Masculine* | *Feminine* | | *Masculine and Feminine* | |
| **mon** | **ma** | *my* | **mes** | *my* |
| **ton** | **ta** | *your* | **tes** | *your* |
| **son** | **sa** | *his, her, its* | **ses** | *his, her, its* |
| | **notre** | *our* | **nos** | *our* |
| | **votre** | *your* | **vos** | *your* |
| | **leur** | *their* | **leurs** | *their* |

| | |
|---|---|
| **Mon** nouvel ami m'a invité chez lui pour samedi soir. | *My new friend has invited me over for Saturday night.* |
| Un bouquet de fleurs fait toujours plaisir et montre bien **votre** gratitude. | *A bouquet of flowers is always welcome and shows your appreciation.* |
| Une fois admis dans **leur** intimité, vous y êtes pour la vie. | *Once admitted into their circle of friends, you're there for life.* |

In French, possessive adjectives agree in gender and number with the noun possessed, and not with the possessor. The gender of the possessor is clarified by the context.

| | |
|---|---|
| **sa** mère | *his mother, her mother* |
| **son** père | *his father, her father* |
| **ses** parents | *his parents, her parents* |

| | |
|---|---|
| Marc m'a présenté à **sa** mère, **son** père, **ses** frères et **ses** sœurs. | *Marc introduced me to his mother, his father, his brothers, and his sisters.* |
| Marianne m'a présenté à **sa** mère, **son** père, **ses** frères et **ses** sœurs. | *Marianne introduced me to her mother, her father, her brothers, and her sisters.* |

2. The special liaison forms **mon, ton,** and **son** are used before feminine singular nouns (and preceding adjectives) that begin with a vowel or a mute **h.**

| | |
|---|---|
| Je te présente **mon** amie Béatrice. | *I would like you to meet my friend Béatrice.* |
| Je veux écrire à Joëlle. Quelle est **son** adresse? | *I want to write to Joëlle. What's her address?* |

*mais:*

| | |
|---|---|
| Je n'ai pas **sa** nouvelle adresse. | *I don't have her new address.* |

3. The possessive adjective is expressed before each noun in a series. It is sometimes omitted in a series in English.

| | |
|---|---|
| Vous pouvez échanger des renseignements sur **vos** vies respectives, **votre** famille, **vos** études, **votre** avenir, **vos** coutumes et **votre** vie de tous les jours. | *You can exchange information about your respective lives, your family, your studies, future plans, customs, and daily routine.* |

**Précisons!**

**A. A table!** Le père de votre ami français vous explique des coutumes françaises pendant le dîner. Complétez le dialogue avec la forme de l'adjectif possessif qui convient.

VOUS: Qu'est-ce que vous faites en France pour le Nouvel An?

M. LEROI: Eh bien, le jour de l'An est une de _____[1] fêtes les plus importantes. Les grands-parents offrent des cadeaux à _____[2] petits-enfants; ce sont les «étrennes».

VOUS: C'est formidable de recevoir des cadeaux une semaine après Noël!

M. LEROI: Attendez, ce n'est pas tout! Le 6 janvier, c'est la fête des Rois. _____[3] femme fait une galette et à l'intérieur elle met une petite statuette. _____[4] coutume dit que la personne qui trouve la statuette dans _____[5] morceau de gâteau est le roi ou la reine pour toute la soirée.

VOUS: Quelles sont _____[6] traditions à Pâques? Est-ce que vous avez un lapin?

M. LEROI: Non, mais Pâques est une grande fête. Chez nous, _____[7] enfants sortent avec _____[8] paniers pour trouver les bonbons que les cloches (*church bells*) ont laissés dans _____[9] jardin.

VOUS: Alors, _____[10] cloches sont comparables à _____[11] lapin de Pâques aux Etats-Unis.

M. LEROI: Oui, c'est ça! Et est-ce que vous connaissez le 1er avril?

VOUS: Ah, oui! Quand vous avez le dos tourné, quelqu'un accroche (*hangs*) dans _____[12] dos un poisson de papier et crie «Poisson d'avril!»

MME LEROI: Fernand, arrête un peu de parler! _____[13] haricots vont être froids!

**B.** **Après le repas.** Après avoir fini de manger, M. Leroi continue à expliquer quelques coutumes françaises. Utilisez l'adjectif possessif qui convient.

VOUS: Quand a lieu _____[1] fête nationale?

M. LEROI: Mais le 14 juillet, bien sûr! _____[2] femme et moi, nous allons danser dans les rues. _____[3] enfants font exploser _____[4] pétards et ils vont à la retraite aux flambeaux* avec _____[5] lampions de papier (*paper lanterns*).

VOUS: Oh! C'est un peu comme _____[6] 4 juillet aux Etats-Unis.

M. LEROI: Bon. Maintenant on arrive au 1er novembre. C'est la Toussaint. Chacun va apporter des chrysanthèmes sur la tombe de _____[7] parents. Les enfants d'âge scolaire ont _____[8] vacances de Toussaint.

VOUS: Ils ont de la chance!

M. LEROI: Finalement, il y a Noël. Le Père Noël descend par la cheminée avec _____[9] sac plein de jouets sur le dos. Il laisse _____[10] cadeaux dans les souliers des enfants. _____[11] femme et moi, nous décorons _____[12] sapin. A minuit, nous allons à la messe avec _____[13] famille. Au retour, nous ouvrons _____[14] cadeaux. Puis, il y a un grand festin: le Réveillon.

VOUS: Et bien sûr, ça recommence.

M. LEROI: Oui, vive les fêtes!

# DEMONSTRATIVE ADJECTIVES

1. The demonstrative adjectives **ce, cet, cette, ces** point out specific people, places, or things. Like all adjectives in French, they agree in gender and number with the nouns they modify. Notice that a single form corresponds to both *this* and *that* and to *these* and *those*.

---

\***La retraite aux flambeaux** is a parade meant to reenact the storming of the Bastille. On the eve of July 14, people march through the town holding lighted paper lanterns, led by the town firemen holding torches.

| | SINGULAR (this/that) | PLURAL (these/those) |
|---|---|---|
| *Masculine noun beginning with consonant* | **Ce** livre est très intéressant. | **Ces** livres sont meilleurs. |
| *Masculine noun beginning with vowel or mute* **h** | **Cet** homme travaille dur. | **Ces** hommes se détendent. |
| *Feminine noun* | **Cette** photo est magnifique! | **Ces** photos sont belles. |

2. The context usually distinguishes between *this* and *that* or between *these* and *those*. For emphasis, **-ci** (*this, these*) or **-là** (*that, those*) may be added to the noun.

| | |
|---|---|
| **Cet homme-ci** travaille dur, et **ces hommes-là** se détendent. | *This man is working hard, and those men are relaxing.* |
| **Cette photo-ci** est magnifique, mais **cette photo-là** est encore plus belle. | *This photo is magnificent, but that photo is even more beautiful.* |

**Précisons!**

Chez un nouvel ami français. Vous admirez la maison de votre ami. Il vous explique d'où viennent tous ces beaux objets. Remplissez les tirets avec la forme de l'adjectif démonstratif qui convient. Ajoutez **-ci** ou **-là** si c'est nécessaire.

(*On commence dans la salle de séjour.*)

_____¹ tableau-_____² vient de mon grand-père. Et puis je tiens beaucoup à _____³ assiettes anciennes. Tu vois _____⁴ horloge (*f.*)? Elle provient de la Forêt Noire.

(*On est maintenant dans le salon.*)

_____⁵ chandeliers sur la cheminée sont en argent massif. N'aie pas peur! _____⁶ masque de Côte d'Ivoire appartient à mon oncle l'explorateur.

(*On passe dans le bureau.*)

_____⁷ livres sont des éditions rares. _____⁸ livre-_____,⁹ par exemple, date de 1802. Regarde _____¹⁰ belle chaise Louis XVI. Elle est d'époque. Je n'aime pas tellement _____¹¹ plantes-_____,¹² mais _____¹³ cactus-_____¹⁴ est un cadeau de ma mère. Alors je le supporte...

## Interactions

**A.** Vous cuisinez et votre camarade vous aide. Completez le dialogue avec des noms précédés par des adjectifs démonstratifs.

### Coupes glacées à la banane

Coupez en deux et en longueur 4 bananes, arrosez-les de jus de citron et mettez-les au frais dans 4 raviers allongés. Au moment de servir, garnissez-les d'une boule de glace à la vanille et d'une boule de glace aux fraises (ou autre goût au choix). Décorez de crème Chantilly en dôme et de cerises confites. Vous pouvez accompagner d'un coulis de fruits rouges ou d'une sauce (chaude) au chocolat.

RAPIDE

A: D'abord, tu dois couper _____ _____¹ en longueur et les arroser de jus de citron.
B: Et où est-ce que je les mets? Dans _____ _____² allongés?
A: Oui, et ensuite dans le frigo. Tu peux garnir avec une boule de glace. Est-ce que tu préfères _____ _____³ à la vanille?
B: Non, moi, je vais mettre _____ _____⁴-là au chocolat.
A: Bon, alors, prends _____ _____⁵ Chantilly pour décorer ton dessert. Tu veux qu'on ajoute _____ _____⁶?
B: Non, je préfère l'accompagner de _____ _____⁷ chaude au chocolat.

**B.** Qui cuisine ensemble se ressemble! Pendant que vous cuisinez, vous parlez avec votre ami(e) de tout et de rien. Inventez de petites conversations sur chacun des sujets suivants.

MODELE:   la recette →
                    VOUS:  Qu'est-ce que tu penses de cette recette?
            VOTRE AMI(E):  Je l'aime bien. C'est ma mère qui me l'a passée, tu sais.

1. tes cours   2. tes voisins   3. notre professeur de français
4. tes dernières vacances   5. un nouveau film qui passe en ville
6. la politique du Président   7. ???

# 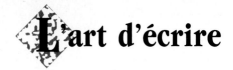'art d'écrire

## Pour faire la description d'un endroit

One of the most important skills you can develop in writing is the ability to describe people, places, and things. In this chapter you will learn how to use simple elements such as nouns, adjectives, and verbs to create a vivid picture of a place so that your readers will be able to see it clearly in their mind.

The text below describes the interior of a campus bar. As you read, think about how the description is achieved.

---

Dans le petit bar du campus, il y a de nombreux clients. Dans un coin sombre, des étudiants sont assis autour d'une table carrée. Penchés° l'un vers l'autre, *Leaning* ils discutent avec animation. On entend des rires. La tête en arrière, ils avalent° *swallow* un verre de bière à intervalles réguliers. Leurs têtes se touchent presque et forment une masse épaisse. De temps en temps, les têtes blondes et brunes s'agitent ou se retournent.

De l'autre côté, deux grands jeunes gens au visage rieur° s'acharnent° à *laughing / are working furiously away* jouer au jeu vidéo. Quelquefois, ils frappent du pied pour exprimer leur frustration et ils s'exclament joyeusement quand ils marquent un point particulièrement difficile.

Derrière le comptoir, le jeune barman essuie° les verres d'un air ennuyé. Il *wipes* les place soigneusement l'un à côté de l'autre derrière lui. Quand il choque les verres ensemble, on entend un bruit de cloche.° Les verres brillent sous les *bell* lumières. Toutes les dix minutes le barman interroge l'horloge accrochée au mur, et puis il laisse glisser son regard sur les autres et il sourit ou bien il hoche° la tête. *nods*

Perdu au milieu de tous les jeunes étudiants, un gros homme chauve déguste une part de pizza énorme. Il tient la pizza dans une main, et de l'autre main, il essuie la sauce qui tache son menton.

Assise à une petite table ronde au milieu de la salle, une jeune fille blonde aux longs cheveux bouclés est plongée dans un de ses manuels scolaires. Elle remet en place une mèche de cheveux qui s'échappe et lui couvre les yeux. Elle prend des notes, absorbée par son travail. Elle ne fait pas attention au bruit qui l'entoure.

Tout à coup, la porte s'ouvre et un jeune homme barbu, vêtu d'une grosse veste en cuir noir, entre à grands pas. Il se dirige vers la jeune fille. Elle lève les yeux et sourit tendrement au nouvel arrivé...

▶ **Analyse**

1. Soulignez tous les verbes qui expriment le mouvement et la position du corps. Notez-les.
2. Entourez d'un cercle les adjectifs qui expriment la couleur. Notez-les.

▶ **Préparation à l'écriture**

1. Choisissez une scène que vous pouvez clairement vous représenter (un café, un bar, un restaurant, le hall de la résidence universitaire).
2. Faites une liste des choses et des gens que vous associez à cette scène.
3. Faites une liste d'adjectifs concrets qui décrivent la scène (les couleurs, le bruit, etc.).
4. Faites une liste de verbes qui montrent le mouvement et l'animation.
5. Combinez vos listes pour créer des phrases descriptives.
6. Ecrivez une description de l'endroit. Organisez la description en paragraphes, comme dans le modèle.

# Récapitulation

**A.** Les bonnes manières à table. Complétez les phrases suivantes avec les articles définis ou indéfinis qui conviennent.

1. Avant de se mettre à table, il est conseillé de se laver _____ mains et de se brosser _____ cheveux pour faire honneur à _____ maîtresse de maison.
2. En France, on doit mettre _____ deux mains sur _____ table.
3. Pour couper _____ viande, on tient _____ couteau dans _____ main droite et _____ fourchette dans _____ main gauche.
4. Si vous n'aimez pas _____ certain plat, essayez quand même d'en goûter _____ petit morceau. Cela fera plaisir à _____ cuisinière ou (à) _____ cuisinier!
5. Si _____ personne à table vous présente _____ plat pour _____ première fois, prenez _____ petite quantité de nourriture. On vous proposera toujours de vous servir _____ deuxième fois!

**B.** Complétez les phrases suivantes en utilisant des articles définis, des articles indéfinis, des articles partitifs, ou pas d'article du tout!

Mon amie Marie est _____[1] végétarienne. Elle ne mange que _____[2] légumes verts, parfois _____[3] carottes. Elle n'aime pas _____[4] viande rouge. Elle accepte parfois cependant de manger _____[5] poulet et _____[6] poisson. Parfois nous prenons _____[7] repas ensemble à _____[8] cafétéria de _____[9] université, mais nous ne prenons jamais _____[10] même repas. Moi, je mange _____[11] viande rouge! Chacun ses goûts!

**C.** Chez un ami français. Bob, un Américain, est invité pour la première fois chez Pierre. Après le repas, ils vont faire le tour de la maison. Reconstituez leur conversation ci-dessous en faisant tous les accords nécessaires.

PIERRE: Est-ce que / tu / vouloir / visiter / notre / maison?

BOB: Avec plaisir! / Votre / maisons / en France / être / tellement plus / ancien / que / notre / maisons / aux Etats-Unis!

PIERRE: Tu / voir / ce / salle? Ce / être / pièce / préféré / de / mon / parents.

BOB: Ce / peintures / -là / être / vraiment / bizarre!

PIERRE: Mon / père / venir / acheter / ce / deux / tableau / moderne. Ce / peinture / -ci / représenter / beaucoup / animal.

BOB: Est-ce que / ce / être / des / cheval?

PIERRE: Je / n'en / savoir / rien. Je / détester / ce / peintres / surréaliste. A / mon / avis / leur / techniques / ne pas avoir / mérite.

BOB: Je / être / d'accord. Ce / artiste / dessiner / des femmes / avec deux / nez / trois / genou / et / des / cheveu / bleu. Moi / je / croire / que / il / être / fou!

PIERRE: Ah oui, mais tu connais le proverbe: «Des goûts et des couleurs, on ne discute pas.»

# On se débrouille...

## Pour inviter les autres chez vous; pour accepter et refuser les invitations

**A.** L'hôte(sse) ou l'invité(e)? Dites si c'est *la personne qui invite* ou *la personne qui est invitée* qui parle dans les situations suivantes. Dites aussi si on est en train (1) d'inviter, (2) d'accepter une invitation ou (3) de refuser une invitation.

1. «Tu es libre ce soir?»
2. «Je regrette, mais je suis déjà pris(e) ce soir.»
3. «J'aimerais bien y aller.»
4. «Tu aurais envie d'aller au cinéma?»
5. «J'accepte avec plaisir.»
6. «J'aimerais vous inviter à dîner vendredi soir.»
7. «Désolé(e), mais nous allons chez nos parents ce week-end.»
8. «Merci, mais nous allons voir une pièce de théâtre ce jour-là.»
9. «Il faut que vous veniez dîner à la maison.»
10. «Si on allait au cinéma?»

11. «Oh zut! Je ne peux pas ce soir, mais j'aurais beaucoup aimé y aller... »
12. «Ça te ferait plaisir de venir chez moi ce soir?»

**B.** Faites vos invitations. Créez votre propre petit dialogue en utilisant des éléments de chaque catégorie ci-dessous. Suivez le modèle.

VOUS PROPOSEZ

Si on allait voir un film?
Si tu veux, on peut aller...
Qu'est-ce que tu dirais d'aller... ?
Ça te ferait plaisir d'aller... ?
Tu as envie d'aller... ?
On va au cinéma?
J'aimerais vous inviter à dîner.
Je vous invite à dîner.
Venez donc à la maison.
Si tu es libre, je t'invite à...
Qu'est-ce que tu fais ce soir?
Laissez-moi vous inviter à...
Il faut que vous veniez...
Voudriez-vous être des nôtres? (*formal*)
Voudriez-vous vous joindre à nous? (*formal*)
Nous voudrions vraiment vous avoir à dîner.

VOUS EXPRIMEZ VOS REGRETS

Oh, quel dommage!
Comme c'est dommage!
On peut arranger autre chose.
On se téléphone pour arranger autre chose?
On prend un autre rendez-vous?
On peut se donner rendez-vous un autre jour?

LA PERSONNE ACCEPTE

D'accord.
Avec plaisir.
J'aimerais bien y aller.
J'accepte avec plaisir.
Ça me fera grand plaisir.
Bien! C'est parfait!

LA PERSONNE REFUSE*

Malheureusement, je suis déjà pris(e).
Je regrette, mais...
Désolé(e), mais...
Merci, mais...
C'est très gentil de ta part, mais...
Oh zut! Je ne peux pas ce soir...
J'aurais beaucoup aimé, mais...
Oh, quel dommage! Je...
Comme c'est dommage! Je ne peux pas.
Vous comprenez, je suis vraiment désolé(e), mais...

VOUS EXPRIMEZ VOTRE PLAISIR

Formidable!
C'est entendu, donc!
Parfait!
Ce sera un plaisir.
A ce soir, donc.
On sera bien content de vous avoir...

ET PLUS TARD, CHEZ VOUS, VOUS DITES...

Faites comme chez vous.
Mettez-vous à l'aise.
Servez-vous.
Est-ce que je peux vous servir quelque chose?
Qu'est-ce que je peux vous offrir?

---

*Quand on refuse une invitation, on doit expliquer pourquoi.

MODELE:    Si on allait voir un film →
—Malheureusement, je suis déjà prise. Je vais dîner chez mes parents. Je suis désolée!
—Oh, quel dommage! On se téléphone ce week-end pour arranger autre chose, donc?
—Bon, d'accord. A ce week-end, donc.

Situations possibles:

1. Vous invitez votre ami à venir jouer aux cartes chez vous.
2. Vous invitez la mère de votre fiancé(e) à déjeuner avec vous dans un petit restaurant chic du quartier.
3. Vous invitez votre prof de français à dîner chez vous vendredi soir.
4. Vous invitez une personne que vous admirez beaucoup à sortir avec vous ce week-end. (Vous êtes un peu timide, d'ailleurs!)

# Mots utiles: Invitations et rencontres

*Rencontres*

| | |
|---|---|
| **inviter quelqu'un à déjeuner (à dîner)** | to invite someone to lunch (dinner) |
| **inviter quelqu'un chez soi** | to invite someone home |
| **prendre rendez-vous avec quelqu'un** | to make an appointment with someone |
| **prendre un verre avec quelqu'un** | to have a drink with someone |
| **rendre visite à quelqu'un** | to visit someone |
| **se réunir autour d'une table bien garnie** | to get together around a good meal |

*Attitudes*

| | |
|---|---|
| **apporter un bouquet de fleurs** | to bring a bouquet of flowers |
| **avoir une attitude réservée** | to be reserved |
| **être démonstratif/démonstrative** | to be demonstrative |
| **faire confiance à quelqu'un** | to trust someone |
| **faire plaisir à quelqu'un** | to please someone |

| | |
|---|---|
| **manquer de tact** | to lack tact |
| **montrer sa gratitude** | to show one's appreciation |
| **offrir des cadeaux** | to give presents |
| **sembler réticent(e)** | to seem reserved |

*Quelques expressions supplémentaires...*

*Noms*

| | |
|---|---|
| **l'aliment** (*m.*) | item of food |
| **les bonbons** (*m.*) | candy |
| **la confiture** | jam |
| **le dossier** | file |
| **les fruits** (*m.*) **de mer** | seafood |
| **les gens** (*m.*) | people |
| **l'horloge** (*f.*) | grandfather clock |
| **des matières grasses** (*f.*) | fat |
| **le miel** | honey |
| **le morceau** | piece |
| **la nourriture** | food |
| **le pétard** | firecracker |
| **le poids** | weight |
| **le sapin de Noël** | Christmas tree |
| **la volaille** | poultry |

*Adjectifs*

| | |
|---|---|
| **alimentaire** | relating to food |
| **bien élevé(e)** | well brought up |
| **convenable** | suitable, fitting |
| **équilibré(e)** | balanced |
| **fier/fière** | proud |

*Verbes*

| | |
|---|---|
| **accrocher** | to hang |
| **couper** | to cut |
| **déguster** | to savor, eat |
| **goûter** | to taste |
| **se mettre à l'aise** | to make oneself at home |
| **se mettre (passer) à table** | to sit down to eat |
| **poster une lettre** | to mail a letter |
| **se servir** | to help oneself |

*Mots et expressions divers*

| | |
|---|---|
| **être casse-pieds** | to be a pain in the neck |
| **par dessus** | above |

| | |
|---|---|
| **par hasard** | by chance |
| **la plupart des** | most of |
| **Quel dommage!** | What a shame! |

*Jours de fête*

| | |
|---|---|
| **le jour de l'An et les «étrennes»** | le 1er janvier |
| **le jour des Rois (Epiphanie)** | le 6 janvier |
| **la Chandeleur** | le 2 février |
| **Pâques** | Easter |
| **«Poisson d'avril!»** | le 1er avril |
| **la fête du 14 juillet** | la fête nationale française |
| **la Toussaint (la fête de tous les Saints)** | le 1er novembre |
| **Noël** | le 25 décembre |

*Expressions idiomatiques*

| | |
|---|---|
| **le bon vieux temps** | the good old days |
| **un jour férié** | a day off |

# Chapitre trois
# Chacun ses goûts

MAG'
JEUNES

LE HARD ROCK
LES METIERS DE L[A]
COMMUNICATION
LES [...]
[E]T QUATRE DECO[...]

DOSSIER :
L'ENGAGEMENT DES JEUNES
LA POTE
GENERATION

N° 24 - MENSUEL-SEPTEMBRE 1985 - 22 F - 6,80 FS - 175 FB

# Dans le vif du sujet

## Avant de lire

**Recognizing Cognates.** In reading French, you will see many words and expressions that look familiar to you. Some of these are words borrowed from English. Some are cognates, words or expressions similar in form and meaning in two different languages. Exact cognates are spelled identically in both languages; other cognates are spelled slightly differently. Becoming aware of these types of words and expressions will enable you to increase your reading comprehension and speed.

There are some words, however, that look similar but whose presumed meaning will not make sense in the context of what you are reading. These are called *false cognates*. An example of a false cognate in the **Petit test de personnalité** is the word **occasion** in the sentence, **"J'ai une voiture d'occasion qui est 80% rouille et toute bosselée."** The context suggests that **une voiture d'occasion** is not "an occasional car," and a dictionary will tell you that **d'occasion** refers to used items: **une voiture d'occasion** is *a used car*.

Before reading **Petit test de personnalité,** scan the text and make three lists:

1. exact cognates and borrowed words (**un zoo, les jeans**)
2. other cognates (**la personnalité, végétarien**)
3. false cognates (find one more besides **occasion**)

On the basis of the words you have found, make a preliminary hypothesis about the content of this reading.

# Petit test de personnalité

Souvent les préférences que nous avons peuvent nous aider à mieux nous comprendre, à mieux nous connaître. La façon dont nous nous habillons, nos préférences en ce qui concerne les animaux domestiques, la musique, et la manière dont nous passons nos week-ends révèlent notre personnalité et notre vie intérieure. Pour mieux comprendre vos camarades de classe et pour mieux les connaître, passez ce petit test de personnalité avec eux. Choisissez une seule réponse par numéro.

1. Etes-vous quelqu'un qui... ?
   a. ☐ contemple les poissons rouges
   b. ☐ préfère les chats
   c. ☐ préfère les chiens
   d. ☐ préfère les animaux exotiques
   e. ☐ veut transformer la maison en zoo
   f. ☐ n'aime pas beaucoup les animaux

2. Comment caractériseriez-vous la façon dont vous vous habillez?
   a. ☐ Je m'habille presque toujours avec goût... j'essaie de suivre la mode.
   b. ☐ Je préfère m'habiller d'une manière excentrique: je mets des vêtements fluorescents.
   c. ☐ Je préfère une tenue négligée «artiste»°: je porte des jeans troués aux genoux, et j'arrache les boutons de mes chemises avant de les mettre.          tenue... *studied, casual look*
   d. ☐ Je mets le plus souvent un blue-jean et une chemise ou un pull-over.
   e. ☐ J'adapte ma tenue aux circonstances.
   f. ☐ Je ne fais pas attention à ma façon de m'habiller.

3. Quel genre de cuisine préférez-vous?
   a. ☐ J'évite la cuisine du réfectoire° comme la peste!          *cafétéria*
   b. ☐ Je commande une pizza par téléphone.
   c. ☐ J'avale des hamburgers en vitesse entre mes cours.
   d. ☐ J'aime dîner dans un endroit élégant et de bon goût.
   e. ☐ Je grignote° toute la journée: les chips, les petits gâteaux, les cacahuètes, n'importe quoi.          *nibble*
   f. ☐ Je suis végétarien(ne). Je broute° comme les lapins.          *graze*

4. Parmi ces genres de musique, lequel écoutez-vous le plus souvent?
   a. ☐ le jazz
   b. ☐ la musique classique
   c. ☐ la musique rock
   d. ☐ l'opéra
   e. ☐ toutes sortes de musique
   f. ☐ La musique me casse les oreilles.

5. Quelle sorte de voiture préférez-vous?
   a. ☐ J'ai une voiture d'occasion qui est 80% rouille° et toute bosselée.°          *rust / dented*
   b. ☐ Je préfère les petites voitures japonaises aux américaines.
   c. ☐ J'ai envie d'acheter une grosse bagnole° américaine rose avec des ailes chromées.          *jalopy*
   d. ☐ Je veux une voiture de sport—rouge de préférence—qui prend les virages° à 150 à l'heure.          *curves*
   e. ☐ La voiture de mes rêves, c'est une Rolls-Royce.
   f. ☐ Les voitures sont pour les grosses légumes.° Je circule à bicyclette.          les... *big shots*

6. Qu'est-ce que vous faites d'habitude pour vous distraire pendant le week-end?
   a. ☐ Je rends visite à ma famille, après quoi je rentre pour faire mes devoirs.
   b. ☐ Je fais toujours quelque chose d'extraordinaire, d'exotique. J'adore l'aventure et l'inconnu.
   c. ☐ J'adore rester chez moi avec un bon livre.
   d. ☐ Je préfère m'évader, aller dans un endroit tranquille où je peux communiquer avec la nature.
   e. ☐ Je dors.
   f. ☐ Je sors avec mes amis.

7. Quelle sorte d'étudiant(e) êtes-vous?
   a. ☐ Je fais mes devoirs tout de suite après les cours.
   b. ☐ Je suis sérieux/sérieuse... je passe tout mon temps libre à la bibliothèque.
   c. ☐ J'attends la dernière minute pour faire mes devoirs. D'habitude cinq minutes me suffisent.
   d. ☐ C'est dans les bars que je trouve vraiment l'inspiration.
   e. ☐ C'est avec mes copains que j'étudie le mieux. Je suis moins stressé(e).
   f. ☐ Je profite des heures de bureau de mes profs pour aller leur poser des questions.

8. Qui fréquentez-vous°?                                             *hang around with*
   a. ☐ des jeunes bon-chic-bon-genre*
   b. ☐ des jeunes qui passent leur temps dans les «boums»
   c. ☐ des intellectuels qui aiment discuter de choses sérieuses
   d. ☐ des amoureux de la nature qui passent chaque week-end dans les bois
   e. ☐ des copains dans les «fraternités» et les «sororités»
   f. ☐ des jeunes qui aiment les sports et la vie active

▶ **Analyse de quelques résultats**   Entourez les symboles correspondant à vos réponses (p. 72). Comptez le nombre obtenu pour chaque symbole et reportez-le ci-dessous. Lisez le paragraphe qui correspond au symbole pour lequel vous avez obtenu le nombre le plus élevé.

Vous êtes vraiment de bon goût! Mais vos amis doivent vous trouver assez snob. Ce style de vie risque de vous coûter cher (à moins que vous ne gagniez [*unless you win*] à la loterie!).

Vous avez une attitude anticonformiste. Vous aimez d'abord faire ce que vous voulez sans vous occuper du «qu'en dira-t-on». Mais attention! Vous pourriez finir comme l'homme à la page 210!

---

*This expression is very close in meaning to the American term "preppie." It is often reduced to "BCBG," pronounced "bécébégé."

|   | A | B | C | D | E | F |
|---|---|---|---|---|---|---|
| 1 | ● | ★ | ▲ | ■ | ☐ | ○ |
| 2 | ★ | ■ | ○ | ☐ | ▲ | ● |
| 3 | ■ | ☐ | ▲ | ★ | ● | ○ |
| 4 | ☐ | ● | ○ | ★ | ▲ | ■ |
| 5 | ☐ | ● | ■ | ○ | ★ | ○ |
| 6 | ▲ | ■ | ● | ☐ | ○ | ★ |
| 7 | ▲ | ● | ○ | ■ | ☐ | ★ |
| 8 | ★ | ■ | ● | ○ | ☐ | ▲ |

☐  Vous êtes une personne toujours détendue. Vous aimez être à l'aise. Vous êtes facile à vivre. Il est bien possible que dans une dizaine d'années vous vous retrouviez dans une grande maison entouré(e) d'enfants et d'animaux.

▲  Vous êtes l'étudiant(e) moyen(ne). N'ayez pas peur de sortir des sentiers battus (*go off the beaten path*). Vous êtes le genre de personne sur qui on peut compter. Attention de ne pas vous prendre trop au sérieux!

●  Vous avez tendance à être introverti. Sous votre calme apparent, vous avez une grande profondeur d'âme. Même si vous aimez la solitude, n'oubliez pas que les autres pourraient profiter de vos talents cachés (*hidden*).

■  Vous êtes légèrement excentrique et vous vous plaisez à choquer les autres. L'effet de choc peut être amusant, mais la réaction des autres pourrait vous surprendre. Soyez vous-même (*Be yourself*).

Et maintenant à vous! Comme tous les questionnaires du même genre, celui-ci est sujet à caution. Analysez votre personnalité et dites quelles sont vos tendances. Trouvez-vous les résultats justes? Sinon, expliquez pourquoi. Faites passer le test à vos camarades de classe et essayez d'en déduire leur personnalité. Comparez vos résultats et les leurs. Quelles questions manquent, à votre avis, pour faire un test complet?

**Avez-vous compris?**  Voici les descriptions de deux jeunes étudiants, Madeleine et David. D'après ce que vous lisez dans les paragraphes suivants, quelles peuvent être leurs réponses au petit test de personnalité? Quel symbole et quelle description ci-dessus correspondent à chacune des deux personnes?

MADELEINE

Moi, j'aime beaucoup les animaux. J'ai deux chats, un chien et trois
oiseaux chez moi. Le seul problème, c'est qu'il y a toujours des poils
(*hair*) partout, surtout sur mes vêtements. J'aime m'habiller avec
goût—j'adore porter des mocassins bordeaux et une chemise Lacoste.
J'ai un petit appartement très chic et très moderne. J'aime me reposer
sur le sofa, en écoutant Chopin ou Beethoven et en buvant un petit
verre de vin blanc. Le week-end, vous me trouverez chez moi, plongée
dans un bon livre.

DAVID

Pendant la semaine, je suis obligé de porter un costume et une cravate,
mais chez moi, je suis en jean et en T-shirt. Quand je rentre du boulot,
je me mets en tenue de sport, puis je sors avec mon chien Fidèle pour
faire un peu de jogging. Après une bonne douche, je prépare mon dîner
et je mets un peu de musique—du rock, du jazz, de la musique
classique, ça varie selon mon humeur. Le week-end, j'aime m'évader
dans les bois, faire de la randonnée ou de l'alpinisme. Pour moi, la
nature est mon domicile!

▶ **Qu'en pensez-vous?**

Discutez des questions suivantes avec un(e) camarade de classe. Si vous
voulez, utilisez les expressions suggérées pour faciliter votre discussion.

**Expressions utiles:** Chacun ses goûts

avoir envie de  *to feel like, want*
avoir peur de  *to fear, be afraid of*
avoir un sens artistique  *to be artistic*
casser les oreilles à quelqu'un  *to be too loud (''to break someone's eardrums'')*
faire attention à sa façon de s'habiller  *to be careful in choosing clothes*
s'habiller avec goût, d'une manière excentrique  *to dress with taste, in an
    eccentric way*
porter une tenue négligée  *to wear casual clothes*
rêver  *to dream*

1. Décrivez votre maison et expliquez comment elle reflète (ou ne
   reflète pas) la personnalité de votre famille. Est-ce que votre
   chambre d'étudiant ressemble à la maison de vos parents? A votre
   avis, pourquoi ou pourquoi pas?
2. Quel genre de musique préférez-vous? Dites pourquoi. Selon vous,
   quelle sorte de personne aime la musique classique? le hard rock? le
   jazz? Expliquez votre réponse.
3. Est-ce que vous faites attention à votre façon de vous habiller?
   Portez-vous d'habitude une tenue négligée, ou est-ce que vous
   dépensez beaucoup d'argent pour les vêtements chic? Suivez-vous la
   mode? Pourquoi ou pourquoi pas?

# Grammaire en contexte
## 7 Asking Questions

The way to ask a question in French depends on whether the speaker is asking for a *yes* or *no* answer or for information: *who? what? which? which one? how? when? where? why?*

# YES/NO QUESTIONS

Questions that anticipate a *yes* or *no* answer can be asked with **est-ce que**, with subject-verb inversion, with **n'est-ce pas?** or with rising intonation.

## Est-ce que

This construction occurs frequently in spoken French. **Est-ce que** comes directly before the subject of the sentence, and **que** elides to **qu'** before a word beginning with a vowel or mute **h.**

| | |
|---|---|
| **Est-ce que** tu fais attention à ta façon de t'habiller? | *Do you pay attention to the way you dress?* |
| **Est-ce qu'il** préfère les chiens ou les chats? | *Does he prefer dogs or cats?* |

## Subject-Verb Inversion

1. When the subject is a pronoun, it is placed after the verb, connected to it with a hyphen. For the **il/elle/on** form of all verbs, except those that end with **-t** or **-d,** an extra consonant **-t-** is added between the verb and the inverted subject pronoun. For the **je** form of verbs, inversion is seldom used; **est-ce que** is used instead.

| | |
|---|---|
| **Etes-vous** quelqu'un qui préfère les animaux exotiques? | *Are you the type of person that prefers exotic animals?* |
| **Evite-t-il** la cuisine du réfectoire? | *Does he stay away from cafeteria food?* |

*mais:*

| | |
|---|---|
| **Est-ce que j'ai répondu** à toutes les questions? | *Have I answered all the questions?* |

2. When the subject is a noun, it remains at the beginning of the sentence, and the corresponding subject pronoun is inserted after the verb.

| | |
|---|---|
| Vos parents **aiment-ils** les animaux? | *Do your parents like animals?* |
| Ta sœur **écoute-t-elle** de la musique classique? | *Does your sister listen to classical music?* |

3. In the compound tenses (those with the auxiliary verb **avoir** or **être**), the subject pronoun and the auxiliary verb are inverted.

| | |
|---|---|
| **Ont-ils** acheté une nouvelle voiture? | *Did they buy a new car?* |
| Vous **êtes-vous** jamais habillé d'une manière excentrique? | *Have you ever dressed in an eccentric fashion?* |

4. In negative questions, **ne** precedes the verb, as usual, and the negative element (**pas, jamais,** etc.) follows the inverted subject pronoun. To express an affirmative answer to a negative question, **si** is used in place of **oui.**

> **Ne** préfères-tu **pas** les grosses voitures? —Si, je les aime bien!
>
> *Don't you prefer big cars? — Yes, I like them a lot!*
>
> **N'**êtes-vous **jamais** allé en Espagne? —Non, jamais!
>
> *Haven't you ever gone to Spain? —No, never!*

## N'est-ce pas?

A statement can be made into a question by ending it with **n'est-ce pas?** This expression corresponds to *does he? didn't they? isn't it? shouldn't we?* etc., depending on the context of the question. **N'est-ce pas?** is invariable and usually anticipates an affirmative answer.

> Une grosse voiture est un signe de richesse, **n'est-ce pas?**
>
> *A big car is a sign of wealth, isn't it?*
>
> Tu n'aimes pas beaucoup les animaux, **n'est-ce pas?**
>
> *You don't like animals very much, do you?*

## Rising Intonation

In informal spoken French, a statement becomes a question when the pitch of the voice is raised at the end of the sentence.

> Tu préfères t'évader, aller dans un endroit tranquille?
>
> Vous avez acheté une voiture d'occasion?
>
> Alors, on dîne au restaurant ce soir?

**Précisons!**

Goûts et couleurs. Vous habitez en France. Vous interrogez votre nouveau/nouvelle camarade de chambre qui vient d'arriver des Etats-Unis et qui ne comprend pas très bien le français. Vous répétez trois fois vos questions de façon différente.

MODELE: Aimes-tu le rock français? →
Est-ce que tu aimes le rock français?
Tu aimes le rock français?
Tu aimes le rock français, n'est-ce pas?

1. Ecoutes-tu de la musique tard dans la nuit?   2. Tu as bon goût! Tu prêtes tes vêtements, n'est-ce pas?   3. Est-ce que tu aimes les animaux?
4. Tu suis des cours de yoga, n'est-ce pas?   5. Es-tu facile à vivre?
6. Est-ce que tu peux garder un secret?

# INFORMATION QUESTIONS: *WHO? WHAT?*

Questions that ask *who* or *what* use interrogative pronouns. The forms of the interrogative pronouns in French differ according to their meaning (referring to persons or to things) and their function in the sentence (subject, direct object, or object of a preposition). Several interrogative pronouns have both a short form and a long form that is based on **est-ce que.**

| | INTERROGATIVE PRONOUNS | | | | |
|---|---|---|---|---|---|
| | *Who* and *whom* (people) | | | *What* (things) | |
| | *Form* | *Structure* | | *Form* | *Structure* |
| *Subject of verb* | qui <br> qui est-ce qui | normal word order | | qu'est-ce qui | normal word order |
| *Direct object of verb* | qui | with **est-ce que** or inversion | | que | with **est-ce que** or inversion |
| *Object of preposition* | qui | with **est-ce que** or inversion | | quoi | with **est-ce que** or inversion |

## Interrogative Pronouns Referring to Persons

1.  Person as subject: **qui.** When **qui** is the subject of a question, normal word order is used: **qui** + *verb* + *other elements.* An alternative long form, **qui est-ce qui,** may be used for emphasis.

    **Qui** attend la dernière minute pour faire les devoirs? <br> **Qui est-ce qui** attend la dernière minute pour faire les devoirs? } *Who waits until the last minute to do homework?*

2.  Person as direct object: **qui.** When **qui** is the direct object of the verb, either **est-ce que** or subject–verb inversion may be used. **Qui** does not contract with any following word.

    **Qui** voit-on dans les restaurants chic? <br> **Qui** est-ce qu'on voit dans les restaurants chic? } *Whom does one see at chic restaurants?*

3.  Person as the object of a preposition: **qui.** When **qui** is the object of a preposition, either **est-ce que** or inversion may be used. The preposition always begins the question.

Avec **qui** dînez-vous ce soir? ⎫
Avec **qui** est-ce que vous dînez ⎬   *Whom are you dining with*
   ce soir? ⎭   *   this evening?*

**Qui** is always the appropriate equivalent for the interrogative pronouns *who* and *whom*.

## Interrogative Pronouns Referring to Things

1. Thing as subject: **qu'est-ce qui.** This subject pronoun is used with normal word order. There is no short form corresponding to **qu'est-ce qui.**

   **Qu'est-ce qui** caractérise     *What characterizes the average*
      l'étudiant moyen?           *student?*
   **Qu'est-ce qui** vous intéresse le   *What interests you the most?*
      plus?

2. Thing as direct object: **que.** When **que** is the direct object of the verb, either **est-ce que** or inversion may be used. Note that **que** elides with **est-ce que: qu'est-ce que.**

   **Que** faites-vous d'habitude ⎫
      pour vous distraire? ⎪
   **Qu'**est-ce que vous faites ⎬   *What do you usually do to*
      d'habitude pour vous ⎪   *   pass the time?*
      distraire? ⎭

   In short questions in the simple tenses (present, imperfect, conditional, future), a *noun* subject may be inverted after the interrogative pronoun **que.**

   **Que font tes amis** le     *What do your friends do on*
      week-end?             *weekends?*

3. Thing as object of a preposition: **quoi.** When **quoi** is the object of a preposition, either **est-ce que** or inversion may be used. The preposition always begins the question.

   A **quoi** s'intéressent-ils? ⎫
   A **quoi** est-ce qu'ils ⎬   *What are they interested in?*
      s'intéressent? ⎭

## Definitions: *What is . . . ?*

To ask for the definition of something, these expressions are used:

   **Qu'est-ce que c'est que... ?** *(spoken language, informal context)*
   **Qu'est-ce que... ?** *(written language, formal style)*

   **Qu'est-ce que c'est que** le     *What is good taste?*
     bon goût?
   **Qu'est-ce que** la personnalité?   *What is personality?*

**Précisons!**

Goûts vestimentaires. Remplacez la forme brève par la forme longue de la question. Votre camarade de classe doit répondre à la question.

MODELE:    Que peut-on mettre avec une chemise rayée (*striped*)? →
Qu'est-ce qu'on peut mettre avec une chemise rayée?

1. Qui décide de la mode cette année?    2. Que fais-tu quand quelqu'un arrive en classe avec une robe (chemise) excentrique?    3. Pour qui voulons-nous être élégant(e)s?    4. Que met-on pour aller à une soirée entre amis?    5. De quoi a-t-on besoin pour être chic à la plage?

## INFORMATION QUESTIONS: *WHICH? WHICH ONE(S)?*

Questions that ask for a choice from a group or category use a form of the interrogative adjective **quel** or a form of the interrogative pronoun **lequel**.

### The Interrogative Adjective *quel: Which? What?*

**Quel** agrees in gender and number with the noun it modifies.

|  | SINGULAR | PLURAL |
|---|---|---|
| *Masculine* | quel | quels |
| *Feminine* | quelle | quelles |

**Quelle** sorte de voiture préférez-vous? — *Which kind of car do you prefer?*

**Quel** est le meilleur restaurant de la ville? — *What's the best restaurant in town?*

**Quel** is used with subject–verb inversion or with **est-ce que** only when it modifies the direct object or the object of a preposition.

Quelle sorte de pizza **vas-tu** commander? ⎫
Quelle sorte de pizza **est-ce que** tu vas commander? ⎬ *What kind of pizza are you going to order?*

Remember that **quel** is used in some idiomatic expressions: **Quelle heure est-il? Quel temps fait-il?**

### The Interrogative Pronoun *lequel: Which one(s)?*

The interrogative pronoun **lequel** agrees in gender and number with the noun to which it refers. The forms of **lequel** are combinations of the definite article and the appropriate forms of **quel**. Like the definite article, these interrogative pronouns combine with the prepositions **à** and **de**. **Lequel** is used with either **est-ce que** or subject-verb inversion, unless it is the subject of the sentence.

| | | SUBJECT OR DIRECT OBJECT | à + PRONOUN | de + PRONOUN |
|---|---|---|---|---|
| *Singular* | *Masculine* | lequel | auquel | duquel |
| | *Feminine* | laquelle | à laquelle | de laquelle |
| *Plural* | *Masculine* | lesquels | auxquels | desquels |
| | *Feminine* | lesquelles | auxquelles | desquelles |

**Lequel** de ces livres t'intéresse? ( = quel livre?)

Voici nos poissons exotiques. **Auxquels** vous intéressez-vous? ( = à quels poissons?)

**De laquelle** de ces voitures est-ce que tu parles? ( = de quelle voiture?)

*Which (one) of these books interests you?*

*Here are our tropical fish. Which ones are you interested in?*

*Which one of those cars are you talking about?*

The interrogative pronoun **lequel** is used in two ways:

1. followed by **de** with a noun referent

   **Lequel de** ces trois chatons est le plus mignon?

   *Which (one) of these three kittens is the cutest?*

2. in reference to an antecedent mentioned in the previous sentence

   Il y a plusieurs styles de vêtements. **Lequel** préférez-vous?

   Choisissons un restaurant! —D'accord! **Lequel?**

   *There are several styles of clothing. Which one do you prefer?*

   *Let's choose a restaurant! —OK! Which one?*

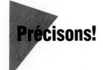

**Précisons!**

Pour décorer la chambre. Vous cherchez de nouveaux accessoires dans une boutique. Avec un(e) camarade de classe, jouez les rôles du vendeur (de la vendeuse) et du client (de la cliente).

MODELE: poster (moins cher) →

LE VENDEUR / LA VENDEUSE: Quel poster voulez-vous acheter?

VOUS: Lequel est le moins cher?

1. vase (en porcelaine)
2. tapis (*pl.*) (sont de Perse)
3. horloge (la plus chère)

4. rideaux (de meilleure qualité)
5. couverture (lavable)
6. lampes (les plus élégantes)

## INFORMATION QUESTIONS: *HOW? WHEN? WHERE? WHY?*

Some questions ask for clarification of how something is done, why, under what circumstances, for how long, and so forth. These questions use interrogative adverbs and adverbial expressions such as the following:

comment?
quand?
où?
pourquoi?
combien?

depuis quand? depuis combien
    de temps?
pendant combien de temps?
pour combien de temps?

Clarification questions are formed either with **est-ce que** or with subject-verb inversion. The interrogative word or expression always begins the question.

**Comment** est-ce que tu
    t'habilles pour aller à
    l'université?

*How do you dress to go to the
    university?*

**Combien de** chiens as-tu?

*How many dogs do you have?*

**Où** est-ce qu'on peut
    commander une pizza par
    téléphone?

*Where can you order a pizza
    by phone?*

**Depuis quand** t'intéresses-tu à
    l'opéra?

*How long have you been
    interested in opera?*

In short questions in the simple tenses, noun subjects are usually inverted after the interrogative adverbs **combien, comment, où,** and **quand.** Noun subjects are not inverted after **pourquoi.**

Combien **coûtent les
    vélomoteurs Peugeot?**

*How much do Peugeot mopeds
    cost?*

Comment **s'appelle cette
    mode** excentrique?

*What's that strange fashion
    called?*

*mais:*

Pourquoi est-ce que **ce
    restaurant ferme** à midi?
Pourquoi **ce restaurant
    ferme-t-il** à midi?

*Why does that restaurant close
    at noon?*

## INFORMATION QUESTIONS: GUIDELINES

The following guidelines will help you to ask questions in French. They apply to all questions that contain an interrogative word or phrase: **qui,** que, avec qui, de quoi, quel, lequel, auquel, duquel, comment, pourquoi, depuis quand, etc.

1. The interrogative word or phrase always begins the question.

Qu'est-ce que tu veux faire demain?            *What do you want to do tomorrow?*
De quoi parles-tu?                             *What are you talking about?*

2. If the interrogative word or phrase is the *subject of the sentence,* normal word order is always used.

Qui préfère les chats?                         *Who prefers cats?*
Qu'est-ce qui vous rend heureux?              *What makes you happy?*
Quels sont les animaux les plus intelligents?  *Which are the most intelligent animals?*
Laquelle de ces voitures est la plus rapide?   *Which one of these cars is the fastest?*

**Précisons!**

A chacun sa façon de vivre. Essayez de découvrir les habitudes de votre camarade. En vous servant des expressions suivantes, posez deux questions qui suivent logiquement la question initiale. Votre camarade doit répondre: **Combien, depuis quand, où, pourquoi, quand, comment, pendant combien de temps.**

MODELE:   Sortez-vous souvent? →
          Pourquoi sortez-vous? Où sortez-vous?

1. Rangez-vous souvent vos placards?   2. Nettoyez-vous souvent votre chambre?   3. Etes-vous hypersensible au bruit?   4. Dépensez-vous de l'argent sans réfléchir?   5. Vivez-vous en ville?   6. Préférez-vous la banlieue?   7. Faites-vous de longues promenades solitaires?
8. Allez-vous souvent en vacances?

**Interactions**

**A.** Une enquête. Un(e) journaliste vous invite à participer à une enquête sur vos animaux favoris. Avec un(e) camarade de classe, jouez les rôles du/de la journaliste et du/de la participant(e).

MODELE:   préférer les chats ou les chiens →
          Préférez-vous les chats ou les chiens?
          *ou:* Est-ce que vous préférez les chats ou les chiens?
          *ou:* Vous préférez les chats, n'est-ce pas?

1. aimer les animaux exotiques   2. traiter les animaux avec gentillesse
3. être membre de la Société Protectrice des Animaux   4. trouver les oiseaux fascinants   5. ne pas laisser le chien seul à la maison
6. emmener le chat en voiture   7. avoir des poissons rouges   8. élever un gros serpent

**B.** Mieux se connaître. Interviewez un(e) camarade de classe. Posez-lui une dizaine de questions sur ses goûts. Il/Elle doit répondre par **oui** ou par **non.**

MODELES: Aimes-tu les couleurs vives?
Ecoutes-tu souvent de la musique douce?

D'autres suggestions: suivre la mode; aimer aller à des boums; avoir un animal favori; suivre des cours intéressants; faire du sport; jouer d'un instrument; aller souvent au cinéma. Trouvez-en d'autres...

**C.** Votre bête noire (*pet peeve*). Utilisez ces questions pour interviewer un(e) ami(e) dans la classe. Remplacez, si possible, la forme longue du pronom interrogatif par une forme brève.

1. Qu'est-ce que vous faites quand quelqu'un fume en public?
2. Qu'est-ce qui vous irrite?
3. Qu'est-ce qui vous gêne (*bothers*) quand vous étudiez: la musique ou le bavardage (*chatter*) des autres?
4. Qu'est-ce que vous détestez faire?

**D.** Une émission interrompue. Un soir d'orage (*stormy*), vous écoutez une émission à la radio. Un célèbre psychologue donne des conseils sur la façon de se présenter. Il y a beaucoup de parasites (*static*) sur l'antenne et vous n'entendez pas tous les mots. Voici quelques extraits de l'émission. Quelles questions doit-on poser pour savoir ce que l'animateur de radio a dit? Votre camarade de chambre, qui connaît tout, répond aux questions.

MODELE: Pour faire bonne impression, on doit... →
VOUS: Qu'est-ce qu'on doit faire pour faire bonne impression?
VOTRE CAMARADE: Il ne faut pas porter un costume voyant (*loud*).

1. Pour mettre les autres à l'aise, vous avez besoin de...
2. Je recommande de lire... C'est mon dernier livre sur le sujet.
3. Adressez vos questions à... Maison de Radio-France, Paris.
4. Pour paraître sincère,... est important.

**E.** A la mode! Formez un groupe de trois personnes. Deux personnes vont se poser des questions et la troisième va vérifier les questions. (Des traductions possibles se trouvent dans une note en bas de la page 92.) Naturellement, il faut répondre aux questions posées.

*Etudiant(e) 1:* Ask your partner . . .

1. what is good taste according to you? Explain your answer.
2. what do you think about when you buy new clothes?
3. who is the best-dressed actor on TV?
4. what clothing do you like to wear when you go out in the evening?

*Etudiant(e) 2:* Ask your partner . . .

1. what do you absolutely refuse to wear? Why?
2. who is the worst-dressed rock star?
3. what store sells the best clothes in town?
4. what colors do you prefer, and why?

**F.** Au magasin de prêt-à-porter. Vous et un(e) ami(e) êtes en train de faire des achats dans un grand magasin. Utilisez les éléments proposés pour votre conversation.

MODELE:    A: Voici deux pantalons. Lequel préfères-tu?
B: Je préfère le pantalon en coton à fleurs.

LES VETEMENTS A CONSIDERER                    LES TISSUS

| une chemise | un smoking | en coton | en laine |
|---|---|---|---|
| des complets | des tailleurs | en cuir (*leather*) | en nylon |
| des cravates | (*women's* | en dentelle (*lace*) | en polyester |
| un jean | *suits*) | en flanelle | en satin |
| des jupes | un T-shirt | en jersey | en soie |
| un pantalon | des vestes | | |
| un pull | | | |

LES COULEURS                                  LES STYLES

| blanc | clair (*light*) | court | serré (*close-fitting*) |
|---|---|---|---|
| bleu | foncé (*dark*) | large | à col ouvert |
| jaune | pâle | long | (*open-necked*) |
| noir | vif (*bright*) | décolleté | à col roulé (*with a* |
| orange | à carreaux (*plaid*) | (*low-cut*) | *turtleneck*) |
| rose | à fleurs | négligé (*careless,* | à manches courtes |
| rouge | à pois (*with* | *casual*) | |
| vert | *polka dots*) | | |
| violet | à rayures (*striped*) | | |
| | uni (*solid*) | | |

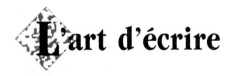

# L'art d'écrire

## Pour faire un portrait physique et moral

In Chapter 2 you practiced describing a place. In this chapter you will have an opportunity to try your hand at describing a personality type through the technique of caricature.

The text below describes a compulsive eater by using very concrete vocabulary, especially nouns and verbs. It uses the technique of enumeration to achieve this effect. By noting the actions of the subject, the time he devotes to thinking about food, and the quantities and types of foods he devours, we get a picture of obsessive/compulsive behavior.

## Guillaume le gourmand°

le... *person who likes to eat*

Depuis qu'il est tout petit, Guillaume ne pense qu'à une chose: manger. Dès qu'il est réveillé,° il pense au petit déjeuner. L'eau lui monte à la bouche quand il pense aux croissants dorés, au beurre frais et aux tartines de confiture. A midi, à la sortie du bureau, il se précipite au petit restaurant d'en face où il connaît tous les serveurs et tous les cuisiniers. Avec un plaisir évident, il étudie longuement le menu et c'est toujours avec un grand sourire qu'il commande de bons petits plats. Auprès de tous ses amis, il se vante° de pouvoir reconnaître un Bourgogne ou un Beaujolais, les yeux fermés. Tous les soirs, quand il rentre chez lui, sa première question est toujours: «Qu'est-ce qu'on mange?»

Dès... *As soon as he wakes up*

se... *is proud*

Guillaume a les joues bien rondes et bien rouges. Son triple menton s'agite chaque fois qu'il fait claquer sa langue° contre son palais et qu'il s'écrie «Extra!» ou «Délicieux!». Ses yeux rieurs° brillent dans son visage d'enfant surtout quand il pense à un bon «coq au vin» ou à une «truite Meunière°».

il... *he taps his tongue*
*laughing*
truite... *type of trout dish*

Mais attention! Il ne faut surtout pas dire à Guillaume qu'il est gourmand. «Non» vous dira-t-il, «Il ne faut pas confondre gourmand et gourmet. Ça n'est pas du tout la même chose.»

Inspiré par *Les Caractères* de La Bruyère

 **Analyse**

1. Il y a deux parties dans ce portrait: la partie morale et la partie physique. Pouvez-vous les trouver?
2. Dans la première partie, remarquez que chaque vignette représente le sujet à différents moments de la journée. Trouvez ces différents moments.
3. Dans la deuxième partie, encerclez les adjectifs qui contribuent à la description physique du sujet. Voyez-vous une relation entre ces adjectifs concrets et la gourmandise?

▶ **Préparation à l'écriture**

1. Pensez au portrait (et même à la caricature) d'un des individus suivants: l'égoïste, le vaniteux/la vaniteuse, le/la timide, le distrait/la distraite, la femme fatale, le Don Juan, le bavard/la bavarde.
2. Votre portrait pourra montrer cette personne à différents moments de sa journée. Faites une liste de ces moments.
3. Faites une liste des actions obsessives d'une telle personne et combinez-la avec votre première liste.
4. Faites une liste d'adjectifs descriptifs qui correspondent aux traits physiques de la personne.
5. Composez un portrait de cette personne en organisant et en combinant vos listes et vos idées. Pensez à une conclusion qui résumerait bien toute la description.

# ◆ Récapitulation

**A.** Journaliste au magazine *Mag'Jeunes*. Vous devez écrire un article sur les goûts d'une célébrité: un homme ou une femme politique, un chanteur ou une chanteuse, un comédien ou une comédienne, un animateur ou une animatrice de télévision. Votre article doit comporter plusieurs parties.

- la vie familiale: marié(e)? enfants? maison? appartement? en ville? à la campagne?
- les loisirs: sport? voyages? amis? sorties?
- les goûts artistiques: cinéma? théâtre? concerts? musées?
- les goûts vestimentaires: tenue sport? haute couture? tenue négligée?

Avec tous ces éléments, préparez des questions en utilisant les expressions interrogatives. Ensuite, demandez à un(e) camarade de classe de jouer le rôle de la célébrité et de répondre à vos questions.

**B.** Trois jeux à questions

1. Je ne réponds que par **oui** ou par **non!** Imaginez que vous êtes un personnage célèbre. Les autres étudiants (ainsi que le professeur) vous posent des questions auxquelles vous ne pouvez répondre que par **oui** ou par **non.** Le nombre de questions est limité à vingt! Quelqu'un doit alors deviner votre identité. Le gagnant (celui ou celle qui devine juste) choisit alors une nouvelle identité.
2. Tipoter. Un(e) étudiant(e) pense à une action (se brosser les dents, taper à la machine, lire, dormir... ). Tout le monde doit poser des questions en utilisant le verbe imaginaire **tipoter. Voici quelques questions possibles:** Est-ce que tu tipotes souvent? Quand tipotes-tu, d'habitude? Combien de fois par jour tipotes-tu? Lequel de nos camarades de classe tipote le plus souvent? Que doit-on faire pour se préparer à tipoter? La classe doit poser toutes les questions nécessaires pour découvrir ce que **tipoter** veut dire. Quand un étudiant pense qu'il sait ce que le verbe signifie, il doit dire **Est-ce que tipoter veut dire X?** S'il a raison, c'est à lui de continuer le jeu.
3. Petit test pour le prof! Dans cette activité, c'est la classe qui pose les questions difficiles et c'est le prof qui doit y répondre. Le jeu se déroule en trois phases:

    *Première phase:* Par groupes de deux, les étudiants se posent mutuellement des questions sur un des sujets suivants: (a) leurs habitudes quotidiennes, (b) leurs activités de loisir (sports, passe-temps), (c) leur famille et d'autres petits faits personnels, (d) leur future carrière.

    *Deuxième phase:* Quatre ou cinq étudiants donnent un résumé de ce qu'ils ont appris dans l'interview. La classe prend note des renseignements donnés, mais le prof ne prend pas de notes!

    *Troisième phase:* La classe se divise en deux groupes. Chaque groupe à tour de rôle (*in turn*) pose des questions au prof. Le groupe qui pose une question à laquelle le prof ne peut pas répondre reçoit un point. Le premier groupe à avoir cinq points est victorieux. On peut continuer le jeu en demandant à quatre ou cinq autres étudiants de donner leur résumé, et le jeu reprend comme à la deuxième phase.

**C.** Sujets de discussion

1. «Tous les goûts sont dans la nature.» En général, on dit cela quand on rencontre quelqu'un qui a des goûts étranges, singuliers. Connaissez-vous des personnes qui ont des goûts bizarres? Décrivez leur personnalité.
2. «Etes-vous chien ou chat?» Lisez les paragraphes à la page suivante et donnez votre réaction personnelle. Vous pouvez décrire un animal favori ou exprimer votre propre opinion sur les chiens et les chats. Puis, dites si vous voulez bien offrir un toit à un des animaux de la photo qui suit. Expliquez pourquoi ou pourquoi pas.

OFFREZ-NOUS UN TOIT

**«FANNY»,** caniche femelle brune de 2 ans, très nerveuse mais affectueuse.

**«YOUKA»,** chat mâle tigré gris et blanc de 2 ans.

**«BELLE»,** Saint-Bernard femelle tricolore de 6 ans, très gentille et calme.

**«OSCAR»,** chat mâle tigré gris de 6 mois.

**«BABIN»,** danois mâle arlequin de 1 an, remuant, costaud[a] mais débordant de gentillesse.

**«MINOU»,** chat mâle châtré roux et blanc de 4 ans, très affectueux.

[a] fort *(pop.)*

## Etes-vous chien ou chat?

On range en général les Français en deux catégories: ceux qui préfèrent les chiens et ceux qui préfèrent les chats. Mais, c'est le chien que la plupart des Français préfèrent; c'est ce que nous montrent les résultats d'un sondage réalisé pour la revue *Elle.*

Bien sûr, il y a une différence importante entre les sentiments qu'inspire un chat et ceux qu'inspire un chien. Le chien offre une relation affective tout à fait exceptionnelle. C'est la raison pour laquelle beaucoup de gens le préfèrent au chat. Toutefois, il ne suscite pas les passions extrêmes que l'on rencontre chez les propriétaires de chats, parmi lesquels on peut compter un grand nombre de femmes. Il y en a même qui se consacrent exclusivement à la protection des chats errants° (dont le nombre est important, surtout dans les grandes villes)!    *stray*

Bien entendu, il est inutile de comparer le caractère du chat à celui du chien. Le chat de gouttière,° comme le chat de race,° est indépendant. On le déteste ou on l'adore, il n'y a pas de juste milieu: Il y a beaucoup de gens qui les trouvent hypocrites, ingrats et cruels; d'autres les trouvent intelligents, fascinants et même caressants. On peut choisir un chien, mais c'est le chat qui vous choisit, et il y a souvent dans une famille des individus pour lesquels il montre une préférence, sans qu'on sache très bien pourquoi.    *de... alley / de... purebred*

Les raisons pour lesquelles on aime tellement son chien ou son chat sont nombreuses, mais il est certain que les animaux occupent une place très importante dans la vie de beaucoup de gens. Ils répondent à un besoin psycho-affectif... évidemment, il vaut mieux dépendre d'un chat ou d'un chien que du Valium!

Extrait et adapté d'*Elle,* 6 août 1979

# *On se débrouille...*

## Pour exprimer vos goûts et vos préférences

**A.** Quelle est votre réaction? La façon dont vous vous exprimez révèle votre personnalité. On peut exprimer en français ses goûts et ses préférences de plusieurs façons. Les expressions suivantes peuvent vous aider à préciser vos sentiments.

1. intérêt

Je m'intéresse à la musique.
Je trouve cette idée intéressante (fascinante, curieuse).
Je serais (suis) curieux/curieuse de voir cela (ça).
Ça m'intéresserait de faire cela.

2. appréciation/admiration

> J'apprécie ce genre de choses.
> Je vous admire de faire cela.
> Je trouve cela admirable.
> C'est magnifique (chouette, génial)!

3. amour

> J'adore la musique classique.
> Je suis fou/folle de ces chansons!
> Ceci me plaît énormément.
> Je trouve ça (cela) fantastique (merveilleux, formidable).
> J'aime beaucoup…

4. mécontentement

> Je déteste ce style-là!
> Je trouve cela détestable!
> J'ai horreur de ça!
> Je ne supporte pas ça.
> C'est très désagréable!
> Je n'aime pas ça du tout!
> C'est révoltant!
> Ça porte malheur!

5. dégoût

> C'est vraiment de mauvais goût!
> C'est dégoûtant! (*disgusting*)
> Que c'est laid!
> Que c'est moche! (informal, *ugly*)
> Comment peut-on aimer ça?
> Quelle horreur!

**B.** Maintenant, dites comment vous vous exprimeriez dans les situations suivantes. Utilisez les expressions que vous venez d'apprendre.

MODELE:  Un ami vous propose d'aller au cinéma voir un film d'épouvante. →
Je déteste ce genre de film. Ça ne m'intéresse pas du tout!

1. Un(e) ami(e) vous invite à un concert de jazz samedi soir.
2. On vous a envoyé un cadeau; c'est une chemise en velours mauve, le «dernier cri» (*latest thing*) à Paris.
3. Un vendeur vous propose un fauteuil (*armchair*) de style «victorien», tout rouge orné de franges en or (*gold fringe*).
4. On vous demande votre opinion sur le «rap».
5. Un ami vous fait cadeau d'un chat noir.
6. Vous venez d'être invité(e) à une soirée dansante pour la Saint-Valentin.
7. Un de vos amis vient de faire le tour du monde en auto-stop.

8. On vous offre deux reproductions d'impressionnistes français.
9. Un ami français vous invite à passer quinze jours à Paris.
10. Votre professeur vous demande d'écrire un devoir de quinze pages en français.

**B.** Vos réactions, s'il vous plaît! Regardez les dessins suivants. A votre avis, que pourraient bien dire ces gens-là? Imaginez leurs réactions, en choisissant parmi les expressions que vous venez d'apprendre.

# Mots utiles: Chacun ses goûts

**Comment vous habillez-vous?**

| | |
|---|---|
| **une chemise rayée** | striped shirt |
| **des couleurs voyantes** | loud colors |
| **le dernier cri** | the latest thing |
| **un pantalon à fleurs, à carreaux** | flowered, plaid slacks |

adapter sa tenue aux
  circonstances — to dress according to circumstances
s'habiller avec goût — to dress with taste
s'habiller d'une manière excentrique — to dress in an eccentric way
porter une tenue négligée — to wear casual clothes
suivre la mode — to keep in fashion

### Décoration intérieure

un fauteuil — armchair
les meubles (m.) — furniture
des rideaux (m.) — curtains
un tapis de Perse — Persian rug

### Le week-end, c'est sacré!

se distraire — to entertain oneself
s'évader dans la nature — to escape in(to) nature
faire de la randonnée — to go for a hike
se reposer — to rest
rêver — to dream

### La vie en communauté

avoir une bête noire — to have a pet peeve
casser les oreilles à quelqu'un — to be too loud ("to break someone's eardrums")
nettoyer sa chambre — to clean up one's bedroom
ranger les placards — to straighten the cupboards
le réfectoire — cafeteria

### Quelques expressions supplémentaires...

### Noms

l'âme (f.) — soul, spirit
l'animal (m.) domestique — pet

la bagnole — jalopy
le baladeur (le walkman) — portable headphone radio/cassette player
la banlieue — suburbs, outskirts
le boulot (pop.) — (everyday) work
l'humeur (f.) — mood
l'ordinateur (m.) — computer
le prêt-à-porter — ready-to-wear clothes
le sentier — path
la vedette (de rock, de cinéma) — (rock, movie) star

### Adjectifs

mignon(ne) — cute
moyen(ne) — average
d'occasion — used, secondhand

### Verbes

avaler — to swallow
avoir envie de — to feel like
avoir peur de — to fear, be afraid of
avoir un sens artistique — to be artistic
caresser — to pet, stroke
élever — to raise
emmener — to take along
gêner — to trouble, bother
grignoter — to nibble
profiter de — to take advantage of, to use
surprendre — to surprise

### Mots divers et proverbe

Bon-chic-bon-genre (BCBG) — preppie
ce n'est (c'est) pas la peine — it's not worth the trouble
Tous les goûts sont dans la nature. — All tastes are found in nature.

---

**Asking Questions** Traductions possibles pour l'Interaction E, page 83: *Etudiant(e) 1:* (1) Qu'est-ce que c'est que le bon goût selon toi? Explique ta réponse. (2) A quoi est-ce que tu penses quand tu achètes de nouveaux vêtements?
(3) Qui est l'acteur le mieux habillé à la télé? (4) Quels vêtements préfères-tu mettre quand tu sors le soir? *Etudiant(e) 2:* (1) Qu'est ce que tu refuses absolument de porter? Pourquoi? (2) Qui est la vedette de rock la plus mal habillée? (3) Quel magasin vend les meilleurs vêtements de la ville? (4) Quelles couleurs préfères-tu, et pourquoi?

# Chapitre quatre
# **Vive les distractions!**

Randonnée en Dordogne

# Dans le vif du sujet

## Avant de lire

**Previewing.** Reading and understanding a text is made easier by using a strategy called previewing. This strategy involves looking at the presentation and layout of the text (titles, subtitles, table of contents, introduction or preface, illustrations) in order to determine where to find the main information.

Previewing is also useful in conjunction with skimming and scanning. As you learned in Chapter 1, skimming involves reading a text quickly to get a general idea of its content. It gives an overall view of the intention of the author and the organization of the text. Scanning is more limited in focus; it involves glancing over a text for specific information, often without following the written order of the text. Much useful information can be obtained first by previewing a text, then by skimming and scanning. You can gain confidence in reading French by training yourself in the use of these skills.

Preview the text of this chapter. You will notice that; after a short introduction, it presents some facts and figures in paragraph form, followed by a chart with numbers in two columns. A letter then appears. Knowing in advance how the text is structured will allow you to concentrate better on its contents.

Skim the introduction and identify the subtitles, which give a general sense of what the article is about. Scan the chart to see which activities are represented. Before starting to read, check off your preferences among the activities listed. As you read, compare your preferences to those expressed in the survey.

# Le plaisir de la détente

## Le temps et l'argent

Les Français consacrent de plus en plus de temps et d'argent à leurs activités (ou parfois leurs passivités!) de loisirs. La crise° n'a pas retardé le processus: elle l'a au contraire accéléré.

(On parle ici d'une crise économique.)

### Le temps libre d'une vie est trois fois plus long que le temps de travail.

Le temps libre d'une vie moyenne (72 ans pour un homme) représente environ 25 ans depuis la naissance, alors que le temps de travail et de scolarité en représente moins de 10. Le temps libre ne cesse d'ailleurs de s'accroître: entre 1975 et 1985, il est passé de 3 h 28 à 4 h 04 par jour.

Cette augmentation de 36 minutes a surtout profité à la télévision, qui s'est octroyé 26 minutes supplémentaires. Le reste se répartit entre la pratique sportive (8 minutes par jour contre 3 en 1975), les sorties et spectacles (8 minutes contre 5), les jeux (11 minutes contre 8).

Tiré de *Francoscopie,* Larousse, 1991

## Les temps changent, les activités aussi

Evolution de quelques activités de loisirs entre 1967 et 1988 (en%)

| Proportion de Français ayant pratiqué l'activité suivante. . . | 1967 | 1988 |
|---|---|---|
| • Regarder la télévision tous les jours ou presque | 51 | 82 |
| • Recevoir des parents ou des amis pour un repas au moins une fois par mois | 39 | 64 |
| • Etre reçu par des parents ou des amis pour un repas au moins une fois par mois | 37 | 61 |
| • Lire une revue ou un magazine régulièrement | 56 | 79 |
| • Avoir visité un Salon[a] ou une foire-exposition[b] depuis un an | 33 | 56 |
| • Sortir le soir au moins une fois par mois | 30 | 48 |
| • Aller au restaurant au moins une fois par mois | 8 | 25 |
| • Avoir visité un musée depuis un an | 18 | 32 |
| • Avoir visité un château ou un monument depuis un an | 30 | 41 |
| • Faire de la couture ou du tricot de temps en temps et «avec plaisir» | 28 | 38 |
| • Danser au moins 5 ou 6 fois par an | 20 | 30 |
| • Ecouter la radio tous les jours ou presque | 67 | 75 |
| • Participer régulièrement à au moins une association | 11 | 18 |
| • Faire une collection | 16 | 22 |
| • Jouer aux cartes ou à d'autres jeux de société chaque semaine ou presque | 13 | 18 |
| • Jouer de la musique régulièrement ou parfois | 4 | 7 |
| • Réparer une voiture de temps en temps et «avec plaisir» | 10 | 12 |
| • Aller au cinéma au moins une fois par mois | 18 | 18 |
| • Lire au moins un livre par mois | 32 | 31 |
| • Jardiner tous les jours ou presque à la belle saison | 20 | 19 |
| • Aller au cinéma chaque semaine ou presque | 6 | 4 |
| • Aller au théâtre au moins une fois par an | 21 | 18 |
| • Aller au café au moins une fois par semaine | 24 | 17 |
| • Assister à un spectacle sportif au moins 5 fois par an | 17 | 9 |
| • Lire un quotidien tous les jours ou presque | 60 | 42 |

[a] *Art exhibit*
[b] *commercial fair, "expo"*

Laurence est une jeune femme-cadre fatiguée du métro-boulot-dodo. Elle a décidé de demander quelques jours de congé pour se détendre et se remettre en forme. Voici la lettre qu'elle écrit à son amie Martine au début de son congé:

Chère Martine,

J'ai enfin décidé de suivre tes conseils et de demander une semaine de congé à mon patron. Tu as raison—je suis une dingue du travail et j'ai besoin de me relaxer. C'est formidable d'avoir tout ce temps libre devant moi!

Ce matin, j'ai déjà nettoyé tous les placards de la cuisine et j'ai commencé à broder un napperon pour ma tante Elise. C'est un point° assez difficile à faire, mais je compte y arriver avant samedi.

*stitch*

Cet après-midi je vais mettre de l'ordre dans ma collection de papillons. Ça fait des années que je remets ça, alors maintenant je vais en profiter.

Demain je vais commencer à lire *A la recherche du temps perdu.*° Je sais que je n'aurai pas le temps de lire tous les volumes mais enfin, je peux quand même essayer. Je prendrai quelques heures en fin de soirée pour assister à un cours de yoga auquel je viens de m'inscrire. On m'a dit que le yoga apporte la détente physique et mentale, surtout si on le pratique religieusement. Tu vois bien que je t'écoute et que je profite de tes conseils pour me détendre.

*Roman volumineux
de Marcel Proust*

Je te quitte maintenant en t'embrassant bien fort. Je dois aller m'occuper de la collection.

Laurence

**Avez-vous compris?**   Selon le texte, dites si les affirmations suivantes sont vraies ou fausses. Si elles sont fausses, corrigez-les.

1. Le Français moyen passe presque un tiers (1/3) de sa vie à travailler.
2. Les Français ont gagné trente-cinq minutes de temps libre par jour depuis 1975.
3. En 1967, les Français allaient au café plus souvent qu'en 1988.
4. La couture est un passe-temps qui a perdu de la popularité depuis 1967.
5. On dansait plus en 1988 qu'en 1967.
6. Dans la lettre de Laurence, nous voyons une femme qui a maîtrisé l'art de se détendre.
7. Laurence a passé toute sa première journée à se faire bronzer dans sa chaise-longue.
8. Laurence s'est promis de se plonger le lendemain dans la lecture d'un bon livre.
9. En fin de soirée, Laurence s'est inscrite à un cours de danse aérobique.
10. Pendant son congé, Laurence a mis de l'ordre dans sa collection de timbres.

**Qu'en pensez-vous?**   Discutez des questions suivantes avec un(e) camarade de classe ou avec toute la classe. Pour faciliter votre discussion, utilisez les expressions conseillées.

**Expressions utiles:** Equilibrer sa vie

aller à la pêche *to go fishing*
s'amuser *to have fun*
avoir un travail stressant *to have a stressful job*
se changer les idées *to do something different*
dépenser toutes ses économies *to spend all of one's savings*
se détendre *to relax*
faire de la peinture, de la couture *to paint, to sew*
se laisser aller *to loosen up, to let go a bit*
lire des bandes dessinées *to read comics*
prendre le temps (de) *to take the time (to)*
reprendre des forces *to feel refreshed*

**La distraction du samedi soir**

1. Votre loisir favori. Parmi toutes les activités proposées dans le texte, laquelle (ou lesquelles) préférez-vous? Expliquez pourquoi. Dites quels en sont les avantages et les inconvénients. Avez-vous d'autres distractions? Lesquelles? A votre avis, quelles activités pratique votre professeur de français? Posez-lui des questions pour savoir si vous avez vu juste (*guessed correctly*).

2. «Un esprit sain dans un corps sain.» A votre avis, est-ce que les activités intellectuelles sont plus importantes que les activités physiques? Certaines personnes pensent que les distractions sont «une perte de temps». Etes-vous d'accord? Est-ce qu'il existe des «intellectuels sportifs»? Est-ce que vous pensez que les distractions sont nécessaires pour mener une vie équilibrée? Illustrez votre réponse en donnant des exemples.

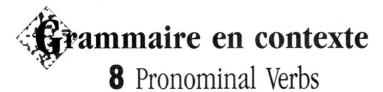

# Grammaire en contexte
## 8 Pronominal Verbs

### FORMS

1. Pronominal verbs are conjugated with a reflexive pronoun (**me, te, se, nous, vous**) that refers to the same person(s) as the subject. Note that **se** serves as both the singular and the plural third person reflexive pronoun.

| se reposer | | | |
|---|---|---|---|
| je | **me** repose | nous | **nous** reposons |
| tu | **te** reposes | vous | **vous** reposez |
| il/elle/on | **se** repose | ils/elles | **se** reposent |

Laurence **s'amuse** bien quand elle **s'occupe** de sa collection de papillons.

Je **me détends** en lisant un bon livre.

2. In negative sentences, **ne** is placed before the reflexive pronoun.

Je **ne me** couche jamais tôt le samedi soir.
Nous **ne nous** levons pas de bonne heure le dimanche.

3. In questions using inversion, the reflexive pronoun precedes the verb. The subject pronoun follows and is connected to the verb with a hyphen.

**T'**amuses-**tu** bien ce soir?
**Se** repose-t-**il** parfois après l'entraînement?

**Précisons!**

On s'amuse à faire la course à bicyclette. Transformez les phrases en utilisant les sujets donnés entre parenthèses.

1. *Je* me souviens toujours du but de la course. (vous, les bons cyclistes, nous)
2. *On* se détend en faisant de la bicyclette. (vous, nous, je)
3. *Il* se trompe de route. (nous, vous, tu)
4. *Tu* t'impatientes quand *tu* te perds. (les cyclistes, mon copain, je)
5. *Je* me demande qui va gagner. (les joueurs, vous, nous)
6. *Ils* ne se parlent plus à cause de la tension de la compétition. (vous, mon frère et moi, les cyclistes)

## USES

1. Many pronominal verbs express a reflexive meaning conveyed by the reflexive pronoun: the performer (subject) and the receiver (object) of the action of the verb are the same. The reflexive pronoun often is not expressed in English.

s'amuser *to amuse oneself, have a good time*
s'appeler *to call oneself, be called*
se brosser (les dents, les cheveux) *to brush (one's teeth, one's hair)*
se couper *to cut oneself*

se demander *to ask oneself, to wonder*
s'habiller *to dress, get dressed*
se laver *to wash (oneself)*
se lever *to get up*
se peigner *to comb one's hair*
se raser *to shave*

2. The reflexive pronoun functions as either a direct or an indirect object. When there are *two* objects, the reflexive pronoun (which refers to a person) is usually the *indirect* object. For example, when a part of the body is mentioned, the reflexive pronoun is the indirect object, and the part of the body is the direct object.

Marie **se** lave.                          *Marie washes (herself).*
     **D.O.**

*mais:*

Marie **se** lave **les mains.**            *Marie washes her hands.*
    **I.O.**    **D.O.**

3. Pronominal verbs can be used to describe an action or relationship that is reciprocal. In English, reciprocal constructions include the expressions *each other* and *one another*. Because two or more individuals are included, reciprocal verbs are always plural. The reflexive object can be direct or indirect.

Les Français **se** rendent souvent     *The French visit one another*
   visite. (**se** is indirect: On     *often.*
   rend visite à quelqu'un.)
Vous **vous** voyez tous les étés.        *You see each other every*
   (**vous** is direct: On voit          *summer.*
   quelqu'un.)

Some verbs, such as **s'aimer, se parler, se respecter,** and **se regarder,** can be used reflexively or reciprocally.

Elles **se rassurent.**        { *They reassure themselves.*
                         { *They reassure each other.*

To avoid ambiguity, the meaning of such verbs can be made clearly reciprocal by using one of these expressions.

|  | TWO PEOPLE | MORE THAN TWO |
|---|---|---|
| *Direct object* | l'un(e) l'autre | les un(e)s les autres |
| *Indirect object* | l'un(e) à l'autre | les un(e)s aux autres |

| | |
|---|---|
| Elles se rassurent **l'une l'autre.** | *They reassure one another.* |
| Ces gens se parlent **les uns aux autres.** | *Those people are talking to each other.* |

These clarifying expressions are optional. The context usually makes the meaning clear.

4. Many verbs change in meaning when they are used in a pronominal construction.

| NONPRONOMINAL VERBS | PRONOMINAL VERBS |
|---|---|
| agir *to act* | il s'agit de *it is a question of, it is about* |
| aller *to go* | s'en aller *to go away* |
| apercevoir *to see, notice* | s'apercevoir de *to become aware of* |
| approcher *to bring near* | s'approcher de *to come near* |
| arrêter *to stop (someone or something)* | s'arrêter *to stop (moving)* |
| attendre *to wait for* | s'attendre à *to expect* |
| débrouiller *to untangle* | se débrouiller *to manage, get along* |
| décider (de) *to decide to do something* | se décider à *to make up one's mind to* |
| défaire *to undo* | se défaire de *to get rid of* |
| dépêcher *to dispatch, send (someone)* | se dépêcher *to hurry* |
| détendre *to release, loosen* | se détendre *to relax* |
| douter *to doubt* | se douter (de) *to suspect* |
| endormir *to put to sleep* | s'endormir *to go to sleep* |
| ennuyer *to bore* | s'ennuyer *to be bored* |
| entendre *to hear* | s'entendre (avec) *to get along (with)* |
| fâcher *to anger* | se fâcher *to get angry* |
| faire *to make; to do* | s'en faire *to be worried* |
| inquiéter *to disturb, upset* | s'inquiéter (de) *to be worried (about)* |
| intéresser *to interest* | s'intéresser à *to be interested in* |
| marier *to unite in marriage, to give in marriage* | se marier *to get married* |
| mettre *to place, put* | se mettre à *to begin* |
| occuper *to occupy* | s'occuper de *to be busy with* |
| passer *to pass* | se passer de *to do without* |
| plaindre *to pity, feel sorry for* | se plaindre (de) *to complain (about)* |
| rappeler *to call back* | se rappeler *to recall, remember* |

| | |
|---|---|
| rendre compte de *to account for* | se rendre compte de *to realize* |
| servir *to serve* | se servir de *to use* |
| taire *to hush up, not to tell* | se taire *to be quiet* |
| tromper *to deceive* | se tromper *to be mistaken* |

| | |
|---|---|
| **Il s'agit de se détendre** et de savoir **se débrouiller.** | *It's a matter of relaxing and knowing how to manage.* |
| Laurence **s'intéresse aux** romans de Marcel Proust. | *Laurence is interested in Marcel Proust's novels.* |

Many pronominal verbs do not have a nonpronominal counterpart.

s'évanouir *to faint*
se méfier (de) *to be wary, be suspicious (of)*
se moquer de *to make fun of*
se repentir *to repent*
se soucier (de) *to worry (about)*
se spécialiser en *to specialize in, major in*
se souvenir de *to remember*

5. Pronominal constructions are often used for situations (usually generalizations) in which English would use the passive voice. They take the **il/elle/on** or **ils/elles** form (with **se**) and the persons who actually perform the action are not mentioned. The most common verbs to be used this way are listed below, but others can also be used.

| | |
|---|---|
| se comprendre *to be understood* | se trouver *to be found, be located* |
| se dire *to be said* | se vendre *to be sold* |
| se faire *to be done* | se voir *to be seen, be obvious* |

| | |
|---|---|
| La couture **se fait** de plus en plus de nos jours. | *More and more sewing is being done these days.* |
| Les œuvres de Proust **se vendent** dans toutes les librairies. | *Proust's works are sold in all bookstores.* |
| Où **se trouve** la bibliothèque, s'il vous plaît? | *Where is the library (located), please?* |

 **Précisons!**

**A.** Une soirée entre amis. Plusieurs amis jouent aux cartes ensemble. Voici six phrases. Pour chacune de ces phrases trouvez parmi les phrases *a, b* ou *c,* celle qui a le même sens.

1. Je me doute qu'elle triche (*cheats*) quand elle joue aux cartes.
    a. Il me semble qu'elle triche quand elle joue aux cartes.
    b. Je ne crois pas qu'elle triche quand elle joue aux cartes.
    c. Il est douteux qu'elle triche quand elle joue aux cartes.

2. André et Claudine s'entendent bien.
   a. André et Claudine se comprennent bien.
   b. André et Claudine ne sont jamais d'accord.
   c. André écoute Claudine et Claudine écoute André.

3. Est-ce que vous vous servez de cette table?
   a. Est-ce que vous vous mettez à table?
   b. Est-ce que vous utilisez cette table?
   c. Est-ce que c'est votre table?

4. Je me passe de chips et de Coca.
   a. Je me sers de chips et de Coca.
   b. Je demande à quelqu'un de me passer les chips et le Coca.
   c. Je ne prends ni chips ni Coca.

5. Il se plaint quand il perd.
   a. Il ne peut pas se consoler quand il perd.
   b. Il exprime son chagrin quand il perd.
   c. On a pitié de lui quand il perd.

6. Est-ce que vous vous attendez à aller chez vos amis pour la surprise-partie?
   a. Est-ce que vous avez l'intention d'aller chez vos amis pour la surprise-partie?
   b. Est-ce que vous prenez votre temps avant d'aller chez vos amis pour la surprise-partie?
   c. Est-ce que vous assistez à la surprise-partie chez vos amis?

**B.** A la recherche de timbres. Ariane parle du passe-temps qu'elle partage avec Gilbert: collectionner les timbres. Traduisez ses commentaires en utilisant autant de verbes pronominaux que possible.

Gilbert and I always have a good time when we get together to work on our stamp collection. I get along well with Gilbert because he understands me. My parents, however, complain when I begin to work on my collection instead of doing my homework. They worry when I spend too much time alone in my room. But I have been interested in stamps since my childhood, and I'm not going to stop now!

**Interactions**

**A.** Discussion ou dispute? Lisez les phrases suivantes à un(e) camarade et discutez de vos réactions. Etes-vous d'accord ou pas? **Voici quelques possibilités:** tout à fait d'accord, nous sommes d'accord, nous ne sommes pas d'accord, nous sommes en désaccord complet.

1. Les Américains s'intéressent trop à leurs loisirs.
2. Les étudiants se préoccupent trop de leurs études.
3. Il faut toujours se détendre le week-end.
4. On s'ennuie à regarder les matchs de football à la télé.

5. Les Américains ne savent pas s'amuser.
6. Si tu te parles toujours tout seul, tu as besoin de repos.
7. Aux jeux de cartes, les femmes s'impatientent plus facilement que les hommes.
8. Aujourd'hui on s'attend à avoir beaucoup trop de temps libre.
9. Les jeunes d'aujourd'hui ne peuvent pas se passer de leurs jeux électroniques.

**B.** Interview. Posez les questions suivantes à un(e) camarade pour apprendre comment il/elle vit ses moments de détente, puis rapportez ses réponses à la classe. Demandez-lui s'il/si elle...

1. s'amuse avec ses parents ou avec ses camarades.
2. s'intéresse aux jeux de société.
3. se détend facilement.
4. s'ennuie quand il/elle n'a rien à faire.
5. s'énerve quand il/elle joue aux jeux vidéo.
6. se fâche quand il/elle perd.

**C.** Une soirée au centre de loisirs. Regardez le dessin suivant. Avec un(e) camarade racontez une histoire qui accompagne le dessin. **Verbes suggérés:** s'apercevoir, se détendre, s'endormir, s'ennuyer, s'entendre, se fâcher, s'intéresser, s'occuper, se passer, se réunir, se tromper

**D.** Une matinée au terrain de camping. Posez ces questions à un(e) camarade pour mieux connaître ses habitudes pendant les vacances.

1. A quelle heure te réveilles-tu quand tu fais du camping? Qui, ou qu'est-ce qui te réveille... ta mère, tes amis, ton mari/ta femme, ton réveil, les oiseaux?
2. Est-ce que tu te lèves tout de suite ou est-ce que tu restes quelques minutes dans ton sac de couchage?
3. Te dépêches-tu le matin ou est-ce que tu prends ton temps? Combien de temps est-ce que tu prends pour te laver?
4. A quelle heure te couches-tu le soir? T'endors-tu tout de suite?
5. Est-ce que tu te débrouilles bien quand tu fais du camping?

# **9** Relative Pronouns (I)

*NORMANDIE*

# UN MEETING
# QUI NE MANQUE PAS D'AIR

*« Oh ! regarde, maman... la maison qui vole ! » Le petit blondinet* [a]
*n'en croit pas ses yeux. Un gigantesque château s'élève silencieusement dans
les airs. Pour l'enfant qui n'a jamais vu de montgolfière, l'illusion est totale.*

[a] *small blond boy*

Relative pronouns, as their name suggests, relate two clauses. Like all
pronouns, they stand for a previously mentioned person, thing, or idea. Two
factors determine the form of a relative pronoun: its antecedent and its
function. Its antecedent may be specified (a person or thing) or unspecified
or indefinite. A relative pronoun can function as the subject of the verb,
direct object of the verb, or object of a preposition.

| RELATIVE PRONOUNS | | | |
|---|---|---|---|
| Function | Specified antecedent (Person or persons) | (Thing or things) | Unspecified or indefinite antecedent |
| Subject of verb | qui | qui | ce qui |
| Object of verb | que | que | ce que |
| Object of **de** | dont | dont | ce dont |
| Place or time: object of **à, dans,** etc. | — | où | là où |

## RELATIVE PRONOUNS WITH SPECIFIED ANTECEDENTS

The antecedent of a relative pronoun is a person or thing that has already been mentioned in the main clause. The subordinate clause introduced by the relative pronoun provides additional information about the antecedent.

> Le tennis est un sport **qui développe l'endurance et la rapidité.**
> On comprend la fascination **que les Français éprouvent pour les loisirs.**
> Pour s'initier au jardinage, on trouve beaucoup de livres, **dont la plupart sont bon marché.**
> Voilà le court **où nous jouons au tennis.**

In these sentences, the words in boldface (the subordinate clauses) provide additional information about their antecedents: **un sport, la fascination, beaucoup de livres, le court.** Note that the subordinate clause, introduced by **qui, que, dont,** or **où,** immediately follows the antecedent.

1. When the relative pronoun is the *subject* of its clause, its form is **qui.** The verb used with **qui** agrees in person and number with the antecedent.

> Je ne peux pas trouver le livre **qui** explique comment développer ses talents culinaires.
>
> *I can't find the book that explains how to develop one's cooking talents.*
>
> Connaissez-vous des gens **qui** aiment visiter les musées?
>
> *Do you know any people who like to go to museums?*

2. When the relative pronoun is the *direct object* of the verb in the relative clause, its form is **que** (**qu'** before a vowel or a mute **h**). The relative pronoun **que** is usually followed by the subject of the subordinate clause.

«Les Envahisseurs de l'Espace»
est un jeu vidéo **que** je
trouve passionnant.

*"Space Invaders" is a video
game that I find fascinating.*

Nous allons faire l'excursion
**qu'**ils suggèrent.

*We're going to take the trip
that they suggest.*

3. When the relative pronoun is the *object of the preposition* **de,** its form is
**dont. Dont** stands for the preposition **de** plus object in expressions
such as **avoir besoin de, se souvenir de,** and **parler de,** and when **de**
indicates possession.

La femme **dont** (= **de** + **qui**)
je parle est partie en
vacances.

*The woman about whom I'm
talking is away on vacation.*

Les livres **dont** (= **de** +
**lesquels**) vous avez besoin
se trouvent à la
bibliothèque.

*The books that you need are
in the library.*

Paul, **dont** (= **de** + **qui**) le
frère est moniteur de ski,
passe tous ses week-ends à la
montagne.

*Paul, whose brother is a ski
instructor, spends all his
weekends in the mountains.*

In relative clauses, the **de** in expressions like **je parle de, vous avez
besoin de,** and **le frère de** begins the clause in the form of **dont.**

je parle **de** la femme → la femme **dont je parle**...
vous avez besoin **des** livres → les livres **dont vous avez besoin**...
le frère **de** Paul → Paul, **dont le frère**...

Note that **dont** is always followed by the *subject* + *verb* (+ *object*) of
the relative clause.

La femme **dont je parle** est partie en vacances.
Les livres **dont vous avez besoin** se trouvent à la bibliothèque.
Paul, **dont le frère est moniteur de ski,** passe tous ses week-ends à
la montagne.

4. The relative pronoun **où** refers to a place where (**la ville où, la maison
où, la chambre où**) or to a time when (**l'année où, le jour où, le
moment où**). The interrogative adverb **quand** is not used to mean
*when* as a relative pronoun.

**La maison où** j'habite est
entourée d'un jardin.
**Au moment où** le téléphone a
sonné, je réparais la voiture.

*The house where I live is
surrounded by a garden.*
*At the moment the telephone
rang, I was working on the
car.*

**cisons!**

Le plaisir de la randonnée. Remplissez les tirets avec un pronom relatif (*qui, que, dont, où*).

La semaine dernière, j'ai décidé d'explorer une nouvelle région _____¹ on m'avait beaucoup parlé. Les Cévennes sont une région _____² on trouve des attraits particuliers. Il y a des endroits magnifiques _____³ sont isolés dans les montagnes. En général, la randonnée est une activité _____⁴ j'adore. C'est un sport _____⁵ donne l'occasion de profiter de l'air frais de la montagne. Pour moi, c'est une véritable aventure car je suis des chemins _____⁶ n'ont même pas de signalisation! Croyez-moi, ça c'est une expérience _____⁷ on se souvient longtemps!

Le temps peut changer; j'ai tout l'équipement _____⁸ j'ai besoin. Les cartes _____⁹ j'emploie sont spéciales; elles utilisent divers symboles _____¹⁰ indiquent les chemins et leur difficulté. Je ne pars pas toujours seule; j'ai un ami _____¹¹ a le même enthousiasme que moi pour la vie en plein air et nous partons souvent ensemble.

## RELATIVE PRONOUNS WITH INDEFINITE OR UNSPECIFIED ANTECEDENTS

A relative pronoun can refer to an idea or a topic that is not specifically stated in the main clause. The antecedent of such a relative pronoun in French is **ce,** which is always stated. The indefinite relative pronoun is equivalent to *what* in English.

1. When the indefinite relative pronoun is the subject of its clause, the form is **ce qui.**

   **Ce qui** compte au jeu
   d'échecs, c'est la réflexion.
   Je ne sais pas **ce qui**
   m'intéresse le plus.

   *What counts in the game of
   chess is concentration.*
   *I don't know what interests
   me the most.*

2. When the indefinite relative pronoun is the object in its clause, the form is **ce que** (**ce qu'** before a vowel or a mute **h**).

   Dis-moi **ce que** tu veux faire.
   Tu as vu **ce qu'**on a fait à mon
   nouveau vélo?

   *Tell me what you want to do.*
   *Did you see what they did to
   my new bike?*

3. When the indefinite relative pronoun is the object of **de,** the form is **ce dont.** This relative pronoun is used to refer to indefinite, unspecified antecedents of verbal expressions constructed with **de: avoir besoin de, avoir peur de, se souvenir de, parler de,** etc.

   **Ce dont** je rêve, c'est de
   devenir maître cuisinier.

   *What I dream about is
   becoming a master chef.*

Voilà **ce dont** on a besoin pour
collectionner les capsules de
bouteille.

*Here's what you need in order
to collect bottle caps.*

4. When **tout** modifies a relative pronoun, the indefinite antecedent **ce** is
always expressed.

J'aime bien **tout ce qui** touche
aux sports.

*I like everything that has to do
with sports.*

**Précisons!**

Vos loisirs. Complétez les phrases ci-dessous comme il vous plaît.

1. Ce qui me détend le plus, c'est...
2. Ce que je n'aime pas, c'est (de)...
3. Ce dont je rêve, c'est de passer mon temps à...
4. Je m'intéresse à tout ce qui touche à...
5. Quand j'ai du temps libre, tout ce que je demande c'est (de)...

**Interactions**

**A.** Discutez et découvrez. Formez un petit groupe et discutez de vos
réponses à l'exercice précédent. Qui a les loisirs les plus dangereux? les
plus passionnants? les plus ennuyeux? les plus bizarres?

**B.** Interview sur les divertissements. Posez les questions suivantes à un(e)
camarade de classe. Il/Elle doit utiliser un pronom relatif (**qui, que** ou
**dont**) dans sa réponse.

MODELE:    Que pensez-vous du ski? →
           Je pense que c'est un sport qui coûte très cher.
           *ou:* C'est un sport dont vous devez vous méfier.
           *ou:* C'est un sport que Jean-Claude Killy a rendu célèbre.

1. Quelles sortes de sports aimez-vous?   2. A quels genres de spectacles
assistez-vous souvent?   3. Que pensez-vous des gens qui ne font
qu'assister aux manifestations sportives?   4. Quelle est votre opinion
sur la vie en plein air?   5. Quel genre d'activité artistique
préférez-vous?   6. Quelles sortes de choses aime-t-on généralement
collectionner?

**C.** Un week-end à la montagne. Vous passez un week-end avec un(e)
ami(e). Avec un(e) partenaire, complétez le passage suivant pour décrire
ce qui se passe. Soyez créatifs et amusants, si possible!

Nous voici arrivés au chalet qui _____.[1] A l'instant où nous entrons, nous

sommes surpris par un(e) _____[2] dont les _____[3] sont énormes! Nous

le/la chassons avec la paire de skis qui _____.[4]

Après cette aventure, nous nous décidons à faire une randonnée dans la forêt où _____.[5] Au premier détour que nous _____,[6] nous rencontrons un(e) _____[7] qui _____.[8]

Après une longue journée de marche, tout ce que nous _____,[9] c'est _____[10]!

# Sports et loisirs

Toutes les possibilités existent en Meuse, y compris celles auxquelles vous n'auriez pas songé.
Certes, chasse, pêche, randonnées pédestres, cyclistes ou équestres font les beaux jours de l'amateur de grand air. De même la voile, la planche à voile... Mais auriez-vous pensé à l'escalade, au canoé-kayak, à la spéléologie, au golf, la chasse photographique... Des équipements variés vous attendent : piscines, courts de tennis, links de golf, U. L. M...ᵃ
La Meuse est le plus beau terrain d'exercice qui soit.

**D.** Devinettes. Formez un petit groupe. Chacun pense à une activité précise (inspirez-vous du texte **Sports et loisirs**). Les autres membres du groupe essaient de deviner de quel passe-temps il s'agit. Posez des questions avec des pronoms relatifs.

MODELES:  Est-ce que c'est un passe-temps **qui** exige beaucoup de temps?

Est-ce que c'est un loisir **qu'**on fait seul(e)?

Est-ce que c'est un sport **dont** les règles sont faciles à suivre?

ᵃ ultra légers motorisés (*light planes*)

# 10 Negative Expressions and Constructions

# FORMS

The most common way to make a French sentence negative is to use the
expression **ne... pas. Ne** is also used in a number of other negative
expressions. The chart that follows shows these negative expressions as well
as some expressions that are used in similar, but affirmative, constructions
useful in everyday discourse.

| ADVERBS | | | |
|---|---|---|---|
| *Negative* | | *Affirmative* | |
| **ne... jamais** | *never* | **toujours** | *always; still* |
| **ne... plus** | *no longer, no more* | **encore** | *still; again* |
| **ne... pas encore** | *not yet* | **déjà** | *already* |
| **ne... pas du tout** | *not at all* | **souvent** | *often* |
| **ne... guère** | *hardly* | **parfois** | *sometimes* |
| **ne... nulle part** | *nowhere* | **quelque part** | *somewhere* |
| **ne... que** | *only, nothing but* | **partout** | *everywhere* |

| ADJECTIVES | | | |
|---|---|---|---|
| *Negative* | | *Affirmative* | |
| **ne... aucun(e)** | *none, not any* | **quelque(s)** | *some* |
| **ne... nul(le)** | *no* (literary), *not one* | **plusieurs** | *several* |
| **ne... pas un(e) [seul(e)]** | *not a single* | **chaque** | *each, every* |

| CONJUNCTIONS | | | |
|---|---|---|---|
| *Negative* | | *Affirmative* | |
| **ne... ni... ni** | *neither . . . nor* | **et... et** | *both . . . and* |
| | | **ou... ou** | *either . . . or* |
| | | **soit... soit** | *either . . . or* |

| PRONOUNS | | | |
|---|---|---|---|
| *Negative* | | *Affirmative* | |
| **ne... personne** | *no one, nobody* | **quelqu'un** | *someone* |
| | | **tout le monde** | *everyone* |
| **ne... aucun(e)** | *none, no one* | **chacun(e)** | *each one* |
| **ne... rien** | *nothing* | **quelque chose** | *something* |

## USES

1. The two elements of most negative expressions surround the conjugated verb: the main verb in the simple tenses and the auxiliary verb in the compound tenses.

| | |
|---|---|
| Je **ne** fais **jamais** de ski. | *I never go skiing.* |
| Je **ne** m'amuse **jamais** aux matchs de tennis. | *I never have fun at tennis matches.* |
| Nous **n'**avons **rien** acheté. | *We didn't buy anything.* |

In compound tenses, however, when the negative pronoun **personne** is the object of the verb, it follows the past participle.

| | |
|---|---|
| Elle **n'**a invité **personne**. | *She didn't invite anyone.* |

2. When **personne** or **rien** is the subject of the sentence, it precedes **ne.** When it is the object of a preposition, it directly follows the preposition.

| | |
|---|---|
| **Personne ne** peut se passer d'une bonne promenade à bicyclette. | *No one can pass up a good bike ride.* |
| Je **n'**ai besoin de **rien.** | *I don't need anything.* |

To make **rien** and **personne** more specific, the construction **de** + *masculine singular adjective* can be added to them.

| | |
|---|---|
| Cette course n'a **rien de spécial.** | *This race is nothing special.* |
| **Personne d'important** n'y participe. | *No one important is participating in it.* |

3. Two or more negative expressions can be used in a sentence. **Plus** and **jamais** come before **personne, rien,** and **aucun(e).**

| | |
|---|---|
| Il **n'**y a **plus aucune** place pour toutes nos affaires. | *There's no longer any space for all our things.* |
| Je **n'**ai **jamais rien** vu d'aussi épatant! | *I've never seen anything so exciting!* |

When **plus** and **jamais** are used together, either can come first.

| | |
|---|---|
| Elle **ne** mangera **plus jamais** avant de courir. | *She will never again eat before running.* |
| Elle **ne** mangera **jamais plus** avant de courir. | |

4. In questions with inversion, the negative elements surround both the verb and its inverted subject. Remember that when negative questions are answered affirmatively, **si** is used instead of **oui.**

| | |
|---|---|
| Ne veux-tu **pas** essayer ce nouveau jeu vidéo?—Si, je veux bien! | *Don't you want to try this new video game?—Yes, I'd like to!* |

5. Both elements of most negations precede a negated infinitive.

| | |
|---|---|
| Essayez de **ne rien** oublier. | *Try not to forget anything.* |

An exception is **ne... personne,** which surrounds the negated infinitive.

| | |
|---|---|
| Je vous demande de **ne** parler à **personne.** | *I ask you not to talk to anyone.* |

6. In informal spoken French, **ne** is frequently dropped while **pas** is retained.

| | |
|---|---|
| Je (**ne**) sais **pas** qui va jouer au tennis. | *I don't know who's going to play tennis.* |
| Tu (**ne**) veux **pas** voir ma collection de papillons? | *Don't you want to see my butterfly collection?* |

**Précisons!**

Le bricolage. Les phrases suivantes sont fausses. Rétablissez la phrase correcte en utilisant les éléments entre parenthèses.

1. Le bricoleur a beaucoup de difficultés à réparer sa propre maison. (ne... aucun)  2. Un bon bricoleur se tape toujours sur les doigts. (ne... jamais)  3. En général, un bricoleur novice sait tout réparer sans manuel d'instructions. (ne... rien)  4. L'expert en bricolage risque des chutes et des électrocutions! (ne... ni... ni)  5. Tout le monde peut réparer son ordinateur sans l'aide d'un professionnel. (personne... ne)

## ARTICLES WITH NEGATIVE EXPRESSIONS

1. The indefinite article (**un, une, des**) and the partitive article (**du, de la, de l', des**) become **de (d')** when they follow most negative expressions. They do not change after **être.**

| | |
|---|---|
| Est-ce que vous avez **des** bicyclettes à louer? —Non, je regrette, Monsieur, je n'ai pas **de** bicyclettes. Il n'y a guère **de** locations dans ce quartier. | *Do you have any bicycles for rent? —No, I'm sorry, sir, I don't have any bicycles. There are hardly any rentals in this neighborhood.* |
| Je ne suis pas **une** femme sportive. | *I am not a very athletic woman.* |

The definite article (**le, la, les**), doesn't change after negative expressions.

| | |
|---|---|
| Nous n'avons pas encore visité **la** nouvelle piscine. | *We haven't been to the new pool yet.* |

2. The indefinite and partitive articles are usually omitted with **ne... ni... ni.** The definite article is retained.

> Il n'y a **ni** bicyclettes **ni** vélomoteurs à louer ici.

> *There are neither bicycles nor mopeds for rent here.*

*mais:*

> **Ni les** amateurs **ni les** professionnels **n'**aiment ce nouveau modèle de vélo de course.

> *Neither amateurs nor professionals like this new model of racing bike.*

3. Articles are omitted after **ne... aucun(e)** and **ne... nul(le).** Note that **aucun(e)** and **nul(le)** agree in gender and number with the modified noun. They are almost always used in the singular.

> Est-ce que vous avez **une** bicyclette à moins de neuf cents francs? —Non, nous **n'**avons **aucune** bicyclette à ce prix-là.

> *Do you have a bicycle for under nine hundred francs? —No, we don't have any bicycles at that price.*

**Précisons!**

Ah! La détente! Mettez les phrases suivantes au négatif avec les négations entre parenthèses.

1. Pendant mes vacances, j'étais une dingue (*crazy person*) du travail. (ne... pas du tout)
2. J'ai fait la cuisine et le ménage. (ne... ni... ni... )
3. J'ai lu un livre. (ne... aucun)
4. J'ai eu le temps de laver la voiture. (ne... guère)
5. J'ai écrit des lettres et des cartes postales. (ne... ni... ni... )
6. J'ai passé des vacances stressantes. (ne... pas)

**Interactions**

**A. Conseils.** Pour chacune des trois activités suivantes, il y a des choses à ne pas faire. Avec votre partenaire, remplissez les tirets avec une des expressions négatives suggérées.

LES JEUX DE SOCIETE

1. _____ trichez _____ quand vous jouez aux cartes.
2. _____ _____ doit être mauvais perdant.
3. Une mauvaise attitude _____ sert à _____.

LE TENNIS

1. _____ les spectateurs _____ les joueurs _____ doivent insulter l'arbitre.

ne... que
ne... pas
ne... guère
ne... aucun(e)
ne... jamais
ne... ni... ni
ne... personne
ne... plus
ne... rien (de)
ne... nulle part

2. Vous _____ devez enfreindre (*break*) _____ règle (*f.*).

3. _____ portez _____ _____ serré (*tight*) quand vous jouez au tennis.

ne... que
ne... pas
ne... guère
ne... aucun(e)
ne... jamais
ne... ni... ni
ne... personne
ne... plus
ne... rien (de)
ne... nulle part

LA PEINTURE

1. _____ utilisez _____ des couleurs fidèles à la nature.

2. _____ oubliez _____ que le tableau parfait _____' existe _____ _____.

3. _____ soyez _____ limité(e) par le goût des autres.

Maintenant, inventez deux autres conseils à suivre dans chaque catégorie. Vous pouvez utiliser des expressions affirmatives (**toujours, souvent, encore,** etc.) ou négatives.

**Une partie de boules est une bonne occasion de passer le temps entre amis.**

**B.** Pour choisir une activité. Quand vous décidez de choisir une activité quelconque (*some activity or other*), il y a toujours des avantages et des inconvénients à considérer. Complétez le tableau suivant avec un(e) ou deux camarades de classe en ajoutant des avantages et des inconvénients pour chaque activité mentionnée. Utilisez des expressions affirmatives et négatives, si possible.

| ACTIVITÉ | AVANTAGES | INCONVÉNIENTS |
|---|---|---|
| Jeux vidéo | a. C'est bon pour les réflexes. | a. Il *n'*y a *jamais* assez de places disponibles dans les salles de jeux. |
| | b. _____ | b. _____ |
| Collections | a. On peut *toujours* ajouter *quelque chose* à sa collection. | a. Parfois il *n'*y a *plus aucune* place dans la maison. |
| | b. _____ | b. _____ |
| Le camping | a. On peut trouver le silence *partout.* | a. Les moustiques *ne* vous laissent *guère* en paix. |
| | b. _____ | b. _____ |
| La télévision | a. *Chacun* peut trouver une émission à son goût. | a. On *ne* quitte presque *jamais* son fauteuil. |
| | b. _____ | b. _____ |
| La randonnée en voiture | a. On se sent libre—on peut aller *partout!* | a. On *n'*a *jamais* assez d'argent pour l'essence. |
| | b. _____ | b. _____ |
| Faire la cuisine | a. On peut préparer ce qu'on veut *et* comme on veut. | a. Ça prend *parfois* beaucoup de temps. |
| | b. _____ | b. _____ |

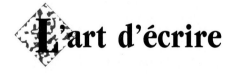

# L'art d'écrire

## Pour faire le résumé d'un livre ou d'un film

In this chapter you will learn how to narrate a story by writing a *résumé* of a book or film. You will also learn how to use linking words and expressions (**d'abord, ensuite, puis, enfin, un peu plus tard, tout à coup, à ce moment-là,** etc.) that will make your story flow more smoothly.

The text that follows is a résumé of the film *Jean de Florette.*

## Jean de Florette

Le film *Jean de Florette* a été tourné° en Provence. Il est tiré du roman de Marcel Pagnol du même nom.     °filmed

L'action a lieu dans les années quarante-cinquante dans un petit village ensoleillé dans le Vaucluse. Dans cette région de France, comme il ne pleut pas très souvent, l'eau est très précieuse.

Deux paysans (grand-père et petit-fils) décident de faire la culture des œillets,° ce qui nécessite beaucoup d'eau. Ils savent qu'il y a une source sur la propriété de leur voisin, un vieillard dont ils causent la mort. Après cet événement, ils décident de boucher° la source afin de faire baisser° le prix du terrain et de pouvoir l'acquérir à bon marché. Hélas! ils n'ont pas compté sur l'arrivée de l'héritier, Jean de Florette, un comptable° qui ne connaît rien à la vie de la campagne.     °carnations     °dam up / bring down     °accountant

Bientôt ce citadin naïf s'enthousiasme pour la vie rurale et projette d'élever des lapins et de cultiver des légumes. Pendant des mois, Jean de Florette et sa petite famille travaillent dur et luttent avec acharnement° contre la sécheresse impitoyable. Les deux paysans ne souhaitent que sa faillite.°     °dogged determination     °failure

A bout de forces et incapable de se procurer l'eau dont il a besoin, Jean décide de creuser un puits° à la dynamite. Malheureusement, il meurt dans l'explosion, laissant sa jeune femme et sa fille inconsolables.     °well

Le lendemain des funérailles, la petite fille qui s'appelle Manon, découvre, à sa grande horreur, que les deux hommes connaissaient l'emplacement de la source depuis longtemps. A la fin du film, le spectateur a l'impression que Manon a l'intention de se venger un jour.

[Pour connaître la fin de l'histoire, le spectateur doit aller voir la suite, intitulée *Manon des Sources*.]

 **Analyse**

1. Comment le résumé commence t-il? Quels détails sont donnés pour situer l'histoire?
2. Faites une liste chronologique des événements principaux.
3. Soulignez dans le texte les mots qui lient (*link*) les incidents.
4. Quelle expression nous indique que le film se termine?

 **Préparation à l'écriture**

1. Choisissez un film ou un livre que vous aimeriez raconter.
2. Situez l'histoire dans le temps et dans l'espace.
3. Faites une liste des événements principaux par ordre chronologique.
4. Liez ces événements avec des expressions comme **d'abord, ensuite, puis, enfin, alors, un peu plus tard, tout à coup, à ce moment-là,** etc., ou comme celles que vous avez soulignées dans le résumé de *Jean de Florette*.
5. Préparez une phrase ou un paragraphe de conclusion.
6. Ecrivez le résumé du film ou du livre que vous avez choisi en utilisant votre préparation comme guide.

# Récapitulation

**A.** Rien ne se fait en un jour! Lisez attentivement le dialogue suivant et remplissez les tirets avec les verbes qui s'imposent. Attention: le texte est au présent de l'indicatif mais certains verbes sont à l'infinitif.

**Verbes nécessaires:** s'en aller, s'amuser, se coucher, se détendre, s'échauffer, s'ennuyer, s'entraîner, s'exercer, se faire, se lever, se mettre, se préparer, se promener, se reposer.

Alain est cycliste semi-professionnel. Son ami Pierre lui demande de lui expliquer comment il s'entraîne.

PIERRE: Devenir cycliste semi-professionnel, ça ne _____¹ pas en un jour!

ALAIN: Ah, ça non! Ça vient peu à peu, après plusieurs années de préparation.

PIERRE: Justement, quand et comment _____² -tu?

ALAIN: Je _____³ très régulièrement; je roule presque tous les jours. Je _____⁴ aussi en salle de gymnastique de temps en temps. Pour être en forme le jour de l'entraînement, je _____⁵ tôt le soir et je _____⁶ tôt le matin. Après un bon petit déjeuner, je _____⁷ sur les routes. Au début, je _____⁸ doucement pour _____⁹ (*to warm up*). Ensuite, je _____¹⁰ à faire un peu de vitesse.

PIERRE: Mais dis-moi, tu ne _____¹¹ pas tout seul sur ta bicyclette?

ALAIN: Oh non, je _____¹² comme un petit fou! Je n'ai pas le temps de regarder le paysage, mais j'apprends à négocier la route pour faire de meilleurs temps.

PIERRE: Mais ça doit être très fatigant. Est-ce que tu _____¹³ de temps en temps?

ALAIN: Bien sûr, il faut savoir _____,¹⁴ autrement ce n'est plus du sport; ça devient de l'esclavage!

**B.** C'est la lecture qui me détend. Complétez le paragraphe suivant en utilisant les pronoms relatifs qui s'imposent.

Les livres _____¹ je préfère sont les romans d'aventure _____² racontent des histoires extraordinaires. Les histoires _____³ ils parlent se passent en général dans des pays lointains où tout est incroyablement différent. Ce sont des pays _____⁴ je voudrais visiter un jour. Voilà les rêves _____⁵ j'ai besoin pour supporter la routine quotidienne!

**C.** S'aimer, c'est aussi se disputer! Nathalie et Christophe sont amoureux... et comme tous les amoureux, il arrive qu'ils se disputent. Complétez le dialogue suivant selon le texte en anglais de la colonne de droite.

CHRISTOPHE: On _____¹ sort _____²
ensemble! Tu es _____³
en train de travailler! Est-ce
qu'on peut aller _____⁴
ce soir?

*We never go out together! You
are always working. Can we
go somewhere tonight?*

NATHALIE: Ce n'est pas vrai. Nous
allons _____⁵ au cinéma
tous les deux! De plus, tu
as tort, je me détends
_____.⁶ Bon, mais ce
soir, c'est impossible, je
_____⁷ ai _____⁸ le
temps de sortir!

*That's not true. We often go to
the movies together! Also,
you're wrong, I relax
sometimes. Anyway, tonight,
it's impossible, I don't have
the time to go out at all!*

CHRISTOPHE: Ah, tu vois! C'est _____⁹
la même chose avec toi. A
partir de ce soir, je
_____¹⁰ sors _____¹¹
avec toi! Je sors avec mes
copains!

*See! It's always the same thing
with you. Starting tonight I'm
not going out with you any
longer. I'm going out with my
friends!*

**D.** Sujets de discussion.

1. «Plus on est de fous, plus on rit» est un proverbe que tous les
Français connaissent bien. Il veut dire que plus on est nombreux à
s'amuser, plus on s'amuse. Etes-vous d'accord avec ce proverbe?
Donnez des exemples de situations où il vaut mieux être avec ses
amis si on veut vraiment s'amuser. Est-ce que vous connaissez des
personnes qui n'aiment pas s'amuser quand il y a beaucoup de
monde? Est-il possible de se distraire en restant seul(e)? Discutez de
vos réponses.

2. Un week-end idéal. Vous avez gagné le premier prix d'un concours
de mots croisés. On vous donne la possibilité de vivre avec la
personne de votre choix, le meilleur week-end de détente de votre
vie. Avec un(e) camarade de classe, dites comment vous allez
occuper ces quarante-huit heures de paradis terrestre. Ensuite,
écrivez ensemble une lettre détaillée au directeur du concours pour
lui expliquer ce que vous désirez faire. Utilisez le format suivant:

Monsieur le Directeur,
Je suis très heureux/heureuse d'avoir gagné...
Pendant ces quarante-huit heures, je vais...
En vous remerciant par avance, je vous prie de recevoir, Monsieur le
    Directeur, mes respectueuses salutations.

Votre signature

# On se débrouille...

## Pour raconter une histoire

Il y a beaucoup d'expressions qui vous aideront à raconter des événements ou des histoires en français. D'abord, il faut savoir aborder (*broach*) le sujet et prendre la parole. Ensuite, il faut poursuivre votre histoire. Quand vous écoutez un récit, il faut savoir réagir à ce que vous entendez. Faites les exercices suivants afin de savoir raconter et écouter des récits.

**A.** Comment prendre la parole et annoncer votre sujet. Choisissez l'expression qui convient à l'annonce de chacun des événements donnés.

> MODELE: Tu ne croiras jamais ce qui vient de m'arriver! Je viens de voir une vedette de cinéma sur le campus!

### EXPRESSIONS UTILES

Ecoute, j'ai quelque chose à te dire!
Il vient de m'arriver quelque chose d'extraordinaire (de bien, de bizarre, d'étrange, d'étonnant)!
Tu ne croiras jamais ce qui vient de m'arriver!
Devine ce que je viens de faire (entendre, voir).
Tu sais ce qui s'est passé?
Devine ce que j'ai vu (entendu, fait) ce matin.

### EVENEMENTS POSSIBLES

Vous venez de voir une vedette de cinéma sur le campus.
On vient de vous téléphoner de la station de radio et vous avez gagné un voyage pour deux personnes à Venise.
Votre père vient de vous offrir une voiture de sport pour votre anniversaire.
Votre meilleur(e) ami(e) vient de vous dire qu'il/elle va participer au Tour de France cette année.
Votre prof d'anglais vient de vous donner cinq livres à lire avant lundi.

**B.** Comment réagir à ce que vous entendez. Il y a plusieurs façons de réagir à ce que les autres vous disent. Choisissez une attitude parmi les expressions données ci-dessous pour réagir à chacun des événements suggérés. Suivez le modèle.

> MODELE:            VOUS: Ecoute, j'ai quelque chose à te dire!
>     VOTRE AMI(E): Raconte vite, je t'écoute.
>            VOUS: Je viens d'acheter un magnétoscope.
>     VOTRE AMI(E): Sans blague! Quel film est-ce qu'on va louer?

EXPRESSIONS UTILES POUR MANIFESTER VOS REACTIONS

*Surprise, étonnement, intérêt*

| | | *Indifférence* |
|---|---|---|
| C'est étonnant! | Sans blague! | Ça ne me surprend pas. |
| Je n'aurais pas cru cela! | Ma parole! | Ça ne m'étonne pas. |
| Je ne m'y attendais pas. | C'est pas vrai! | Qu'est-ce que ça peut |
| Ça m'étonne! | C'est passionnant! | faire? |
| Ce n'est pas possible! | C'est incroyable! | Et alors? |
| Qu'est-ce que tu dis? | Tiens! Ça, alors! | Si tu crois que ça |
| | | m'intéresse... |
| | | Ça m'est bien égal. |

EVENEMENTS POSSIBLES

Votre frère vient de partir pour l'Afrique.

Vous avez vu un oiseau rare ce matin.

Le prof de français va faire passer un autre examen la semaine
prochaine.

Vous venez de recevoir un A en français.

Votre meilleure amie vient de se marier en secret avec le prof de
maths.

Inventez votre propre histoire.


**C.** Comment raconter les événements en succession. Dans le récit à la page
121, il n'y a pas beaucoup d'expressions temporelles. Choisissez dans la
liste qui suit des expressions qui indiquent l'ordre des événements et
ajoutez-les au récit.

| | |
|---|---|
| à ce moment-là | finalement |
| d'abord | au bout de quelques minutes |
| puis | tout à coup |
| ensuite | plusieurs minutes après |
| enfin | |
| alors | |
| un peu plus tard | |
| dès que possible | |


**D.** Comment raconter votre propre histoire. Vous pouvez participer à cette
activité par groupes de deux étudiants ou plus. Quelqu'un doit prendre la
parole. Vos amis acceptent d'écouter votre histoire. Vous racontez les
événements et ils réagissent. Voici quelques suggestions:

1. Un incident qui vous est arrivé récemment et qui était bizarre
   (émouvant, ennuyeux).
2. Un incident imaginaire (voir les suggestions données dans les
   activités A et B).
3. Un récit établi à partir d'une photo ou d'une série de photos, tirées
   d'un magazine, par exemple.

## 20.35

# LA MAISON DU JUGE

**77**

| | | | | |
|---|---|---|---|---|
| | Maigret | . . . . . . . . . . . . . . . . . | **Jean Richard** | |
| Méjat . . . . . . . . . . . . . . . . | **Jean-José Fleury** | | Le procureur . . . . . . . . . . . | **Roger Bontemps** |
| Didine . . . . . . . . . . . . . . . . | **Jeanne Perez** | ADAPTATION ET DIALOGUES DE | L'avocat . . . . . . . . . . . . . . . . | **Paul Rieger** |
| Le juge . . . . . . . . . . . . . . . | **Pierre Valde** | CLAUDE BARMA, JACQUES RÉMY ET STÉPHANE BERTIN | Le docteur Brénéol . . . . . . | **Raymond Danjou** |
| Albert . . . . . . . . . . . . . . . . | **Guy Daumoy** | | Van Usschen . . . . . . . . . . . . | **Henry Floréal** |
| Lise . . . . . . . . . . . . . . . . . . | **Élisabeth Ducher** | | Valentine . . . . . . . . . . . . . | **Jacqueline Pierreux** |
| Thérèse . . . . . . . . . . . . . | **Béatrice Belthoise** | RÉALISATION DE RENÉ LUCOT | Mlle Dochet . . . . . . . . . . . . | **Henriette Marion** |
| Marcel . . . . . . . . . . . . . . . | **Michel Auger** | | Leslie . . . . . . . . . . . . . . . | **Dominique Delpierre** |
| Le juge d'instruction . . . . . . . | **André Dumas** | *Diffusé en 1969* | Polyte . . . . . . . . . . . . . . . | **Martin Trévières** |

### LE SUJET

Un crime a été commis au domicile d'un juge d'instruction en retraite. Est-il le meurtrier ?

### SI VOUS AVEZ MANQUÉ LE DÉBUT

Victime d'une querelle entre la police judiciaire et la Sûreté nationale, Maigret est « en exil » depuis quelques mois, à Luçon. Un soir, alors qu'il joue tranquillement au billard dans un petit café, on le prévient qu'une femme le demande d'urgence au commissariat. Il s'y rend. La vieille Didine, très agitée, lui raconte une étrange histoire ; elle a vu, par-dessus le mur mitoyen,[a] un homme, couché par terre, dans la maison du juge Forlacroix, à l'Aiguillon. Maigret et son adjoint, Méjat, décident d'aller vérifier les dires de ce témoin.[b] Arrivés près de la maison du juge, ils voient la porte s'ouvrir. Un homme paraît sur le seuil.[c] Se croyant seul, il traîne derrière lui une lourde masse empaquetée, en direction du port. Maigret s'interpose, se présente. Le juge, surpris, décide de revenir chez lui avec son étrange colis.[d] Le commissaire l'aide à porter son encombrant fardeau...[e]

*Maigret (Jean Richard) et Méjat (Jean-José Fleury)*

TÉLÉFILM EN NOIR ET BLANC

D'APRÈS LE ROMAN DE GEORGES SIMENON

[a] mur... *dividing wall*

[b] *witness*

[c] *threshold*

[d] paquet

[e] ce qui est difficile à porter

# **M**ots utiles: Vive les distractions!

### Equilibrer sa vie

| | |
|---|---|
| **s'amuser** | to have fun |
| **avoir un travail stressant** | to have a stressful job |
| **se changer les idées** | to do something different |
| **dépenser toutes ses économies** | to spend all of one's savings |
| **se détendre** | to relax |
| **se laisser aller** | to let go (a bit) |
| **prendre le temps (de)** | to take the time (to) |
| **reprendre des forces** | to feel refreshed |

### *Passe-temps et distractions!*

| | |
|---|---|
| **les bandes dessinées** *(f.)* | comic strips, comics |
| **le bricolage** | odd jobs, puttering |
| **la couture** | sewing |
| **les dames** *(f.)* | checkers |
| **les échecs** *(m.)* | chess |
| **l'équitation** *(f.)* | horseback riding |

| | |
|---|---|
| le jeu de société | (parlor, board) game |
| les loisirs | leisure-time pursuits |
| la pêche | fishing |
| le tricot | knitting |

### Souvenez-vous des verbes pronominaux...

#### ... à sens refléchi

| | |
|---|---|
| se bronzer | to get a tan |
| se débrouiller | to manage, get along |
| s'énerver | to be annoyed, irritated |
| s'ennuyer | to get bored, be bored |
| s'entendre (bien avec) | to get along (well with) |
| s'entraîner | to train oneself, work out |
| se fâcher | to get angry |
| se faire mal (à) | to hurt oneself |
| s'habituer à | to get used to |
| s'inquiéter (de) | to worry (about) |
| s'inscrire à | to enroll in |
| s'intéresser à | to be interested in |
| se lever | to rise, get up |
| se plonger dans | to immerse oneself in |
| se promener | to go for a walk |
| se taire | to be quiet |

#### ... à sens idiomatique

| | |
|---|---|
| s'apercevoir | to notice |
| s'attendre à | to expect |
| se dépêcher | to hurry |
| se douter (de) | to suspect that |
| s'en aller | to leave, take off |
| s'impatienter | to become impatient |
| se moquer de | to make fun of |
| s'occuper de | to take care of |
| se passer de | to do without |
| se plaindre (de) | to complain (about) |
| se préoccuper de | to be busy with |
| se rendre compte de | to realize |
| se servir de | to use |
| se tromper (de) | to be mistaken (about) |

### N'oublions pas les expressions négatives... ni leur contraire!

| | |
|---|---|
| ne... aucun(e) | none, not any |
| ne... guère | hardly |
| ne... jamais | never |
| ne... ni... ni | neither . . . nor |
| ne... nulle part | nowhere |
| ne... pas du tout | not at all |
| ne... pas encore | not yet |
| ne... personne | no one, nobody |

| | |
|---|---|
| ne... plus | no longer, no more |
| ne... que | only, nothing but |
| ne... rien | nothing |
| chacun(e) | each one |
| déjà | already |
| encore | still, again |
| parfois | sometimes |
| partout | everywhere |
| quelque chose | something |
| quelque part | somewhere |
| quelqu'un | someone |
| souvent | often |
| toujours | always, still |

### Quelques expressions supplémentaires...

#### Noms

| | |
|---|---|
| le/la cadre | business executive |
| le congé | time off, vacation |
| l'enfance (f.) | childhood |
| l'esclavage (m.) | slavery |
| le moniteur de ski | ski instructor |
| le moustique | mosquito |
| l'outil (m.) | tool |
| une perte de temps | a waste of time |

#### Adjectifs

| | |
|---|---|
| disponible | available |
| évident(e) | obvious |
| maladroit(e) | clumsy |
| prudent(e) | careful |

#### Verbes

| | |
|---|---|
| assister à | to attend |
| éteindre | to turn off |
| laisser en paix | to leave (someone) in peace |
| réparer | to fix |
| se réunir | to get together, to meet |
| supporter | to tolerate |
| tricher | to cheat |

### Mots divers et proverbes

| | |
|---|---|
| dingue (pop.) | crazy |
| un(e) dingue du travail | workaholic |
| donc | therefore |
| Plus on est de fous, plus on rit. | The more the merrier. |
| Sans blague! | No kidding! |
| Un esprit sain dans un corps sain. | A sound mind in a sound body. |

# Chapitre cinq
# Les voyages et l'évasion

Voiles au large de la Martinique

# Dans le vif du sujet

## Avant de lire

**Inferring Meaning from Context.** You will have noticed that selected words in the readings in this book are glossed. The glosses consist of English equivalents, French definitions, or paraphrases meant to encourage you to arrive at the meaning of the new French word without a dictionary. In your reading, you will also encounter unglossed words and expressions that you will not recognize. A useful strategy to use in such instances is to infer the meaning of the new word or expression from the context of the phrase, sentence, or paragraph.

A sentence from the reading in this chapter can provide an example of such contextual guessing: **Nous sommes partis dénicher une bonne table, et il y en avait!** The word **dénicher** is probably not familiar to you. Both the context and the grammatical form offer clues to the meaning. First, because the paragraph discusses **les petits déjeuners jersiais** and **une bonne table,** the topic has to do with meals. Second, **dénicher** is an infinitive of an **-er** verb with **une bonne table** as its object. With these clues, you might guess that **dénicher** means in this sentence *to look for* or *to find (a good table)*. Either meaning makes sense in the sentence, and you can understand the text without interrupting your reading to look up **dénicher** in a dictionary.

This strategy does not suggest that you should never use a dictionary. If you need a more precise meaning of a word, a dictionary is appropriate. You should, however, always try to work out the meaning on your own first. A precise meaning is often not essential to comprehension of a text, and you will find that your reading speed in French will increase considerably as you become accustomed to reading without a dictionary.

Apply the strategy of contextual guessing in the following sentences, taken from the text for this chapter, to decipher the meanings of the italicized words. Be sure to rely on this strategy as you read the entire text of *Journal de voyage à Jersey.*

1. Louer une voiture a été chose facile et peu *onéreuse.*
2. La conduite à gauche nous réservait quelques petits *gags* sans danger.
3. Le soir, nous avons dîné... et... dansé *vêtus* comme des princes.
4. Il y avait des prés bien gras où régnaient les petites vaches jersiaises et des fermes-manoirs *enchâssées* dans la verdure, enfin, tout ce qui rend la vie *digne* d'être vécue.
5. *Nous nous sommes régalés* de petits homards grillés, de poissons frais du jour, de pâtisseries *nappées* de la fameuse crème de Jersey.

# Journal de voyage à Jersey

Avez-vous déjà tenu un journal de voyage? Il vous donne l'occasion plus tard de revivre vos vacances. En voici un qui raconte un merveilleux séjour, adapté d'une publicité pour l'île de Jersey, une île anglo-normande au large des côtes de la Normandie.

## JERSEY *L'île Fleur*
### se met en 7 pour vous

Nous avons décidé de faire le tour de l'île. Louer une voiture a été chose facile et peu onéreuse. La conduite à gauche nous réservait quelques petits gags sans danger. Découvrir la côte était un ravissement. Nous avons visité la forteresse qui domine le beau port de Gorey. Ensuite nous avons fait une longue balade sur les immenses plages.

Notre deuxième jour a été consacré à l'ambiance. Les pubs fleurant bon le bois patiné, le cuir et la bière brune nous ont accueillis. Le soir, nous avons dîné à l'hôtel et nous avons dansé vêtus comme des princes. La rencontre avec les Jersiais si accueillants[a] a fait de cette journée de contact une journée chaleureuse.

Le soleil nous a invités à parcourir la campagne pomponnée où nous avons admiré champs de fleurs après champs de fleurs. Il y avait des près bien gras où régnaient les petites vaches jersiaises et des fermes-manoirs enchâssées dans la verdure, enfin, tout ce qui rend la vie digne d'être vécue.

Le quatrième jour était notre journée «écologique». Nous sommes allés visiter la réserve d'animaux en voie de disparition[b]. Dans ce merveilleux site paradisiaque, gorilles, orangs-outans, oiseaux rares, etc.... coulaient des jours paisibles.

[a]*welcoming*
[b]animaux... *endangered species*

**A JERSEY l'Île Fleur, un merveilleux séjour**

C'est incroyable, tout ce que nous avons trouvé pour nous distraire sur cette île: le golf, le surfing, le tennis, l'équitation. Le soir nous sommes allés aux cabarets et aux spectacles de music-hall. Fort-Régent était un lieu extraordinaire avec des jeux de toutes sortes, une fête foraine, etc.

Dans les rues piétonnes de St.-Hélier, la capitale, c'était la tentation matérialisée: cashmeres, shetland, disques, parfums, bijoux, etc. Le «hors-taxe» nous a permis de faire quelques économies, et nos valises étaient pleines à craquer.

Ah, les petits déjeuners jersiais: œufs, bacon, et de la marmelade d'orange, toasts grillés! C'était un bon départ pour la journée. Nous sommes partis dénicher une bonne table, et il y en avait! Nous nous sommes régalés de petits homards grillés, de poissons frais du jour, de pâtisseries nappées de la fameuse crème de Jersey. Et pour accompagner tout cela, nous avons bu les meilleurs vins français. Ah, Jersey! Quel merveilleux séjour!

Adapté de *Paris-Match,* Avril 1987

Les jeunes mariés qui ont visité l'île de Jersey ont écrit une lettre à leurs amis en France. En voici quelques extraits. Indiquez le jour dont ils parlent.

1. «Nous nous sommes distraits en faisant toutes sortes de sports… »
2. «Nous avons découvert des fermes perdues au milieu de la nature… »
3. «J'ai bien peur d'avoir pris du poids depuis le début de notre séjour. La nourriture est succulente… »
4. «Après avoir fait des achats toute la journée, nos valises étaient pleines à craquer… »
5. «En faisant le tour de l'île, on a presque eu un accident, mais ce n'était pas grave. Il était difficile de conduire à gauche… »

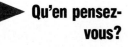

Discutez des questions suivantes avec un(e) camarade de classe. Servez-vous des expressions suggérées pour faciliter votre discussion.

**Expressions utiles: Pour échapper à la routine…**

aller au bout du monde *to go to the ends of the earth*
avoir le goût de l'aventure *to have a taste for adventure*

découvrir d'autres horizons *to discover new horizons*
échapper à *to escape*
en avoir marre (*pop.*) *to be fed up*
en avoir ras le bol (*pop.*) *to have had enough*
être fatigué(e) de la routine *to be tired of the same routine*
s'évader *to get away*

Pour découvrir d'autres pays...

s'adapter à un autre style de vie *to adapt to another style of life*
avoir du mal à se faire comprendre *to have trouble being understood*
s'exprimer avec difficulté *to have trouble communicating*
s'exprimer par gestes *to talk with one's hands*
s'intégrer à une autre culture *to adapt to another culture*
souffrir du mal du pays *to be homesick*
visiter des sites touristiques *to visit famous sites*

1. Beaucoup de gens ont envie de partir de temps en temps pour aller ailleurs. Il semble que personne ne soit content de rester chez soi. Quelles sont les raisons qui peuvent expliquer ce phénomène?
2. Le meilleur moyen de s'évader c'est de voyager à l'étranger. Quels pays étrangers connaissez-vous? Quels autres pays voulez-vous visiter? Que désirez-vous découvrir quand vous voyagez? Pourquoi? Quelles difficultés est-ce qu'on rencontre quand on voyage à l'étranger? Aimez-vous voyager seul(e)? Dites quels sont les avantages et les inconvénients des voyages en groupe. Donnez des exemples.

# Grammaire en contexte
## 11 The *passé composé*

The **passé composé** expresses actions, events, or conditions that took place at a specific time (stated or implied by the context) in the past.

Nous **avons visité** la forteresse qui domine le beau port de Gorey.
Ensuite nous **avons fait** une balade sur les immenses plages.

## FORMS

The **passé composé** is formed with two parts: the present tense of an
auxiliary verb (**avoir** or **être**) and the past participle.

| voyager | | | | revenir | | | |
|---|---|---|---|---|---|---|---|
| j' | ai voyagé | nous | avons voyagé | je | suis revenu(e) | nous | sommes revenu(e)s |
| tu | as voyagé | vous | avez voyagé | tu | es revenu(e) | vous | êtes revenu(e)(s) |
| il/elle/on | a voyagé | ils/elles | ont voyagé | il | est revenu | ils | sont revenus |
| | | | | elle | est revenue | elles | sont revenues |
| | | | | on | est revenu | | |

## The Past Participle

The past participles of most French verbs are formed according to regular
patterns that replace the infinitive ending with a vowel.

| INFINITIVE IN **-er** | | INFINITIVE IN **-re** | | INFINITIVE IN **-ir** | | INFINITIVE IN **-oir** | |
|---|---|---|---|---|---|---|---|
| *Past participle ends in -e* | | *Past participle ends in -u* | | *Past participle ends in -i* | | *Past participle ends in -u* | |
| acheter | acheté | attendre | attendu | choisir | choisi | falloir | fallu |
| aller | allé | battre | battu | dormir | dormi | voir | vu |
| appeler | appelé | descendre | descendu | finir | fini | vouloir | voulu |
| espérer | espéré | entendre | entendu | obéir | obéi | | |
| essayer | essayé | perdre | perdu | partir | parti | | |
| étudier | étudié | rendre | rendu | réussir | réussi | | |
| jeter | jeté | vendre | vendu | sortir | sorti | | |
| jouer | joué | | | | | | |
| préférer | préféré | | | | | | |
| | | *Exceptions (stem change):* | | *Exceptions:* | | *Exceptions (stem change):* | |
| | | boire | **bu** | couvrir | **couvert** | avoir | **eu** |
| | | connaître | **connu** | offrir | **offert** | devoir | **dû** |
| | | croire | **cru** | ouvrir | **ouvert** | pleuvoir | **plu** |
| | | lire | **lu** | courir | **couru** | pouvoir | **pu** |
| | | plaire | **plu** | tenir | **tenu** | recevoir | **reçu** |
| | | vivre | **vécu** | venir | **venu** | savoir | **su** |

The following irregular past participles are grouped according to their endings.

| | | | | | | | |
|---|---|---|---|---|---|---|---|
| être | **été** | rire | **ri** | dire | **dit** | mettre | **mis** |
| naître | **né** | suivre | **suivi** | écrire | **écrit** | prendre | **pris** |
| | | | | faire | **fait** | comprendre | **compris** |
| | | | | | | *(and other compounds)* | |

## The Auxiliary Verb

1.  **Avoir** is used as the auxiliary with most verbs in the **passé composé.**

    Le soir, nous **avons dîné** à l'hôtel et nous **avons dansé** vêtus comme des princes. La rencontre avec les Jersiais si accueillants **a fait** de cette journée de contact une journée chaleureuse.

2.  **Etre** is used as the auxiliary in the **passé composé** of two groups of verbs.

    a.  all pronominal verbs

    Nous **nous sommes régalés** de petits homards grillés, de poissons frais du jour, de pâtisseries...
    Je **me suis** très bien **amusé** cette semaine-là!

    b.  a small number of verbs (mostly verbs of motion) that have no direct or indirect object

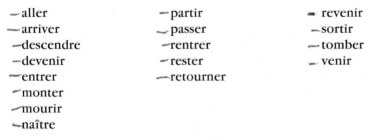

    —aller        —partir        — revenir
    —arriver      —passer        —sortir
    —descendre    —rentrer       —tomber
    —devenir      —rester        — venir
    —entrer       —retourner
    —monter
    —mourir
    —naître

    Nous **sommes restés** sept jours à l'île de Jersey. Nous y **sommes arrivés** un vendredi soir et nous **sommes partis** un samedi matin.

    **Descendre, monter, passer, rentrer, retourner,** and **sortir** are conjugated with **avoir** in the **passé composé** when they have a direct object. In this case the verbs have a different meaning.

    | | |
    |---|---|
    | De petits animaux **sont sortis** de la grotte. | *Some little animals came out of the cave.* |
    | Alors, j'**ai sorti** mon appareil pour prendre une photo. | *So I took out my camera to take a picture.* |

## Précisons!

Un été dans l'île de Jersey. Les légendes (*captions*) ci-dessous accompagnent les dessins de la lecture au début du chapitre. Refaites chaque légende en mettant les verbes au passé composé.

1. Premier jour: Nous louons une voiture et nous partons de bonne heure.
2. Deuxième jour: Le soir, nous allons aux hôtels pour dîner et pour danser.
3. Troisième jour: Nous voyons des fleurs partout et nous nous sentons à l'aise dans la verdure des prés.
4. Quatrième jour: Nous décidons de visiter la réserve d'animaux en voie de disparition.
5. Cinquième jour: Ma femme joue au tennis chaque matin, et moi, j'essaie d'apprendre à faire du surfing.
6. Sixième jour: Les magasins offrent une tentation trop forte pour nous.
7. Septième jour: Nous prenons des petits déjeuners et de bons dîners où je m'amuse à choisir les meilleurs vins.

## Word Order in the *passé composé*

1. negative expressions

$$subject + \textbf{ne} + auxiliary\ verb + \begin{matrix} \textbf{pas} \\ \textbf{jamais} \\ \textbf{plus} \\ \textbf{rien} \end{matrix} + past\ participle$$

Je **n**'ai **jamais rien** vu d'aussi beau!

When **rien** is the object of a preposition, the phrase follows the past participle.

Nous ne nous sommes aperçus **de rien.**

The negative element **personne** also follows the past participle.

Nous **n**'avons rencontré **personne** de tout le week-end. Nous n'avons parlé à **personne.**

2. questions with inversion

*auxiliary verb + subject + past participle*
**Avez-vous réussi** à louer une voiture?

3. negative questions with inversion

$$\textbf{ne} + auxiliary\ verb + subject + \begin{matrix} \textbf{pas} \\ \textbf{jamais} \\ \textbf{plus} \\ \textbf{rien} \end{matrix} + past\ participle$$

**N**'avez-vous **pas** réussi à louer une voiture?

Remember that you can also form questions with the **passé composé,** as with the other tenses, by using **est-ce que? n'est-ce pas?** or rising intonation (see Chapter 3).

> Est-ce que vous **êtes allés** visiter la réserve d'animaux?
> Vous **êtes allés** visiter la réserve d'animaux, n'est-ce pas?
> Vous **êtes allés** visiter la réserve d'animaux?

## Agreement of the Past Participle

In the **passé composé,** the past participle is most often invariable, but in certain cases it agrees in gender and number with other parts of the sentence.

1. The past participle agrees with the subject of verbs conjugated with **être** (**aller, arriver, venir, sortir,** etc.)

   > **Mes amis** sont **allés** à la Martinique. **Gaétan** y est **resté** une semaine, mais **Paule** est **rentrée** chez elle après trois jours.

2. The past participle agrees with a *preceding direct object.* Direct objects that come before the verb are

   a. direct object pronouns

   > Est-ce que tu as visité cette plage magnifique?—Non, je ne **l'**ai pas **visitée.**

   b. the relative pronoun **que**

   > Les plages **que** j'ai **fréquentées** étaient plus petites.

   c. the interrogative adjective **quel** + *noun*

   > **Quelles îles** as-tu déjà **vues?**

   d. the interrogative pronoun **lequel**

   > Tu as vu d'autres îles? **Lesquelles** as-tu **préférées?**

The past participle agrees with preceding direct objects only. If the object follows the verb, or if it is an indirect object, there is no agreement.

| | |
|---|---|
| Nous avons **rencontré** des amis. | *No agreement:* the direct object, **des amis,** follows the verb. |
| Nous **les** avons **rencontrés** ce matin à la plage. | *Agreement:* the direct object, **les** (= **les amis**), precedes the verb. |
| Nous **leur** avons **donné** rendez-vous ce soir au restaurant. | *No agreement:* the preceding object, **leur,** is an indirect object. |

The reflexive pronouns **me, te, nous, vous, se** can function as either direct or indirect objects. If they are indirect objects, there is no agreement of the past participle.

Françoise **s'est coupée.**
*Françoise cut herself.*

Françoise **s'est coupé les cheveux.**
*Françoise cut her hair.*

Nous **nous** sommes **vus,**...

mais nous ne **nous** sommes pas **parlé.**

*Agreement:* the direct object, **se** ( = **Françoise**), precedes the verb.

*No agreement:* the preceding **se** is an indirect object. The direct object, **les cheveux,** follows the verb.

*Agreement:* the preceding object, **nous,** is a direct object.

*No agreement:* the preceding object, **nous,** is an indirect object (**on parle *à quelqu'un***).

## Précisons!

Une nuit à l'hôtel. Mettez les verbes entre parenthèses au passé composé.

Quand nous _____[1] (arriver) à la réception, nous _____[2] (remplir) la fiche d'hôtel et l'employé nous _____[3] (tendre) la clé de la chambre. Puis le porteur nous _____[4] (aider) à monter nos valises au troisième étage. Nous _____[5] (prendre) l'ascenseur. Le porteur _____[6] (ouvrir) la porte de la salle de bains et nous _____[7] (montrer) que tout était bien propre. Nous lui _____[8] (donner) un pourboire. Il _____[9] (sortir). J(e) _____[10] (dire) bonne nuit à mon ami. J(e) _____[11] (se déshabiller) et j(e) _____[12] (s'allonger) avec délices sur le lit frais et confortable. J(e) _____[13] (bien dormir) et le lendemain matin j(e) _____[14] (se réveiller) frais et dispos. J(e) _____[15] (descendre) et j(e) _____[16] (régler) la note. J(e) _____[17] (attendre) mon ami dans le hall. En sortant, nous _____[18] (dire) au revoir à l'employé de l'hôtel.

## USES

The **passé composé** expresses actions, events, or states that occurred at a specific time in the past. The time can be either stated or implied by the context. Contexts for the **passé composé** include

1. a single past event

Nous **avons décidé** de faire le tour de l'île.

Louer une voiture **a été** chose facile et peu onéreuse.

*We decided to tour the island.*

*Renting a car was easy and not very expensive.*

2. a past event that took place a *number* of times (stated or implied) or for a *specific* length of time

| | |
|---|---|
| Nous **avons** vraiment **apprécié** ces petits déjeuners jersiais. | *We really enjoyed those Jersey breakfasts.* (Implied: *during our seven-day stay there.*) |
| Il **a fait** un temps splendide pendant toute la semaine. | *The weather was gorgeous all week long.* |

3. a series of past actions or events recounted one after another

| | |
|---|---|
| Mes amis se **sont** bien **amusés** à Nice. Ils **ont passé** tout leur temps à la plage, ils **ont rencontré** de nouveaux amis, ils **ont parlé** un peu français et ils **sont rentrés** tout bronzés! | *My friends had a great time in Nice. They spent all their time at the beach, they met some new friends, they spoke a little French, and they came back all tanned!* |

**Interactions**

**A.** Jeu de mémoire. Divisez la classe en deux parties. Simultanément, chaque groupe va raconter un voyage en utilisant le passé composé. La première personne dans chaque groupe commence le récit avec la phrase: «Notre classe est partie en voyage.» La deuxième personne répète la phrase et ajoute quelque chose de nouveau au passé. La troisième personne répète les deux premières phrases et en ajoute une autre, et ainsi de suite. Les deux groupes vont concourir (*compete*) jusqu'à ce que quelqu'un oublie l'histoire.

**B.** Questions personnelles. Posez les questions suggérées à un(e) camarade de classe. Prenez des notes sur ses réponses. Puis votre camarade peut vous poser les mêmes questions.

Ask your partner . . .
1. if he/she has ever traveled to a foreign country. Where? When? For how long?
2. if he/she has ever had an adventure or knows someone who had an exciting adventure. Give details.
3. if he/she has ever taken a bus or a train in a foreign country. Where? When? Why?
4. if he/she has ever met interesting people in his/her travels. Who? Where? When?
5. if there is an adventurer who has inspired (**inspirer**) him/her. Give details.

# 12 The *imparfait*

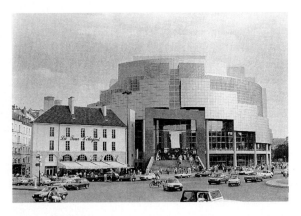

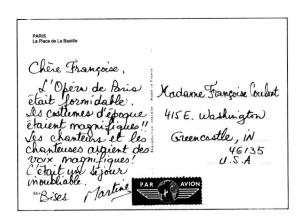

The **imparfait,** or imperfect tense, expresses actions or conditions that
occurred or existed in the past over an indefinite period of time.

> Il y **avait** des prés bien gras où **régnaient** les petites vaches
> jersiaises et des fermes-manoirs enchâssées dans la verdure...

## FORMS

The **imparfait** is formed by dropping the **-ons** ending from the **nous** form
of the present tense and adding a set of endings to that stem.

| observer | | perdre | |
|---|---|---|---|
| nous | observ~~ons~~ | nous | perd~~ons~~ |
| j' | observ**ais** | je | perd**ais** |
| tu | observ**ais** | tu | perd**ais** |
| il/elle/on | observ**ait** | il/elle/on | perd**ait** |
| nous | observ**ions** | nous | perd**ions** |
| vous | observ**iez** | vous | perd**iez** |
| ils/elles | observ**aient** | ils/elles | perd**aient** |
| **finir** | | **dormir** | |
| nous | finiss~~ons~~ | nous | dorm~~ons~~ |
| je | finiss**ais** | je | dorm**ais** |
| tu | finiss**ais** | tu | dorm**ais** |
| il/elle/on | finiss**ait** | il/elle/on | dorm**ait** |
| nous | finiss**ions** | nous | dorm**ions** |
| vous | finiss**iez** | vous | dorm**iez** |
| ils/elles | finiss**aient** | ils/elles | dorm**aient** |

**Etre** is the only verb with an irregular **imparfait** stem: **ét-**.

| être | |
|---|---|
| j' | **ét**ais |
| tu | **ét**ais |
| il/elle/on | **ét**ait |
| nous | **ét**ions |
| vous | **ét**iez |
| ils/elles | **ét**aient |

As in the present tense, verbs with infinitives in **-cer** and **-ger** have spelling changes in the **imparfait.** These changes reflect that the pronunciation of the stem consonants **c** and **g** remains exactly the same in all forms of the **imparfait.**

| commencer | | manger | |
|---|---|---|---|
| nous | commen**ç**o̶n̶s̶ | nous | mange̶o̶n̶s̶ |
| je | commen**ç**ais | je | man**ge**ais |
| tu | commen**ç**ais | tu | man**ge**ais |
| il/elle/on | commen**ç**ait | il/elle/on | man**ge**ait |
| nous | commencions | nous | mangions |
| vous | commenciez | vous | mangiez |
| ils/elles | commen**ç**aient | ils/elles | man**ge**aient |
| *Also:* avancer, déplacer, lancer, placer, remplacer, etc. | | *Also:* changer, nager, ranger, venger, voyager, etc. | |

Verbs with imperfect stems ending in **-i** keep this **-i** in all forms. There are therefore two **i**'s in the **nous** and **vous** forms of these verbs in the **imparfait.**

| étudier | | rire | |
|---|---|---|---|
| nous | étudi̶o̶n̶s̶ | nous | ri̶o̶n̶s̶ |
| j' | étudi**ais** | je | ri**ais** |
| tu | étudi**ais** | tu | ri**ais** |
| il/elle/on | étudi**ait** | il/elle/on | ri**ait** |
| nous | étudi**ions** | nous | ri**ions** |
| vous | étudi**iez** | vous | ri**iez** |
| ils/elles | étudi**aient** | ils/elles | ri**aient** |

**Accès à la région**

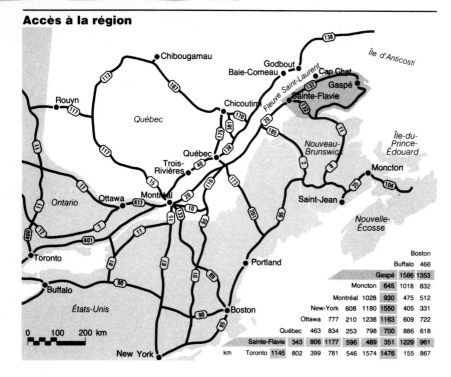

**Un phare en Gaspésie**

**Précisons!**

Souvenirs d'enfance. Thierry raconte à ses amis ce qu'il faisait en vacances quand il était plus jeune. Mettez son récit à l'imparfait.

Chaque été je vais en Gaspésie, dans la province du Québec, pour rendre visite à mes grands-parents. Ils vivent dans le village de Cap-Chat sur le Saint-Laurent. Mes cousins et moi, nous montons dans le phare° à l'ouest du village. Il y a près du phare un rocher qui ressemble à un chat accroupi.° Nous prenons souvent le sentier qui mène à la plage. Nous lançons des cailloux° dans l'eau. Puis nous continuons un peu plus loin et nous cherchons des pierres semi-précieuses. D'habitude je trouve quelques morceaux de quartz rose ou blanc. Je m'amuse bien chez mes grands-parents et je veux y retourner chaque été.

*lighthouse*

*crouched*

*pebbles*

Texte adapté du *Guide Touristique Gaspésie,* 4ᵉ ed., Ministère du Tourisme, Québec, 1989

## USES

The **imparfait** expresses past actions, events, or conditions without reference to their beginning or end. The most common uses of the **imparfait** are

1. to express habitual actions in the past. Such actions are often described by expressions like **souvent, d'habitude, chaque semaine, chaque année, en général**, etc. This use of the **imparfait** is often expressed in English by a verb with *would* or *used to.*

> Chaque année, ils **prenaient** le train pour aller en vacances.
>
> *Every year they took the train to go on vacation.*
>
> D'habitude, ils **passaient** trois semaines à la plage.
>
> *They would usually spend three weeks at the beach.*

2. in descriptions of past actions that continued for an *unspecified* period of time. In this context, the **imparfait** corresponds to English *was (were)* + *verb* + *-ing.*

> Mes amis **discutaient** de leurs projets de vacances.
>
> *My friends were talking about their vacation plans.*

3. in descriptions of physical conditions and states of mind, often with **avoir, être, penser, savoir,** and **vouloir**

> Il **faisait** beau. Nous ne **savions** pas si nous **voulions** aller à la pêche ou faire de la bicyclette!
>
> *The weather was nice. We didn't know whether we wanted to go fishing or bicycling!*

French also uses the **imparfait** in the following contexts:

4. after **si** in a conditional sentence or to make a suggestion

> Si j'**étais** riche, je dînerais tous les soirs aux restaurants.
>
> *If I were rich, I would eat in restaurants every night.*
>
> Si tu nous **racontais** un peu ton voyage en Gaspésie?
>
> *How about telling us a little about your trip to the Gaspé?*

5. in the expression **venir de** + *infinitive,* the **imparfait** of **venir** describes something that had just happened before another past action (expressed in the **passé composé**) took place. Compare the use of **venir de** in the present tense in Chapter 1.

> Je **venais** de recevoir les brochures quand tu as suggéré ce voyage.
>
> *I had just received the brochures when you suggested that trip.*

6. with **depuis** and **il y avait... que,** the **imparfait** expresses an action or state that *had been* going on in the past up to a particular moment. This usage corresponds to the use of **depuis** and **il y a... que** with the present tense to show how long an action or state *has been* going on (see Chapter 1).

| | |
|---|---|
| **Il y avait** des heures **que** nous **attendions** le train. On nous **disait depuis** notre arrivée à la gare que le train avait seulement quelques minutes de retard. | *We had been waiting for the train for hours. They had been telling us since we arrived at the station that the train was only a few minutes late.* |

**Interactions**

Les vacances de notre jeunesse. Avec un(e) ou deux partenaire(s), discutez de vos voyages ou de vos vacances d'été quand vous étiez enfant en comparant les choses qui se passaient habituellement et les descriptions de vos endroits préférés. Utilisez l'imparfait.

MODELE:  A: Mon école primaire s'appelait Cedar Park School. Pendant les vacances d'été, nous jouions ensemble dans le parc près de l'école. Il y avait beaucoup d'arbres et de jeux pour enfants sur place. Nous jouions à la marelle (*hopscotch*) ou avec des balles. Qu'est-ce que tu faisais en été?

B: Nous jouions comme toi. Nous aimions aussi sauter à la corde. Et quand j'étais plus grande, j'allais à la piscine. Tous les étés, nous faisions du camping dans les parcs nationaux.

# 13 The *imparfait* and the *passé composé* in Narration

CHAMBORD . Le Château

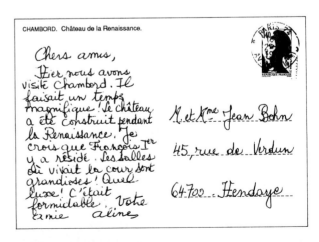

Often, one basic principle governs the choice between the **imparfait** and the **passé composé**: the **imparfait** is the past tense most often used for description, and the **passé composé** is used for narration of events in sequence. Events in the **passé composé** frequently answer the question

**Qu'est-ce qui s'est passé ensuite?** (*What happened next?*). The following story illustrates the uses of the **imparfait** and the **passé composé**.

Quand j'**étais**[1] petite, ma famille et moi, nous **passions**[2] toujours les vacances à la plage. D'habitude, nous **allions**[3] en Floride, mais cet été-là, nous **avons décidé**[a] d'aller à la campagne.

Un jour, nous **nous promenions**[4] dans la forêt quand nous **avons entendu**[b] un bruit. Nous **nous sommes arrêtés**[c] et nous **avons regardé**[d] autour de nous. Il **faisait**[5] beau et le ciel **était**[6] clair. Soudain il **a fait**[e] très noir. Moi, j'**avais**[7] toujours peur des bruits nocturnes, et nous **avons eu**[f] peur quand nous **avons entendu**[g] les coups de tonnerre. On **pouvait**[8] voir l'orage qui **s'approchait**,[9] et heureusement, nous **avons pu**[h] nous mettre à l'abri de la pluie. Nous **savions**[10] que la situation n'**était**[11] pas très grave, mais je n'**ai su**[i] que beaucoup plus tard qu'on avait fermé le parc à cause de l'orage!

ANALYSE

VERBES À L'IMPARFAIT

1. j'**étais:** description of physical condition
2. nous **passions:** routine past events
3. nous **allions:** routine past events
4. nous **nous promenions:** background action in progress
5. Il **faisait** beau: description of physical conditions
6. le ciel **était** clair: description of physical conditions
7. J'**avais** toujours peur: description of state of mind
8. On **pouvait** voir: description of state of mind
9. l'orage qui **s'approchait:** background action in progress
10. Nous **savions:** description of state of mind
11. la situation n'**était** pas très grave: description of physical conditions

VERBES AU PASSÉ COMPOSÉ

a. nous **avons décidé:** specific past event
b. nous **avons entendu:** first event in sequence
c. nous **nous sommes arrêtés:** second event in sequence
d. nous **avons regardé:** third event in sequence
e. il **a fait** très noir (*it got very dark*): change in conditions
f. Nous **avons eu** peur (*we became frightened*): change in state of mind
g. nous **avons entendu:** specific past event
h. Nous **avons pu** (*we managed*): specific past event
i. Je n'**ai su** que beaucoup plus tard (*I only found out much later*): change in state of mind

Note that verbs like **avoir peur/chaud/froid/faim/soif, pouvoir,** and **savoir** have different meanings when they are used in the **imparfait** and in the **passé composé**. In the **imparfait,** they indicate description; in the **passé composé** they indicate a change in condition: something happened.

**Précisons!**

**A.** Un mauvais souvenir. André Moreau raconte ses mésaventures. Complétez l'histoire en choisissant la forme de l'imparfait ou du passé composé qui convient. Donnez la raison de votre choix.

C'était le jour où (je suis allé, j'allais) partir en vacances. Pour commencer, je (me suis réveillé, me réveillais) trop tard. En plus de cela, il (a fait, faisait) mauvais. Le ciel (a été, était) couvert et il (a plu, pleuvait). (Je voulais, j'ai voulu) appeler un taxi pour aller à l'aéroport, mais toutes les lignes (ont été, étaient) occupées. Finalement, (j'ai pu, je pouvais) trouver un taxi. Pendant que (j'ai attendu, j'attendais) au guichet de la compagnie aérienne, (j'ai fait, je faisais) la connaissance d'un autre voyageur qui (est allé, allait) aussi à Rome. Nous (avons décidé, décidions) de voyager ensemble. Mais à ce moment-là, un employé nous (a expliqué, expliquait) que nous (n'avons pas pu, ne pouvions pas) partir parce que les pilotes (sont venus, venaient) de décider de faire grève.

**B.** Des touristes distraits. Faites des phrases complètes en utilisant le temps passé exigé par le contexte.

1. il / faire / frais / et le ciel / être / bleu / Paris
2. Roger et Susan Smith, des touristes / être en train de / prendre / café crème / et / croissants
3. ils / lire / avec attention / Guide Michelin
4. leur avion / aller / partir / lendemain matin
5. à neuf heures précises / ils / aller / taxi / musée du Louvre
6. entre dix heures et onze heures / ils / courir / dans / galeries / musée d'Orsay
7. ils / se promener / depuis une heure / quand / ils / décider / d'aller déjeuner
8. pendant / l'après-midi / ils / visiter / Notre-Dame
9. après le dîner / ils / aller / voir / pièce de théâtre / à / Comédie-Française
10. à minuit / ils / faire / les valises
11. tout à coup / Susan / se souvenir de / Tour Eiffel! Ils avaient oublié de la visiter. Quel dommage!

**C.** Globe trotters en culottes courtes. Alexandra et Adrien, six et neuf ans, ont fait le tour du monde en trente jours. Voilà ce qu'ils ont retenu de leur voyage. Pour compléter l'histoire, mettez les verbes suggérés à l'imparfait ou au passé composé selon le sens.

A Singapour, nous _____¹ dans les centres
commerciaux avec des étages entiers de jouets. Les
Chinois adorent les enfants. Aux restaurants, il y en a
partout. C'est pas comme en France. A Sidney, au
parc national, nous _____² au milieu de
kangourous et nous _____³ de l'eucalyptus aux

adorer
donner
être
habiter
prendre
se promener

koalas pour manger. A Tahiti, dans l'île des Moorea,
toutes les femmes sont en paréo (une sorte de robe)
avec une fleur derrière l'oreille. Nous _____[4] un
bateau à fond de verre pour voir les poissons. Nous
_____[5] une villa au bord d'une mer turquoise.
C(e) _____[6] super!

Mais notre meilleure soirée, nous l(a) _____[7] au
Club Méditerranée où nous _____[8] dîner. Là on
_____[9]! En Californie, le soir, il y _____[10] des
petites lumières sur la montagne. C'est Hollywood
où habitent les stars. Nous _____[11] à Disneyland et
aux studios Universal mais il y _____[12] tellement
de monde que nous _____[13] faire la queue pendant
des heures.

aller
s'amuser
avoir
devoir
être
passer

Pendant la traversée du désert de la Mort, nous
_____[14] à tous les McDonald's sur la route. Les
hamburgers _____[15] formidables! A Las Vegas, il
_____[16] horriblement chaud le jour. Nous
_____[17] des heures au Circus Circus, un hôtel
spécialement conçu pour les enfants avec un cirque
dans le hall et des jeux partout. C'était un spectacle
vraiment fou!

s'arrêter
être
faire
passer

Extrait et adapté d'un article de Maggie Kosner, «Globe Trotters en Culottes Courtes», *Paris
Match,* 17 avril 1987

**Interactions**

**A.** Les voyages forment la jeunesse.

1. Décrivez à votre camarade de classe un voyage intéressant que vous
   avez fait. Où êtes-vous allé(e)? Avec qui? Pendant combien de temps
   y êtes-vous resté(e)? Etiez-vous satisfait(e) de votre voyage ou non?
   Pourquoi?

2. Décrivez à votre camarade de classe un voyage imaginaire à travers
   les Etats-Unis. Quelles routes est-ce que vous avez suivies? Par
   quelles villes êtes-vous passé(e)? Quels en étaient les charmes
   particuliers? Qu'est-ce que vous avez vu?

**B.** Une excursion à Arles, ville ancienne en Provence. Formez un groupe de
trois. Vous allez organiser une excursion à Arles en choisissant parmi les
monuments et musées décrits dans la brochure (p. 142). Après avoir choisi
au moins cinq endroits à visiter, écrivez un récit de votre journée (au
passé, bien sûr!). Imaginez des incidents et des détails intéressants pour
mettre de la vie dans votre histoire. La classe peut voter pour le récit le
plus palpitant!

# ARLES – MONUMENTS ET MUSÉES

**Les arènes romaines** (fin du 1er siècle de notre ère)
L'amphithéâtre mesure 136 m sur son grand axe et 107 m sur son petit axe. Immense ovale de 34 rangées de gradins, il peut encore contenir près de 12.000 spectateurs (corridas et courses à la cocarde).

**Le théâtre antique** (fin du 1er siècle avant JC)
Le théâtre de style augustéen déploie sur 102 m de diamètre sa "cavea" de gradins jusqu'à la Tour de Roland qui, avec les arcatures adjacentes, donne une idée précise des dimensions de l'enceinte extérieure. Actuellement consacré au Festival d'Arles (juin-juillet), et aux Rencontres Internationales de la Photographie.

**Les thermes de Constantin** (IVe siècle)
Comparables aux thermes constantiniens de Trèves, ils ont, malgré les ravages du temps, conservé la grande salle des bains chauds et son abside, certains hypocaustes, des fourneaux souterrains ainsi que des vestiges de salles tièdes.

**Les Alyscamps**
L'une des plus belles nécropoles chrétiennes, qui a inspiré nos vieilles chansons de gestes et bon nombre de poètes. Cette allée romantique de sarcophages reste le vestige d'un vaste ensemble cimétérial qui entourait la cité du IIIe au XIIe siècles. Vincent VAN GOGH (novembre 1888) de même que GAUGUIN, réalisèrent chacun un tableau de ce site merveilleux.

**La Cathédrale et le Cloître Saint-Trophime** (XIIe — XIVe siècles)
Contigu à la cathédrale romane dont on peut admirer le magnifique portail, ce cloître est l'un des plus raffinés d'occident. Dominé par le clocher lombard de l'église, il déploie ses deux galeries romanes et ses deux autres galeries gothiques dans un ensemble harmonieux, complété par les 3 salles capitulaires.

**Les cryptoportiques du Forum** (vers 40 av. JC)
Impressionnantes galeries souterraines dessinant la forme d'un "U", servant de substructions à l'ancien Forum romain. Ce fer à cheval mesure 89 m de long sur 59 m de large. C'est le 1er monument de la fondation de la colonie romaine avec les remparts (1er siècle avant JC).

**Le Musée Réattu** (XVe - XVIe - XVIIe siècles)
Ancien Grand Prieuré de St Gilles (Ordre de Malte), le Musée Réattu renferme des peintures et des dessins de l'école provençale des XVIIIe et XIXe siècles. Plusieurs de ses salles sont heureusement aussi consacrées à l'art contemporain : donation Pablo PICASSO et Section d'Art Photographique.

**Musée d'Art Chrétien**
L'ancienne chapelle du collège des Jésuites (1652) accueille les collections de sarcophages paléochrétiens (IIIe siècle au début du Ve siècle), second ensemble au monde après le musée du Vatican. Ces tombeaux proviennent des nécropoles qui entouraient la cité extra muros.

**Musée Lapidaire d'Art Païen**
Installé dans l'ancienne église Ste Anne (1630) il contient quelques uns des plus beaux spécimens de l'art classique romain, très hellénisé : décoration du théâtre antique, statuaire du forum, sarcophages, cippes funéraires, tuyaux de plombs...

**Musée Arlaten**
Ce musée d'ethnographie a été fondé en 1896 par Frédéric MISTRAL qui y consacra le montant de son Prix Nobel de littérature. Installé en 1906 dans l'ancien Palais de LAVAL-CASTELLANE (XVIe siècle), il constitue le répertoire majeur des divers aspects de la vie traditionnelle en Provence (traditions, artisanat, costumes, etc...).

**Musée Camarguais**
C'est dans la bergerie du Mas du Pont de Rousty (route des Stes Maries de la Mer à Arles) que ce musée a été installé, faisant appel aux techniques muséographiques les plus modernes. A travers une présentation claire et agréable de nombreux objets et documents, l'identité de la Camargue et de ses habitants peut être ainsi mieux comprise.

# **14** Adverbs

Adverbs are used to clarify, embellish, intensify, or otherwise modify the meaning of a verb, an adjective, another adverb, or an entire sentence.

> Quand j'étais petite, nous passions **toujours** les vacances à la plage. **D'habitude,** nous allions en Floride...
>
> **Soudain,** il a fait **très** noir. **Heureusement,** nous avons pu nous mettre à l'abri de la pluie. Nous savions que la situation n'était pas **très** grave, mais je n'ai su que **beaucoup plus tard** qu'on avait fermé le parc.

## FORMS

In French, as in English, adverbs are invariable in form. In English, many adverbs are formed by adding the ending -*ly* to an adjective: *usual* → *usually*. In French, adverbs are often formed by adding the ending **-ment** to an adjective.

1. Most adverbs derived from adjectives are formed by adding **-ment** to the *feminine* form of the adjective.

   | | | |
   |---|---|---|
   | actif/active | → | activement |
   | franc/franche | → | franchement |
   | heureux/heureuse | → | heureusement |
   | naturel/naturelle | → | naturellement |

   A few adverbs are formed by changing final **-e** to **-é** before the ending **-ment.**

   | | | |
   |---|---|---|
   | aveugle | → | aveuglément |
   | confuse | → | confusément |
   | énorme | → | énormément |
   | précise | → | précisément |

2. The ending **-ment** is added to the *masculine* form of the adjective if it ends in a vowel.

   | | | |
   |---|---|---|
   | absolu | → | absolument |
   | admirable | → | admirablement |
   | poli | → | poliment |
   | pratique | → | pratiquement |
   | vrai | → | vraiment |

3. Adjectives ending in **-ant** or **-ent** have corresponding adverbs in **-amment** and **-emment.** Both endings are pronounced [amã].

   | | | |
   |---|---|---|
   | abondant | → | abondamment |
   | constant | → | constamment |

| | | |
|---|---|---|
| évident | → | évidemment |
| fréquent | → | fréquemment |

4. A few adverbs are irregular.

| | | |
|---|---|---|
| bon/bonne | → | bien |
| bref/brève | → | brièvement |
| gentil/gentille | → | gentiment |
| mauvais/mauvaise | → | mal |
| petit/petite | → | peu |

5. Some adjectives are used as adverbs with no change in form.

| | |
|---|---|
| s'arrêter **court** | *to stop short* |
| chanter **faux** | *to sing off-key* |
| coûter **cher** | *to cost a lot* |
| parler **bas** | *to talk softly* |
| parler **fort, haut** | *to talk loudly* |
| travailler **dur** | *to work hard* |

Note that there are also many adverbs that are not related to adjective forms. These appear in the next section.

**Précisons!**

Fuir! là-bas fuir! Un propriétaire rêve des pays exotiques. Complétez le récit en transformant l'adjectif qui convient le mieux en adverbe.

M. Lalonde arrive _____[1] (fort, régulier) au bureau à 7 heures 30 chaque matin. Il s'installe _____[2] (bon, abondant) dans son fauteuil. Son imagination lui permet de s'évader _____[3] (bref, difficile) avant d'ouvrir le magasin. Il rêve _____[4] (relatif, fréquent) de pays lointains. Il pense _____[5] (constant, exact) à des paysages exotiques. A 9 heures, il accueille _____[6] (lent, poli) les clients. _____[7] (Complet, Naturel), il montre aux clients des dépliants (*brochures*) de voyage. Il répond _____[8] (bête, intelligent) aux questions des clients. Quand il rentre chez lui, il met _____[9] (immédiat, précis) un disque de musique polynésienne. Il veut _____[10] (malheureux, absolu) aller aux îles Marquises l'été prochain.

## FUNCTIONS

Adverbs serve to provide additional details. They may describe how something happens, how often, when, how long, where, under what circumstances, etc.

1. adverbs of manner

| | |
|---|---|
| ainsi *thus* | exprès *on purpose* |
| bien *well* | mal *badly* |

comment *how*                    vite *quickly*
debout *standing up*             volontiers *willingly*
ensemble *together*

*Also:* many adverbs in **-ment** derived from adjectives

Je descendrais **volontiers** dans ce nouvel hôtel.
On peut rester dans une auberge: on fait **ainsi** des économies.
Il faut **soigneusement** consulter les guides touristiques.

2. adverbs of degree

| | | | |
|---|---|---|---|
| assez | davantage | pratiquement | tant |
| autant | moins | presque | tellement |
| beaucoup | peu | relativement | très |
| bien | plus | si | trop |
| combien | plutôt | | |

Nous sommes **assez** contents de notre chambre d'hôtel.
Ce restaurant coûte **beaucoup trop cher.**

3. adverbs of time, frequency, and sequence

| TIME | FREQUENCY | SEQUENCE |
|---|---|---|
| aujourd'hui | de temps en temps | alors |
| autrefois | fréquemment | après |
| (*formerly*) | jamais | aussitôt |
| bientôt | parfois | avant |
| désormais (*from* | quelquefois | d'abord |
| *now on*) | rarement | déjà |
| encore | souvent | enfin |
| hier | toujours | ensuite |
| longtemps | | puis |
| maintenant | | soudain |
| tard | | tout à coup |
| tôt | | |
| tout à l'heure | | |
| tout de suite | | |

**Autrefois** on trouvait facilement un hôtel sur la Côte d'Azur.
**Maintenant,** c'est presque impossible. Nous avons **souvent** essayé.

4. adverbs of place

| | | |
|---|---|---|
| dedans | là | nulle part |
| dehors | là-bas | partout |
| ici | loin | quelque part |

Préfères-tu rester **ici** ou **là-bas**?—N'importe où, je suis content
  d'être **dehors**!

5. adverbs of opinion

| | | |
|---|---|---|
| apparemment | heureusement | peut-être |
| évidemment | malheureusement | probablement |

**Heureusement,** nous avons réservé une chambre.
Mais on a **probablement** augmenté les prix depuis l'année dernière.

## WORD ORDER WITH ADVERBS

1. Adverbs usually follow the verb they modify.

   On attend **patiemment** l'arrivée du propriétaire.
   Nous voyons **mal** parce que la lumière ne marche pas.
   Je monte **vite** mettre les bagages dans la chambre.

2. Adverbs of time and of opinion usually begin a sentence or phrase.

   **Aujourd'hui,** il est difficile de trouver un hôtel bon marché.
   **Heureusement,** il y a des guides qui aident les voyageurs.

3. In the compound tenses, most adverbs are placed between the auxiliary
   verb and the past participle. Adverbs ending in **-ment** can also follow
   the past participle.

   Nous avons **vite** trouvé notre chambre.
   Le propriétaire a **complètement** oublié d'ajouter le petit déjeuner à
      la note.
   Il a répondu **lentement** à nos questions.

4. Like English adverbs, French adverbs precede adjectives and adverbs
   they modify.

   Cet hôtel était **relativement** cher.
   Je n'ai pas **très** bien compris les explications du propriétaire.

**Précisons!**

Comment réussir vos vacances. Pour chacun des adverbes du passage
suivant, choisissez un adverbe synonyme. Attention à la place de l'adverbe
dans la nouvelle version.

**Adverbes suggérés:** largement, fréquemment, d'abord, cependant,
complètement, rapidement, précisément, attentivement, quelquefois, enfin,
puis, peut-être, assez, aussi

Il faut s'y prendre à l'avance pour avoir *amplement* le temps de penser à
tous les détails. *Premièrement,* on doit tenir compte de son budget. Il
faut calculer *avec précision* car les vacances réservent *parfois* de
mauvaises surprises, des à-côtés, des faux-frais inévitables (souvenirs,
cartes postales, boissons, excursions, entrées de musées, imprévus, etc.).
*Ensuite* il faut faire attention à sa santé. Les circuits organisés sont
*plutôt* fatigants. Demandez *également* à vos amis. Ils connaissent

*probablement* la région. Leur témoignage et leurs bonnes adresses vous seront précieux. Méfiez-vous *pourtant* des destinations à la mode: elles sont *souvent* surpeuplées. *Finalement* faites des lectures. Rassemblez le maximum de catalogues ou de guides. Etudiez-les *à fond* avant d'aller rendre visite à votre agent de voyages. Cela vous permettra de poser les questions clés *avec rapidité*.

## Interactions

**A.** Conseils. Vous êtes un agent de voyages qui répond aux questions d'un(e) client(e), votre camarade de classe. Employez un adverbe de votre choix ou dérivé d'un des adjectifs proposés en marge.

MODELE:  A: Est-ce qu'il y a un service aérien entre Québec et Montréal?
B: Oui, je suis *absolument* certain(e) qu'il y a un service aérien.

*ou*

*Naturellement,* il y a un service aérien.

| | |
|---|---|
| 1. A quelle heure part notre avion? | certain |
| 2. Est-ce que les valises doivent peser moins de 20 kg? | difficile |
| 3. Est-ce que vous pouvez nous recommander un hôtel? | exact |
| 4. Peut-on réserver une chambre pour moins de 150,00$ dans cet hôtel? | extrême |
| 5. Est-ce que l'hôtel offre un service de limousines? | facile / franc |
| 6. Où peut-on manger pour moins de 15,00$? | général |
| 7. Est-ce qu'on accepte les cartes de crédit américaines? | précis |
| 8. Est-ce que les trains sont toujours à l'heure? | rapide |
| 9. Est-ce que nous pouvons visiter tous les monuments en une semaine? | régulier / relatif |

**B.** Comparez vos habitudes. Avec un(e) partenaire, faites une interview. Posez une question. Votre partenaire va répondre en choisissant un des adjectifs et en le transformant en adverbe si c'est nécessaire. Puis il/elle va vous poser la même question.

1. Avant de partir en voyage, comment choisissez-vous votre destination?
   a. soigneux   b. rapide
2. Comment faites-vous votre valise?
   a. lent   b. aveugle
3. Comment vous adaptez-vous aux fatigues du voyage?
   a. bon   b. mauvais
4. Comment visitez-vous les musées et les monuments?
   a. complet   b. rapide
5. Vous intéressez-vous aux sites historiques?
   a. passionné   b. léger
6. Allez-vous dans les boutiques pendant vos vacances?
   a. rare   b. fréquent
7. Comment profitez-vous des occasions de parler aux étrangers?
   a. constant   b. discret

# L'art d'écrire

## Pour faire un récit de voyage au passé

In Chapter 4 you learned how to narrate a story in the present tense. In this chapter you will be narrating events in the past as you write a travel diary entry. In order to make your narration come alive, you will be selecting the most memorable events and organizing them in a logical sequence. The following texts are excerpts from a travel diary about a trip to Quebec.

---

15 juin 1993

Cher Journal,

Ce matin, nous sommes arrivés à Québec. Dès que nous avons franchi la Porte Saint-Louis, nous nous sommes retrouvés dans un autre monde, une autre époque. Les calèches° et les rues pavées semblent sortir du dix-septième siècle. Québec est la seule ville fortifiée au nord du Mexique. Tout de suite, près de la porte, nous avons visité la Citadelle qui domine les fortifications. Nous avons descendu la rue Saint-Denis, une rue très pittoresque dont les maisons datent du milieu du dix-neuvième siècle. Quel point de vue! Au bout de la rue, d'un seul coup d'œil, on peut voir la Rive-Sud, le fleuve Saint-Laurent et l'île d'Orléans.

Nous avons flâné dans les églises et les musées toute la matinée. Nous avons débouché sur la rue du Trésors, une ruelle très animée où il y a toujours beaucoup de monde. Un grand nombre d'artistes y exposent leurs œuvres. Marianne a acheté une gravure du château et moi, j'ai acheté une aquarelle de Québec sous la neige.

En face de cette rue se trouve l'imposant château de Frontenac. C'est en réalité un hôtel qui n'est pas aussi ancien qu'on peut le croire. Sa construction a été terminée en 1925. Ça m'a vraiment étonnée. Il est construit sur l'emplacement d'un ancien château, résidence des gouverneurs de la Nouvelle France.

Nous avons déjeuné dans un restaurant qui nous a rappelé Paris. Le Vendôme se trouve au pied du château.* Qu'est-ce qu'on s'est régalé! Jean-Pierre a mangé trois cailles vigneronnes°! Quel gourmand!

On a tellement bien mangé qu'on a fait la sieste sur un banc de la terrasse Dufferin. On n'a pas fait grand-chose le reste de la journée.

*horse-drawn carriages*

**La rue des Trésors, Québec. Les artistes y exposent leurs œuvres.**

*quail dish*

---

*Voir page 54.

16 juin 1993

Cher Journal,

Aujourd'hui, nous avons décidé d'aller visiter l'île d'Orléans. Nous avons suivi le Chemin Royal qui entoure l'île. Les Québécois disent que cette île est leur marché. Nous nous sommes arrêtés à plusieurs reprises à des étals° en *stands* bordure du chemin. Là, il y avait de quoi dépenser son argent: des articles tissés, des tapis crochetés, des produits à l'érable,° des confitures de toutes *maple* sortes. Jean-Pierre a acheté trois pains de ménage et Marianne a acheté une petite couverture écossaise rouge et bleu. Les boutiques d'artisanat ressemblent à des maisons bretonnes ou normandes de chez nous. Les toits de tôle° peinte brillent au soleil. Ils sont de toutes les couleurs, surtout rouge et *tin* orange vif.

En revenant de l'île, en traversant le pont, juste en face de nous, nous avons vu un spectacle incroyable: la chute Montmorency, une fois et demie la hauteur du Niagara!! Incroyable! Là, on a pique-niqué au bord du fleuve. Il y a vraiment des choses à voir à Québec...

 **Analyse**

1. Quels faits personnels sont décrits par l'auteur? Quels faits historiques, géographiques ou culturels sont inclus dans son journal? Est-ce que l'auteur mélange les deux types de faits?
2. Remarquez l'usage des temps dans l'extrait (passé composé, imparfait, présent). Pouvez-vous l'expliquer?
3. Remarquez l'usage des adjectifs pour décrire plus vivement les expériences et les faits racontés par l'auteur.
4. Est-ce que la combinaison de journal et photos assure un souvenir plus précis du voyage? Est-ce qu'elle assure un souvenir plus détaillé du voyage?

**Préparation à l'écriture**

1. Pensez à un voyage que vous avez fait (ou imaginez-en un).
2. Notez les anecdotes personelles (vos activités, vos achats, etc.) qui ont eu lieu pendant le voyage. Mettez ces anecdotes au passé.
3. Si vous pouvez, notez des faits historiques, géographiques ou culturels associés aux lieux que vous avez visités. Mettez les faits historiques au passé, les faits géographiques et culturels au présent.
4. Faites une liste des adjectifs qui fixent ce que vous avez vu dans votre mémoire.
5. Imaginez que pendant ce voyage, vous avez tenu un journal. Ecrivez-le pour toute une journée en mélangeant vos anecdotes personnelles avec des faits historiques, géographiques et culturels et en mettant des adjectifs où ils ajoutent quelque chose à l'expérience. Si vous avez des photos, ajoutez-les.

# Récapitulation

**A.** Une année à l'étranger. Caroline raconte son départ pour les Etats-Unis. Mettez les verbes entre parenthèses à l'imparfait ou au passé composé.

C(e) _____[1] (être) en 1982, quand j(e) _____[2] (avoir) juste dix-sept ans. J(e) _____[3] (venir) de passer mon baccalauréat et j(e) _____[4] (vouloir) voyager un peu avant de commencer mes études à l'université.

Un jour un ami m(e) _____[5] (parler) d'une association qui _____[6] (organiser) des séjours à l'étranger. Cette organisation, qui s'appelle l'A.F.S. (American Field Service), Vivre Sans Frontière, propose aux jeunes Français de vivre pendant un an avec une famille d'accueil et de suivre des cours dans un lycée dans un pays étranger.

Le 1er août 1982, j(e) _____[7] (prendre) l'avion avec cent vingt-trois autres lycéens français à destination des Etats-Unis. Quand nous _____[8] (arriver) à l'aéroport Kennedy, nous n(e) _____[9] (pouvoir) pas y croire: nous _____[10] (être) en Amérique!

Nous _____[11] (rester) quelques jours à New York pour participer à des activités d'orientation. Pendant trois jours, nous _____[12] (parler) de nos attentes et de nos inquiétudes avec des animateurs, nous _____[13] (s'exprimer) en anglais avec de vrais Américains et surtout nous _____[14] (s'amuser) avec tous les autres jeunes étrangers qui _____[15] (aller) eux aussi passer un an en Amérique.

Quand j(e) _____[16] (arriver) dans la maison de ma famille d'accueil, j(e) _____[17] (être) si fatiguée que j(e) _____[18] (dormir) pendant deux jours!

**B.** De bons conseils pour de bonnes vacances! Avec un(e) camarade de classe, embellissez un peu les paragraphes suivants, en ajoutant un adverbe chaque fois que vous voyez un astérisque. Attention, il faut donner de «bons conseils»! Si le verbe est au passé composé, placez l'adverbe correctement. Vous trouverez ci-dessous quelques adverbes possibles.

| | | | |
|---|---|---|---|
| alors | enfin | pratiquement | soigneusement |
| assez | ensuite | presque jamais | souvent |
| aujourd'hui | évidemment | probablement | très |
| beaucoup | fréquemment | puis | toujours |
| bien | heureusement | quelque part | vite |
| complètement | malheureusement | relativement | |
| d'abord | parfois | | |
| encore | | | |

COMMENT * CHOISIR SA DESTINATION?

Pour * choisir sa destination, il faut lire * les brochures des agences de voyages. *, ces brochures ne disent pas * toute la vérité! *, elles ne parlent que des avantages et * des inconvénients de certains voyages. Pour * se renseigner sur les endroits que l'on veut visiter, il faut * lire de bons livres qui parlent * de l'histoire et de la culture de ces pays.

QUELLE EST L'EVASION IDEALE?

L'évasion idéale est de vivre * pendant deux mois sur une île * déserte! *, on s'ennuie *, mais il faut * apprendre à s'occuper seul(e)! C'est * comme cela que l'on découvre * ses propres limites. Robinson Crusoé s'est débrouillé * dans son île. Pourquoi pas vous!?

# On se débrouille...

## Pour trouver un hôtel

**A.** Un peu de vocabulaire. Si vous descendez (*stay*) dans un hôtel en France, vous aurez besoin de connaître les mots suivants pour vous renseigner. Mariez les expressions en français de la colonne de gauche avec leurs équivalents en anglais.

| | |
|---|---|
| 1. la réception | a. a double bed |
| 2. réserver une chambre | b. air-conditioned |
| 3. l'ascenseur | c. a form (*to fill out*) |
| 4. un lit à deux places | d. a double room (*two beds*) |
| 5. des chambres qui communiquent | e. cash |
| 6. une fiche | f. to make a reservation |
| 7. des modes de paiement | g. to pay the bill |
| 8. en liquide (en espèces) | h. connecting rooms |
| 9. le service d'étage | i. hotel desk |
| 10. climatisé | j. elevator |
| 11. un gant de toilette | k. means of payment |
| 12. régler la note | l. a room overlooking the courtyard |
| 13. une chambre à deux lits | m. a washcloth |
| 14. une chambre avec vue sur la cour | n. room service |

**B.** Situations. Vous voulez une chambre dans une maison de campagne (un gîte) dans la région de Montréal. D'abord, voyez le document *Comment utiliser le guide.* Puis, choisissez parmi les trois maisons décrites.

Maintenant, téléphonez et posez des questions à l'hôte (votre partenaire). L'hôte va consulter la brochure pour répondre (il/elle peut ajouter des détails). Demandez à l'hôte...

pendant quels mois la maison est ouverte
le nombre de chambres disponibles
le prix des chambres
s'il y a une salle de bains privée
s'il/si elle parle anglais
s'il/si elle peut vous donner d'autres renseignements sur le gîte
comment y arriver

## COMMENT UTILISER LE GUIDE
## *HOW TO USE THE GUIDE*

➡ **D'abord choisir la formule d'hébergement qui vous convient :**

*Firstly select the lodging plan which suits you :*

(Pour Maison de Campagne voir page 3 / *See page 3 for Country Houses*)
Formule ①  : Gîte du Passant / *Gîte du Passant*
Formule ②  : Gîte à la Ferme / *Farm House*

Services / *Services*

Le numéro correspond à celui apparaissant sur la carte géographique de la région et est représenté entre parenthèses.
*The number corresponds to that one shown on the regional map and is indicated by parentheses.*

Localité / *Location*

**1  CAP D'ESPOIR**          **1 2** ▪ ▪ ▪ ▪

"AU BON ESPOIR"
ANDRÉE ET ANDRÉ D'ESPOIR
282, rue L'Espoir
Cap D'Espoir
G0G 0G0          **(888) 444-2222**

| CH | PERS | SB | SD | SE | F | A | $ | $$ |
|----|------|----|----|----|----|----|----|----|

Gîte à la Ferme

0 km

0 km

0 km

Venez passer des vacances....

0 km

0 km

10% plus de 3 nuits

0 km

*De Montréal...*

0 km

| J | F | M | A | M | J | J | A | S | O | N | D |
|----|----|----|----|----|----|----|----|----|----|----|----|

Itinéraire
*Route*

Distance approximative
*Approximate distance*

Activités et services
à proximité
*Nearby activities
and services*

Réduction accordée
pour long séjour en
Gîte du Passant
*Long term reduction
for "Gîte du Passant"*

Capacité
d'accueil
*Capacity*

Offre le séjour
"Gîte à la Ferme"
en pension
complète
*Offers full room
and board in a
"Farm House".*

Indique mois
d'ouverture
*Months opened*

Indique mois de
fermeture
*Months closed*

Indique mois où une réduction de court
ou long séjour est applicable en Gîte du
Passant
*Months where short or long term
reductions apply for Gîte du Passant.*

Prix / *Rates*
$  : Prix pour une (1) personne en Gîte du Passant
    *Rate for one (1) person for "Gîte du Passant"*
$$ : Prix pour deux (2) personnes en Gîte du Passant
    *Rate for two (2) people for "Gîte du Passant"*

Services sanitaires / *Facilities*
SB  : Salle de bain
    (toilette - lavabo - bain et/ou douche)
    *Bathroom*
    *(toilet - sink - bath and/or shower)*
SE  : Salle d'eau (toilette - lavabo)
    *Washroom (toilet - sink)*
SD  : Salle de douche (douche)  *Shower*

Langues parlées / *Languages spoken*
F : Français / *French*
A : Anglais / *English*
    O – Parle couramment / *Fluent*
    Ø – Parle un peu / *A bit*
    N – Ne parle pas / *Not at all*

# RÉGION DE MONTRÉAL

## 8  Outremont

**PIERRE PONTBRIAND**
27 Laviolette
Outremont
H2V 1X6

**(514) 270-2385**

| CH | PERS | SB | SD | SE | F | A | $ | $$ |
|----|------|----|----|----|----|----|----|----|
| 2 | 4 | | 1 | 1 | O | O | 30-40 | 40-50 |

Outremont est une oasis de verdure et de calme au coeur de Montréal. Maison à quelques pas de la rue Bernard (restaurants renommés et théâtre Outremont), à quelques minutes à pied de la montagne et de l'université. Amateur de plein air et de sports.

10% plus de 3 nuits

| J | F | M | A | M | J | J | A | S | O | N | D |

*Du centre-ville de Montréal, prendre l'Avenue du Parc, tourner à gauche sur Côte Ste-Catherine, et à droite sur Wiseman. Laviolette croise Wiseman. OU du métro Outremont, suivre Wiseman jusqu'à Laviolette, 1ère rue au sud de Bernard.*

## 9  Laval

**"L'ABRI DU TEMPS"**
**MARGUERITE ET RAOUL SAINT-JEAN**
2 boul. Bon-Pasteur
Laval
H7N 3P9

**(514) 663-5094**

| CH | PERS | SB | SD | SE | F | A | $ | $$ |
|----|------|----|----|----|----|----|----|----|
| 5 | 8 | 3 | | | O | N | 30 | 45-50 |

Près de Montréal, secteur tranquille, maison confortable, 2 chambres avec balcon. Gens accueillants, grand terrain paysagé, piscine creusée, déjeuner au goût. Enfants bienvenue. Animaux acceptés.

10% plus de 3 nuits

| J | F | M | A | M | J | J | A | S | O | N | D |

*De Montréal, autoroute 15 nord, sortie 7. Prendre boulevard Cartier ou des Prairies. C'est à 4 rues à l'est de l'autoroute. OU métro Henri-Bourassa, autobus direction Laval-des-Rapides jusqu'au boulevard Bon-Pasteur.*

## 10  Laval

**"LA MAISON SOUS LES ARBRES"**
Carmelle et Bernard Campbell
7 rue Jérôme
St-Vincent-de-Paul, Laval
H7C 2G7

**(514) 661-3215**

| CH | PERS | SB | SD | SE | F | A | $ | $$ |
|----|------|----|----|----|----|----|----|----|
| 3 | 7 | 2 | | | O | O | 35 | 45 |

Tout près de Montréal, maison confortable, située dans un secteur paisible. Accès facile en auto ou métro. Grand terrain boisé, accueil chaleureux, bon déjeuner. À 30 minutes du centre-ville.

| J | F | M | A | M | J | J | A | S | O | N | D |

*De Mirabel, autoroute 15 sud, sortie 8 boul. St-Martin est, jusqu'à boul. Vanier. Prendre Place Chénier, à droite et Seigneur-Lussier jusqu'à Jérôme. OU du nord de Montréal, Pont Pie IX, sortie boul. St-Martin. À droite boulevard Vanier, à gauche Place Chénier, à droite Seigneur-Lussier jusqu'à Jérôme.*

# Mots utiles: Les voyages et l'évasion

### Pour échapper à la routine...

| | |
|---|---|
| aller au bout du monde | to go to the ends of the earth |
| avoir le goût de l'aventure | to have a taste for adventure |
| en avoir marre (pop.) | to be fed up |
| en avoir ras le bol (pop.) | to have had enough |
| découvrir d'autres horizons | to discover new horizons |
| échapper à | to escape |
| être fatigué(e) de la routine | to be tired of the same routine |
| s'évader | to get away |
| se régaler (de) | to feast (on), to treat oneself (to) |

### Pour découvrir d'autres pays...

| | |
|---|---|
| s'adapter à un autre style de vie | to adapt to another style of life |
| avoir du mal à se faire comprendre | to have trouble being understood |
| s'exprimer avec difficulté | to have trouble communicating |
| s'exprimer par gestes | to talk with one's hands |
| s'intégrer à une autre culture | to adapt to another culture |
| souffrir du mal du pays | to be homesick |
| visiter des sites touristiques | to visit famous sites |

### Parmi les adverbes les plus courants:

#### certains ressemblent à leurs équivalents anglais...

| | |
|---|---|
| brièvement | briefly |
| complètement | completely |
| constamment | constantly |
| franchement | frankly |
| fréquemment | frequently |
| naturellement | naturally |
| précisément | precisely |
| probablement | probably |
| relativement | relatively |

### d'autres sont très différents...

| | |
|---|---|
| assez | enough |
| aujourd'hui | today |
| autrefois | formerly |
| d'habitude | usually |
| enfin | finally |
| ensemble | together |
| ensuite | then |
| évidemment | obviously |
| heureusement | fortunately |
| mal | badly |
| malheureusement | unfortunately |
| parfois | sometimes |
| partout | everywhere |
| peu | a little |
| peut-être | maybe |
| plutôt | rather |
| presque | almost |
| quelquefois | sometimes |
| surtout | above all, especially |
| vite | quickly |
| vraiment | really |

### Quelques expressions supplémentaires...

#### Noms

| | |
|---|---|
| les animaux en voie de disparition | endangered species |
| l'avertissement (m.) | warning |
| le cachet (d'aspirine) | (aspirin) tablet |
| le caillou | stone |
| le chemin | trail, path |
| le conte de fées | fairy tale |
| le dépliant | brochure |
| la douleur | pain |
| la famille d'accueil | host family |
| la fiche | form (to fill out) |
| le jouet | toy |
| le paysage | scenery, landscape |
| le phare | lighthouse |
| le pourboire | tip |
| le séjour | stay, sojourn |

*Adjectifs*

| | |
|---|---|
| **accroupi(e)** | crouched |
| **bavard(e)** | talkative |
| **climatisé(e)** | air-conditioned |
| **cultivé(e)** | cultured |
| **dépensier/dépensière** | spendthrift |
| **effrayant(e)** | frightening, fearsome |
| **épuisé(e)** | exhausted |
| **gelé(e)** | frozen |
| **inoubliable** | unforgettable |
| **insupportable** | unbearable |
| **palpitant(e)** | thrilling, exciting |
| **révélateur/révélatrice** | eye-opening, telling, revealing |

*Verbes*

| | |
|---|---|
| **s'allonger** | to stretch (oneself) out, lie down |
| **s'approcher (de)** | to come close (to) |
| **s'égarer** | to lose one's way |
| **faire grève** | to go on strike |

| | |
|---|---|
| **faire la queue** | to stand in line, line up |
| **franchir** | to get over, cross |
| **grimper** | to climb |
| **s'installer** | to settle in |
| **louer** | to rent |
| **se méfier de** | to mistrust (someone) |
| **mener** | to lead |
| **oser** (+ *inf.*) | to dare (to do something) |
| **peser** | to weigh |
| **régler la note** | to pay the bill |
| **souffrir** | to suffer |
| **tenir compte de** | to consider |
| **tendre (à)** | to hand (to); to be inclined (to) |
| **tenter** | to attempt |

*Proverbe*

| | |
|---|---|
| **Les voyages forment la jeunesse.** | Travel forms (the character of) youth. (Travel broadens the mind.) |

# Chapitre six
# Bien dans sa peau

Comfortable with Oneself

points de repère

POUR CATECHISTES ET PARENTS

BIEN
DANS SA PEAU

# Dans le vif du sujet

## Avant de lire

**Predicting Text Content.** As we begin reading any text, we anticipate finding certain information in it. From the minute we read the title, we expect to find answers to the questions that are forming in our minds. Generally, what we already know about a subject will contribute as much to our understanding of a text as what the text actually tells us. In other words, we make assumptions about the content of the reading and then, as we read, we confirm or alter these expectations.

Read the title of the reading for this chapter. Do you think it will be about buying new clothes, something in the health field, or school and work? Skim the first section to check your initial assumption.

Next, look at Hervé's letter in the second part of the reading; scan the first paragraph for Hervé's problem. Then find, in the second paragraph, what bothers Hervé the most. Then, in the rest of the letter, scan for two major areas in which the two roommates' different attitudes toward health and fitness add to the conflict.

Now make a list of five things you believe are most important in maintaining physical and mental health. Write a short summary of Hervé's and Victor's attitudes toward these things, as you would predict them. Then, read the text in full to see whether you wish to confirm or alter what you have written.

# Comment se sentir bien dans sa peau

De tous les facteurs qui conditionnent votre bien-être mental et physique, quels sont les plus importants? Choisissez parmi les conseils donnés ci-dessous les cinq règles essentielles qui vous permettront de vous sentir bien dans votre peau. (Si vous le voulez, ajoutez vos propres idées à cette liste.) Ensuite, classez-les par ordre d'importance.

- Dormez d'un sommeil profond, même si ce n'est pas pour très longtemps, mais faites-le régulièrement.
- Ne fumez pas de cigarettes. Si vous fumez à l'heure actuelle, arrêtez le plus tôt possible! Au lieu de fumer, mâchez du chewing-gum.
- Maintenez un bon équilibre entre l'activité et le repos.
- Ne buvez pas d'alcool. On en boit toujours trop.
- Faites un peu de sport plusieurs fois par semaine.

- Ne vous droguez pas!
- Mangez pour vivre et ne vivez pas pour manger!
- Ne travaillez pas trop tard le soir. Détendez-vous quand vous vous sentez fatigué.
- N'hésitez pas à crier° si vous vous sentez frustré ou si quelqu'un vous tape sur les nerfs.° Criez et vous serez guéri!

*shout, scream*
*vous... gets on your nerves*

Tous ces conseils sont bien sûr excellents... si nous les suivons. Mais il est parfois difficile de s'imposer une telle discipline de vie. Ainsi, Hervé écrit à son ami Paul pour lui raconter ses difficultés avec son camarade de chambre, Victor, qui veut le réformer.

le 23 octobre 1993

Cher Paul,

Je n'en peux plus. J'ai un nouveau camarade de chambre ce semestre. Il vient de s'installer la semaine dernière et il me tape déjà sur les nerfs. Figure-toi que ce gars passe tout son temps à faire des poids et haltères° tout en s'admirant devant la glace. C'est un vrai Narcisse. Un de ces jours je te parie que je vais le trouver en train de se friser les moustaches.

*faire... to lift weights*

Le pire, c'est qu'il veut changer mes habitudes. Monsieur n'aime pas que j'empeste la chambre avec mes cigarettes, alors il ouvre toutes grandes les fenêtres, même en hiver. Et puis il se plaint constamment du fait que je passe trop de temps devant la télé. Tu te rends compte qu'il a même osé insister pour que je l'accompagne faire son jogging quotidien. Il exagère! Il ne faut pas pousser!

Il me reproche même de manger à MacDo et tu sais combien j'adore les hamburgers et les frites! Hier, il a eu le culot° de me les arracher des mains! Tout ce que je demande c'est qu'il me laisse tranquille. Moi, je ne me plains pas quand il fait sa gymnastique à 5 heures du matin. Je ne lui dis rien quand il remplit le frigo de salades de toutes sortes et de nourriture à lapin; je n'ai même plus de place pour mes éclairs.

*gall*

Je sais que les cigarettes sont nocives,° mais je peux les jeter à la poubelle quand je veux. Je n'en ai pas besoin, mais elles m'aident à me détendre. Je ne fais de mal à personne. Quant à mon régime alimentaire, je ne suis pas convaincu que les hamburgers me fassent du mal—après tout, à mon âge j'ai besoin de toutes mes forces.

*harmful*

Qu'est-ce que tu en penses? Toi, qu'est-ce que tu ferais si tu étais à ma place? Réponds-moi vite parce que ma patience s'use et je vais lui casser la figure.

Hervé

▶ **Avez-vous compris?**

1. Pourquoi Hervé dit-il qu'il n'en peut plus?
2. Comment caractérise-t-il son nouveau camarade de chambre Victor? Est-ce qu'il a raison?
3. Qu'est-ce que Victor veut changer chez Hervé?
4. Est-ce que Victor a le droit de vouloir le réformer? Expliquez.
5. Quels sont les plats préférés de Victor et d'Hervé respectivement?
6. Répondez brièvement à la lettre d'Hervé. Qu'est-ce que vous lui conseillez?

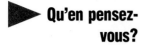 **Qu'en pensez-vous?**

Avec un(e) camarade de classe, discutez des questions suivantes en vous aidant des expressions suggérées.

**Expressions utiles:** Ce qui dépend de soi

avoir de la patience  *to have patience*
avoir de la volonté  *to have willpower*
avoir des difficultés dans ses études  *to have difficulty at school*
faire des efforts  *to make an effort*
ne pas grossir  *not to put on weight*
se maintenir en forme  *to keep in shape*
ne pas manger/bouffer (*pop.*) comme quatre  *not to pig out*
y croire  *to believe in* (*it*)

Ce qui dépend des autres

avoir des problèmes familiaux  *to have family problems*
faire attention aux autres  *to pay attention to others*
faire du sport ensemble  *to engage in sports together*
manquer d'affection  *to lack affection*
se rencontrer pour discuter  *to meet to talk*

1.  **Cinq règles essentielles.** Avant de lire la lettre d'Hervé, vous avez établi une liste personnelle de cinq règles essentielles pour rester en forme. Avec un(e) camarade de classe, comparez vos listes. Est-ce qu'elles se ressemblent? Est-ce que ces règles de vie sont faciles à suivre? Expliquez votre réponse.
2.  **Le rôle des amis.** Est-ce que vous avez des ami(e)s qui ont les mêmes problèmes qu'Hervé? Qu'avez-vous essayé de faire pour les aider? Est-ce qu'il est possible de faire quelque chose sans changer de camarade de chambre? Est-ce que le problème d'Hervé est seulement un problème de nourriture? Dites pourquoi ou pourquoi pas.

# Grammaire en contexte
## 15 The Imperative

### FORMS

1.  The imperative is identical in form to the **tu, nous,** and **vous** forms of the present tense. In the **tu** form of regular **-er** verbs, however, the final **-s** is dropped. The subject pronouns **tu, nous,** and **vous** are not expressed.

| regarder | rendre | choisir |
|---|---|---|
| Regarde! *[s dropped]* | Rends! | Choisis! |
| Regardons! | Rendons! | Choisissons! |
| Regardez! | Rendez! | Choisissez! |

# CRIEZ, ET VOUS SEREZ GUÉRI!

## TELLE EST L'IDÉE CENTRALE DE LA THÉORIE PRIMALE,

### qui voulait soulager les névrotiques en leur faisant revivre les souffrances de leur enfance.

2. Four verbs have irregular forms in the imperative. The imperative of **vouloir,** limited to formal style, is used only in the second person plural.

| avoir | être | savoir | vouloir |
|-------|------|--------|---------|
| Aie | Sois | Sache | _____ |
| Ayons | Soyons | Sachons | _____ |
| Ayez | Soyez | Sachez | Veuillez |

**Aie** de la patience!
**Sachez** que je ne mange jamais de chocolat.
**Soyons** raisonnables!
**Veuillez** me suivre. (*Please follow me.*)

The imperative of the verb **aller** is formed in the same way as the imperative of other **-er** verbs: **va, allons, allez.** The **-s** is dropped from the second person singular form, except in the liaison form **vas-y.**

**Va** à la plage; ne **va** pas à la piscine.
**Vas-y** tout de suite! **Allons-y** ensemble, si tu veux.

3. In the negative imperative, **ne... pas** (**jamais, rien,** etc.) surrounds the verb.

**Ne** fumez **pas** de cigarettes.
**Ne** prenez **jamais** de somnifères.

4. Pronominal verbs retain the reflexive pronoun in the imperative.

In the affirmative, the stressed form of the reflexive pronoun (**toi, nous, vous**) follows the verb and is connected to it with a hyphen.

**se dépêcher**
Dépêche-toi!
Dépêchons-nous!
Dépêchez-vous!

**Dépêche-toi,** Michel. Nous voulons partir.
**Détendez-vous** quand vous vous sentez fatigué.

In the negative imperative, the regular reflexive pronoun is used and comes between **ne** and the verb.

**ne** + *reflexive pronoun* + *verb* + **pas** (**jamais, rien,** etc.)

Ne **t'**inquiète pas. J'arrive tout de suite.
Ne **nous** mettons pas en colère. Ce n'est pas bon pour la santé!

**Précisons!**

Souvenez-vous des deux camarades de chambre Hervé et Victor dans la lecture. Soixante-dix ans ont passé. Victor, qui est maintenant dans une maison de retraite, raconte à ses petits-enfants le secret de sa longévité. Transformez ses conseils selon le modèle.

MODELE:  Je mangeais des yaourts tous les jours.
Mangez des yaourts!

1. Je me levais à cinq heures du matin tous les jours.
2. Je faisais des poids et haltères chaque matin.
3. Je me suis entraîné régulièrement au gymnase.
4. Je n'ai jamais fumé.
5. J'ai essayé de mener une vie tranquille.
6. J'ai toujours choisi des aliments sains.
7. Je buvais sept verres d'eau par jour.
8. J'ai appris à accepter les autres.
9. Je ne passais pas mon temps devant la télévision.

La petite Victorine, qui l'écoute attentivement, va vite donner ses bons conseils à sa copine Henriette. Elle répète tout ce qu'elle a entendu. Répétez les conseils de Victorine selon le modèle suivant.

MODELE:  Mange des yaourts!

## USES

1. The imperative is used most frequently

   a. to instruct

   | | |
   |---|---|
   | **Maintenez** un bon équilibre entre l'activité et le repos. | *Keep a good balance between activity and rest.* |

   b. to encourage

   | | |
   |---|---|
   | Ne **t'inquiète** pas. Tu vas bientôt te sentir mieux. | *Don't worry. You'll feel better soon.* |

   c. to request or direct

   | | |
   |---|---|
   | **Répondez** brièvement à la lettre d'Hervé. | *Write a short reply to Hervé's letter.* |

   d. to make a suggestion (especially with the **nous** form)

   | | |
   |---|---|
   | **Faisons** du jogging après le déjeuner. | *Let's go jogging after lunch.* |

2. The imperative is also used in certain formal requests.

   | | |
   |---|---|
   | **Veuillez** remplir ces formulaires. | *Please fill out these forms.* |
   | **Ayez** l'obligeance d'attendre quelques minutes. | *Be kind enough to wait a few minutes.* |

3. The imperative can express general rules of behavior.

| | |
|---|---|
| **Ne fumez pas** ici. | *Don't smoke here.* |
| **N'allez pas** au restaurant en maillot de bain. | *Don't wear a bathing suit (when you go) to a restaurant.* |

The infinitive, however, is more commonly used in directions, signs, notices, and rules.

| | |
|---|---|
| **Ne pas se pencher** au dehors. | *Do not lean out of the windows.* (posted in trains) |
| **Ajouter** trois œufs. | *Add three eggs.* (recipe) |

4. The imperative of certain verbs is used idiomatically.

| | |
|---|---|
| **Tiens!** | *Hey! Look!* |
| **Allons! Allez! Voyons!** | *Come on! Come on, now!* |
| **Voyons!** | *Let's see!* |
| **Dis donc!** | *Well, now! Say!* |
| **Tiens!** Cet article parle du chewing-gum à la nicotine! | *Look! This article talks about nicotine chewing-gum!* |
| **Voyons!** Tu ne vas pas manger tout ce gâteau tout seul! | *Come on! You're not going to eat that whole cake yourself!* |

**Interactions**

**A. De bons et de mauvais conseils.** Formez un groupe de trois personnes. Deux personnes vont donner des conseils contradictoires à la troisième. La troisième doit dire s'il/si elle est d'accord avec l'un(e) ou l'autre. Sinon, il/elle doit donner sa propre opinion. Chacun doit donner ses raisons, comme dans le modèle.

MODELE:  profiter de son sommeil →
ETUDIANT 1: Profite de ton sommeil. C'est très important pour la santé.
ETUDIANT 2: Ne passe pas toute ta vie à dormir. La vie est trop courte.
ETUDIANT 3: Je suis d'accord avec toi. Le sommeil, c'est du temps perdu!

1. faire attention à son régime
2. ne pas se mettre en colère trop facilement
3. avoir de la patience
4. manger du chocolat
5. ne pas boire beaucoup de bière
6. aller au gymnase
7. s'inquiéter pour ses notes
8. être patient(e) avec les gens qui l'embêtent (*bother*)

*broken arm* — *old Lady* — *leg* — *cast*

**B.** Dans la salle d'attente. Regardez bien l'illustration. Avec votre partenaire, imaginez que vous êtes les deux medecins chargés de soigner tous ces patients. Quels conseils voulez-vous donner à chacune de ces personnes: l'homme au bras cassé, la vieille dame, le petit garçon, sa mère, la femme enceinte (*pregnant*), les deux hommes qui ont chacun un œil au beurre noir (*a black eye*), le petit homme avec un chapeau melon (*bowler*), la jeune fille qui a une jambe dans le plâtre, et l'infirmière. En utilisant l'impératif, donnez des conseils professionnels ou personnels à chaque personne dans la salle.

# 16 Direct and Indirect Object Pronouns

Pronouns afford speakers and writers an opportunity for stylistic variation without a loss of meaning or context. They serve to link individual sentences together within larger thought groups. Note how the pronouns in these sentences link ideas.

> Hervé écrit à son ami Paul. Il **lui** (**lui** = à Paul) raconte ses difficultés avec son nouveau camarade de chambre, qui veut **le** (**le** = Hervé) réformer. Il **lui** (**lui** = à Paul) demande ce qu'il **en** (**en** = de cette situation) pense. Dès que Paul aura reçu la lettre de son ami, il devra **y** (**y** = à la lettre) répondre immédiatement!

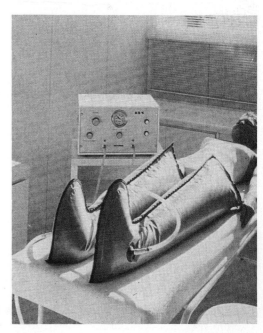

**Cette jeune femme suit un traitement très agréable—la pressothérapie—que son médecin lui a conseillé. On la met dans deux grandes cuissardes gonflées d'air comprimé qui lui massent doucement les jambes.**

## DIRECT OBJECT PRONOUNS

A direct object is a noun or phrase that receives the action of the verb. It is not preceded by a preposition. A direct object pronoun stands for a noun or phrase that functions as a direct object.

| DIRECT OBJECT PRONOUNS | | | |
|---|---|---|---|
| me/m' | *me* | **nous** | *us* |
| te/t' | *you* | **vous** | *you* |
| le/l' | *him, it* | **les** | *them* |
| la/l' | *her, it* | | |
| se/s' | *himself, herself, itself* | se/s' | *themselves* |

The pronouns **me, te, le, la,** and **se** are elided before words that begin with a vowel or mute **h.**

> As-tu lu cet article? —Oui, je l'ai déjà lu.

> *Have you read this article? — Yes, I've read it already.*

The English pronoun *it* corresponds to **le** or **la,** depending on the gender of the noun to which the pronoun refers.

> Marc cherche le journal. Marie **le** lit.
>
> Je regarde la télévision, mais je ne **la** regarde pas beaucoup.

> *Marc is looking for the paper. Marie is reading it.*
>
> *I watch television, but I don't watch it much.*

**Le** may also refer to an entire thought or idea mentioned previously.

> Hervé dit qu'il va casser la figure à son camarade de chambre. Je **le** crois bien!

> *Hervé says that he's going to bash his roommate's face in. I can sure believe it!*

## INDIRECT OBJECT PRONOUNS

An indirect object is a noun or phrase designating the person to whom or for whom the action of the verb is performed. In French, nouns introduced by the preposition **à** (sometimes **pour**) are indirect objects. The phrase **à +** *indirect object* may usually be replaced by an indirect object pronoun. The indirect object pronouns are identical to the direct object pronouns, except in the third person (**lui** and **leur**).

| INDIRECT OBJECT PRONOUNS | | | |
|---|---|---|---|
| **me/m'** | (to/for) me | **nous** | (to/for) us |
| **te/t'** | (to/for) you | **vous** | (to/for) you |
| **lui** | (to/for) him, her | **leur** | (to/for) them |
| **se/s'** | (to/for) himself, herself | **se/s'** | (to/for) themselves |

J'ai donné la brochure à mon frère. Je **lui** ai donné la brochure.

*I gave the brochure to my brother. I gave the brochure to him.*

En cas d'insomnie, préparez-**vous** une tisane.

*When you have insomnia, fix yourself some herb tea.*

## POSITION OF OBJECT PRONOUNS

1. Direct and indirect object pronouns immediately precede the verb, except in the affirmative imperative.

   Voilà mon médecin. En général, je **le** vois une fois par an.

   *There's my doctor. In general, I see him once a year.*

2. In the compound tenses, object pronouns precede the auxiliary verb. Remember that the past participle agrees in gender and number with a preceding direct object.

   As-tu essayé ces nouveaux régimes? —Oui, je **les** ai **essayés** tous!

   *Have you tried those new diets? — Yes, I've tried them all!*

3. In negative constructions, **ne** precedes object pronouns.

   Je **ne me** plains pas quand il fait sa gymnastique à 5 heures du matin.

   *I don't complain when he does his exercises at 5:00 in the morning.*

   Je **ne lui** dis rien quand il remplit le frigo de salades de toutes sortes et de nourriture à lapin.

   *I don't say anything to him when he fills the fridge with all kinds of salads and rabbit food.*

4. When a pronoun is the object of an infinitive, it comes immediately before the infinitive.

   Je sais que les cigarettes sont nocives, mais je peux **les jeter** à la poubelle quand je veux.

   *I know that cigarettes are harmful, but I can throw them away whenever I want.*

*To allow*

With **faire, laisser, voir, regarder, entendre,** and **écouter,** however, the pronoun object of the infinitive comes before the conjugated verb instead of the infinitive.

La publicité **nous fait croire** que nous pouvons tout manger.

*Advertising makes us believe that we can eat everything.*

Je **te laisse acheter** ce gâteau si tu insistes!

*I'll let you buy that cake if you insist!*

5. In the affirmative imperative, object pronouns follow the verb and are connected to it by a hyphen. When **me** and **te** follow the verb, they become **moi and toi.**

Ajoutez vos propres idées à la liste. Ensuite, **classez-les** par ordre d'importance.

*Add your own ideas to the list. Then, rank them in order of importance.*

**Dis-moi** ce que tu penses de ma liste.

*Tell me what you think of my list.*

**Précisons!**

Tout seul dans la salle de bains*. . . La publicité essaie de nous convaincre que nous sommes tous très séduisants! Voici le texte d'une annonce publicitaire pour un after-shave. Complétez les légendes (*captions*) suivantes en utilisant un pronom complément d'objet direct, indirect ou réfléchi, selon le cas. **Pronoms possibles: se, le, la, les, lui, leur, vous, toi.** Faites l'élision si nécessaire.

*seduire*   *Convince*

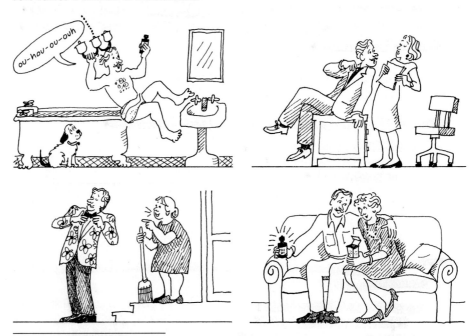

*This exercise is adapted from an advertisement for *Régates*.

Tout seul dans votre salle de bains, ~~Vous~~ *to take* prenez-vous pour Tarzan?

1. Un jour, un homme __s'__ est laissé prendre au piège (*trap*) d'une publicité pour un after-shave. Il __s'__ est pris pour Tarzan. Seul dans sa salle de bains, il criait «ou-hou-ou-ouh». Son chien __lui__ a regardé de travers (*sideways*) et s'est enfui.

2. Après, cet homme a découvert une autre publicité pour un autre after-shave. Grâce à ce nouveau produit, il pensait devenir encore plus séduisant. Sa femme n'a remarqué aucune différence, et sa *bother* secrétaire __lui__ a dit très poliment: «Ne __m'__ embêtez pas!»

3. Ne *understanding* comprenant pas, il a regardé plus attentivement les publicités d'after-shave. Il a découvert que tous les hommes photographiés portaient des vêtements très à la mode qui __leur__ donnaient un air très sophistiqué. Il __s'__ est donc acheté une veste folle. Sa concierge __l'__ a trouvée rigolote. L'homme a pris la veste et __lui__ a offerte à son neveu. Quant à ses after-shave qui mentaient, il __les__ a abandonnés. *nephew → found → funny*

*direct* 4. Pour Noël, sa femme __s'__ a fait retrouver la raison. Elle __lui__ a *As for* offert toute la ligne *Régates*—l'eau de toilette, l'after-shave et la mousse à raser. Sa femme __lui__ a dit: «Rase-__toi__ avec ça. Tu vas sentir bon!» Finies les histoires de Tarzan et de play-boy! Avec *Régates,* il a retrouvé sa vraie personnalité.

REGATES. Pour sentir bon sans se raconter d'histoires.

# VERBS GOVERNING DIRECT AND INDIRECT OBJECTS

1. Several verbs take *direct* objects in French although their English equivalents may not.

attendre *to wait for*　　　　écouter *to listen to*
chercher *to look for*　　　　payer *to pay for*
demander *to ask for*　　　　regarder *to look at*

Nous avons cherché **un restaurant** où on sert des aliments naturels.

*We looked for a restaurant where they serve health foods.*

J'ai regardé **la carte** et j'ai demandé **une salade verte et une eau minérale.**

*I looked at the menu and I asked for a green salad and mineral water.*

2. Other verbs take *indirect* objects in French although their English equivalents take direct objects.

demander à *to ask (someone)*　　répondre à *to answer*
obéir à *to obey*　　　　　　　　ressembler à *to resemble*
plaire à *to please*　　　　　　　téléphoner à *to telephone*

Quand le garçon **lui** a
demandé ce qu'elle voulait,
Josiane **lui** a répondu qu'elle
était au régime. Mais le
garçon était si beau! Il
ressemblait **à Gérard
Depardieu!** Alors, pour **lui**
plaire, elle a commandé un
gros bifteck.

*When the waiter asked her
what she wanted, Josiane
told him that she was on a
diet. But the waiter was so
handsome! He looked like
Gérard Depardieu! So, to
please him, she ordered a
big steak.*

3. If a verb has two objects, the thing is frequently the direct object and
the person is the indirect object.

Le docteur **nous** a expliqué
**tous les principes d'une
bonne alimentation.**

Elle **nous** a montré **des menus
que** ses collègues **lui** avaient
remis.

Nous **lui** avons promis **de
suivre ses conseils.**

*The doctor explained to us all
the principles of a good diet.*

*She showed us some menus
that her colleagues had
given to her.*
*We promised her that we
would follow her advice.*

**Précisons!**

Interview. Reconstituez les questions suivantes pour les utiliser dans une
interview. Votre camarade va répondre en utilisant un pronom complément
d'objet direct ou indirect, selon le cas.

MODELE:    quand / tu / parler / tes parents / te / écouter? →
QUESTION: Quand tu parles à tes parents, est-ce qu'ils
t'écoutent?
REPONSE: Oui, ils m'écoutent quand je leur parle.

1. amis / dire / toujours / vérité?
2. la vie / universitaire / te / poser des problèmes?
3. le prof / demander / aux étudiants / de parler français?
4. le prof / accepter / les devoirs / en retard?
5. tes parents / te / recommander / d'avoir / bonnes notes?

**Interactions**

**A.** Vos habitudes alimentaires! Ce que vous mangez a une grande influence
sur votre forme. Posez les questions suivantes à un(e) camarade de classe
qui va vous répondre en utilisant un pronom complément d'objet direct
dans chaque réponse.

MODELE:    Aimes-tu la cuisine américaine? →
Oui, je l'aime beaucoup.
*ou:* Non, je ne l'aime pas.

1. Prends-tu régulièrement ton petit déjeuner le matin?   2. Vas-tu prendre ton déjeuner à midi?   3. Préfères-tu la cuisine française à la cuisine américaine?   4. En général, est-ce que ta famille préfère les produits naturels?   5. Est-ce que tes amis préfèrent la cuisine minceur (*low-calorie*)?   6. Tes amis et toi, aimez-vous les plats végétariens?

**B.** Quelle est votre dose de stress? Il y a beaucoup d'événements et de circonstances dans la vie d'un(e) étudiant(e) qui peuvent être «stressants». Interviewez un(e) camarade de classe en lui posant les questions suivantes. Il/Elle répondra en utilisant des pronoms compléments d'objet indirect. Interprétez alors les résultats en additionnant les points indiqués pour chaque question à laquelle il/elle a répondu **oui.**

MODELE:   As-tu emprunté de l'argent à ton meilleur ami? (40) →
          Oui, je lui ai emprunté de l'argent. (40 points)

1. As-tu rendu tes devoirs au professeur en retard? (25)
2. Est-ce que ton petit ami (ta petite amie) t'a déjà parlé de mariage? (70)
3. Est-ce que tu as menti (*lied*) récemment à tes parents? (60)
4. Est-ce que tu essaies toujours de plaire aux autres? (45)
5. As-tu demandé récemment à ton/ta camarade de chambre de te laisser tranquille? (70)
6. Est-ce que quelqu'un vous a demandé, à ton ami(e) et à toi, de garder un secret? (60)
7. Est-ce que tu as téléphoné à ta mère récemment pour annoncer une mauvaise nouvelle? (90)
8. Est-ce que ton petit ami/ta petite amie t'a demandé la permission de sortir avec quelqu'un d'autre? (100)

INTERPRETEZ VOS RESULTATS

- **Au-dessous de 100 points:** feu vert. Continuez à vivre comme vous le faites!

- **Moins de 30:** Vous traversez une période exceptionnelle de calme plat; vous menez une existence végétative!

- **Entre 30 et 80:** Tout va bien maintenant; vous êtes assez content.

- **Entre 80 et 100:** Vous dominez encore la situation, mais vous devez mener une vie régulière pour les heures de repas et de sommeil.

- **Entre 100 et 200:** feu orange. Relâchez un peu votre rythme d'activités, évitez les efforts physiques.

- **Au-dessus de 200:** feu rouge. La dépression vous menace!

- **Au-dessus de 300:** Vous risquez de «craquer» nerveusement ou d'avoir une attaque. Allez voir votre médecin!

# 17 The Pronouns *y* and *en*

The invariable pronoun **y** is used frequently to replace phrases introduced by **à** and other phrases indicating a place. The invariable pronoun **en** replaces expressions introduced by the preposition **de**, the partitive article (**du, de la, de l'**), or the indefinite article (**un, une, des**).

## USES OF THE PRONOUN *y*

1. The pronoun **y** may represent any phrase with **à**, except phrases that refer to persons.

> Fais-tu attention **à ta santé?**
> —Oui, bien sûr, j'**y** fais attention. J'**y** pense assez souvent.

> *Do you pay attention to your health? — Yes, of course, I pay attention to it. I think about it quite often.*

For phrases with **à** that refer to persons, indirect object or disjunctive (stressed) pronouns are used. (See Section 18.)

2. **Y** may also refer to a previously mentioned place. It replaces all prepositional phrases of place except those with **de** and is the equivalent of **there**.

> Est-ce que Robert est **dans la salle de gym?** —Non, il n'**y** est pas.
> Moi, j'**y** vais presque tous les jours.

> *Is Robert in the gym? —No, he's not.*
>
> *I go there almost every day.*

3. The pronoun **y** is used in the expression **il y a** (*there is, there are*). The verb in this expression is always singular.

> **Il y a** une excellente piscine près d'ici.
>
> Quand j'y suis arrivé, **il y avait** déjà beaucoup de monde.

> *There is an excellent swimming pool near here.*
>
> *When I got there, there were already a lot of people.*

## USE OF THE PRONOUN *en*

1. The pronoun **en** represents phrases with **de** referring to things or places. This use includes all verbs and verbal expressions whose objects are introduced by **de** (**avoir besoin de, avoir peur de, se souvenir de,** etc.). **En** does not usually replace nouns that refer to people; in such cases a disjunctive (stressed) pronoun is used.

> Je peux jeter mes cigarettes à la poubelle quand je veux. Je n'**en** ai pas besoin, mais elles m'aident à me détendre.
>
> Qu'est-ce que tu **en** penses? (**en** = de mes difficultés avec mon camarade de chambre)

> *I can throw my cigarettes away whenever I want. I don't need them, but they help me to relax.*
>
> *What do you think about it?*

2. The pronoun **en** replaces nouns preceded by a partitive or indefinite article (**du, de la, de l'; un, une, des**). In this case **en** is equivalent to *some, any,* or *one.* In English, *some* or *any* is often omitted, but **en** is always expressed in French.

> Est-ce que tu prends **des frites?** —Non, je n'**en** prends pas, merci.
>
> Est-ce que tu as **un(e) camarade de chambre?** —Oui, j'**en** ai un(e).

> *Are you having any French fries? —No, I'm not having any, thanks.*
>
> *Do you have a roommate? —Yes, I have one.*

3. **En** is also used to replace nouns in expressions of quantity containing the preposition **de** (such as **beaucoup de, assez de, trop de, un litre de,** and **combien de**) and in expressions of quantity involving numbers. The English equivalent, *of it* or *of them,* is often not expressed; in French, **en** is always expressed. When used with quantities or numbers, **en** may refer to persons.

> Tu as beaucoup **d'amis,** n'est-ce pas? —Oui, j'**en** ai pas mal.

> *You have a lot of friends, don't you? —Yes, I have quite a few.*

| | |
|---|---|
| Combien **de cigarettes** Hervé fume-t-il par jour? —Il **en** fume deux paquets. | *How many cigarettes a day does Hervé smoke? —He smokes two packs.* |

4. Note the use of **en** in the following idiomatic expressions.

| | |
|---|---|
| Je n'**en** peux plus! | *I can't take it anymore!* |
| Au revoir. Je m'**en** vais. | *Good-bye. I'm leaving.* |
| Va-t'**en**! Allez-vous-**en**! | *Go away!* |

## POSITION OF *y* AND *en*

1. Like the other object pronouns, **y** and **en** immediately precede the conjugated verb, except in the affirmative imperative. If **y** and **en** occur together, **y** always comes before **en.**

| | |
|---|---|
| Victor cherche des revues pour les amateurs de poids et haltères. Je n'**en** ai certainement pas chez moi, mais il **y en** a probablement à la bibliothèque municipale. | *Victor is looking for magazines for weightlifting enthusiasts. I certainly don't have any at home, but there are probably some at the public library.* |

2. If **y** or **en** is the object of an infinitive, it precedes the infinitive.

| | |
|---|---|
| Cet article nous suggère de faire du sport. Je vais **en faire** tous les jours. | *This article suggests that we engage in sports. I'm going to do some every day.* |

3. In the affirmative imperative, **y** and **en** follow the verb.

| | |
|---|---|
| Je veux dîner au restaurant ce soir. —Moi aussi. **Allons-y!** | *I want to eat out tonight. —Me, too. Let's go!* |
| Ah, voici le vin. **Prends-en!** | *Ah, here's the wine. Have some!* |

**Précisons!**

Un piège psychologique. La publicité fait souvent appel au plaisir de bien manger. Si les vrais gourmets n'aiment que les produits raffinés, dites s'ils résistent facilement ou non aux offres suivantes. Suivez le modèle.

MODELES:    le ketchup → Ils y résistent facilement. Ils n'en mangent pas.
le champagne → Ils n'y résistent pas. Ils en boivent souvent.

1. le chocolat   2. le vin importé de Californie   3. les huîtres   4. les hamburgers   5. la mousse au chocolat   6. le cognac   7. le Coca-Cola
8. les frites   9. la cuisine américaine

**Interactions**

**A.** Gourmet ou gourmand (*food lover*)? Avec un(e) camarade de classe, posez des questions pour voir s'il/si elle est gourmet ou gourmand(e).

> MODELE:    les haricots verts →
>
> > VOUS: Mangez-vous des haricots verts?
> >
> > VOTRE AMI(E): J'en mange souvent (rarement, parfois, toujours, ne… jamais). Je les trouve délicieux. (fades, trop durs, trop mous, sans goût, etc.)

1. le coq au vin   2. la pizza   3. les escargots   4. le filet mignon
5. les Big Mac   6. la bouillabaisse   7. la mousse au chocolat   8. la cuisine chinoise

**B.** Une cure à Vichy. Vous rentrez de Vichy. Votre camarade vous pose des questions. Répondez **oui** ou **non** en utilisant les pronoms **y** et **en** dans vos réponses. Développez votre réponse.

> MODELE:    Tu es allé(e) à la source (*mineral spring*)? →
>
> Oui, j'y suis allé(e). J'ai fait ma cure sérieusement.
>
> *ou*
>
> Non, je n'y suis pas allé(e). On perd trop de temps à faire la queue.

1. Est-ce que tu es allé(e) au Syndicat d'Initiative?   2. Est-ce que tu as fait des connaissances?   3. As-tu fait des randonnées autour de Vichy?
4. Est-ce que tu as fait un tour dans le parc?   5. As-tu rencontré beaucoup d'autres curistes?   6. Est-ce que tu as acheté des souvenirs?
7. As-tu bu beaucoup d'eau minérale?

# 18 Disjunctive Pronouns

Disjunctive pronouns (also called stressed pronouns) are used whenever subject or object pronouns are emphasized. They almost always refer to persons.

| DISJUNCTIVE PRONOUNS | | | |
|---|---|---|---|
| moi | I, me | nous | we, us |
| toi | you | vous | you |
| lui | he, him | eux | they, them (m.) |
| elle | she, her | elles | they, them (f.) |
| soi (reflexive)    oneself | | | |

## USES

1. After prepositions: **avec, sans, chez, pour, entre, devant, derrière, près de, à côté de,** etc.

Veux-tu faire une promenade **avec nous?**

*Do you want to take a walk with us?*

Je me suis assis **entre elle et lui.**

*I sat down between her and him.*

The phrase **à** + *person* is usually replaced by an indirect object pronoun: **Ecris-tu à Paul? Oui, je lui écris.** In a few verbs and verbal expressions, however, **à** + *person* is expressed with a disjunctive pronoun.

être à *to belong to*
faire attention à *to pay attention to*
penser à, songer à *to think about*
s'adresser à *to address oneself to, to concentrate on*
s'habituer à *to get accustomed to*
s'intéresser à *to be interested in*

A qui sont ces cigarettes?
—Elles ne sont pas **à moi!**

*Whose cigarettes are these?*
—*They're not mine!*

Le nouveau prof d'aérobic est exigeant. Il faut s'habituer **à lui.**

*The new aerobics instructor is demanding. You have to get used to him.*

When these expressions refer to things rather than persons, the pronoun **y** is used.

Fais attention **au professeur.**
—Je fais attention **à lui.**

*Pay attention to the teacher.*
—*I'm paying attention to him.*

Fais attention **à la conférence.**
—J'**y** fais attention.

*Pay attention to the lecture.*
—*I'm paying attention to it.*

2. To emphasize or clarify subject, direct object, and indirect object pronouns.

> **Toi,** qu'est-ce que tu ferais si
> tu étais à ma place?
> On les croit toujours, **eux!**

> *What would you do if you*
> *were in my shoes?*
> *People always believe them!*

3. In compound subjects. A plural subject pronoun usually follows the
   compound subject.

> **Ma famille et moi,** nous
> aimons faire du camping.
> **Son frère et lui** vont-ils aller à
> la pêche?

> *My family and I like to go*
> *camping.*
> *Are he and his brother going*
> *to go fishing?*

4. With the expression **ce + être.** In this construction, **être** is singular
   (**c'est nous, c'était vous, ce sera toi,** etc.) with all disjunctive
   pronouns except with **eux** and **elles,** where it is plural (**ce sont eux,**
   **c'étaient elles, ce seront eux,** etc.).

> **C'est moi** qui paie l'addition,
> mais **ce sont eux** qui ont
> tout mangé!

> *I'm the one who is paying the*
> *bill, but they ate everything!*

5. With the expressions **ne... ni... ni...** and **ne... que.**

> Tu sais, tous ces conseils **ne**
> vont aider **ni toi ni moi.**

> *You know, all that advice is*
> *not going to help either you*
> *or me.*

> John a tort de s'inquiéter.
> Marilyn **n'aime que lui.**

> *John has nothing to worry*
> *about. Marilyn loves only*
> *him.*

6. After **que** in comparisons.

> Janine est en pleine forme. Elle
> est beaucoup plus sportive
> **que moi.**

> *Janine is very fit. She is much*
> *more athletic than I am.*

7. With the suffix **-même(s)** for emphasis. This construction is equivalent
   to *myself, yourself, themselves,* etc.

> Que feriez-vous si vous aviez
> **vous-même** les problèmes
> d'Hervé?

> *What would you do if you*
> *yourself had Hervé's*
> *problems?*

8. In short questions and answers without verbs.

> Qui veut essayer cette salade
> aux navets? —**Pas moi!**
> Nous buvons du Coca à tous
> les repas. —**Et lui?**

> *Who wants to try this turnip*
> *salad? —Not me!*
> *We drink Coke with all our*
> *meals. —What about him?*

**Précisons!**

**A.** Parlons du tabac. Faites de nouvelles phrases en utilisant les mots entre parenthèses. Faites d'autres changements nécessaires.

1. *Je* veux arrêter de fumer. C'est moi qui suis responsable de ma santé. (mes amis, mon père, vous)
2. *Vous* n'achetez plus de cigarettes. Selon vous, elles sont dangereuses. (les consommateurs, ma sœur, nous)
3. Les médecins conseillent le chewing-gum à la nicotine. *Moi,* je ne suis pas d'accord. (mon frère, mes amies, vous)
4. *Je* vais à la pharmacie avec *Jean-Paul*. Lui et moi, nous allons acheter du chewing-gum. (tu/Marie, vous/vos amis, nous/nos voisins)
5. Qui va fumer? Pas *moi!* (mes copains, tu, Claire)

**B.** La thérapie primale. Dans les phrases suivantes, trouvez les noms qui sont représentés par les pronoms en italique.

1. L'inventeur de cette thérapie et ses disciples croient que c'est une révolution dans le traitement des névroses (*neuroses*) et des psychoses. D'après *eux,* cette thérapie répond à tous nos besoins. (a) l'inventeur, (b) l'inventeur et ses disciples, (c) les névroses et les psychoses.
2. La thérapie primale est liée au passé du client. Il faut éveiller en *lui* le désir d'explorer son enfance. (a) la thérapie primale, (b) le passé, (c) le client.
3. L. Ron Hubbard, fondateur de l'Eglise de Scientologie, soutient que les névroses sont causées par des traumatismes infantiles cachés dans l'inconscient. Selon *lui,* un problème psychologique peut dater des premières semaines de la vie. (a) L. Ron Hubbard, (b) l'Eglise de Scientologie, (c) l'inconscient.
4. Hubbard dit que le problème psychologique d'un client date quelquefois du moment de la conception *elle-même*. (a) le problème psychologique, (b) le moment, (c) la conception.
5. Il y a beaucoup de médecins et de psychologues qui croient que ces doctrines primales sont fausses. Pour *eux,* cette méthode de traitement est naïve et même dangereuse. (a) les médecins et les psychologues, (b) les doctrines primales, (c) les traitements.

# 19 Two Object Pronouns

When a verb has two object pronouns, these always occur in a fixed order that is the same in all sentences except for the affirmative imperative.

## TWO OBJECT PRONOUNS BEFORE A VERB

| subject + (ne) + | me | le | lui | y | en | + verb + | (pas) |
|---|---|---|---|---|---|---|---|
| | te | la | leur | | | | (jamais) |
| | se | les | | | | | (plus) |
| | nous | | | | | | etc. |
| | vous | | | | | | |

Only one pronoun from each column is used with a given verb, and no more than two object pronouns occur together. The indirect object pronoun comes first, unless both objects are third person pronouns (**le, la, les, lui, leur**). In this case the direct object pronoun comes first.

> D'abord, Hervé n'a pas parlé de ses problèmes à Victor, mais il **les lui** a enfin expliqués. Quant à Paul, il n'a pas voulu **s'en** mêler.

> *At first, Hervé did not talk to Victor about his problems, but he finally explained them to him. As for Paul, he refused to get involved.*

*Exception:* When **me, te, se, nous,** or **vous** is the *direct* object, an indirect object is expressed with **à** + *disjunctive pronoun*.

> Connais-tu ma camarade de chambre? —Oui, je **me** suis déjà présenté **à elle**.

> *Do you know my roommate? — Yes, I've already introduced myself to her.*

**Précisons!**

*+ verb that take indirect or direct objects*

A la pharmacie. M. Beaumarchais est pharmacien. A qui montre-t-il ses produits?

> MODELE:   Est-ce qu'il montre le chewing-gum à la nicotine à sa femme? →
> Oui, il le lui montre.

1. Est-ce qu'il montre les nouveaux produits à ses clients?   2. Nous montre-t-il le dentifrice?   3. Est-ce qu'il me montre les vitamines?   4. Montre-t-il la meilleure lotion solaire à la dame blonde?   5. Est-ce qu'il te montre des cachets d'aspirine?

## TWO OBJECT PRONOUNS IN THE AFFIRMATIVE IMPERATIVE

| verb + | -le<br>-la<br>-les | + | -moi<br>-toi<br>-lui<br>-nous<br>-vous<br>-leur | -les-y<br>(*no other<br>combinations<br>are commonly<br>used with* **y**) | -m'en<br>-t'en<br>-lui-en<br>-nous-en<br>-vous-en<br>-leur-en |
|---|---|---|---|---|---|

In the affirmative imperative, object pronouns follow the verb, joined to it and to each other by hyphens. When there are two object pronouns, the direct object pronoun always comes first. The chart gives all of the object pronoun combinations used after a verb.

—Voulez-vous voir ces chaussures de tennis?
—Oui, **montrez-les-moi,** s'il vous plaît. **Donnez-m'en** deux paires pour commencer.
—Je les mets sur cette table?

—C'est ça, **mettez-les-y,** merci.

—*Do you want to see these tennis shoes?*
—*Yes, show them to me, please. Give me two pairs to start with.*

—*Should I put them on this table?*
—*That's fine, put them there, thanks.*

—**Votre publicité dit : « Nous vous remboursons si vous n'êtes pas enchanté. »** Regardez-moi ; est-ce que j'ai l'air enchanté ?
*The New Yorker*

**Précisons!**

Un nouvel employé. Un nouvel employé de pharmacie a besoin de conseils pour mieux servir les clients. Remplacez les mots en italique par des pronoms.

*Mettez-les-y!*

*In Negative commands, the objects return to normal word order.*

1. Mettez *les vitamines au milieu de l'étagère.*   2. Ecrivez très soigneusement *les prix sur les boîtes.*   3. Placez *les nouveaux produits dans un endroit bien en vue.*   4. Répondez poliment *aux questions des clients.*   5. Parlez *aux clients des produits dont ils ont besoin.*

*Ecrivez-les-ds!*

*Répondez-y!*

*Parlez-leur-en!*

*Placez-les-y!*

**Interactions**

Réclamations. Vous êtes employé de pharmacie. Essayez de satisfaire les clients mécontents (votre partenaire). Utilisez des pronoms aussi souvent que possible.

MODELE:   C: des vitamines qui n'ont aucun effet
       E: (échanger)

    CLIENT(E): Ces vitamines! J'en prends deux chaque matin et elles ne me font rien!
    EMPLOYÉ(E): Je peux vous les échanger si vous voulez.
    CLIENT(E): Bon, d'accord, si vous me les garantissez personnellement.

1. C: de la crème solaire trop grasse
   E: (rembourser)
2. C: des pastilles qui ont un goût de pétrole
   E: (rendre votre argent)

3. C: de la nourriture diététique qui fait grossir
   E: (faire une remise [*discount*])
4. C: du shampooing qui fait tomber les cheveux
   E: (envoyer voir le patron)
5. C: du dentifrice qui mousse (*foams*) trop
   E: (ne pas pouvoir rembourser)

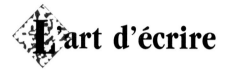

# L'art d'écrire

## Pour contraster et comparer deux points de vue

This chapter illustrates ways in which you can present and discuss two contrasting sides of an issue. You will learn how to make comparisons between opposing points of view and how to use conjunctions and other linking words to emphasize or highlight these contrasts.

The following text discusses the pros and cons of the concern about appearance that is prevalent in modern French and American society. It is based on an article in *Francoscopie 1991: Français qui êtes-vous?*

## La société des apparences

Au vieux proverbe français qui prétend que «l'habit ne fait pas le moine°», un proverbe allemand répond au contraire que «les vêtements font les gens». C'est ce dernier qui semble le mieux adapté à *la société des apparences* caractéristique de cette fin de siècle.   *monk*

Pendant longtemps le bon goût était de première importance dans la mode. La France a gardé de cette époque-là sa réputation de pays de l'élégance. Mais depuis les années soixante, le vêtement est devenu plutôt un moyen de communiquer aux autres une certaine image de soi.

D'un côté, on peut voir l'aspect positif de ce changement. En premier lieu, la mode ne dicte plus aux gens comment ils doivent s'habiller. Chacun peut être aussi individualiste qu'il le veut. Deuxièmement, le souci du confort permet d'avoir des vêtements dans lesquels on se sent à l'aise. En dernier lieu, la fabrication en grande quantité permet d'offrir des vêtements bon marché: les Français consacrent en effet de moins en moins d'argent à leur habillement.

De l'autre côté, l'aspect négatif est évident. Premièrement, le vêtement est devenu un symbole du statut social et tout ce qui permet l'identification du vêtement prend donc une grande importance: inscriptions, marques, etc. De plus, les prix bas et les grosses quantités ont encouragé la consommation et le gaspillage.° Enfin et surtout, l'importance de l'apparence menace de cacher la   *waste* vérité ou de lui substituer une image—que ce soit une image de virilité, de marginalité ou d'appartenance à un groupe. Il est évident que l'industrie du vêtement joue sur cette recherche d'une image.

En fin de compte, il faut bien admettre qu'il y a là un danger: Il ne faut pas confondre les apparences avec la réalité et il faut bien se rendre compte que c'est l'«enveloppe» qui importe dans notre *société des apparences.*

Adapté de *Francoscopie 1991,* Larousse

 **Analyse**

1. L'auteur présente deux points de vue différents sur ce sujet—les avantages et les inconvénients. Est-ce qu'elle soutient ces arguments avec des exemples? Lesquels?
2. Quelles expressions utilise-t-elle pour introduire ces deux points de vue contrastifs? Quels mots et quelles expressions présentent logiquement le raisonnement dans chaque partie?

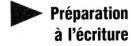 **Préparation à l'écriture**

1. Choisissez un des sujets suivants: l'importance de la beauté personnelle vis-à-vis des dangers du narcissisme; l'importance de la forme physique contre l'abus de l'exercice physique; l'importance de la discipline de vie vis-à-vis de la liberté; les droits des fumeurs par rapport aux droits des non-fumeurs.
2. Divisez une feuille de papier en deux colonnes. Dans la première colonne notez votre point de vue; dans la deuxième colonne, notez l'autre point de vue.
3. Pensez à quelques exemples concrets (au moins deux) pour chaque point de vue. Marquez-les.
4. Choisissez une façon d'introduire votre sujet. Vous pouvez, si vous voulez, vous servir d'un ou deux des proverbes suivants.

   Tout nouveau tout beau.
   Tout ce qui brille n'est pas or.
   Il faut manger pour vivre et non pas vivre pour manger.
   L'appétit vient en mangeant.
   Santé passe richesse.
   Trop de précaution nuit.
   Mieux vaut prévenir que guérir.
   Dans le doute, abstiens-toi.

5. Préparez une conclusion qui résume ce que vous pensez vous-même.
6. En vous servant de vos préparations, écrivez une rédaction logique et claire. Choisissez soigneusement les mots qui vont articuler votre raisonnement. Par exemple: **d'un côté, de l'autre côté; en premier lieu, deuxièmement, en dernier lieu; premièrement, de plus, enfin; au contraire; mais; plutôt; en effet; donc; surtout; que ce soit... ou; il est évident que; en fin de compte.**

# Récapitulation

**A.** Développez votre souffle. Regardez les illustrations à gauche et choisissez les verbes qui conviennent pour compléter les légendes (*captions*). Attention: Tous les verbes sont à l'impératif!

1.

1. _____ genoux et buste en vous aidant des mains. _____ en position couchée, lentement. _____ en rapprochant vos genoux. _____ la position de 3 à 5 secondes. _____ cet exercice 5 à 10 fois.

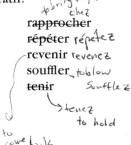

rapprocher
répéter *répétez*
revenir *revenez*
souffler *to blow*   *soufflez*
tenir
→ *tenez*
*to hold*

*to come back*

2.

2. Couché sur le dos: _____ une jambe au-dessus de la chaise, et _____ -la jusqu'au sol le long de (*along*) la chaise. _____ de jambe. _____ normalement. Répétez 15 à 20 fois.

changer *changez*
*de srendez*
descendre
élever *élevez*
respirer
*respirez*

3.

3. Assis, doigts croisés: _____ les paumes de mains vers l'avant, puis _____ les bras vers le haut. _____ 2 à 3 secondes en position haute, _____ à la descente. Répétez cet exercice 10 à 12 fois.

*élevez*
élever
retourner *retournez*
souffler *soufflez*
tenir *tenez*

Maintenant, adressez-vous à un(e) ami(e). Imaginez que vous faites faire sa gymnastique à cet(te) ami(e). Transformez le texte de l'exercice A en utilisant la forme **tu** des verbes donnés.

**B.** Discipline et hygiène de vie. Interviewez votre partenaire. Il/Elle va répondre aux questions suivantes en remplaçant les mots en italique par des pronoms, et en ajoutant des commentaires personnels.

1. Avant de vous habiller le matin, écoutez-vous *la radio* pour savoir s'il va faire chaud ou froid?   2. Si vous allez à l'université à bicyclette, utilisez-vous toujours *les pistes cyclables?*   3. *Quand vous allez à la piscine universitaire,* prenez-vous toujours *une douche* avant d'aller nager?   4. Vous brossez-vous *les dents* après chaque repas? 5. Prenez-vous *des vitamines* régulièrement?   6. Est-ce que vous sortez rarement tard avec *vos amis?*

**C.** Sujets de discussion

1. A votre avis, pourquoi est-il important de rester en forme? Quelles sortes de maladies peut-on éviter en faisant attention à sa santé? Que faites-vous pour rester en forme?
2. Pourquoi dit-on souvent que le stress est une maladie moderne? Quelle est l'importance du stress dans la vie d'une personne en bonne santé? dans la vie d'une personne malade? Peut-on vivre sans être «stressé»? Comment?

# *On se débrouille...*

## Pour vous exprimer chez le médecin; pour exprimer votre sympathie ou votre manque de sympathie

**A.** Comment le dites-vous? Imaginez que vous avez besoin d'exprimer les idées suivantes en français, mais vous ne connaissez pas le mot juste, et vous n'avez pas de dictionnaire. Comment allez-vous vous débrouiller? Expliquez en français chaque expression en anglais:

| | |
|---|---|
| 1. a hot water bottle | 5. a starvation diet |
| 2. a heating pad | 6. a midnight snack |
| 3. a cold compress | 7. heartburn |
| 4. a mild sprain | 8. a hangover |

**B.** Situations. Avec un(e) camarade de classe, jouez les rôles suivants. Vous pouvez préparer un petit dialogue oralement ou par écrit. Puis présentez votre dialogue à la classe.

1. You're traveling in France with a friend. All of a sudden, your friend gets sick. Ask questions to find out (a) when he/she started to feel ill, (b) what he/she ate or drank today, (c) if he/she wants you to

**Une croix verte indique une pharmacie.**

phone a doctor, (d) how to describe the symptoms. Sympathize with your friend and try to make him/her feel comfortable.

**Mots utiles:** se sentir malade, avoir mal à... , des médicaments, de l'aspirine, se faire soigner (*get treatment*), la guérison (*cure*)

**Pour exprimer votre sympathie:** Quel dommage! Pauvre petit(e)! Je suis désolé(e)! Comment est-ce que je peux t'aider?

2. A little later, you find out that your friend has gotten sick because he/she has eaten three Napoleons (**Napoléons**) that you were saving for a midnight snack. You're very angry and not very sympathetic. Tell your friend that it's his/her fault that he/she got sick. Ask why he/she took your pastry. Then call the doctor's office to find out the following information. (A third classmate should play the role of the receptionist.) Ask (a) where the office is located, (b) when your friend can come see the doctor, (c) if you can see the doctor any earlier, (d) what you should do for your friend in the meantime, (e) how much an office visit costs.

**Mots utiles:** les symptômes, les heures de consultation, le cabinet du médecin (*office*), les honoraires (*fees*), demander un rendez-vous, se rendre à la consultation

**Pour désapprouver, exprimer votre manque de sympathie:** Tant pis! C'est de ta faute! Tu as eu tort! Ça t'apprendra! (*It serves you right!*)

# Mots utiles: Bien dans sa peau

## Ce qui dépend de soi

| | |
|---|---|
| avoir de la patience | to have patience |
| avoir de la volonté | to have willpower |
| avoir des difficultés dans ses études | to have difficulty at school |
| faire des efforts | to make an effort |
| se maintenir en forme | to keep in shape |
| ne pas manger/bouffer (*pop.*) comme quatre | not to pig out |
| y croire | to believe in (it) |

## Ce qui dépend des autres

| | |
|---|---|
| faire attention aux autres | to pay attention to others |
| faire du sport ensemble | to engage in sports together |
| manquer d'affection | to lack affection |

## Quelques expressions supplémentaires...

### Noms

| | |
|---|---|
| l'aspirine (*f.*) | aspirin |
| le bien-être | well-being |
| le cabinet du médecin | doctor's office |
| les calmants (*m.*) | tranquilizers |
| le cauchemar | nightmare |
| les courbatures (*f.*) | stiff muscles |
| la crème (la lotion) solaire | suntan cream (lotion) |
| la cuisine minceur | low-calorie cooking |
| la cure | cure (at a spa) |
| le dentifrice | toothpaste |
| l'enfance (*f.*) | childhood |
| la guérison | cure, healing |
| le mal, les maux | pain, ache |
| le médicament | medicine, medication |
| la névrose | neurosis |
| l'ordonnance (*f.*) | medical prescription |
| la pastille | pill |
| les poids et haltères (*m.*) | (lifting) weights |
| le régime | diet |
| la santé | health |
| le shampooing | shampoo |
| la vitamine | vitamin |

## Adjectifs

| | |
|---|---|
| diététique | diet |
| enceinte | pregnant |
| gourmand(e) | greedy |
| mince | slim |
| sain(e) | healthy |
| séduisant(e) | seductive, attractive |
| tenté(e) | tempted |

## Verbes

| | |
|---|---|
| s'améliorer | to improve oneself |
| échanger | to exchange |
| embêter | to bother, annoy |
| s'enfuir | to run away |
| faire une remise | to give a discount |
| se fier à | to trust |
| guérir | to get cured; to cure |
| mentir | to lie |
| se pencher | to lean (over, out) |
| se précipiter | to rush over, hurl oneself |
| prier | to pray; to beg, entreat |
| se procurer | to get, obtain |
| rembourser | to refund |
| soigner | to take care of |

## Expressions diverses

| | |
|---|---|
| avoir un œil au beurre noir | to have a black eye |
| Ça me tape sur les nerfs. (*pop.*) | It gets on my nerves. |
| craquer | to have a nervous breakdown |
| en revanche | on the other hand |
| en solde | on sale |
| être à bout | to have reached one's limits |
| hausser les épaules | to shrug one's shoulders |
| Je n'en peux plus! | I can't take it anymore! |
| le long de | along |
| mener une vie tranquille | to lead a quiet life |
| prendre au piège | to trap |
| sécher un cours | to cut class |

# Chapitre sept

# Aujourd'hui, c'est demain!

Le dernier cri du prêt-à-porter:
L'ordinateur!

# Dans le vif du sujet

## Avant de lire

**Identifying the Principal Message of a Sentence.** In French, as in English, the core of a sentence consists of a subject and a verb which communicate the principal message. The remainder of the sentence introduces further details or information about the thought expressed by the subject and verb. Focusing attention on this basic sentence structure will allow you to discriminate between what is essential in meaning and what is added detail, making your reading and reviewing more efficient.

Apply the strategy of identifying the subjects and verbs before you read "L'ordinateur est un intrus!" Skim each of the following sentences from the text to isolate these principal parts; then read each sentence in its entirety to understand the full meaning.

1. Jean-François a organisé, bénévolement, le mardi soir, de 17 heures à 19 heures, des stages de formation (*workshops*) à l'usage des collègues intéressés.
2. Il n'emmène aucune de ses quatre classes de mathématiques dans la salle d'informatique.
3. Chaque année, un professeur de plus vient tourner autour des appareils, comme un chat autour de la souris.
4. Deux dernières recrues sont venues cette semaine lui demander des tuyaux (conseils, *fam.*): un professeur de français et un d'allemand.

In the text of this reading, some words are underlined in preparation for an exercise that follows it.

# L'ordinateur est un intrus!

La technologie moderne fait des progrès à une vitesse vertigineuse. Tout en améliorant notre vie quotidienne, elle nous inquiète. Qu'en sera-t-il demain? Pourrons-nous nous adapter assez vite?

Il est à prévoir que l'ordinateur, de mieux en mieux accepté dans les foyers, affectera même l'entente du couple, selon l'article suivant.

# Un ménage à trois

JEAN-FRANÇOIS est professeur de mathématiques depuis dix-huit ans. Il a failli[a] divorcer récemment. Ce n'est pas la première fois que son couple connaît des crises depuis son mariage. Sa femme en a assez[b] d'aller seule au cinéma, de préparer des dîners qui refroidissent sur la table, d'arriver la dernière au <u>réveillon</u> de Noël chez la grand-mère. Assez de ce rival encombrant qui prend la moitié de sa chambre, qui coûte une fortune et avec lequel son mari passe les plus belles heures de sa vie, perdant le boire, le manger et le sommeil.

Souvent elle en rit, parfois elle en pleure. *« Je crois que j'aurais préféré qu'il ait une maîtresse,* dit-elle. *Et il a passé son virus aux enfants. »* L'aîné[c] a treize ans ; il est aussi drogué que son père. Dans le collège breton de 900 élèves où il exerce, une quinzaine d'enseignants sur soixante utilisent le matériel informatique ; Jean-François a organisé, <u>bénévolement</u>, le mardi soir, de 17 heures à 19 heures, des stages de formation à l'usage des collègues intéressés. *« Ça se prolonge souvent »,* reconnaît-il. Quand on commence à pianoter, c'est dur de s'arrêter : les plus <u>mordus</u> viennent chez lui, le samedi, discuter, programmer, échanger les cartes langages, entrer leurs propres données dans les logiciels.[d]

Il n'emmène aucune de ses quatre classes de mathématiques dans la salle informatique : les programmes d'enseignement sont trop lourds, estime-t-il. Faire de l'informatique avec les élèves ne lui laisserait pas le temps de terminer le programme. Alors, pour en faire tout de même au collège, il a demandé à être chargé d'enseigner... l'éducation manuelle et technique dans deux classes. Et là il satisfait sa passion.

Chaque année, un professeur de plus vient tourner autour des appareils, comme un chat autour de la souris. Avec méfiance d'abord, de loin, puis il s'approche pour voir. *« S'ils se hasardent à <u>me brancher</u> là-dessus,* reconnaît Jean-François en riant, *c'est foutu[e] pour eux. Je ne les lâche[f] plus jusqu'à la conversion finale. »*

Il se dit optimiste sur l'avenir : depuis le plan IPT,[g] sa religion a fait des progrès : *« On est parti de rien, ça progresse petit à petit. Ce sera long sans doute... jusqu'à la victoire. »* Mais Jean-François y croit. Deux dernières recrues sont venues cette semaine lui demander des tuyaux : un professeur de français et un d'allemand. Des célibataires, donc <u>disponibles</u> : le rêve !

**L. D.**

[a] a... *almost*
[b] en... *has had enough*
[c] *the oldest*
[d] *software*
[e] *over, finished*
[f] *let go*
[g] *Informatique pour tous*

Tiré du *Monde de l'Education,* novembre 1988

**Avez-vous compris?**

**A.** Choisissez la meilleure réponse en vous basant sur le texte que vous venez de lire.

1. L'idée principale du texte est que...
   a. l'ordinateur peut résoudre les problèmes du couple.
   b. l'usage de l'ordinateur peut tourner à l'obsession.
   c. l'informatique est le sujet préféré des étudiants de Jean-François, le prof de maths.

2. La femme de Jean-François trouve que l'ordinateur au foyer...
   a. lui permet de mieux préparer ses menus de fête.
   b. n'est pas très utile aux enfants pour faire leurs devoirs.
   c. prend trop de place dans leur vie.

3. Dans le collège où Jean-François enseigne, il y a _____ professeurs qui utilisent déjà l'ordinateur.
   a. à peu près quinze
   b. une soixantaine
   c. une douzaine

4. Jean-François enseigne l'informatique à ses étudiants...
   a. dans ses classes de mathématiques.
   b. dans ses classes d'éducation manuelle et technique (E.M.T.).
   c. chez lui, le samedi.

5. Les collègues de Jean-François trouvent qu'il est...
   a. méfiant.
   b. célibataire.
   c. persévérant.

**B.** Pour les mots suivants, tirés du texte, utilisez le contexte pour deviner (*guess*) le synonyme qui convient. Expliquez votre choix.

1. réveillon
   a. une montre   b. un parfum   c. un repas de fête

2. bénévolement
   a. sans être payé   b. avec rapidité   c. religieusement

3. mordus
   a. fatigués   b. enthousiastes   c. intelligents

4. me brancher
   a. me développer   b. me faire parler   c. me faire rire

5. disponibles
   a. libres   b. jetables   c. tristes

▶ **Qu'en pensez-vous?**

Avec un(e) camarade de classe, discutez des questions suivantes. N'hésitez pas à vous servir des expressions suggérées.

**Expressions utiles:** Le futur au quotidien

avoir son avion personnel *to have a personal plane*
avoir plus d'enfants *to have more children*
avoir plusieurs ordinateurs à la maison *to have several computers at home*
être en meilleure santé *to be in better health*
faire construire une maison fonctionnelle *to have an efficient house built*
fonder une famille *to start a family*
posséder des robots ménagers *to own robots for housework*
visiter la lune *to visit the moon*
voyager dans l'espace *to travel in space*

Le futur professionnel

un(e) agriculteur/agricultrice *farmer*
un(e) athlète professionnel(le) *professional athlete*

un(e) avocat(e) *lawyer*
commencer une carrière dans les affaires *to begin a career in business*
devenir vendeur/vendeuse *to become a salesperson*
faire des études d'ingénieur *to study engineering*
gagner beaucoup d'argent *to make a lot of money*
prendre de longues vacances *to take a long vacation*
un(e) traducteur/traductrice *translator*

1. **L'an 2030 et vous.** Qui serez-vous en l'an 2030? Quel âge aurez-vous? Comment serez-vous physiquement? Quelles seront vos activités quotidiennes? Comment sera votre maison? Que ferez-vous le week-end? Serez-vous plus heureux/heureuse en l'an 2030? Expliquez votre réponse, en inventant des détails si nécessaire!

2. **Plus près de vous: après vos études.** Que ferez-vous après vos études? Quelle carrière poursuivrez-vous? Désirez-vous fonder une famille? Expliquez pourquoi ou pourquoi pas. Continuerez-vous à apprendre des choses nouvelles? Qu'apprendrez-vous? Habiterez-vous près de chez vos parents? Est-ce que vous voyagerez? Où irez-vous?

**Aujourd'hui c'est demain: Une «cité» à Montréal au Canada**

# Grammaire en contexte
## 20 The *futur simple*

# ENTRER DANS LE XXIᵉ SIÈCLE TOUTE L'ANNÉE, FÊTE DE LA MUSIQUE

Le 21 juin, date officielle de la Fête, LOISIRAIL¹est musical toute la journée. Mais toute l'année, il reste baigné de musique ! Il y en a pour les jeunes, les moins jeunes et les toujours jeunes, pour les classiques et les branchés. ª

Des groupes vous feront voyager sur des rythmes jazz, des rythmes rock. De petites formations donneront des concerts dédiésᵇà Mozart, à Debussy...

Si vous aimez la voix humaine, LOISIRAIL vous propose des chanteurs dans les mêmes styles, c'est-à-dire dans tous les styles ! Récital de mélodies, chanson-poème ou corps-à-corpsᶜfurieux avec le micro, vous aurez de quoi applaudir.

Concerto grosso, ou simple bouffée de musique pour couper la journée... Venez rêver en compagnie des sons.

ª *"with it," trendy people*   ᵇ *dedicated*   ᶜ *wrestling, clutching*

The **futur simple** expresses future actions, events, or states.

> On **donnera** des concerts dans tous les trains LOISIRAIL.
> Le progrès **continuera** à améliorer notre vie quotidienne.
> Comment notre vie **sera**-t-elle changée?

## FORMS

1. The **futur simple** is formed by adding a set of endings to the infinitive. The final **-e** of infinitives in **-re** is dropped.

| changer | | répondre | partir |
|---|---|---|---|
| je | changer**ai** | répond**rai** | partir**ai** |
| tu | changer**as** | répond**ras** | partir**as** |
| il/elle/on | changer**a** | répond**ra** | partir**a** |
| nous | changer**ons** | répond**rons** | partir**ons** |
| vous | changer**ez** | répond**rez** | partir**ez** |
| ils/elles | changer**ont** | répond**ront** | partir**ont** |

---

¹Les trains LOISIRAIL [lwaziraj] sont des trains animés où la S.N.C.F. (Société Nationale des Chemins de fer Français) offre des programmes de musique et de théâtre, des films, des conférences, des bibliothèques, des expositions et même des micro-ordinateurs! C'est gratuit et il n'y a aucune réservation. N'est-ce pas là un concept nouveau digne du XXIᵉ siècle?

2. Regular **-er** verbs with spelling changes in their present tense stems (see Chapter 1) contain these changes in *all forms* of the future tense.

| PRESENT TENSE | FUTURE TENSE |
|---|---|
| appeler    j'appelle | j'appellerai, nous appellerons |
| jeter    je jette | je jetterai, nous jetterons |
| mener    je mène | je mènerai, nous mènerons |
| enlever    j'enlève | j'enlèverai, nous enlèverons |
| payer    je paie | je paierai, nous paierons |
| employer    j'emploie | j'emploierai, nous emploierons |

*Exception:* The present tense change of the stem vowel **-é** to **-è** does *not* occur in the future tense.

| | | | |
|---|---|---|---|
| espérer | j'espère | *but* | j'espérerai, nous espérerons |
| préférer | je préfère | *but* | je préférerai, nous préférerons |

3. Several verbs have irregular future stems, grouped here according to pattern.

| | | | |
|---|---|---|---|
| avoir | j'aurai | tenir | je tiendrai |
| savoir | je saurai | venir | je viendrai |
| falloir | il faudra | courir | je courrai |
| valoir | il vaudra | mourir | je mourrai |
| vouloir | je voudrai | pouvoir | je pourrai |
| devoir | je devrai | voir | je verrai |
| recevoir | je recevrai | envoyer | j'enverrai |
| être | je serai | aller | j'irai |
| faire | je ferai | | |

In all verbs, regular and irregular, the future endings are always preceded by **r**.

**cisons!**

**A.** Quelle sera notre vie? Complétez les paragraphes suivants en utilisant les verbes proposés. Mettez le verbe au futur.

Quelle ___*sera*___¹ notre vie dans vingt ans? Il est probable qu'il y ___*aura*___² de grands changements. Peut-être que nous ___*boirons*___³ de la bière synthétique; nous ___*écrirons*___⁴ sur du papier fabriqué à base de maïs ou de bambou. On ne ___*payera*___⁵ pas les tickets de métro et nous ___*conduirons*___⁶ des voitures électriques.

avoir
~~boire~~
conduire
écrire
~~être~~
payer

Les ordinateurs _____¹ indispensables à la vie de tous
les jours. Tout le monde en _____² un pour la maison.
Avec votre ordinateur, vous _____³ consulter des
robots-médecins qui _____⁴ votre diagnostic. Ainsi le
médecin «humain» vous _____⁵ avant de vous avoir
rencontré.

acheter
connaître
devenir
établir
pouvoir

De plus, on _____¹ des cours sans quitter son
fauteuil. Il ne _____² plus aller aux magasins quand
vous _____³ acheter des provisions; votre ordinateur le
_____⁴ pour vous. En fait, votre ordinateur _____⁵ votre
meilleur ami.

être
faire
falloir
suivre
vouloir

**B.** Dans dix ans... Répondez aux questions suivantes en utilisant le futur.

1. Comptez-vous vivre dans un appartement souterrain? Va-t-il y avoir de bonnes raisons de vivre sous terre? Expliquez.
2. Espérez-vous aller au Moyen-Orient? Pourquoi? Pourquoi pas?
3. Pensez-vous faire le tour du monde? Pourquoi? Pourquoi pas?
4. Allez-vous recevoir le Prix Nobel? Expliquez votre réponse.
5. Est-ce qu'il va encore y avoir une jungle au Brésil? Pourquoi? Pourquoi pas?
6. Est-ce que les habitants de la planète vont avoir assez à manger? Pourquoi? Pourquoi pas?
7. Est-ce que les mesures gouvernementales vont réduire le taux (*rate*) de criminalité? Expliquez.
8. Est-ce que nous allons pouvoir travailler chez nous au lieu de nous rendre au travail? Quel système allez-vous sélectionner si vous avez le choix: rester chez vous ou aller au bureau? Expliquez.

## USES

1. The **futur simple** expresses an action, event, or state that will occur.

| | |
|---|---|
| Certains produits essentiels à notre vie **changeront** de nature. | *The nature of certain essential products in our lives will change.* |
| La voiture de demain **sera** moins luxueuse et plus fonctionnelle. | *The car of tomorrow will be less luxurious and more practical.* |

2. The **futur simple** may state the result of a **si** clause in the present tense.

| | |
|---|---|
| Si vous savez vous servir d'un ordinateur, vous **pourrez** facilement trouver un emploi. | *If you know how to use a computer, you will easily be able to find a job.* |

3. In clauses beginning with **quand** and **lorsque** (*when*), **dès que** and **aussitôt que** (*as soon as*), and **tant que** (*as long as*), the **futur simple** is used when the sentence expresses a future idea. The present tense is used in these contexts in English.

Nous ferons des économies d'énergie **quand** les transports publics **seront** mieux organisés.

*We will save energy when public transportation is better organized.*

Mais **tant qu**'il y **aura** des automobiles, nous verrons des problèmes de circulation.

*But as long as there are automobiles, we will see traffic problems.*

## Alternatives to the *futur simple*

The **futur simple** is infrequently used in informal everyday conversation. Other means are employed instead to refer to actions that are going to happen in the near future.

1. **Futur proche: je vais, tu vas,** etc., with an infinitive

Nous **allons acheter** un nouvel ordinateur? Ça **va être** super!

*We're going to buy a new computer? That will be great!*

Chut! La conférence **va commencer!**

*Shh! The lecture is going to begin!*

2. The present tense with an expression of time: **tout de suite, dans quelques minutes, demain matin,** etc.

Le train **arrive** dans quelques minutes.

*The train is arriving in a few minutes.*

Nous **revenons** ce soir.

*We're coming back tonight.*

**Interactions**

**A.** Etes-vous d'accord? Voici quelques prédictions sur l'avenir. D'abord, décidez avec un(e) camarade si la prédiction est **probable, peu probable,** ou **pas possible.** Puis, comparez vos réponses et discutez-les avec d'autres camarades de classe.

1. Il y aura une monnaie internationale.
2. Les universités américaines seront gratuites.
3. Un tremblement de terre séparera la Californie du reste des Etats-Unis.
4. La paix sera établie au Moyen-Orient.
5. Il n'y aura plus besoin d'argent liquide. L'ordinateur fera toutes les transactions.
6. Le Coca-Cola remplacera la vodka comme boisson nationale russe.

**B.** Prédictions. Avec un(e) partenaire, reconstituez et complétez les phrases suivantes en utilisant le futur simple.

1. un repas normal / coûter / $500 / quand...
2. nous / porter / vêtements / jetables / lorsque...
3. il y / avoir / un / seul / gouvernement / pour tous / pays du monde / quand...
4. tant que / il y / avoir / de la / pauvreté / dans le monde / nous...
5. une femme / devenir / présidente / des / Etats-Unis / lorsque les Américains...
6. aussitôt que / on / réduire / le nombre / heures de travail / les gens...
7. quand / la loi / interdire / la consommation / tabac...

**C.** Prédictions originales. Maintenant, avec d'autres camarades de classe, faites vos propres prédictions (cinq minimum). Puis, présentez vos résultats à la classe qui va voter pour déterminer les meilleures prédictions.

**D.** Le monde de demain. Considérez les changements possibles dans la société du vingt et unième siècle. En utilisant les indications suivantes, posez des questions à votre camarade de classe. Utilisez le futur proche.

> MODELE:   le trou dans la couche d'ozone →
> *Questions possibles:* Est-ce que tu penses que le trou dans la couche d'ozone va s'agrandir?
> *ou*
> Qu'est-ce que nous allons faire pour arrêter la destruction de l'ozone?

1. changements de l'intelligence de l'être humain
2. changements physiologiques et psychologiques chez l'être humain
3. nouvelles découvertes médicales
4. le coût de la vie
5. les ressources naturelles et l'environnement
6. l'abus de la drogue

# 21 The *futur antérieur*

The **futur antérieur,** or future perfect tense, expresses actions, events, or states that will have happened at some time in the future.

> Le monde **aura** beaucoup **changé** d'ici cent ans.
> Le monde **se sera divisé** en cinq grands blocs idéologiques.

**Le parlement européen à Strasbourg (France)**

# FORMS

Like the **passé composé,** the **futur antérieur** is formed with two parts: an auxiliary verb (**avoir** or **être**) and the past participle. The auxiliary verb is conjugated in the future tense.

| changer | | arriver | |
|---|---|---|---|
| j' | aurai changé | je | serai arrivé(e) |
| tu | auras changé | tu | seras arrivé(e) |
| il/elle/on | aura changé | il/on | sera arrivé |
| | | elle | sera arrivée |
| nous | aurons changé | nous | serons arrivé(e)s |
| vous | aurez changé | vous | serez arrivé(e)(s) |
| ils/elles | auront changé | ils | seront arrivés |
| | | elles | seront arrivées |

Agreement of the past participle is the same in the **futur antérieur** as in the **passé composé** (see Chapter 5).

# USES

1.  The **futur antérieur** is used most often to describe an action or state that will have happened at a certain time, stated or implied, in the future. In the following sentence, the specific time in the future is 100 years from now.

     Certains croient que d'ici cent ans, les arbres **auront** pratiquement tous **disparu,** des vêtements jetables **auront fait** leur apparition, et les robots **se seront imposés** dans tous les foyers.

     *Some people believe that, 100 years from now, trees will have practically all disappeared, disposable clothing will have made its appearance, and robots will have taken over in all households.*

2.  The **futur antérieur** is used in clauses beginning with **quand** and **lorsque** (*when*), **dès que** and **aussitôt que** (*as soon as*), and **après que** (*after*) to express a future action or state that will have happened before another future action, expressed in the future tense or the imperative.

| | |
|---|---|
| Lorsque les Pouvoirs Publics **se seront mis** d'accord, les traditionnels «bouchons de cinq heures» disparaîtront. Quand tu **auras terminé** ton travail, téléphone-moi. | *When all the authorities have reached an agreement, the traditional five o'clock traffic jams will disappear. When you've finished your work, call me.* |

**Précisons!**

Une hypothèse politique. Lisez le texte suivant. Puis répondez aux questions.

> Dans leur livre *l'An 2000,* Herman Kahn et Anthony Wiener annoncent ce qui sera déjà arrivé sur la scène politique internationale lorsque nous entrerons dans les années 2000.
>
> En l'an 2000, le monde se sera divisé en quatre ou cinq grands blocs idéologiques. Les «Grands» (les Etats-Unis, l'Union Soviétique [devenue en 1991 la Communauté des Etats Indépendants], éventuellement l'Europe, la Chine et le Japon) se seront imposés au reste du monde; les «Petits» (les autres pays) auront disparu de la surface du globe. L'Organisation des Nations Unies aura évolué et sera devenue le pouvoir exécutif mondial. Les Grandes Puissances auront créé une sorte de Conseil de Sécurité International. L'O.N.U. aura aussi établi une puissance militaire qui aura imposé son contrôle aux grands blocs idéologiques.
>
> *Adapté de* COMODO, *Copyright Librairie PLON*

Selon Kahn et Wiener,...

1. que sera devenu le monde en l'an 2000?
2. qu'auront fait les «Grands»?
3. que sera-t-il arrivé aux «Petits»?
4. comment l'O.N.U. aura-t-elle évolué?
5. comment la paix dans le monde aura-t-elle été assurée?

**Interactions**

Prédictions sans fin. Toute la classe va jouer ensemble à ce jeu de mémoire. La première personne doit compléter la phrase «Avant l'an 2030,... » en ajoutant une phrase au futur antérieur comme dans le modèle.

MODELE:  Avant l'an 2030, j'aurai voyagé autour du monde.

La deuxième personne répète cette phrase et y ajoute une autre prédiction également au futur antérieur. Chacun continue la phrase à son tour jusqu'à ce que quelqu'un l'oublie. L'étudiant(e) qui aura répété huit phrases correctement aura droit aux applaudissements de la classe!

# 22 Numbers, Dates, and Time

## NUMBERS
## Cardinal Numbers

| | | | | | |
|---|---|---|---|---|---|
| 0 | zéro | 16 | seize | 60 | soixante |
| 1 | un | 17 | dix-sept | 61 | soixante et un |
| 2 | deux | 18 | dix-huit | 62 | soixante-deux |
| 3 | trois | 19 | dix-neuf | 70 | soixante-dix |
| 4 | quatre | 20 | vingt | 71 | soixante et onze |
| 5 | cinq | 21 | vingt et un | 72 | soixante-douze |
| 6 | six | 22 | vingt-deux | 80 | quatre-vingts |
| 7 | sept | 30 | trente | 81 | quatre-vingt-un |
| 8 | huit | 31 | trente et un | 82 | quatre-vingt-deux |
| 9 | neuf | 32 | trente-deux | 90 | quatre-vingt-dix |
| 10 | dix | 40 | quarante | 91 | quatre-vingt-onze |
| 11 | onze | 41 | quarante et un | 92 | quatre-vingt-douze |
| 12 | douze | 42 | quarante-deux | 100 | cent |
| 13 | treize | 50 | cinquante | 101 | cent un |
| 14 | quatorze | 51 | cinquante et un | 102 | cent deux |
| 15 | quinze | 52 | cinquante-deux | | |

| | | | | | |
|---|---|---|---|---|---|
| 200 | deux cents | 1.100 | mille cent | 1.000.000 | un million |
| 201 | deux cent un | | (onze cents) | 2.000.000 | deux millions |
| 300 | trois cents | 1.200 | mille deux cents | | |
| 301 | trois cent un | | (douze cents) | 1.000.000.000 | un milliard |

| | | | | | |
|---|---|---|---|---|---|
| 1.000 | mille | 2.000 | deux mille | 1.000.000.000.000 | un billion |
| 1.001 | mille un | 2.100 | deux mille cent | | |

1. Numbers from 17 to 99 are written with hyphens, except for one-word numbers (20, 30, 40, 50, 60) and those with **et** (21, 31, 41, 51, 61, and 71).

2. Multiples of **vingt** and **cent** add **-s,** unless another number follows.

    quatre-vingts   *mais*   quatre-vingt-un
    deux cents   *mais*   deux cent deux

3. **Mille** is invariable; 2.000 = **deux mille,** 14.000 = **quatorze mille,** etc. In French, a period or a space is used where a comma is used in English.

4. The indefinite article is used with **un million** and **un milliard** but not with **cent** or **mille.** The words **un million, un milliard** and their multiples are followed by **de** when used immediately before a noun.

    Notre association aura déjà **cent** membres à la fin de l'année.
    La région parisienne compte plus de **huit millions d'habitants.**

## Pronunciation

1. Certain numbers are pronounced differently according to their position in a phrase.

| IN ISOLATION, IN COUNTING, AT THE END OF A PHRASE | BEFORE A NOUN OR ADJECTIVE BEGINNING WITH A VOWEL (LIAISON) | BEFORE A NOUN OR ADJECTIVE BEGINNING WITH A CONSONANT |
|---|---|---|
| un [œ̃]* | [œ̃n] un enfant | [œ̃] un livre |
| deux [dø] | [døz] deux enfants | [dø] deux livres |
| trois [trwɑ] | [trwɑz] trois enfants | [trwɑ] trois livres |
| six [sis] | [siz] six enfants | [si] six livres |
| huit [ɥit] | [ɥit] huit enfants | [ɥi] huit livres |
| dix [dis] | [diz] dix enfants | [di] dix livres |
| vingt [vɛ̃] | [vɛ̃t] vingt enfants | [vɛ̃] vingt livres |

2. The final consonants of **cinq, sept,** and **neuf** are always pronounced as written, except for **neuf ans** and **neuf heures,** where **f** is pronounced [v].
3. The **t** of **vingt** is pronounced in the numbers from 21 to 29 but *not* in the numbers 80 to 99.
4. The **t** of **cent** is pronounced in **liaison** with a noun or adjective (**cent hommes**), but not in compound numbers (**cent un, trois cent onze,** etc.). The plural **-s** in **cents** is pronounced in **liaison: deux cents ans, cinq cents automobiles.**

## Collective Numbers

1. An approximate quantity can be indicated by a collective number, formed by adding the suffix **-aine** to the numbers 10, 15, 20, 30, 40, 50, 60, and 100 (*exception:* **une douzaine,** meaning exactly 12). Final **-e** is dropped before the suffix **-aine,** and the **x** in **dix** changes to **z.**

   dix         → une dizaine
   trente      → une trentaine
   cinquante   → une cinquantaine
   cent        → une centaine

2. Collective numbers, like other expressions of quantity, are followed by **de** when used before a noun.

---

*A complete list of the symbols of the International Phonetic Alphabet can be found in most French–English dictionaries.

Nous avons lu **une dizaine d**'articles sur l'avenir.

**Une quinzaine d**'enseignants sur soixante utilisent le matériel informatique.

## Ordinal Numbers

Ordinal numbers indicate rank, position, or order of occurrence. They are formed by adding the suffix **-ième** to cardinal numbers. If the number ends in a mute **-e,** the **-e** is dropped before the suffix is added. Other spelling changes are indicated below in boldface.

| | | | |
|---|---|---|---|
| deux | → deuxième | cinq | → cin**qu**ième |
| trois | → troisième | neuf | → neu**v**ième |
| quatre | → quatrième | vingt et un | → vingt et un**ième** |

*Exceptions:*

un, une → premier, première

deux     → second, seconde (*used when there are only two nouns in a series*)

## Fractions and Decimals

1. Cardinal and ordinal numbers can generally be used together to form fractions.

   ⅜    trois huitièmes
   ⁷⁄₁₆  sept seizièmes

2. Some common fractions have special forms.

   ½    un demi (*one half*), la moitié de (*half of*)
   ⅓    un tiers
   ⅔    deux tiers
   ¼    un quart
   ¾    trois quarts

3. In writing decimals, a comma (**une virgule**) is used in French where a period is used in English, and the number is read as follows:

   221,81   deux cent vingt et un **virgule** quatre-vingt-un

4. Arithmetic in French uses these formulas:

   | | | |
   |---|---|---|
   | **addition:** | $7 + 8 = 15$ | Sept **et** huit font quinze. (Sept **plus** huit font quinze.) |
   | **subtraction:** | $8 - 7 = 1$ | Huit **moins** sept font un. |
   | **multiplication:** | $7 \times 5 = 35$ | Sept **fois** cinq font trente-cinq. |
   | **division:** | $35 \div 5 = 7$ | Trente-cinq **divisé par** cinq font sept. |

**Précisons!**

Quelques prévisions démographiques. On peut tenter d'imaginer l'avenir en extrapolant à partir des tendances actuelles. Ecrivez en toutes lettres les expressions numériques des phrases suivantes, puis lisez l'ensemble à haute voix.

1. La population du monde atteindra environ 9.000.000.000 d'habitants en l'an 2050.
2. La France, dans une dizaine d'années, comptera environ 75.000.000 d'habitants.
3. La moyenne d'âge augmentera et les Français de plus de 75 ans représenteront 6,5 à 6,9 pour cent de la population totale.
4. En l'an 2030, près de 32.000.000 de Français vivront dans la région parisienne et 19.000.000 dans les environs de Lyon.
5. Ces régions seront urbanisées à près de 90 pour cent et la France deviendra une véritable mégalopole.

## DATES

1. The names of the days and months are not capitalized in French.

| | |
|---|---|
| lundi | samedi |
| mardi | dimanche |
| mercredi | |
| jeudi | |
| vendredi | |

| | | |
|---|---|---|
| janvier | mai | septembre |
| février | juin | octobre |
| mars | juillet | novembre |
| avril | août | décembre |

2. Years are expressed either with multiples of **cent** or with **mille.** In years from 1001 to 1999, **mil** replaces **mille** in formal writing.

1993 
$\begin{cases}$ **dix-neuf cent** quatre-vingt-treize \
**mille neuf cent** quatre-vingt-treize \
**mil neuf cent** quatre-vingt-treize $\end{cases}$

2001    **deux mille** un

3. Cardinal numbers, preceded by **le,** are used in dates, except for the first day, **le premier (le 1er).** The day always precedes the month in both speaking and writing.

le 11 octobre 1995 
11.10.95 
11/10/95 
$\Big\}$ le onze octobre 1995

When the day of the week is mentioned in a date, it can be expressed in three ways.

le samedi 12 mai
samedi 12 mai
samedi le 12 mai

Remember that the definite article **le** is used with days of the week to indicate a repeated or regular occurrence.

| | |
|---|---|
| Je prends la voiture **le mardi** et **le jeudi.** | *I take the car on Tuesdays and Thursdays.* |

The article is *not* used, however, with a specific day of the week.

| | |
|---|---|
| Nous allons prendre le métro **vendredi.** | *We're going to take the metro on Friday.* |

4. To express *in* with months, **en** or **au mois de** can be used.

| | |
|---|---|
| Nous serons en vacances **au mois d'août.** | *We'll be on vacation in August.* |
| Les cours reprennent **en septembre.** | *Classes resume in September.* |

5. Ordinal numbers are used to designate centuries. The number is usually written in Roman numerals with a superscript, but it may also be written in Arabic numerals or spelled out. *In* a given century is expressed by **au.**

Blaise Pascal, inventeur d'une machine à calculer, est né **au XVIIᵉ (17ᵉ, dix-septième) siècle.**

**Précisons!**

Les jours fériés. Pouvez-vous trouver la date qui correspond à chacun des événements suivants? Ecrivez chaque date en toutes lettres.

MODELE:    la Toussaint → le premier novembre

| | |
|---|---|
| 1. le jour de l'An | a. 31/12 |
| 2. la veille de Noël | b. 4/7 |
| 3. «Poisson d'avril!» | c. 1/1 |
| 4. la fête nationale française | d. 14/2 |
| 5. la Saint-Valentin | e. 24/12 |
| 6. la veille du jour de l'An | f. 31/10 |
| 7. la veille de la Toussaint | g. 14/7 |
| 8. la fête nationale américaine | h. 1/4 |

# TIME

1. Time is expressed as follows in informal and conversational contexts.

| | |
|---|---|
| Quelle heure est-il? | *What time is it?* |
| Il est dix heures du matin. | *It's 10:00 A.M.* |

| | |
|---|---|
| Il est sept heures du soir. | *It's 7:00 P.M.* |
| Il est une heure et demie de l'après-midi. | *It's 1:30 P.M.* |
| Il est neuf heures et quart. | *It's a quarter after nine (9:15).* |
| Il est midi moins le quart. | *It's a quarter to twelve (11:45 A.M.).* |
| Il est cinq heures pile. | *It's five o'clock sharp.* |
| Il est six heures juste. | *It's exactly six o'clock.* |
| Il est huit heures moins vingt. | *It's twenty minutes to eight (7:40).* |
| Il est minuit et demi. | *It's 12:30 A.M.* |
| A quelle heure arrives-tu ce soir? | *When (At what time) are you arriving tonight?* |
| J'arriverai vers (les) neuf heures. | *I'll arrive around nine o'clock.* |

2. A twenty-four-hour clock is used in time schedules and in official and formal announcements.

| | | |
|---|---|---|
| 0 h 05, 00.05 | zéro heure cinq | *12:05 A.M.* |
| 10 h 00, 10.00 | dix heures | *10:00 A.M.* |
| 11 h 30, 11.30 | onze heures trente | *11:30 A.M.* |
| 12 h 15, 12.15 | douze heures quinze | *12:15 P.M.* |
| 15 h 45, 15.45 | quinze heures quarante-cinq | *3:45 P.M.* |
| 22 h 28, 22.28 | vingt-deux heures vingt-huit | *10:28 P.M.* |

**Précisons!**

Une journée mal organisée. Vous devez organiser un colloque sur la futurologie dans une université américaine. Malheureusement l'imprimeur s'est perdu dans l'horaire et a imprimé tout le programme à l'envers! Pouvez-vous rétablir l'ordre initial des activités de la journée en utilisant des phrases complètes suivant le modèle?

MODELE: De 8 h 00 à 8 h 45, il y aura le petit déjeuner. →
De 9 h 00 à 10 h 05, il y aura...

| HEURES | ACTIVITES |
|---|---|
| 08 h 00–08 h 45 | Soirée dansante à Duke Hall |
| 09 h 00–10 h 05 | Cocktail chez Monsieur le Doyen |
| 10 h 15–11 h 35 | Présentation des Prix |
| 11 h 35–12 h 50 | Conférence: «La transmission de pensée en Caroline du Sud» |
| 13 h 00–15 h 30 | Réunion de l'Association (Salle des Présidents) |
| 16 h 00–16 h 40 | Déjeuner (libre) |
| 17 h 00–18 h 10 | Atelier: «L'ordinateur et la vie quotidienne» |
| 18 h 30–20 h 00 | Conférence: «IBM et les Super-cerveaux» (Amphithéâtre II) |
| 20 h 00–0 h 00 | Petit déjeuner |

**eractions**

**A.** Calendrier personnel. Prenez un calendrier de cette année (ou de l'année prochaine) et indiquez les dates les plus importantes pour vous. Par exemple, indiquez les anniversaires des membres de votre famille, les jours fériés, vos jours de congé, vos vacances, vos examens, vos rendez-vous, vos projets, etc. Expliquez à un(e) camarade de classe ce que ces dates représentent et pourquoi vous désirez les retenir.

---

### La bioéthique nécessaire

• 48 % des Français sont favorables au principe de la procréation artificielle, 46 % opposés.
• 36 % auraient recours à un donneur qu'ils ne connaissent pas s'ils ne pouvaient pas avoir d'enfant, 36 % non.
• 88 % pensent que la procréation artificielle doit être réglementée (8 % non). Pour 35 % d'entre eux, la réglementation doit être édictée par un comité national d'éthique composé de personnalités scientifiques, morales ou religieuses. 24 % préféreraient que cela soit confié aux citoyens eux-mêmes, par voie de référendum, 22 % par les médecins, 15 % par une loi votée au Parlement.
• 81 % sont favorables à des interventions génétiques sur un embryon humain pour prévenir certaines maladies héréditaires graves (16 % non).
• 87 % sont opposés à ces interventions pour changer la personnalité du futur bébé (9 % favorables).

---

**B.** La bioéthique. Après avoir lu les statistiques à gauche (tirées d'un article sur la société française paru dans *Francoscopie 1991*), discutez avec un(e) partenaire des principes présentés et dites si vous êtes pour ou contre ces idées. Puis, essayez d'estimer vous-même le pourcentage d'étudiants dans votre université qui seraient favorables ou non aux mêmes principes.

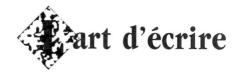

# art d'écrire

## Pour rédiger une dissertation

In Chapter 6, you learned basic concepts involved in comparing and contrasting points of view. In writing a **dissertation,** you will need to recognize three main elements of an argument: the *thesis,* in which you present an idea or general point of view; the *antithesis,* in which you present an opposing point of view; and the *synthesis,* in which you attempt to reconcile and balance the two as you reach a personal conclusion.

In the activities that follow the text "Le Futur: Progrès ou menace?" you will have an opportunity to practice writing a **dissertation,** with a special focus on ways of introducing and supporting your arguments: enumerating points and subsidiary points, giving facts, noting contradictions, and making predictions. The use of linking words and transitional phrases is also highlighted in this lesson.

---

## Le futur: progrès ou menace?

Les Français reconnaissent l'importance du progrès technique dans l'amélioration de leur vie quotidienne, mais ils redoutent° ses effets sur l'avenir.     *fear*

La technologie moderne nous présente un avenir complexe où, d'une part, les applications pratiques de la science seront utiles surtout dans les domaines de la recherche médicale, de la communication et des loisirs, alors que, d'autre part, les manipulations génétiques seront contestées.

C'est surtout dans le domaine médical que les Français attendent des progrès, mais paradoxalement, c'est là qu'ils voient des conséquences dangereuses, comme l'insémination artificielle, les transferts d'embryon, la fécondation *in vitro* et les changements dans le patrimoine génétique.

Pour l'instant, 52% des Français pensent que la science apportera aux humains autant de bien que de mal, 41% pensent qu'elle apportera plus de bien que de mal, et 4% pensent qu'elle apportera plus de mal que de bien. A l'avenir, il y aura certainement des changements complets dans les modes de vie. Il faut s'y attendre. Ceux qui ressentiront de plus en plus une impression de désarroi° seront nombreux. Il y a déjà un sens de dépersonnalisation devant     *confusion* les appareils qui nous entourent: Minitel, télévision, vidéodisque, câble, satellite, etc., sans compter la menace que présente l'arrivée des robots dans les usines.

L'avenir est de plus en plus présent tout autour de nous: la maison électronique, le télé-travail, l'information globale de la société sont des faits. On ne peut pas y échapper. On peut donc s'interroger: si demain est déjà là, que nous réserve après-demain?

*Extrait et adapté de Francoscopie 1991*

---

▶ **Analyse**

1. Notez que cette dissertation commence avec une phrase comprenant deux propositions contradictoires (thèse et antithèse). Quelles sont ces deux propositions?
2. Des mots-clés dans le texte signalent les éléments de l'argument. D'abord, soulignez les mots-clés suivants dans le texte. Ensuite, notez comment ces mots-clés introduisent les différents éléments de l'argument, notés entre parenthèses.
   a. **d'une part, déjà, sans compter, pour l'instant** (énumérations)
   b. **mais, alors que, d'autre part, paradoxalement** (contradictions, paradoxes)
   c. **surtout, comme, certainement** (faits, statistiques)
3. Quelle est la conclusion? Reprend-elle une question déjà posée?

**Préparation à l'écriture**

1. Choisissez un sujet à propos du monde de l'avenir. Voici quelques suggestions:
   l'éducation de l'avenir / les progrès de la génétique et de la biotechnique / l'automation dans la vie quotidienne et l'utilisation de l'ordinateur / le futur du mouvement écologique / les loisirs au vingt et unième siècle / les progrès de la médecine / la situation politique globale ou américaine d'ici cent ans.

2. Divisez une feuille de papier en deux colonnes. Dans la première colonne, notez votre point de vue sur le sujet (la *thèse*). Dans la deuxième colonne, notez le point de vue opposé (l'*antithèse*).

3. Dans les deux colonnes, mettez des exemples pour illustrer les deux arguments.

4. Notez les contradictions ou les paradoxes possibles.

5. Formulez une résolution au problème (la *synthèse*).

6. En vous servant de vos préparations, rédigez une dissertation logique et claire. Choisissez des expressions de transition pour lier vos idées et pour articuler les éléments de votre argument. Terminez votre dissertation avec une résolution (la *synthèse*) que vous pouvez exprimer sous forme de question.

# Récapitulation

**A.** Bienvenue dans notre société! Il n'est pas difficile de devenir membre de l'Association Internationale des Futurologues. Il suffit de pouvoir faire sept prédictions sur l'avenir. Suivez le modèle.

MODELE: Quand nous aurons atteint l'an 2500... →
... il n'y aura plus de voitures.

1. Lorsque nous aurons établi une colonie lunaire...
2. Quand on aura épuisé toutes les ressources pétrolières...
3. Après qu'un ordinateur aura été élu président des Etats-Unis...
4. Aussitôt que la paix universelle aura été déclarée...
5. Lorsque toutes nos forêts auront disparu...
6. Dès que nous arriverons en l'an 1999...
7. Quand toutes nos prédictions se seront réalisées...

**B.** Un week-end de détente. Avec un(e) camarade de classe, discutez de ce que vous ferez ce week-end en mettant les verbes au futur simple. Ferez-vous ce que vous avez fait aujourd'hui? Que ferez-vous ce week-end que vous n'avez pas fait aujourd'hui?

MODELE: VOUS: Est-ce que tu te lèveras tôt samedi matin?
VOTRE CAMARADE: Oui, je me lèverai tôt. Et toi, est-ce que tu iras à l'université... ?

**C.** Petite rédaction. Après votre conversation (l'exercice B), écrivez deux ou trois paragraphes sur vos projets pour le week-end ou sur ceux de votre camarade.

# *On se débrouille...*
## Pour se déplacer au XXI$^e$ siècle

**Juin 1991: Rencontre franco-britannique sous la Manche**

**A.** Situation. Vous voulez voyager de Lille à Lyon en TGV. Lisez l'article «Votre voyage en TGV». Maintenant, avec un(e) camarade de classe, jouez les rôles du voyageur (de la voyageuse) et de l'employé(e) de la S.N.C.F. Suivez les indications en anglais.

TICKET AGENT

Using the timetable (**horaire**) below, answer the questions your classmate asks you in his/her role as traveler. The prices of tickets from Lille to Lyons are as follows:

Aller simple Première classe: 406F; Deuxième classe: 326F;
Supplément TGV: 32F
Aller-retour Première classe: 812F; Deuxième classe: 652F;
Supplément TGV: 64F

TRAVELER

Find out the following information from the ticket agent: (a) what time the first TGV leaves for Lyons; (b) what time the train will arrive; (c) whether food is served in the second-class cars; (d) what other TGV trains will arrive in Lyons before 7:30 P.M.; (e) how much a first-class round trip will cost; (f) whether there is a supplement to be paid on Sunday; (g) how to get to the right platform.

Pour votre voyage en TGV, vous devez être muni : [a]
• du billet qui correspond au trajet effectué.
• de la réservation, obligatoire.

Outre ces deux titres, peuvent être délivrés en même temps l'un ou l'ensemble des titres suivants :
• le supplément, à payer dans certains cas (TGV circulant aux heures de pointe)[b] qui correspond au parcours que vous effectuez.

Il existe des carnets de suppléments à coupons, que vous pouvez utiliser au fur et à mesure de vos voyages[c] en TGV ou dans tout autre train à supplément sur n'importe quel parcours[d] intérieur français.

Ces suppléments à coupons ont une validité illimitée et vous évitent d'acquérir le supplément au coup par coup.[e] Ils sont vendus en carnets de 6, 10 ou 15 coupons. A titre d'exemple, les carnets de 6 et 10 coupons permettent un aller-retour (2e ou 1re classe) entre Paris et Lyon en TGV à supplément.
• la réservation pour un repas en 1re classe, si vous le désirez.
• le supplément spécifique "Jeune Voyageur Service"–JVS–(cf p.10).

Votre billet et votre réservation obligatoire, ainsi que le ou les titres ci-dessus, vous sont délivrés joints en une seule et même pochette.

[a] être... avoir   [b] heures... *rush hours*   [c] au fur... *in the course of your travels*
[d] n'importe... *any trip*   [e] au coup... *one at a time*

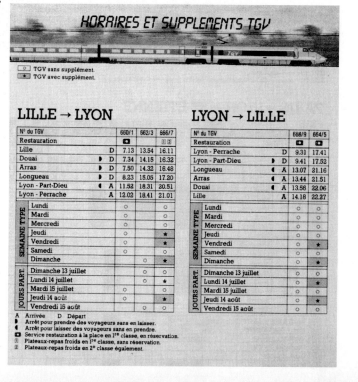

HORAIRES ET SUPPLÉMENTS TGV

TGV sans supplément.
TGV avec supplément.

### LILLE → LYON

| Nº du TGV | | 660/1 | 662/3 | 666/7 |
|---|---|---|---|---|
| Restauration | | ◘ | | ①② |
| Lille | D | 7.13 | 13.54 | 16.11 |
| Douai | ▶ D | 7.34 | 14.15 | 16.32 |
| Arras | ▶ D | 7.50 | 14.32 | 16.48 |
| Longueau | ▶ D | 8.23 | 15.05 | 17.20 |
| Lyon - Part-Dieu | ◀ A | 11.52 | 18.31 | 20.51 |
| Lyon - Perrache | A | 12.02 | 18.41 | 21.01 |
| SEMAINE TYPE — Lundi | | | ○ | ○ |
| Mardi | | | ○ | ○ |
| Mercredi | | | ○ | ○ |
| Jeudi | | | ○ | ★ |
| Vendredi | | | ○ | ★ |
| Samedi | | | ○ | ○ |
| Dimanche | | | | ★ |
| JOURS PART — Dimanche 13 juillet | | | ○ | ○ |
| Lundi 14 juillet | | | ○ | ★ |
| Mardi 15 juillet | | ○ | | ○ |
| Jeudi 14 août | | ○ | | ★ |
| Vendredi 15 août | | | ○ | ○ |

### LYON → LILLE

| Nº du TGV | | 668/9 | 664/5 |
|---|---|---|---|
| Restauration | | ◘ | ◘ |
| Lyon - Perrache | D | 9.31 | 17.41 |
| Lyon - Part-Dieu | ▶ D | 9.41 | 17.52 |
| Longueau | ◀ A | 13.07 | 21.16 |
| Arras | ◀ A | 13.44 | 21.51 |
| Douai | ◀ A | 13.56 | 22.06 |
| Lille | A | 14.18 | 22.27 |
| SEMAINE TYPE — Lundi | | ○ | ○ |
| Mardi | | ○ | ○ |
| Mercredi | | ○ | ○ |
| Jeudi | | ○ | ○ |
| Vendredi | | ○ | ★ |
| Samedi | | ○ | ○ |
| Dimanche | | ○ | ★ |
| JOURS PART — Dimanche 13 juillet | | ○ | ○ |
| Lundi 14 juillet | | ○ | ★ |
| Mardi 15 juillet | | ○ | ○ |
| Jeudi 14 août | | ○ | ★ |
| Vendredi 15 août | | ○ | ○ |

A  Arrivée    D  Départ
▶  Arrêt pour prendre des voyageurs sans en laisser.
◀  Arrêt pour laisser des voyageurs sans en prendre.
◘  Service restauration à la place en 1re classe, en réservation.
①  Plateaux-repas froids en 1re classe, sans réservation.
②  Plateaux-repas froids en 2e classe également.

**B.** Les billets de train. Regardez les titres de transport et répondez aux questions.

1. Lequel des deux documents est une réservation pour des places dans le TGV? Lequel est le billet pour le voyage?
2. Combien de personnes ont réservé? Ces personnes ont-elles réservé des places dans la salle fumeurs ou non-fumeurs? Où sont-elles assises exactement?
3. Le train part de Paris de la Gare Montparnasse. Jusqu'où les places sont-elles réservées? A quelle heure le train va-t-il arriver dans cette ville?
4. Combien coûte le billet pour le voyage? Combien coûte la réservation dans le TGV?
5. Par quelles grandes villes le train passera-t-il?

# **M**ots utiles: Aujourd'hui, c'est demain!

*Le futur professionnel et au quotidien*

| | |
|---|---|
| **être agriculteur/ agricultrice, athlète, avocat(e), traducteur/ traductrice, vendeur/vendeuse** | to be a farmer, athlete, lawyer, translator, salesperson |
| **faire construire une maison fonctionnelle** | to have an efficient house built |
| **faire des études d'ingénieur** | to study engineering |
| **fonder une famille** | to start a family |
| **gagner beaucoup d'argent** | to make a lot of money |

*Quelques expressions supplémentaires…*

*Noms*

| | |
|---|---|
| **l'abus** (*m.*) **de la drogue** | drug abuse |
| **l'argent liquide** | cash |
| **la consommation** | consumption |
| **la couche d'ozone** | ozone layer |
| **le coût de la vie** | cost of living |
| **la découverte** | discovery |
| **la détente** | relaxation |
| **les environs** | surrounding areas |
| **l'horaire** | timetable |
| **l'imprimeur** | (book) printer |
| **le maïs** | corn |
| **la météo** | weather forecast |
| **la monnaie** | currency; change |
| **le Moyen-Orient** | Middle-East |
| **la navette** | shuttle |
| **la pauvreté** | poverty |
| **la puissance** | power |
| **le taux (de criminalité)** | (crime) rate |
| **le trajet** | distance, route, journey |

| | |
|---|---|
| **le tremblement de terre** | earthquake |
| **le trou** | hole |

*Adjectifs*

| | |
|---|---|
| **branché(e)** (*pop.*) | "in," trendy |
| **fumeur/non-fumeur** | smoking/nonsmoking |
| **gratuit(e)** | free of charge |
| **jetable** | disposable |
| **quotidien(ne)** | everyday, routine |
| **souterrain(e)** | underground |

*Verbes*

| | |
|---|---|
| **s'agrandir** | to get bigger |
| **améliorer** | to improve |
| **applaudir** | to applaud, clap |
| **augmenter** | to increase |
| **compter faire** | to plan to do |
| **épuiser** | to exhaust, use up |
| **établir** | to establish |
| **fabriquer** | to manufacture, make |
| **se perdre** | to get lost |
| **poursuivre** | to pursue |
| **réduire** | to reduce |
| **réglementer** | to regulate |
| **sélectionner** | to choose, select |
| **songer** | to think over, consider |

*Mots divers et expressions idiomatiques*

| | |
|---|---|
| **à l'envers** | backward |
| **à peine** | hardly |
| **c'est-à-dire** | that is to say |
| **environ** | approximately, around |
| **être mordu(e) de quelque chose** | to be crazy, mad about something |
| **faire le tour du monde** | to travel around the world |
| **il s'agit de** | it's a matter (question) of |

# Chapitre huit

# Question d'argent

L'argent ne fait
pas le bonheur.

# Dans le vif du sujet

## Avant de lire

**Topic Sentences.** Just as each sentence has a main idea, each paragraph usually contains a topic sentence that expresses the central point of the paragraph. Other sentences in the paragraph elaborate on this information.

In this chapter's reading, "Question d'argent," there are four distinct sections: the introduction, a bank brochure ("OK pour le prêt"), a newspaper article ("Allô? SOS Endettement?"), and a section on finding a summer job ("Un job d'été?"). The topic sentence of a paragraph is often the first sentence, although writers may choose to place the topic sentence elsewhere for reasons of style or emphasis.

The technique of identifying topic sentences in a reading is a key to understanding the development and presentation of ideas. Look in the chapter reading for topic sentences to help you identify which paragraph

1. introduces the topic of the borrowing habits of the French.
2. discusses the advantages and availability of car loans.
3. explains the advantages and availability of loans for leisure activities.
4. explains the purpose of a telephone financial counseling service.
5. describes the teaching approach of that financial counseling service.
6. talks about why and how many students seek summer jobs.

O.K. POUR LE PRET

# Question d'argent

Après avoir longtemps économisé, les Français sont maintenant devenus plus dépensiers.

En 1989, les Français ont emprunté° environ 2.000 milliards de francs, soit près d'une fois et demie le budget de l'Etat.* Les Français épargnent° moins qu'auparavant. Le prospectus à la page suivante, distribué par la banque, incite (surtout les jeunes) à la consommation. Qu'en pensez-vous?

*Francoscopie 1991*, Larousse

borrowed

save

## PRÊT AUTO-MOTO

D'occasion ou neuve, elle sera bientôt à vous. Vous l'avez trouvée chez un garagiste, dans les petites annonces ou par l'intermédiaire d'un copain.

Vous serez prochainement en possession de cette voiture ou de cette moto, sans mettre vos économies en péril... sans attendre... grâce au PRÊT AUTO MOTO qui vous aidera à la financer.

Votre voiture ou votre moto sera d'ici peu garée devant votre porte.

## PRÊT LOISIRS

Si vous êtes une véliplanchiste acharnée,[a] un mélomane averti,[b] un amateur de sports d'hi-

Crédit Agricole Mutuel

ver, LE PRÊT LOISIRS a été conçu spécialement pour vous.

Ce prêt vous permettra de disposer d'une somme d'argent destinée à vous offrir l'équipement de vos rêves et donc de profiter ainsi pleinement de votre temps libre !

## PRÊT DEMARRAGE DANS LA VIE[c]

Vous avez trouvé l'appartement ou le studio de vos rêves, ou bien vous êtes déjà installé chez vous, mais vous souhaitez acquérir le canapé,[d] le réfrigérateur ou le mobilier qui vous manque.

Pour vivre indépendant, en toute liberté, facilement et rapidement... LE PRÊT DEMARRAGE DANS LA VIE, vous aidera à financer les frais occasionnés par votre installation ou par l'amélioration de votre intérieur.

[a] véliplanchiste... *fanatic windsurfer*
[b] mélomane... *music connoisseur*
[c] Prêt... *starting out*
[d] un sofa

Voyez dans l'extrait qui suit les conséquences de cette course effrénée° aux biens matériels.    *unrestrained*

# ALLO? SOS ENDETTEMENT?

«Je n'y arrive plus. Je ne peux plus boucler mes fins de mois»[a]: tels sont les appels désespérés que reçoivent presque tous les jours les permanents de SOS Endettement, premier centre français d'aide aux ménages surendettés,[b] créé récemment à Strasbourg.

Le standard[c] est si submergé que d'autres centres doivent ouvrir prochainement dans d'autres villes.

Leur démarche se veut pédagogique.[d] «On refait le budget avec la famille, on détermine un minimum vital, puis on calcule combien il lui manque pour boucler le mois», explique le président de SOS Endettement, Fernand Kachelhoffer.

«Ces familles ne savent pas où elles en sont, elles ne connaissent pas leurs dépenses exactes», ajoute-t-il. Selon une étude du Centre de recherche sur le budget familial, 69 % des emprunteurs n'ont aucune idée des taux[e] de leurs crédits, et 79 % ne connaissent pas leurs mensualités.[f]

[a] boucler... *to make ends meet*
[b] *deeply indebted*
[c] centre téléphonique
[d] Leur... *Their strategy is intended to educate people.*
[e] *rate (of interest)*
[f] *monthly payments*

## Un job d'été?

Quelles que soient leurs attitudes envers l'argent, presque tous les étudiants doivent faire face à de grosses dépenses à chaque rentrée. Au lieu d'emprunter de l'argent à la banque, beaucoup d'étudiants cherchent un job d'été. Et tous les ans c'est le même problème. Comment trouver un job d'été lorsqu'on est étudiant pendant le reste de l'année? Il serait préférable, bien sûr, de savoir où se renseigner et il conviendrait également de prendre plusieurs facteurs en considération avant de s'engager:

1. *Le travail lui-même.* Il pourrait être fatigant physiquement si on n'est pas habitué, ennuyeux si on fait toujours la même chose.
2. *Le lieu de travail.* On pourrait travailler dehors, ce qui est bien agréable en été… mais on pourrait aussi être obligé de passer la journée derrière un bureau, ce qui est moins agréable!
3. *Le salaire.* Les travailleurs saisonniers° sont moins qualifiés que les travailleurs réguliers et sont un peu moins payés. Vous devriez vous renseigner.    *seasonal*
4. *La durée du travail.* Lorsqu'un jeune employé est formé pour un travail, son patron ne veut pas le voir partir au bout de trois semaines! Certains jobs vous engagent pour tout l'été. Il serait bon de réfléchir.
5. *Les qualifications.* Pour certains emplois, il faut avoir son permis de conduire. Parfois, il faut savoir parler plusieurs langues et souvent être très patient! D'autres jobs vous obligeraient à travailler la nuit.

Alors, renseignez-vous bien avant de vous engager pour un job d'été. Pour les étudiants qui travaillent en été, les vacances peuvent parfois paraître très longues!

Adapté de *Paris Match*

**Avez-vous compris?**

Pour vérifier si vous avez bien compris les textes que vous venez de lire, complétez les paragraphes suivants avec les mots qui conviennent.

1. O.K. pour le prêt

   Le Crédit Agricole propose aux jeunes des
   _____¹ de toute sorte pour acheter une
   _____² d'occasion ou neuve, pour _____³
   de leur temps libre ou pour _____⁴ dans la
   vie.

   auto
   démarrer
   prêts
   profiter

2. Allô? SOS Endettement?

   Pour les jeunes couples qui n'arrivent pas à
   _____¹ leurs dettes, l'organisation SOS
   Endettement offre des _____² pour les aider
   à refaire leur _____.³ Selon les études du
   Centre, 69% des emprunteurs n'ont aucune
   idée de leurs _____⁴ de crédit et 79% ne
   connaissent pas le montant de leurs _____.⁵

   budget
   conseils
   factures mensuelles
   payer
   taux

3. Un job d'été?

Afin de trouver un bon job d'été, il faut
*Se renseigner* [1] sur les facteurs suivants:

- Est-ce que le travail est *fatigant* [2] ou ennuyeux? On ne veut pas faire de trop gros efforts!
- Où travaille-t-on? *Dehors* [3] ou derrière un bureau? Est-ce qu'on veut rester pâle comme un cachet d'aspirine tout l'été?
- Va-t-on bien *gagner* [4]? Il ne s'agit pas de travailler pour des prunes!
- Est-ce qu'on veut un peu de temps libre pour faire autre chose ou est-ce qu'on veut un boulot qui *durer* [5] tout l'été?

> slang for work

dehors
durer
fatigant
gagner
se renseigner

*Le facteur le plus important c'est que le travail payer bien, parce que si le travail ne pas payer bien, c'est un gaspiller de temps.*

▶ **Qu'en pensez-vous?**

Avec un(e) camarade de classe, illustrez et discutez des conseils que donne le texte pour bien choisir un job d'été. Utilisez les expressions suggérées.

**Expressions utiles:** Qu'est-ce qu'il faut faire?

faire la cueillette des fruits *to pick fruit*
faire les vendanges *to pick grapes*
nettoyer les tables *to bus tables*
renseigner les touristes *to give tourists information*
servir les clients *to wait on customers*
taper à la machine *to type*
tondre la pelouse *to mow the lawn*
travailler à l'ordinateur *to work on a computer*

Les inconvénients...

être moins payé(e) *to be paid less*
être moins qualifié(e) *to be less qualified*
ne pas avoir d'expérience professionnelle *not to have any professional experience*
ne pas avoir de climatisation *not to have air conditioning*
ne pas profiter de l'été *not to enjoy the summer*
rester debout tout le temps *to be standing up all the time*

1. Le travail même. Donnez des exemples de «jobs» physiquement fatigants. A votre avis, pourquoi le sont-ils? Qu'est-ce que c'est qu'un travail ennuyeux?
2. Le lieu de travail. Où peut-on travailler dehors? Qu'est-ce qui rend un travail de bureau désagréable? Expliquez pourquoi.
3. Le salaire. Qu'est-ce que c'est qu'un travail saisonnier? Pourquoi est-ce que les travailleurs saisonniers sont moins bien payés que les travailleurs réguliers? Est-ce que vous trouvez cela normal?

4. Les qualifications. Est-ce qu'il est bon d'avoir son permis de conduire pour trouver un bon job d'été? Quelles sont, à votre avis, les qualifications les plus recherchées pour ces emplois-là? Quelles sont vos qualifications personnelles? Est-ce que vous voudriez bien travailler la nuit?

# Grammaire en contexte
## 23 The *plus-que-parfait*

The **plus-que-parfait,** or past perfect tense, expresses actions, events, or states that took place before another past action, event, or state.

> La banque a annoncé que les taux d'intérêt **avaient augmenté.**

## FORMS

Like the **passé composé,** the **plus-que-parfait** is formed with two parts: an auxiliary verb (**avoir** or **être**) and the past participle. The auxiliary verb is conjugated in the **imparfait.**

| voyager | | revenir | |
|---|---|---|---|
| j' | avais voyagé | j' | étais revenu(e) |
| tu | avais voyagé | tu | étais revenu(e) |
| il/elle/on | avait voyagé | il/on | était revenu |
| | | elle | était revenue |
| nous | avions voyagé | nous | étions revenu(e)s |
| vous | aviez voyagé | vous | étiez revenu(e)(s) |
| ils/elles | avaient voyagé | ils | étaient revenus |
| | | elles | étaient revenues |

Agreement of the past participle is the same in the **plus-que-parfait** as in the **passé composé** (see Chapter 5).

---

*The characters of the ant (*la fourmi*) and the grasshopper (*la cigale*) are found in both *Aesop's Fables* and La Fontaine's *Les Fables.* The ant represents thrift and the grasshopper represents a spendthrift attitude.

**Précisons!**

**A.** Comment devenir millionnaire. Rétablissez les phrases en utilisant le plus-que-parfait.

MODELE:  M. Rootchild a dit que / il / acheter / chevaux de course. →
         M. Rootchild a dit qu'il avait acheté des chevaux de course.

1. Mme Van Snid a déclaré que / elle / investir / dans / objets d'art
2. M. Rocher a raconté que / il / collectionner / centimes / depuis / enfance
3. les Vandermeer ont expliqué / que / ils / devenir / riche / grâce à / puits de pétrole
4. vous vous êtes souvenu que / vous / faire / placements (*investments*) / avantageux
5. Mlle Castafiore a admis que / elle / recevoir / gros / héritage
6. tu n'as pas nié (*denied*) que / tu / découvrir / mine d'or
7. les Nouvoriche ont affirmé que / ils / vivre / très / simplement

## USES

1. The **plus-que-parfait** indicates something that had occurred before another event or moment in the past. In the sentences below, the **plus-que-parfait** describes what had already happened before **"la banque a refusé de négocier mon chèque."**

| | |
|---|---|
| La banque a refusé de négocier mon chèque parce que j'**avais retiré** tout mon argent. | *The bank refused to cash my check because I had withdrawn all my money.* |
| Je m'**étais** bien **demandé** si on allait le remarquer! | *I had wondered if they were going to notice!* |

2. When a sequence of habitual actions is being described in the past, the first action that occurred is expressed in the **plus-que-parfait**, introduced by **quand, lorsque, dès que, aussitôt que,** or **après que.** The following action is expressed in the **imparfait.** In the sentences below, Janine has finally paid off all her debts. She is talking to a friend about how things were before she called *SOS Endettement* for help.

| | |
|---|---|
| **Quand j'avais décidé** d'acheter quelque chose, je me sentais toujours un peu coupable. | *Whenever I had decided to buy something, I always felt a little guilty.* |
| Mais **dès que j'avais payé** avec ma carte de crédit, je n'y pensais plus. | *But as soon as I had paid with my credit card, I didn't think about it any longer.* |

3. The **plus-que-parfait** is used with **si** to express a condition: *if something had (or had not) happened.* The verb in the result clause is usually in the past conditional (see section 26).

Si mes parents m'**avaient donné** beaucoup d'argent j'aurais probablement tout dépensé.

Nous n'aurions pas autant de dettes si nous n'**avions** pas **fait** ce voyage.

*If my parents had given me a lot of money, I probably would have spent it all.*

*We wouldn't have so many debts if we hadn't taken that trip.*

**Interactions**

Le nouveau riche. Vous avez gagné 100.000.000F à la Loterie Nationale l'année dernière et vous êtes riche! Votre camarade de classe vous pose des questions.

> MODELE:   voyages →
>> VOTRE CAMARADE:  Avant de devenir riche l'année dernière, est-ce que tu *avais fait* beaucoup de voyages?
>> VOUS: Non, j'*avais fait* très peu de voyages.

1. temps libre   2. passe-temps favori   3. vêtements   4. domicile
5. amis   6. restaurants   7. bonheur   8. (autres sujets de votre choix)

# **24** The Present Conditional

The conditional expresses what would happen under certain conditions, either stated or implied.

> Si on me donnait 1.000F, je les **dépenserais** immédiatement!
> Et toi, qu'est-ce que tu **ferais?**

## FORMS

1. The present conditional is formed by adding the **imparfait** endings to the infinitive. The final **-e** of infinitives in **-re** is dropped.

| | changer | répondre | partir |
|---|---|---|---|
| je | changer**ais** | répond**rais** | partir**ais** |
| tu | changer**ais** | répond**rais** | partir**ais** |
| il/elle/on | changer**ait** | répond**rait** | partir**ait** |
| nous | changer**ions** | répond**rions** | partir**ions** |
| vous | changer**iez** | répond**riez** | partir**iez** |
| ils/elles | changer**aient** | répond**raient** | partir**aient** |

2. As in the future tense, regular **-er** verbs with spelling changes in their present tense stems (see Chapter 1) contain these changes in *all forms* of the present conditional.

|  | PRESENT TENSE | CONDITIONAL |
|---|---|---|
| appeler | j'appelle | j'appellerais, nous appellerions |
| jeter | je jette | je jetterais, nous jetterions |
| mener | je mène | je mènerais, nous mènerions |
| enlever | j'enlève | j'enlèverais, nous enlèverions |
| payer | je paie | je paierais, nous paierions |
| employer | j'emploie | j'emploierais, nous emploierions |

*Exception:* The present tense change of the stem vowel **-é-** to **-è-** does not occur in the conditional.

| espérer | j'espère | *but* | j'espérerais, nous espérerions |
|---|---|---|---|
| préférer | je préfère | *but* | je préférerais, nous préférerions |

3. Verbs with irregular future stems have the same stem in the conditional.

| avoir | j'aurais | tenir | je tiendrais |
|---|---|---|---|
| savoir | je saurais | venir | je viendrais |
| falloir | il faudrait | courir | je courrais |
| valoir | il vaudrait | mourir | je mourrais |
| vouloir | je voudrais | pouvoir | je pourrais |
| devoir | je devrais | voir | je verrais |
| recevoir | je recevrais | envoyer | j'enverrais |
| être | je serais | aller | j'irais |
| faire | je ferais | | |

All verbs, regular and irregular, have the same stem in the future and the conditional. The different verb endings distinguish the two tenses.

**Précisons!**

Cigale ou fourmi? En ce qui concerne l'argent, êtes-vous cigale ou fourmi? et vos amis? et votre famille? Complétez le texte au conditionnel et répondez aux questions.

1. _____-nous économiser notre argent ou _____-t-il      devoir
   préférable d'en profiter tout de suite au maximum?          être

2. _____ -vous verser votre argent sur un compte en banque ou _____-vous le dépenser immédiatement?

aller<br>vouloir

3. Est-ce que vous _____ investir votre argent intelligemment ou _____-vous toutes vos économies en jouant à la loterie?

perdre<br>savoir

4. _____-vous vos dettes ou _____-vous l'argent par les fenêtres?

jeter<br>payer

5. Vos copains _____-ils vous emprunter du fric (argent, *pop.*) ou _____-ils plutôt des économies?

faire<br>venir

6. Qui _____-vous comme cigale dans votre famille? Qui _____ être la fourmi?

choisir<br>pouvoir

## USES

1. The conditional expresses what would happen if certain conditions prevailed. Such conditions are often, but not always, expressed in a **si** clause.

| | |
|---|---|
| S'il leur restait un peu d'argent, mes amis le **verseraient** sur leur compte en banque. —Moi, je ne **ferais** jamais ça! | *If they had a little money left, my friends would put it into their bank account. —I would never do that!* |

2. The conditional expresses wishes or requests. **Devoir, pouvoir, vouloir,** and **falloir** (**il faudrait**) are used in the conditional to make a request sound more tactful or polite.

| | |
|---|---|
| **Pourrais**-tu me prêter quelques dollars? —D'accord, mais il **faudrait** quand même que tu fasses des économies. | *Could you lend me a few dollars? —OK, but you should still save money.* |

3. The conditional expresses a future event as seen from a point in the past. It is often used to report what someone said or thought. Compare the use of the *future* in direct quotes with the use of the *conditional* in indirect quotation.

DIRECT QUOTATION

| | |
|---|---|
| Mes parents l'ont décidé: «Nous ne **partirons** pas en vacances cette année.» Mais ils m'ont dit, «Nous t'**achèterons** une nouvelle voiture.» | *My parents decided: "We will not go on vacation this year." But they told me, "We will buy you a new car."* |

INDIRECT QUOTATION

| | |
|---|---|
| Mes parents ont décidé que nous ne **partirions** pas en vacances cette année. | *My parents decided that we would not go on vacation this year.* |
| Mais ils m'ont dit qu'ils m'**achèteraient** une nouvelle voiture. | *But they told me that they would buy me a new car.* |

4. The conditional is used to express information that is reportedly true but not necessarily verified.

| | |
|---|---|
| Selon cet article, bien des gens **auraient** tendance à dépenser tout leur argent. | *According to this article, many people are (allegedly) inclined to spend all their money.* |

**Précisons!**

**A.** Que faire? Si les frais d'inscription (*tuition*) augmentaient, il faudrait bien réagir. Complétez le texte avec les verbes proposés.

Si les frais d'inscription augmentaient, nous _____[1] travailler à mi-temps dans la restauration comme serveurs, cuisiniers ou plongeurs, mais il _____[2] passer toute la journée debout et cela _____[3] peut-être plus fatigant qu'un travail de bureau.

être
falloir
pouvoir

D'un autre côté, cela _____[4] des avantages; nous ne _____[5] pas de faim! Si nous savions où nous adresser, nous _____[6] un emploi.

mourir
présenter
trouver

Personnellement, je _____[7] travailler en plein air. Je (J') _____[8] de m'occuper d'enfants dans une colonie de vacances, par exemple. Si j'étais vraiment fauchée (*broke*), les amis de mes parents me (m') _____[9] peut-être.

accepter
embaucher
préférer

**B.** Arguments pour et contre. Les parents de Françoise ne voulaient pas qu'elle prenne un appartement en ville. Rapportez leur discussion selon le modèle. Utilisez des verbes comme **répondre, expliquer, promettre, dire,** etc.

MODELE: LES PARENTS: «Tu devras payer des charges astronomiques.» →
Les parents disaient que Françoise devrait payer des charges astronomiques.

1. LES PARENTS: «Il ne sera pas facile de trouver un logement à Paris.»
2. FRANÇOISE: «Je choisirai un appartement modeste.»
3. LES PARENTS: «Tu ne pourras pas te permettre un appartement de grand standing (*luxury apartment*).»
4. FRANÇOISE: «Je lirai soigneusement les petites annonces.»

5. LES PARENTS: «A Paris, tes voisins ne te connaîtront pas.»
6. FRANÇOISE: «Nous nous téléphonerons une fois par semaine.»
7. LES PARENTS: «Tu seras vite fatiguée de vivre en ville.»
8. FRANÇOISE: «Le propriétaire m'expliquera le problème des charges.»

**Interactions**

Vous êtes semblable à la cigale de la fable et votre camarade de chambre est la fourmi. Vous avez toujours besoin de quelque chose. Pour convaincre votre camarade de vous aider, vous devriez être aussi poli(e) que possible. Votre camarade décidera ce qu'il/elle veut faire.

**Vos besoins:** argent, notes de cours, vêtements, savon, shampooing, voiture, livres, cahiers, etc.
**Expressions de politesse (au conditionnel):** pouvoir, accepter de, consentir à, vouloir bien, aimer, préférer

MODELE:                              VOUS: Pourrais-tu me prêter tes notes de cours?
                   VOTRE CAMARADE: D'accord, mais ne les perds pas!
                                   *ou*
                                   Non, tu devrais assister au cours comme moi!

Maintenant, jouez votre dialogue pour les autres dans la classe. Le meilleur dialogue gagne un prix.

# 25 The Past Conditional

The past conditional expresses actions or events that would have taken place if certain conditions had existed.

Si nous avions mis de l'argent de côté, nous **serions allés** au Canada cet été.

## FORMS

Like the other compound tenses, the past conditional is formed with two parts: an auxiliary verb (**avoir** or **être**) and the past participle. The auxiliary verb is conjugated in the conditional.

| faire | | venir | |
|---|---|---|---|
| j' | aurais fait | je | serais venu(e) |
| tu | aurais fait | tu | serais venu(e) |
| il/elle/on | aurait fait | il/on | serait venu |
| | | elle | serait venue |
| nous | aurions fait | nous | serions venu(e)s |
| vous | auriez fait | vous | seriez venu(e)(s) |
| ils/elles | auraient fait | ils | seraient venus |
| | | elles | seraient venues |

Agreement of the past participle is the same in the past conditional as in the **passé composé** (see Chapter 5).

**Précisons!**

Regrets. Un groupe de retraités (*retired people*) bavardent pendant une partie de cartes. Ils parlent de leur passé et de leur famille. Complétez leur conversation au conditionnel passé en utilisant les verbes à droite.

CELINE: Si j'avais voulu, j(e) _____¹ ma fortune quand j'étais jeune.

EUGENE: Tu plaisantes, Céline! Comment est-ce que cela _____² arriver?

HERVE: Est-ce que tu _____³ à la loterie?

FELICITE: Non! Tu n'y comprends rien. Elle _____⁴ avec Hugo de La Roche. Et alors elle _____⁵ des tonnes d'argent.

CELINE: Vous avez tous complètement tort! Je _____⁶ propriétaire d'un cheval de course. Et vous savez combien ça rapporte! J'avais des cousins en Irlande qui m(e) _____⁷ un cheval de race (*purebred*) et il _____⁸ à Longchamps.*

HERVE: Céline, si tu avais fait ça, je t(e) _____⁹ il y a trente ans!

avoir
faire
jouer
se marier
pouvoir

courir
devenir
épouser
vendre

## USES

1. The past conditional expresses what would have occurred under certain conditions, either stated in a **si** clause or implied by the context.

A ta place, je **serais resté** à la maison. / *If I were you, I would have stayed home.*

Si on m'avait demandé, j'**aurais dit** que l'argent ne m'intéressait pas du tout. / *If they had asked me, I would have said that money didn't interest me in the least.*

The past conditional can also express a wish, desire, or suggestion that was not realized. A condition that prevented the event from happening is usually implied.

J'**aurais préféré** payer avec une carte de crédit. / *I would have preferred to pay with a credit card (but I couldn't).*

2. The past conditional is used to express events that reportedly took place but may not have been confirmed.

---

*famous racetrack in Paris

D'après le journal, les frais de scolarité **auraient** encore **augmenté** cette année.

*According to the paper, tuition costs have gone up again this year.*

**Précisons!**

Un travail de journaliste. Voici des affirmations qui n'ont pas été confirmées. Refaites les phrases au conditionnel passé. Puis, traduisez-les en anglais.

1. Le gouvernement fédéral a dépensé plus qu'il n'a gagné.   2. Le président a pris des mesures exceptionnelles pour économiser.
3. Certains groupes ont craint de perdre leurs bénéfices.   4. Les étudiants n'ont pas pu obtenir de bourses (*scholarships*) aussi facilement qu'avant.   5. Certains députés ont voulu augmenter les impôts.   6. Les forces armées ont reçu trop d'argent.   7. Chacun a dû faire des sacrifices.   8. Les grosses compagnies n'ont pas payé assez d'impôts.

**Interactions**

A votre avis. Qu'est-ce qui vous serait arrivé l'année dernière si... ? Répondez aux questions suivantes posées par votre partenaire. Utilisez les temps qui conviennent.

MODELE:   VOTRE AMI:  Qu'est-ce qui te serait arrivé si le prix de l'essence avait atteint dix dollars le gallon?
VOUS:  J'aurais pris ma bicyclette pour aller en classe.

1. si vous n'aviez pas obtenu de bourse?   2. si votre université avait doublé les frais d'inscription?   3. si vous n'aviez pas pu trouver de travail d'été?   4. si votre père ou votre mère avait soudain perdu son emploi?   5. si vous aviez hérité de 100.000 dollars?

# 26 Conditional Sentences

1. Conditional sentences consist of two clauses: an "if" clause, which states a possibility or hypothetical event, and a "result" clause, which states the consequence of or reaction to that possibility or event. Either clause can begin the sentence.

**Si vous demandiez** le «Prêt démarrage dans la vie», **vous auriez** bientôt le mobilier qui vous manque.
*If you applied for a "Starting out in Life Loan," you would soon have the furnishings you are lacking.*

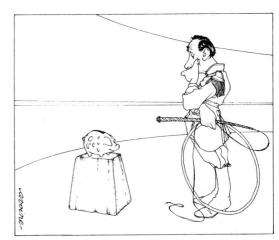

**Si seulement j'arrivais à le faire obéir, je serais riche!**

**Vous auriez** bientôt le
mobilier qui vous manque **si
vous demandiez** le «Prêt
démarrage dans la vie».

*You would soon have the
furnishings you are lacking
if you applied for a
"Starting Out in Life Loan."*

2. The tenses used in conditional sentences are similar in French and in
English. The conditional and past conditional, as well as the future, are
not used in **si** clauses.

| si CLAUSE | | RESULT CLAUSE |
|---|---|---|
| présent | → | futur |
| imparfait | → | conditionnel |
| plus-que-parfait | → | conditionnel passé |

*hypothetical*

*vous (fthiors*
*nous acheterions (achsions*

**Si nous voyageons** à quatre
dans un seul véhicule, **nous
ferons** des économies.

*If we travel four to a car, we'll
save money.*

**Si nous voyagions** à quatre
dans un seul véhicule, **nous
ferions** des économies.

*If we traveled four to a car,
we would save money.*

**Si nous avions voyagé** à
quatre dans un seul
véhicule, **nous aurions fait**
des économies.

*If we had traveled four to a
car, we would have saved
money.*

*nous avions en voyage*
*nous aurions pris*

3. In some contexts, other sequences of tenses are used in conditional
sentences. These patterns correspond to English usage.

| CONTEXT | si CLAUSE | | RESULT CLAUSE |
|---|---|---|---|
| *Emphasizing the immediacy of the result* | présent | → | présent, futur proche |
| *Making a generalization* | présent | → | présent |
| *Giving advice and instructions* | présent | → | impératif |
| *Stating present consequences* | plus-que-parfait | → | conditionnel |

**Si** le prix de l'essence
**continue** à monter, alors je
**prends** le bus!

*If the price of gasoline keeps
going up, I'm taking the
bus!* (immediate result)

**Si** je n'**ai** pas beaucoup
d'argent, j'**essaie** d'éviter les
magasins.

*If I don't have much money, I
try to avoid the stores.*
(generalization)

**Si** la banque **téléphone, dis**-leur que je ne suis pas à la maison.

*If the bank calls, tell them I'm not home. (instructions)*

**Si** j'**avais** moins **dépensé,** je n'**aurais** pas besoin d'un prêt.

*If I had spent less, I wouldn't need a loan. (present consequences)*

**Précisons!**

*Cet etamen.*

Solutions pour l'avenir. Complétez les phrases comme vous le voulez.

1. J'irai à l'université l'année prochaine si…
2. Si je ne conduisais pas autant, je…
3. Le gouvernement gaspillerait beaucoup moins d'argent si…
4. Si je n'avais pas dépensé tout mon argent à acheter des livres de classe,…
5. Notre famille pourrait s'acheter une nouvelle voiture si…
6. Nous économiserions de l'argent si nous…
7. Vous auriez moins d'ennuis financiers si vous…
8. Si je trouve un bon job cet été,…

**Interactions**

**A.** Une entrevue avec le chef du personnel. Combinez les propositions de la colonne A avec les éléments suggérés juste en face, dans la colonne B, pour rétablir les questions de l'entrevue. Attention à la concordance des temps. Votre camarade de classe doit répondre aux questions.

| A | B |
|---|---|
| 1. Si nous vous embauchons… | comment / vous / contribuer / à / succès / notre / entreprise? |
| 2. Si vous en aviez l'occasion… | est-ce que / vous / aimer / travailler / avec / gens? |
| 3. Si vous deviez changer quelque chose en vous… | qu'est-ce que / vous / changer? |
| 4. Est-ce que vous pourriez mentionner vos qualifications… | si / on / vous / le / demander? |
| 5. Si vous aviez pu prendre quelqu'un en exemple… | qui / prendre / vous? |
| 6. Si vous aviez le temps… | faire / vous / volontariat (*volunteer work*)? |

**B.** Point de vue personnel. Complétez les phrases suivantes selon vos propres convictions. Faites attention aux temps des verbes. Comparez vos réponses avec celles d'un(e) camarade de classe.

1. Si je pouvais m'offrir des vacances, je… parce que…
2. Si on m'avait appris à économiser mon argent, je…
3. Le déficit budgétaire augmentera si…
4. Si l'Américain moyen (*average*) coupe (*cuts*) toutes ses cartes de crédit en deux…
5. J'ouvrirais un compte en banque si…

### L'argent en proverbes

Les dictons[a] populaires montrent l'ambiguïté des rapports que les Français ont entretenu pendant des siècles avec l'argent. On prétend[b] ainsi depuis longtemps que « l'argent ne fait pas le bonheur ». Une affirmation aussi bien utilisée par ceux qui en sont démunis[c] (pour conjurer le mauvais sort ?) que par les plus fortunés (comme pour s'en excuser). Car un honnête homme doit se méfier[d] de l'argent, puisqu'il est à la fois « bon serviteur et mauvais maître ». D'ailleurs, les Français se sont consolés pendant longtemps de ne pas être riches en se répétant que « peine d'argent n'est pas mortelle »... Mais la période récente a remis à la mode un autre dicton, selon lequel « l'argent n'a pas d'odeur ».

*Jadis[e] solide, puis liquide, l'argent devient aujourd'hui un gaz, incolore et inodore, mais non sans saveur.*

Tiré de *Francoscopie 1991,* Larousse

**C.** Pensées sur l'argent. Après avoir lu le texte «L'argent en proverbes», complétez les phrases ci-dessous, avec l'aide d'un(e) camarade. Puis comparez vos réponses avec celles du reste de la classe.

1. Si l'argent poussait sur les arbres,...
2. Nous serions beaucoup plus heureux si...
3. L'argent ne serait pas la racine du mal si...
4. Si j'étais né(e) riche,...
5. On peut vivre sans argent si...

Maintenant, ajoutez deux ou trois autres phrases de votre choix, ou inventez vos propres proverbes sur l'argent.

[a] *sayings*
[b] *claims*
[c] ceux... *those who have little*
[d] *distrust*
[e] *Formerly*

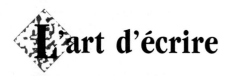

# L'art d'écrire

## Ecrire un petit essai (1)

In this section you will practice writing a short essay in which you express a personal opinion, supporting it with examples drawn from your life experiences. The **essai** often has a philosophical aspect, and the writer may begin by asking a question about life, which he or she then attempts to answer in a general or more personal way. The short texts below are based on answers by various people to the question of privilege in society. They discuss this issue as it relates to their own lives and talk about which privileges they would be willing to give up.

### Les privilégiés: A quoi renonceraient-ils?

*L'Evénement du Jeudi,* à l'occasion du bicentenaire de la Révolution française, a demandé à des personnes de toute sorte de parler de leurs privilèges. C'était en effet le 10 août 1789 que les privilèges de la noblesse ont été abolis. Les reporters ont également demandé à ces gens de parler des privilèges auxquels ils renonceraient facilement. Voici quelques extraits de cet article.

**JACK SETTON**
(PDG du groupe Setton-Pioner)[a]:
*« MERCI PAPA »*

Le plus grand des privilèges est celui de l'héritage – spirituel ou financier –, mais vous n'y pouvez rien, il vous est donné à la naissance. Sans mon père, je ne serais pas ce que je suis.
Deux autres privilèges me paraissent essentiels : la santé et la liberté. On oublie trop souvent l'immense privilège que nous avons de vivre dans un pays libre, comme la France... De tous les autres privilèges – voitures, hélicoptère, château, etc. – je serais prêt à me passer s'il le fallait... Je suis contre le principe de l'héritage.
J'aime la libre concurrence.

[a] Président, Directeur-Général d'un groupe financier puissant

Tiré de *L'Evénement du Jeudi,* janvier 1989

**PIERRE PERRET**[a]
(Chanteur) :
*« SI VOUS VOULEZ, JE VOUS DONNE TOUT... »*

Hé! Je ne suis pas un héritier. J'ai commencé en marchant à pied, puis je me suis acheté une voiture d'occasion avant de me payer une bagnole neuve... Mon privilège, c'est de bien vivre. Je dois tout au public. Je paie l'impôt sur la fortune et je ne m'en plains pas.
J'ai une maison à la campagne, une prairie, une cave... Mais je m'en fous,[b] si vous voulez, je vous les donne... Mon privilège est ailleurs : c'est de conserver mes amis.

[a] chanteur comique
[b] je... *I don't care about those things*

**JULIE LAMACQ**
(prof) :
*« TOUCHE PAS A MES VACANCES! »*

Moi, je me sens privilégiée d'avoir des vacances longues parce que j'utilise au mieux ce temps libre : je lis, je voyage et je fais du théâtre. Cependant, sans le salaire de mon mari, je ne pourrais pas aussi bien profiter de ces mois disponibles. Céder[a] une partie de mes vacances? Pas question, je préférerais encore accepter une diminution de mon salaire qui, soit dit en passant, n'est vraiment pas élevé.

[a] *Give up*

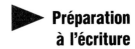 **Analyse**

1. Quels sont les privilèges mentionnés? Classez-les selon les rubriques qui les décrivent le mieux: privilèges d'ordre matériel, social, physique, psychologique, etc.
2. A quoi ces gens renonceraient-ils le plus facilement? Qu'est-ce qu'ils refuseraient absolument d'abdiquer?

**Préparation à l'écriture**

1. Réfléchissez aux privilèges de toutes sortes qui existent dans notre société. Classez-les selon le système ci-dessus. Y a-t-il un ordre de priorité? Notez-le. Quels sont les privilèges les plus faciles à abandonner?
2. Dans votre liste, encerclez les privilèges dont vous bénéficiez. Classez-les par ordre d'importance pour vous et pensez aux raisons pour lesquelles vous les avez mis dans cet ordre.
3. Ecrivez un petit essai où vous discuterez des privilèges dans le monde et des privilèges dont vous bénéficiez. Terminez votre essai en mentionnant ceux qui sont moins importants et ceux qui vous sont indispensables.

 **Récapitulation**

**A.** A la banque. Complétez le dialogue suivant en utilisant le conditionnel de politesse.

**Verbes suggérés:** agir, désirer, falloir, pouvoir, vouloir, avoir, devoir, donner, être

LA CLIENTE: Bonjour, Monsieur, je _____¹ changer des devises étrangères en francs français. _____²-vous m'aider?

L'EMPLOYE: Mais certainement, Mademoiselle. De quelle somme d'argent s' _____³-il et en quelles devises?

LA CLIENTE: Je _____⁴ changer une vingtaine de livres anglaises en francs français. Il me _____⁵ aussi un peu de monnaie.

L'EMPLOYE: Me _____⁶-il possible de voir votre passeport? _____⁷-vous par hasard une adresse à me donner en France?

LA CLIENTE: Voici mon passeport. Je vous _____⁸ volontiers une adresse en France, mais je n'ai pas encore réservé de chambre d'hôtel.

L'EMPLOYE: Cela ne fait rien, votre passeport _____⁹ suffire. Voilà, veuillez signer ici. Vous pouvez vous présenter à la caisse avec ce reçu.

LA CLIENTE: Je vous remercie. Au revoir, Monsieur.

**B.** Oui, mais! Mettez les verbes entre parenthèses aux temps qui conviennent. Attention: Selon le temps du verbe qui est déjà conjugué, il faut choisir entre le présent, le futur simple, l'imparfait, le conditionnel, le plus-que-parfait et le conditionnel passé.

Francis cherche un appartement. Son amie Agnès essaie de l'aider.

AGNES: Si tu lis les petites annonces régulièrement, tu _____¹ (trouver) un appartement à louer.

FRANCIS: Oui, mais si je _____² (connaître) mieux la ville, je n'aurais pas de difficulté à choisir.

AGNES: Tu pourrais choisir sans difficulté si tu _____³ (s'acheter) un bon plan de la ville et un itinéraire des autobus urbains.

FRANCIS: Oui, mais même si je _____⁴ (se procurer) un plan de la ville, je ne saurais pas le lire.

AGNES: Si tu veux, je t' _____⁵ (apprendre) à t'en servir.

FRANCIS: Ce serait formidable si tu _____⁶ (pouvoir) m'aider!

AGNES: Si demain tu es libre, nous _____⁷ (aller) ensemble à la librairie du boulevard.

Quelques semaines plus tard, Francis n'a toujours pas trouvé d'appartement. Agnès le rencontre en ville...

AGNES: Si tu avais cherché plus sérieusement, tu _____⁸ (trouver) un appartement tout de suite.

FRANCIS: Même si j'avais trouvé un appartement, je _____⁹ (ne pas pouvoir) le louer parce que je n'ai pas assez d'argent pour payer à l'avance les deux mois de caution!

AGNES: Mais, voyons! Si tu m'en _____¹⁰ (parler), je t' _____¹¹ (prêter) l'argent nécessaire.

FRANCIS: Je n' _____¹² (ne pas oser) te le demander même si j'avais su que tu pouvais m'aider.

AGNES: Eh bien, si moi j'_____<sup>13</sup> (savoir), je t'_____<sup>14</sup> (aider) d'abord à lire les petites annonces d'offres d'emploi!

**C.** Sujets de discussion. Avec un(e) camarade de classe, discutez des éventualités suivantes. Faites attention aux temps des verbes.

1. Dites ce que vous feriez: Si vous aviez le temps... Si vous aviez le courage... Si vous étiez plus responsable... Si vos parents vous demandaient de le faire... Si la télévision était en panne ce soir... S'il y avait deux mètres de neige dehors... S'il n'y avait pas de cours demain...
2. Si vous étiez tout à fait responsable de vos propres finances, que feriez-vous? Continueriez-vous vos études? Vous installeriez-vous chez des amis? Chercheriez-vous un travail? Vous sentiriez-vous heureux/heureuse et indépendant(e) ou plutôt triste et abandonné(e)? Expliquez vos réponses.

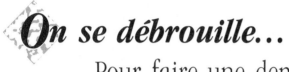

# On se débrouille...
## Pour faire une demande d'emploi

**A.** Comment faire une demande d'emploi. Si vous cherchez un job dans un pays francophone, il y a plusieurs expressions qui vous seront utiles. Retrouvez dans la colonne de droite les expressions françaises équivalentes aux expressions en anglais.

1. I saw your advertisement in the newspaper, and it interests me very much.
2. I would like to have some additional information.
3. What does the job involve?
4. What would the hours be?
5. How many hours of work a day?
6. How much would I make an hour?
7. Could I work overtime?

a. Combien est-ce que je serais payé(e) de l'heure?
b. En quoi consiste le travail?
c. Quel serait l'horaire de travail?
d. J'aimerais avoir quelques renseignements supplémentaires.
e. J'ai vu votre offre d'emploi dans le journal et elle m'intéresse beaucoup.
f. Combien d'heures de travail par jour?
g. Est-ce qu'il est possible de faire des heures supplémentaires?

**B.** L'employeur vous répond. Comprenez-vous les réponses de l'employeur et les questions qu'il aimerait vous poser? Retrouvez dans la colonne de droite les expressions anglaises équivalentes aux expressions en français.

1. Le travail ne nécessite pas de qualifications particulières.
2. Ce travail consiste à nettoyer les tables.
3. Avez-vous déjà fait ce genre de travail?
4. La maison vous fournira l'équipement nécessaire.
5. Il s'agit d'un travail temporaire.
6. Est-ce que vous seriez prêt(e) à faire des heures supplémentaires?
7. Combien de temps comptez-vous rester en France?
8. Pouvez-vous commencer la semaine prochaine?
9. Quand seriez-vous disponible?
10. Est-ce que tous vos papiers sont en ordre? Sinon, il faut régulariser votre situation.

a. When would you be available?
b. You don't need any special qualifications for this job.
c. This job involves cleaning tables.
d. Have you ever done this type of work before?
e. This is a temporary position.
f. Can you start next week?
g. Would you be willing to work overtime?
h. Are all your papers in order? If not, you'll have to go through the appropriate procedures.
i. We will furnish you with all the equipment you need.
j. How long do you plan to stay in France?

Sylvie Thiolière
8, Avenue de la Guédotte
55000 Fains-les-Sources

Fains, le 29 septembre 1992

Monsieur,

En réponse à votre annonce parue dans le «Républicain Lorrain» du 26 septembre 1992, je me permets de vous soumettre ma candidature au poste de secrétaire de direction que vous désirez pourvoir. Je vous prie de trouver ci-joint mon curriculum vitae.

Je me tiens à votre disposition pour un entretien à l'heure à la date qui vous conviendront.

Je vous prie d'agréer, Monsieur, l'expression de mes sentiments distingués.

S. Thiolière

S. Thiolière

C. Un job d'été. Rédigez une lettre pour obtenir un job d'été en France. N'oubliez pas le conditionnel de politesse.

**Verbes utiles:** vouloir, pouvoir, devoir, falloir
**Mots utiles:** disponible, qualifications, durée, salaire
**Salutations d'usage:** Je vous prie d'agréer, Monsieur (Madame, Mademoiselle), l'expression de mes sentiments distingués.
(Veuillez accepter, cher [chère] Monsieur [Madame, Mademoiselle], l'assurance de mes sentiments respectueux.)

# Mots utiles: Question d'argent

*Qu'est-ce qu'il faut faire?*

| | |
|---|---|
| **faire la cueillette des fruits** | to pick fruit |
| **faire les vendanges** | to pick grapes |
| **nettoyer les tables** | to bus tables |
| **renseigner les touristes** | to give tourists information |
| **taper à la machine** | to type |

| | |
|---|---|
| **tondre la pelouse** | to mow the lawn |
| **travailler à l'ordinateur** | to work at the computer |

*Les inconvénients...*

| | |
|---|---|
| **être moins payé(e)** | to be paid less |
| **être moins qualifié(e)** | to be less qualified |
| **ne pas avoir d'expérience professionnelle** | not to have any professional experience |

| | |
|---|---|
| ne pas avoir de climatisation | not to have air conditioning |
| ne pas profiter de l'été | not to enjoy the summer |
| rester debout tout le temps | to be standing up all the time |

## L'argent

### Verbes

| | |
|---|---|
| dépenser | to spend money |
| économiser | to save money |
| emprunter | to borrow |
| épargner | to save money |
| être fauché(e) | to be broke |
| faire fortune | to make a fortune, a million |
| gaspiller | to waste |
| hériter | to inherit |
| investir (dans) | to invest (in) |
| mettre de l'argent de côté | to save, put aside money |
| prêter | to lend |
| verser de l'argent sur un compte en banque | to deposit money into a bank account |

### Noms

| | |
|---|---|
| la bourse d'études | scholarship |
| le compte d'épargne | savings account |
| le déficit budgétaire | budget deficit |
| les dépenses | expenses |
| la dette | debt |
| les devises (f.) | currency |
| l'emprunteur (m.) | borrower |
| l'endettement (m.) | indebtedness, debt |
| les frais (m.) d'inscription | tuition |
| l'héritage | inheritance |
| l'impôt (m.) | tax |
| le prêt | loan |
| le reçu | receipt |

### La location

| | |
|---|---|
| la caution | deposit |
| les charges (f.) | utilities, maintenance fees |
| la facture | bill |
| le/la locataire | tenant |
| le loyer | rent |
| le montant | amount |

## Quelques expressions supplémentaires...

### Noms

| | |
|---|---|
| les bénéfices (f.) | benefits |
| les bonnes œuvres (f.) | charities |
| le cachet (d'aspirine) | (aspirin) tablet |
| le cheval de course | racehorse |
| le cheval de race | purebred horse |
| la cigale | grasshopper |
| les ennuis (m.) | worries, problems |
| la fourmi | ant |
| le plongeur/ la plongeuse (pop.) | dishwasher (person) |
| le puits de pétrole | oil well |
| la racine | root |
| le retraité/la retraitée | retired person, retiree |
| la sortie | outing |
| les transports (m.) en commun | public transportation |
| le volontariat | volunteer work |

### Adjectifs

| | |
|---|---|
| mensuel(le) | monthly |
| normal(e) | natural; understandable |
| saisonnier/saisonnière | seasonal |

### Verbes

| | |
|---|---|
| accueillir | to welcome |
| bavarder | to gossip; to chat |
| construire | to build |
| embaucher | to hire |
| empêcher | to stop, prevent |
| nier | to deny |
| oser | to dare |
| plaisanter | to joke |
| se renseigner (sur) | to get information (about) |
| suffire | to suffice |

### Mots divers et expressions idiomatiques

| | |
|---|---|
| au lieu de | instead of |
| dehors | outside |
| démarrer dans la vie | to get started in life |
| en plein air | in the open |
| par terre | on the ground, on the floor |
| soigneusement | carefully |
| soudain | suddenly; sudden |
| travailler pour des prunes | to work for peanuts |

# Chapitre neuf

# L'art de vivre avec autrui

**Toute la famille est venue fêter les noces d'or des grands-parents.**

# Dans le vif du sujet

## Avant de lire

**Using Organization to Understand the Purpose of a Text.** The organization of a text is determined by its function, such as informing, persuading, criticizing, or presenting an opinion. Newspaper articles, for example, have as their primary function to inform, and they are therefore organized in a series of short paragraphs with clearly articulated topic sentences.

It is easier to understand a text once you are aware of its function. The following sentence from this chapter's reading makes clear one of the purposes of the reading. ''On va maintenant vous donner l'occasion de répondre à ce même genre de questions.'' When you know that the text is presenting the results of a questionnaire and asking you to answer the same questions, you can approach it with a clear understanding of its function.

Previewing a text, including all of its visuals and headings, can provide helpful clues about its function. Preview the reading for this chapter by taking a quick look at all of its elements and general organization. After reading the text, answer the questions and compare your opinions to those expressed in the results of the poll outlined in the graphs.

# L'art de vivre avec autrui

L'art de vivre avec autrui exige de la compréhension et de la tolérance envers les autres et leurs valeurs. Voici le baromètre de l'opinion publique en France en ce qui concerne quelques valeurs. (Les pourcentages correspondent au cumul des réponses *bien d'accord* et *entièrement d'accord* aux affirmations proposées.)

On va maintenant vous donner l'occasion de répondre à ce même genre de questions. Remplissez le questionnaire en utilisant la notation suivante: Entièrement d'accord = 5; Bien d'accord = 4; Ça m'est égal = 3; Contre = 2; Absolument contre = 1.

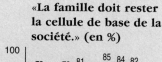

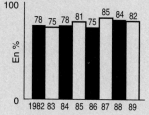

«La famille doit rester la cellule de base de la société.» (en %)

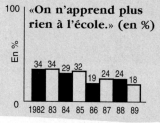

«On n'apprend plus rien à l'école.» (en %)

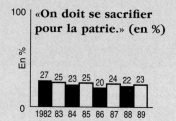

«On doit se sacrifier pour la patrie.» (en %)

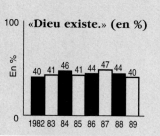

«Dieu existe.» (en %)

Tiré de *Francoscopie 1991*, Larousse

| | |
|---|---|
| 1. Il faut que la famille reste la cellule de base de la société. | 5 4 3 2 1 |
| 2. Il est important qu'on se sacrifie pour la patrie. | 5 4 3 2 1 |
| 3. Il est indispensable de croire en Dieu. | 5 4 3 2 1 |
| 4. Etant donné que l'apparence tient souvent lieu de réalité, il est nécessaire de toujours faire bonne impression par son physique et sa tenue. | 5 4 3 2 1 |
| 5. Je pense que la liberté individuelle doit être préservée à tout prix. | 5 4 3 2 1 |
| 6. Le bien-être du groupe est plus important que le bien-être de l'individu. | 5 4 3 2 1 |
| 7. Donner de l'argent aux pauvres est aussi valable que de leur donner un coup de main° soi-même. | 5 4 3 2 1 |
| 8. Il est évident qu'on acquiert beaucoup de connaissances utiles à l'université. | 5 4 3 2 1 |
| 9. Je crois que les jeunes s'intéressent trop à leur forme dans notre société actuelle. | 5 4 3 2 1 |
| 10. L'argent est fait pour être dépensé. | 5 4 3 2 1 |
| 11. Ça me met vraiment en colère de voir une grande partie de mon salaire aller à l'IRS. | 5 4 3 2 1 |
| 12. Le gouvernement dépense trop d'argent pour… | |
| le soutien des faibles et des indigents | 5 4 3 2 1 |
| la course à l'armement | 5 4 3 2 1 |
| la lutte contre la drogue | 5 4 3 2 1 |

coup… aide personnelle

▶ **Avez-vous compris?** Avez-vous la même échelle de valeurs que les autres étudiants dans la classe? Pour mieux vous comprendre les uns les autres, comparez vos réponses et discutez-les. Quelles sont les différences les plus évidentes?

▶ **Qu'en pensez-vous?** Avec un(e) camarade de classe, discutez des questions suivantes. Servez-vous des expressions suggérées.

**Expressions utiles:**

demander son opinion à quelqu'un *to ask someone's opinion*
dire quelque chose de gentil *to say something nice*
donner des conseils *to give advice*
envoyer un petit mot *to send a little note*
être généreux/généreuse *to be generous*
éviter de critiquer *to avoid criticizing*
faire plaisir à quelqu'un *to please someone*
ne pas dire de mal de quelqu'un *not to speak ill of someone*
ne pas être égoïste *not to be selfish*
pouvoir se confier à quelqu'un *to be able to confide in someone*
raconter ses problèmes *to talk one's problems out*
rassurer quelqu'un *to reassure someone*

1. Qu'est-ce que l'amitié? A votre avis, est-il nécessaire d'avoir beaucoup d'amis? Pourquoi ou pourquoi pas? Qu'est-ce que c'est qu'un(e) meilleur(e) ami(e)? Que racontez-vous à vos amis? Quelles différences y a-t-il entre «un ami» et «un copain»? Est-il possible de perdre un(e) ami(e)? Expliquez.

2. A votre avis, que veut dire «faire attention aux autres»? Donnez des exemples de marques d'attention envers les autres. Et vous, savez-vous reconnaître les marques d'attention des autres à votre égard? Donnez des exemples du contraire de la bienveillance. Pourquoi sommes-nous parfois malveillants envers autrui?

# Grammaire en contexte

## 27 Forms of the Subjunctive

The *indicative* mood is used in statements that a speaker or writer considers objective or factual. The *subjunctive* mood, on the other hand, signals a personal opinion or attitude on the part of the speaker or writer.

### THE PRESENT SUBJUNCTIVE

The stem of the present subjunctive is formed by dropping the **-ent** ending from the **ils/elles** form of the present indicative. The endings are **-e, -es, -e, -ions, -iez, -ent.** Note the differences between the present indicative and present subjunctive forms in the model verbs on page 236.

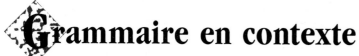

| parler | | rendre | |
|---|---|---|---|
| *Present Indicative* | *Present Subjunctive* | *Present Indicative* | *Present Subjunctive* |
| je parle | que je **parl**e | je rends | que je **rend**e |
| tu parles | que tu **parl**es | tu rends | que tu **rend**es |
| il/elle/on parle | qu'il/elle/on **parl**e | il/elle/on rend | qu'il/elle/on **rend**e |
| nous parlons | que nous **parl**ions | nous rendons | que nous **rend**ions |
| vous parlez | que vous **parl**iez | vous rendez | que vous **rend**iez |
| ils/elles **parl**ent | qu'ils/elles **parl**ent | ils/elles **rend**ent | qu'ils/elles **rend**ent |

| choisir | | partir | |
|---|---|---|---|
| *Present Indicative* | *Present Subjunctive* | *Present Indicative* | *Present Subjunctive* |
| je choisis | que je **choisiss**e | je pars | que je **part**e |
| tu choisis | que tu **choisiss**es | tu pars | que tu **part**es |
| il/elle/on choisit | qu'il/elle/on **choisiss**e | il/elle/on part | qu'il/elle/on **part**e |
| nous choisissons | que nous **choisiss**ions | nous partons | que nous **part**ions |
| vous choisissez | que vous **choisiss**iez | vous partez | que vous **part**iez |
| ils/elles **choisiss**ent | qu'ils/elles **choisiss**ent | ils/elles **part**ent | qu'ils/elles **part**ent |

Verbs that have a separate stem in the **nous** and **vous** forms of the present indicative have the same stem in the **nous** and **vous** forms of the present subjunctive.

| VERBS WITH SUBJUNCTIVE STEM CHANGES FOR nous AND vous | | | |
|---|---|---|---|
| **acheter** | que j'**achèt**e | que nous **achet**ions | que vous **achet**iez |
| **appeler** | que j'**appell**e | que nous **appel**ions | que vous **appel**iez |
| **croire** | que je **croi**e | que nous **croy**ions | que vous **croy**iez |
| **devoir** | que je **doiv**e | que nous **dev**ions | que vous **dev**iez |
| **envoyer** | que j'**envoi**e | que nous **envoy**ions | que vous **envoy**iez |
| **jeter** | que je **jett**e | que nous **jet**ions | que vous **jet**iez |
| **mourir** | que je **meur**e | que nous **mour**ions | que vous **mour**iez |
| **prendre** | que je **prenn**e | que nous **pren**ions | que vous **pren**iez |
| **recevoir** | que je **reçoiv**e | que nous **recev**ions | que vous **recev**iez |
| **venir** | que je **vienn**e | que nous **ven**ions | que vous **ven**iez |
| **voir** | que je **voi**e | que nous **voy**ions | que vous **voy**iez |

Marie veut que nous **arrivions** au restaurant en avance.
Moi, je préfère qu'elle **vienne** nous chercher.

*Marie wants us to arrive at the restaurant early.*
*I prefer that she come by to pick us up.*

**Précisons!**

Vivre en société. Utilisez les éléments suivants pour faire une phrase complète. Dites ensuite si vous êtes d'accord ou non.

1. Il faut / la famille / redevenir / la cellule de base / la société
2. Il est important / nous / se rendre compte / besoins / autres
3. Il faut / les dirigeants (*leaders*) politiques / croire / en Dieu
4. Il est bon / les citoyens / payer / impôts / pour / défense / pays
5. Il est nécessaire / tout le monde / prendre soin / apparence
6. Il est évident / l'université / encourager / une certaine façon / penser
7. Il est indispensable / le gouvernement / garantir / prêts / étudiants

## THE PRESENT SUBJUNCTIVE: IRREGULAR FORMS

The following verbs have irregular subjunctive stems. Some have stem changes. **Avoir** and **être** have some irregular endings as well.

|  | **pouvoir** | **savoir** | **faire** |
|---|---|---|---|
| que je | puisse | sache | fasse |
| que tu | puisses | saches | fasses |
| qu'il/elle/on | puisse | sache | fasse |
| que nous | puissions | sachions | fassions |
| que vous | puissiez | sachiez | fassiez |
| qu'ils/elles | puissent | sachent | fassent |

|  | **aller** | **vouloir** |
|---|---|---|
| que je (j') | aille | veuille |
| que tu | ailles | veuilles |
| qu'il/elle/on | aille | veuille |
| que nous | allions | voulions |
| que vous | alliez | vouliez |
| qu'ils/elles | aillent | veuillent |

|  | **avoir** | **être** |
|---|---|---|
| que je (j') | aie | sois |
| que tu | aies | sois |
| qu'il/elle/on | ait | soit |
| que nous | ayons | soyons |
| que vous | ayez | soyez |
| qu'ils/elles | aient | soient |

| | |
|---|---|
| Je suis heureux que tu **sois** mon amie. | *I'm glad that you are my friend.* |
| Il est dommage qu'on ne **puisse** pas se voir demain. | *It's a shame that we can't see each other tomorrow.* |

**Précisons!**

Camarades de chambre. Faites de nouvelles phrases en remplaçant les mots en italique par les expressions entre parenthèses.

1. Nous préférons que nos camarades de chambre *respectent nos droits.* (vouloir bien nous écouter, avoir de la bonne volonté, être faciles à vivre)
2. Il est important que nous *aimions nos parents.* (savoir ce qu'ils veulent, être attentifs à leurs besoins, pouvoir leur faire confiance)
3. Nous ne voulons pas que nos camarades *écoutent de la musique toute la nuit.* (faire des bêtises tout le temps, aller partout sans nous inviter)

## THE PAST SUBJUNCTIVE

The past subjunctive is used to refer to actions or states that took place before the time indicated by the main verb. The past subjunctive is a compound tense formed with the *present subjunctive* of the auxiliary verb (**avoir** or **être**) and the past participle. Agreement of the past participle is the same as in the **passé composé** (see Chapter 5).

| acheter | | venir | |
|---|---|---|---|
| que j' | aie acheté | que je | sois venu(e) |
| que tu | aies acheté | que tu | sois venu(e) |
| qu'il/elle/on | ait acheté | qu'il/on | soit venu |
| | | qu'elle | soit venue |
| que nous | ayons acheté | que nous | soyons venu(e)s |
| que vous | ayez acheté | que vous | soyez venu(e)(s) |
| qu'ils/elles | aient acheté | qu'ils | soient venus |
| | | qu'elles | soient venues |

| | |
|---|---|
| Vous devez être très content que votre ami **soit venu** vous parler. | *You must be very happy that your friend came to talk to you.* |
| Je suis surpris que tu n'**aies** pas encore **payé** les impôts! | *I'm surprised that you haven't paid the taxes yet!* |

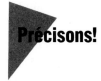

**Précisons!**

Emotions. Complétez les phrases en utilisant les expressions données. Mettez-les au subjonctif passé.

> MODELE:  Je suis content que... →
> Je suis content que mes parents m'aient téléphoné.

**Expressions utiles:** m'inviter à dîner, me faire un cadeau, oublier mon anniversaire, partir sans dire au revoir, pleuvoir tout le week-end, sortir avec quelqu'un d'autre, venir me voir

1. Je suis content(e) que...
2. J'étais triste que...
3. Je regrette que...
4. Il est dommage que...
5. Il est fantastique que...

# 28 Contexts for the Subjunctive

As the verbal mood signaling a speaker's feeling or attitude about something, the subjunctive is used after expressions of emotion and opinion, necessity and obligation, and uncertainty and possibility. Such expressions are used in any tense—present, past, future, conditional—and are followed by a **que** clause with its verb in the subjunctive. The subjects of the main verb and the subjunctive verb are different.

## EXPRESSING EMOTION AND OPINION

être heureux / content / ravi / triste / désolé / furieux / étonné / surpris... que
il est bon / triste / étonnant / utile / bizarre / regrettable / curieux... que
préférer que, aimer mieux que
il vaut mieux que, il vaudrait mieux que
regretter que
avoir peur que, craindre que
il est dommage que

| | |
|---|---|
| Ils préféreraient que tu **répondes** toi-même au questionnaire. | *They would prefer that you answer the questionnaire yourself.* |
| Il est dommage qu'on ne **soit** pas plus attentif aux autres. | *It's a shame that people are not more considerate of others.* |

**Précisons!**

Un achat controversé. Robert, le fiancé de Jeanne-Marie, veut faire un achat assez important. Quelles sont les réactions de Jeanne-Marie? Faites une seule phrase pour chacun des groupes de deux phrases suivants.

MODELE:    Jeanne-Marie est surprise. Son fiancé vient de téléphoner.→
            Jeanne-Marie est surprise que son fiancé vienne de téléphoner.

1. Elle est étonnée. Robert veut acheter une voiture.
2. Jeanne-Marie est ravie. Ses parents peuvent leur prêter un peu d'argent.
3. Mais elle est furieuse. Robert gaspille leur argent pour acheter une voiture de luxe.
4. Il est regrettable. Robert ne comprend pas la nécessité d'acheter une voiture d'occasion.
5. Jeanne-Marie a peur. Ils n'arrivent pas à verser toutes les mensualités.
6. Robert est malheureux. Sa fiancée n'a pas les mêmes valeurs que lui.

## EXPRESSING NECESSITY AND OBLIGATION, WISHING AND WANTING

il faut que, il faudrait que
il est nécessaire / essentiel / important... que
il suffit que
vouloir que, désirer que, souhaiter que

suggérer que
demander que, exiger que
insister pour que
empêcher que

Il est important qu'on se **sacrifie** pour la patrie.
L'art de vivre avec autrui exige que nous **fassions** un effort de comprendre le point de vue des autres.

*It is important to give up one's life for one's country.*
*The art of living with others requires that we make an effort to understand their point of view.*

*Exception:* The verb **espérer** is followed by the indicative.

Nous espérons que tu **viendras** nous voir.

*We hope that you will come to see us.*

## EXPRESSING UNCERTAINTY AND POSSIBILITY

douter que, ne pas penser que
ne pas être sûr / certain que
il est douteux que
il est peu probable que

il est possible que
il se peut que, il se pourrait que
il semble que, il semblerait que

D'après le sondage, il semblerait que l'opinion publique en France **accorde** beaucoup d'importance à la famille.

*According to the poll, it would seem that public opinion in France places a great deal of importance on the family.*

| Je doute qu'on n'**apprenne** plus rien à l'école. | *I doubt that people no longer learn anything in school.* |

**Il semble que** and **il est peu probable que,** as expressions of uncertainty, are followed by verbs in the subjunctive. Expressions of *probability* (**il est probable que, il me semble que**) and *certainty* (**être sûr/certain que, il est évident que**), however, are followed by the indicative.

| Il semble que ce ne **soit** pas la bonne solution. | *It seems that that is not the correct solution.* (uncertainty) |

*mais*

| Il me semble que j'**ai** déjà **lu** cet article. | *It seems to me that I've already read that article.* (probability) |

**Précisons!**

D'ici un an. Quelle sera votre vie dans un an? Répondez aux questions suivantes. Dans chaque réponse, employez une des expressions suivantes: **il est certain que, il se peut que, il n'est pas sûr que, il est possible que, il est douteux que, il est peu probable que, il est probable que, je ne pense pas que.** Attention au choix entre subjonctif et indicatif.

MODELE:   Serez-vous étudiant(e) ici à l'université? →
          Il se peut que je sois étudiant(e) ici.
          Il est certain que je serai étudiant(e) ici.

1. Chercherez-vous un(e) nouveau/nouvelle camarade de chambre?
2. Deviendrez-vous plus facile à vivre?   3. Aurez-vous besoin d'une voiture neuve?   4. Vous entendrez-vous mieux avec vos parents?
5. Saurez-vous dépenser intelligemment votre argent?
6. Connaîtrez-vous une personne riche?

## EXCLAMATIONS

The subjunctive is used occasionally in short exclamatory sentences without an expression of emotion, necessity, or uncertainty. These sentences express suggestions or preferences and are often proverbial.

| Que tout le monde **vive** en harmonie! | *May everyone live in harmony!* |
| **Vive** l'amitié! | *Long live friendship!* |
| **Advienne** que pourra. (proverbe) | *Come what may.* |

# OPTIONAL USES OF THE SUBJUNCTIVE

In some cases, the subjunctive may be used optionally to emphasize the fact that a speaker is expressing an opinion or attitude about something. The indicative is always used, however, when there is no element of opinion or attitude on the part of the speaker.

## Verbs of Opinion

Verbs of thinking and believing (**croire, penser, trouver,** etc.) can be followed by the subjunctive when they are used in the negative (indicating uncertainty) or in the interrogative (indicating uncertainty or possibility). Otherwise these verbs are followed by the indicative.

—Trouvez-vous que mes problèmes **soient** insurmontables?

—Non, mais je ne crois pas que vous **ayez fait** suffisamment d'efforts pour les résoudre.

—Oui, je pense que vous **avez** raison.

—*Do you think my problems are insurmountable?* (uncertainty, possibility)

—*No, but I don't think you have tried hard enough to solve them.* (uncertainty)

—*Yes, I think you're right.* (certainty)

## Uncertainty in Descriptions

The subjunctive may be used after verbs like **chercher, vouloir, demander,** and **connaître** to emphasize the speaker's uncertainty about someone or something (for example, a person the speaker is looking for but might not find). If the speaker is sure such a person or thing exists or that the description is accurate, the indicative is used.

Je cherche une camarade de chambre qui **soit** facile à vivre.

*I'm looking for a roommate who would be easy to live with.* (subjunctive: I'm not sure about finding any such person.)

Ah oui? Je connais une fille qui **est** vraiment sympathique.

*Oh, really? I know a girl who's really nice.* (indicative: I'm sure that she is.)

## Superlatives

The subjunctive is often used after superlative expressions to emphasize that the speaker is expressing a personal judgment. If no personal judgment is implied (if the speaker is merely reporting a fact), then the indicative is used after the superlative construction.

Cette soirée était la pire catastrophe qui **soit** jamais **arrivée!**

*That party was the worst catastrophe that has ever happened!* (subjunctive: opinion)

Cette femme-là est la personne la plus sympathique que j'**aie** jamais **rencontrée.**

*That woman is the nicest person I've ever met.* (subjunctive: opinion)

*mais*

Cette femme est la seule personne que j'**ai rencontrée** ce matin.

*That woman is the only person I've met this morning.* (indicative: fact)

**Précisons!**

**A.** Le courrier des camarades de chambre. Le professeur Harmonie répond aux problèmes des camarades de chambre dans le journal de l'université. Il doit parfois aider les étudiants à résoudre d'étranges problèmes. Complétez les lettres en utilisant les verbes donnés à droite. Attention: Tous les verbes ne sont pas au subjonctif.

LA LETTRE DE MARTINE

Cher Professeur, ma camarade de chambre n'arrête pas de manger! Nous partageons tous les frais de nourriture, mais elle mange trois fois plus que moi! C'est la fille la plus gourmande que je _____! Je voudrais qu'elle _____ de la situation. Je préférerais qu'elle _____ tout cela sans explication, mais il semble que ce _____ impossible. Que suggérez-vous que je _____?—Martine S.

comprendre
connaître
être
faire
se rendre compte

Chère Martine, il est important que vous _____ à votre camarade de chambre; c'est un service que vous _____ lui rendre. Je suis étonné que votre amie _____ toujours aussi faim. Conseillez-lui d'aller voir un médecin. Je doute qu'elle _____ en très bonne santé!

avoir
être
parler
pouvoir

**B.** Prenez soin de vous sans faire de mal aux autres! Quelles sont vos réactions dans les situations où il faut faire valoir vos droits et vos besoins? Complétez les phrases suivantes comme vous voulez. Puis comparez vos réponses avec celles de vos camarades.

1. Quand j'achète quelque chose, je tiens à obtenir le meilleur produit que le marchand _____.
2. La sympathie est la seule chose qu'une personne _____.
3. La colère est l'émotion la plus destructrice que _____.
4. Quand j'ai un problème, je cherche la meilleure solution qui _____.
5. Supporter un voisin bruyant est la chose la plus difficile que _____.

**Interactions**

**A.** Opinions personnelles. Avec un(e) partenaire, complétez les phrases suivantes comme vous voulez. Utilisez le subjonctif ou l'indicatif selon le cas.

1. Quand une personne que vous n'aimez pas beaucoup vous téléphone, il est important que...
2. Quand vous choisissez un(e) camarade de chambre, il vaut mieux que...
3. Il est dommage que beaucoup de jeunes gens...
4. Quand je choisis un cours dans cette université, je préfère que...
5. Nos conseillers d'orientation suggèrent que...
6. Il me semble que les profs ici...
7. Je cherche toujours des amis qui...
8. Dans les années à venir, il se peut que...
9. Quand il y a un malentendu entre mon/ma camarade de chambre et moi, j'insiste pour que...
10. En ce qui concerne l'environnement, j'espère que...

**B.** Beauté pour tous. Lisez l'article suivant. Discutez-le en groupes, puis notez toutes les réactions qui vous viennent à l'esprit en utilisant des expressions comme celles qui suivent.

Il est étonnant que...          C'est l'idée la plus... que...
Il est bizarre que...           Je suis furieux/furieuse
Il est curieux que...              que...
Je suis surpris(e) que...       Je suis content(e) que...
                                J'aime mieux que...
                                Il semble que...

**S**[a]➤  59 % des femmes et 41 % des hommes aiment se regarder dans un miroir. C'est le cas de 58 % des moins de 35 ans et de 45 % des personnes plus âgées, de 41 % des agriculteurs, 47 % des professions libérales et cadres supérieurs, 61 % des ouvriers.

**S** ➤  58 % des hommes préfèrent que leur femme « prenne des rondeurs tout en restant bien dans sa peau », 24 % qu'elle « travaille d'arrache-pied[b] le body-building pour conserver à tout prix sa taille fine ».

**S** ➤  66 % des femmes et 46 % des hommes ont l'habitude d'utiliser un déodorant. 72 % des 18-24 ans, 38 % des 60 ans et plus. 66 % à Paris et 55 % en province.

**S** ➤  L'homme idéal est grand pour 95 % des femmes, protecteur (85 %), porte les cheveux courts (84 %), est plus âgé qu'elles (79 %), habillé classique (69 %), ne porte ni barbe ni moustache (69 %), ni lunettes (67 %), est plutôt mince (57 %), a des yeux clairs (49 %).

**S** ➤  33 % des femmes se retournent souvent ou parfois sur un homme qu'elles trouvent séduisant, 64 % rarement ou jamais.

**S** ➤  38 % des femmes et 18 % des hommes se disent sensibles aux odeurs corporelles.

**E**[c] ➤  350 nouveaux produits de beauté sont lancés chaque année.

[a] statistiques  [b] *extra hard*  [c] *estimation*

Tiré de *Francoscopie 1991*, Larousse

# 29 Alternatives to the Subjunctive

## THE INFINITIVE

The preceding sections illustrate the uses of the subjunctive when the subject of the subordinate clause (after **que**) is different from the subject of the main clause. When both subjects are the same, an infinitive is generally used instead of a subjunctive verb with **que**. A past infinitive (**avoir** or **être** + *past participle*) is used to refer to an action that precedes the time of the main verb.

| | |
|---|---|
| Nous sommes ravis que tu **sois** ici. | *We're delighted that you are here.* |
| Nous sommes ravis d'**être** ici. | *We're delighted to be here.* |
| Je suis désolé que Frédérique **ait oublié** son rendez-vous. | *I'm very sorry that Frédérique forgot her appointment.* |
| Je suis désolé d'**avoir oublié** notre rendez-vous. | *I'm very sorry I forgot our appointment.* |

**La justice est-elle aveugle?
Ne doit-on pas fermer
les yeux avant de rendre
son jugement?**

Infinitives are used with impersonal expressions to make general observations. No specific person is mentioned as the subject. Two frequent impersonal expressions are **il faut** + *infinitive* and **il est** + *adjective* + **de** + *infinitive*.

| | |
|---|---|
| **Il faut tourner** sa langue sept fois dans la bouche avant de parler. (proverbe) | *Think before you speak.* |
| **Il est** quelquefois **utile de poser** des questions difficiles. | *It is sometimes useful to ask difficult questions.* |

## CONJUNCTIONS AND PREPOSITIONS

The subjunctive is always used in subordinate clauses introduced by the following conjunctions. When the subject of the two verbs is the same, however, a preposition is used with an infinitive.

| CONJUNCTION (+ SUBJUNCTIVE) | PREPOSITION (+ INFINITIVE) | MEANING |
|---|---|---|
| avant que | avant de | *before* |
| à moins que | à moins de | *unless, without* |
| sans que | sans | *unless, without* |
| à condition que | à condition de | *provided that* |
| afin que | afin de | *so that* |
| pour que | pour | *so that* |

| | |
|---|---|
| Je finirai cette lettre **avant que vous partiez.** | *I'll finish this letter before you leave.* |
| Je finirai cette lettre **avant de partir.** | *I'll finish this letter before leaving.* |

Some conjunctions are used with the subjunctive *even when the subjects of the two verbs are the same.* There are no corresponding prepositions.

| | |
|---|---|
| jusqu'à ce que | *until* |
| bien que, quoique | *although* |
| pourvu que | *provided that* |
| de façon que, de manière que | *so that, in such a way that (to indicate purpose)* |

| | |
|---|---|
| **Bien que** tu **sois** fâché, tu dois faire un effort pour comprendre mon point de vue. | *Even though you're angry, you should make an effort to understand my point of view.* |
| Nous attendrons **jusqu'à ce que** nous **ayons reçu** des excuses. | *We will wait until we have received apologies.* |

## Devoir

**Il faut que, il est essentiel que, il est nécessaire que,** and other expressions of obligation correspond to the verb **devoir** + *infinitive.*

| | |
|---|---|
| **Il est essentiel** que la liberté **soit** préservée à tout prix. | *It is essential that freedom be guarded at any price.* |
| La liberté **doit être** préservée à tout prix. | *Freedom must be guarded at any price.* |
| **Il faut que** la famille **reste** la cellule de base de la société. | *It is necessary that the family remain the basic unit of society.* |
| La famille **doit rester** la cellule de base de la société. | *The family must remain the basic unit of society.* |

**Précisons!**

**A.** Un étudiant insatisfait. Patrick vient de recevoir une facture de téléphone astronomique, alors qu'il n'a donné que plusieurs petits coups de téléphone… Il se plaint auprès de ses camarades et il menace d'écrire une lettre de réclamation aux P.T.T. Faites une seule phrase en utilisant la conjonction ou la préposition entre parenthèses selon le cas.

1. Je m'adresserai au ministère. Le bureau local prend soin de cette affaire. (à moins que)

2. Je reste calme. On m'a fait une injustice. (quoique)
3. J'ai décidé de vous en parler. J'écrirai une lettre de réclamation aux P.T.T. (avant de)
4. Je ne serai pas satisfait. Cette injustice est réparée. (avant que)
5. Je ne peux pas m'attendre à un remboursement. La poste reçoit ma réclamation. (sans que)
6. Je vais continuer à écrire des lettres. On me fait réparation. (jusqu'à ce que)
7. Je suis sûr que tout ira bien. Je ne me mets pas en colère. (pourvu que)

**B.** Mettons fin aux malentendus! Quand il y a un malentendu, on a toujours envie d'y mettre fin, surtout si on a fait une bêtise sans le vouloir. Transformez ces conseils en utilisant le verbe **devoir** + *infinitif* à la place du subjonctif.

MODELE:   Il est important que vous compreniez le point de vue de l'autre personne. →
Vous devez comprendre le point de vue de l'autre personne.

1. Il faut que vous teniez à résoudre vos problèmes ensemble.   2. Il faut que vous proposiez une franche explication à l'autre personne. 3. Il vaut mieux que la personne qui a fait la bêtise fasse ses excuses tout de suite.   4. Il est essentiel que vous demandiez à l'autre de donner son interprétation des faits.   5. Il n'est pas bon que vous soyez pessimiste.   6. Il est important que nous jouions cartes sur table! 7. Il vaut mieux qu'on essaie de communiquer avec l'autre personne. 8. Il est essentiel que vous ne laissiez pas la situation se détériorer.

**Interactions**

**A.** Des conseils. Avec d'autres étudiant(e)s, discutez de ces situations, à tour de rôle. Une personne lit le problème, les autres offrent leurs conseils. Utilisez des expressions comme **il faut** + *infinitif,* **il est nécessaire de, vous devez, j'espère que,** etc., dans vos réponses.

1. «J'ai manqué mon examen de maths ce matin parce que mon camarade de chambre a oublié de mettre la sonnerie du réveille-matin sur sept heures. C'est la troisième fois qu'il l'oublie cette semaine! Puisque c'est son réveil, je n'ai pas le droit d'y toucher. Qu'est-ce que je peux faire?»
2. «J'avais rendez-vous avec mon prof de français hier après-midi pour passer un examen oral, mais j'ai oublié d'y aller! Il n'accepte pas d'excuses en général, et j'ai peur de ne pas réussir dans ce cours. Que feriez-vous à ma place?»

**B.** Présentez vos excuses. Les petits scénarios suivants vous montrent comment présenter vos excuses: d'abord dans une situation assez formelle et ensuite, dans une situation avec un(e) ami(e). Complétez les dialogues avec l'infinitif ou l'infinitif passé des verbes suggérés, selon le sens.

JACQUES: Bonjour, Monsieur, je désirais vous voir afin de _____ pour mon absence d'hier. Je suis vraiment désolé de ne pas _____ me rendre à l'université. Je regrette sincèrement d' _____ l'examen et je vous prie de bien _____ m'en excuser.

s'excuser
manquer
pouvoir
vouloir

LE PROF: Ah oui, en effet, pourquoi n'êtes-vous pas venu au cours?

pouvoir
prendre
renseigner
venir

JACQUES: Eh bien, il m'était impossible de _____ à l'université parce que ma voiture était en panne.

LE PROF: Vous pouviez sans doute prendre l'autobus.

JACQUES: Je pensais _____ le faire, mais je ne sais pas où se trouve l'arrêt.

LE PROF: Et vous ne pouviez pas téléphoner pour vous _____?

JACQUES: Euh… Je n'ai malheureusement pas le téléphone.

LE PROF: Ah, c'est amusant parce que votre camarade Etienne m'a dit hier qu'il vous téléphonerait dans la soirée pour _____ de vos nouvelles. Est-ce qu'il sait que vous n'avez pas le téléphone?

*Jacques retrouve Etienne après le cours.*

JACQUES: Ben, dis donc, tu m'as mis dans une mauvaise position!

faire
prendre
savoir
téléphoner

ETIENNE: Ecoute mon vieux, je ne pouvais pas _____, je suis désolé.

JACQUES: La prochaine fois, préviens-moi (*warn me*) à l'avance!

ETIENNE: Je ne l'ai pas fait exprès. Tu ne m'en veux pas au moins?

JACQUES: Mais non. Arrête de t'excuser… ce n'est pas bien grave. Pour te _____ pardonner, tu vas m'aider à trouver une bonne excuse pour la prochaine fois… et je t'interdis de me _____ pour _____ de mes nouvelles!

**C.** Encore des excuses! Créez vos propres scénarios en inventant de nouvelles excuses. Essayez d'utiliser les expressions de l'exercice B autant que possible. Voici quelques situations pour vous inspirer:

1. Vous avez emprunté la bicyclette d'un(e) ami(e) et quelqu'un l'a volée.
2. Un(e) ami(e) a été mordu(e) alors qu'il/elle s'occupait de votre chien pendant votre absence.
3. Vous n'avez pas fait votre rédaction. Votre professeur n'est pas content.

# 30 Faire causatif

French uses the verb **faire** followed by an infinitive and an object or objects to express the following ideas.

1. to have someone do something: **faire** + *infinitive* + *person*

   | | |
   |---|---|
   | J'**ai fait venir** tous les voisins chez moi. | *I had all the neighbors come over.* |

2. to make someone do something: **faire** + *infinitive* + *person*

   | | |
   |---|---|
   | Ces observations **font réfléchir** les lecteurs. | *These remarks make the readers think.* |

3. to have something done: **faire** + *infinitive* + *thing*

   | | |
   |---|---|
   | Nous **ferons réparer** votre chaîne stéréo tout de suite. | *We'll have your stereo repaired right away.* |

When these constructions have two objects, the person is introduced by the preposition **à: faire** + *infinitive* + *thing* + **à** + *person.*

| | |
|---|---|
| Je vais **faire lire** cet article **à** mon camarade de chambre. | *I'm going to have my roommate read this article.* |

In some contexts the preposition **à** may mean either *by* or *to.* To avoid misunderstanding, the performer of the action may be introduced by **par.**

| | |
|---|---|
| Georges fait vendre son appartement **à** son frère. | *George is having his apartment sold by (to?) his brother.* |
| Georges fait vendre son appartement **par** son frère. | *George is having his apartment sold by his brother. (George is having his brother sell his apartment.)* |

Object pronouns with **faire causatif** come before the verb **faire.** In the affirmative imperative, they follow **faire.**

| | |
|---|---|
| Il **me** fait payer **le loyer.** | *He makes me pay the rent.* |
| Il **me le** fait payer. | *He makes me pay it.* |

| Alors, faites-**lui** payer l'électricité! | *So make him pay the electric bill!* |
| Faites-**la-lui** payer! | *Make him pay it!* |

**Précisons!**

**A.** De bons voisins. Nos voisins pensent que la propreté compte avant tout. Ils sont très fiers de leur beau quartier et ils sont convaincus qu'il faut prendre soin de sa maison et l'embellir. Décrivez ce que chacun fait faire.

MODELE:    M. Roger / peindre / la barrière / son fils →
M. Roger fait peindre la barrière à son fils.

1. les Gentil / planter / des fleurs
2. Mme Beauchamp / réparer / la porte / son mari
3. nous / tondre / le gazon (*lawn*) / le fils de M. Roger
4. vous / laver / les vitres
5. Mlle Proprette / balayer / trottoir

**B.** Un jeune homme autoritaire. Jean-Paul est très gâté! Il se croit plus privilégié que les autres. Par conséquent, il les traite comme des domestiques. Suivez le modèle.

MODELE:    Son lit est défait. (sa sœur) →
Il *lui* fait *faire* son lit.

1. Sa chambre est en désordre. (son frère)   2. Son magnétoscope est cassé. (nous)   3. Il a envie d'une tarte aux pommes. (son père)   4. Il ne veut pas faire sa rédaction. (ses copains)   5. Ses cheveux sont trop longs. (son amie)

**Interactions**

**A.** Qu'est-ce qui vous fait peur? Lisez les deux textes ci-dessous pour découvrir ce qui fait peur aux Français.

---

### Les grandes peurs de la fin du siècle

« Parmi les risques suivants, quels sont ceux qui vous inquiètent le plus d'ici à l'an 2000 ? » (en %) :

| | |
|---|---|
| • La drogue | 54 |
| • Le chômage[a] | 49 |
| • Le sida[b] | 46 |
| • La pollution | 39 |
| • La faim dans le monde | 33 |
| • Le terrorisme | 26 |
| • L'immigration | 23 |
| • La baisse du niveau de vie | 19 |
| • Une guerre mondiale | 18 |
| • La concurrence[c] économique des autres pays | 16 |
| • Les conflits sociaux | 11 |

---

### Un Français sur trois a une phobie

53 % des Français ont peur de certains animaux (araignées,[a] serpents, rats...), 32 % des espaces clos (tunnels, ascenseurs, trains, avions...), 23 % de la foule, 16 % du sang, 9 % de certains objets. 11 % ont peur de parler en public. Les femmes sont deux fois plus atteintes de phobies que les hommes ; elles sont en particulier plus sensibles aux animaux, aux espaces clos et à la foule. Les craintes décroissent avec l'âge.
Lorsqu'ils sont confrontés à l'objet de leur phobie, 35 % sont pris de panique et veulent fuir,[b] 25 % se sentent très agités, 21 % ont des vertiges avec des sueurs froides ou chaudes, 8 % tremblent. 24 % ont déjà consulté un médecin ou s'exercent à la relaxation.

---

[a] *unemployment*  [b] *AIDS*  [c] *competition*    Figaro-Europe 1/Sofres        [a] *spiders*  [b] *escape*        Laboratoires Duphar/IFOP

Maintenant, formez des petits groupes pour discuter des questions suivantes. Pensez à toutes les réponses possibles.

Qu'est-ce qui vous fait...
1. perdre votre sang-froid (*lose your cool*)?
2. rire?
3. sourire?
4. pleurer?
5. chanter?
6. sauter de joie?
7. grincer des dents?
8. perdre patience?

**B.** Problèmes et solutions. Votre camarade et vous devez faire face à diverses situations. Décidez ensemble ce que vous feriez faire aux autres. Soyez créatifs!

MODELE:    Votre camarade de chambre est malade. →
Nous le ferions téléphoner au médecin.
*ou:* Nous le ferions se coucher tout de suite.

1. Votre camarade de chambre vient de faire une pizza et la cuisine est en désordre.
2. Votre meilleur ami veut copier votre rédaction pour son cours de français.
3. Le chauffage de votre voisin ne marche pas et on est en plein hiver!
4. Votre copain a rompu avec sa petite amie.
5. L'ordinateur de votre copine est en panne et elle n'a pas fini d'écrire son devoir pour demain.

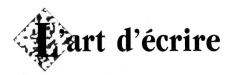

# L'art d'écrire

## Ecrire un petit essai (II)

In Chapter 8 you learned to write a short essay in which you expressed a personal opinion, supporting it with concrete examples from your own life experience. In this chapter you will be writing an essay on a more abstract topic, sharing your own philosophical perspective on a given value in society. The exercises in this section will help you learn to choose examples and images that will illustrate your understanding of the topic you discuss as well as to point out contradictions or differences in perspective that exist in our own society.

Read the following essay and watch for the varying of tenses and for expressions that highlight contrasts.

## Le couple doit-il être plus égalitaire?

Pendant longtemps, l'homme et la femme ont eu des attributions bien distinctes. D'un côté, la femme au foyer, de l'autre le chef de famille. Aujourd'hui, les rôles des deux partenaires se sont rapprochés,° que ce soit pour faire la vaisselle… ou l'amour. Mais la répartition des tâches reste encore marquée par les habitudes et les réticences masculines.

*se… have gotten closer*

Dans le couple traditionnel, le rôle de la femme était largement conditionné par les notions de devoir, de contrainte° et de sacrifice. Cuisine, vaisselle, ménage, lavage, courses, soin des enfants… Ces domaines ont été longtemps réservés à l'épouse modèle. Si l'homme faisait autrefois la cuisine, c'était pour faire déguster une de ses spécialités à son entourage admiratif. Cuisine-loisir de l'homme contre cuisine-contrainte de la femme. Parfois même, le bon époux condescendait à faire la vaisselle, et même à passer l'aspirateur, attendant en retour un témoignage de reconnaissance° devant cette preuve d'affection.

*constraint*

*témoignage… acknowledgment*

Le couple moderne est au contraire caractérisé par la volonté de s'épanouir,° aussi bien dans le cadre familial qu'au dehors. La conséquence est que l'image du couple a changé. L'évolution est particulièrement sensible dans la publicité et le cinéma. La femme y est de plus en plus souvent montrée dans des situations autrefois réservées aux hommes, et même quelquefois en position de domination. Si l'on en croit les affiches° et les spots publicitaires, ce sont aujourd'hui les hommes qui font la vaisselle et la cuisine et changent les couches des enfants, pendant que les «superwomen» boivent de la bière et mènent une vie professionnelle très active… .

*open up*

*posters*

La question du titre se pose toujours: Le couple doit-il être plus égalitaire?

Adapté de *Francoscopie 1991*, Larousse

 **Analyse**

1. Notez les paragraphes qui présentent surtout le passé et ceux qui présentent surtout la situation d'aujourd'hui.
2. Notez les expressions du premier paragraphe qui soulignent le contraste de deux perspectives: **D'un côté/de l'autre; que ce soit/ou; Aujourd'hui/Mais… encore.**

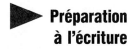 **Préparation à l'écriture**

1. Réfléchissez aux valeurs qui existent dans la société, par exemple: le patriotisme, la justice, la vérité, la beauté, l'amour, le bonheur. Choisissez une valeur qui vous est chère.
2. Divisez une feuille de papier en deux colonnes. Dans la première colonne notez vos opinions, et dans la deuxième colonne contrastez les opinions des autres sur le même sujet.
3. Dans les deux colonnes, mettez des exemples pour illustrer les opinions.
4. Choisissez des expressions pour contraster les deux points de vue.
5. En vous servant de vos préparations, écrivez un petit essai personnel où vous discuterez de la valeur que vous avez choisie.

# Récapitulation

**A.** Les rapports entre camarades de chambre. Il y a des camarades de chambre qui rendent la vie vraiment insupportable à tout le monde! Complétez les descriptions suivantes avec un verbe au subjonctif présent ou passé, à l'indicatif ou à l'infinitif.

1. Le malade imaginaire. Il ne sait _____¹ que de ses ennuis de santé, à condition que vous l'_____²! Il voudrait que tout le monde _____³ tous les détails: ses digestions laborieuses, ses lourdeurs dans les jambes, ses perpétuelles douleurs... de manière que vous _____⁴ malade vous-même en l'écoutant. La plus grande imprudence qu'on _____⁵ commettre est de lui demander «Comment allez-vous?»

   En plus, il donne des conseils thérapeutiques à tout le monde. Il vaut mieux que vous ne lui _____⁶ pas la parole sinon il recommence son discours au début. Si vous avez tendance à l'hypocondrie, il n'aura pas de mal à vous _____⁷ croire que vous êtes à la mort.

   couper
   écouter
   faire
   parler
   pouvoir
   savoir
   tomber

2. Le mangeur. Il grignote (*nibbles*) et grignote jusqu'à ce que vous _____¹ le besoin de vous _____² sous la couverture de votre lit et de _____³ des cris d'agonie! De plus, il insiste pour que vous _____⁴ un peu aussi. Et il continuera d'insister jusqu'à ce que vous _____⁵ de manger un petit quelque chose. Sa moitié de la chambre est une épicerie: il semble qu'il n'y _____⁶ pas de moquette autour de

   accepter
   avoir
   cacher
   éprouver
   être
   faire
   grignoter
   pousser
   se rendre

son lit tellement il y a de paquets de biscuits, de tablettes de chocolat et de papiers de bonbons. Vous aimeriez qu'il _____[7] compte de la situation et qu'il _____[8] un effort pour changer ses mauvaises habitudes. Mais vous ne pensez pas que ce _____[9] possible.

3. Le cyclone. C'est un dévastateur! Il n'entre pas dans votre chambre sans que tous vos papiers _____[1] partout. Vous regretterez de lui _____[2] vos notes de classe: elles ne reviendront jamais… à moins que vous n'_____[3] vous-même les rechercher. Il vaut mieux que votre camarade de chambre «cyclone» et vous-même _____[4] très bons amis pour _____[5] vivre ensemble. Parfois, vous essayez de lui _____[6] ranger la chambre, mais vous savez bien qu'il n'y _____[7] pas beaucoup d'espoir.

    Si vous reconnaissez un de ces personnages, nous souhaitons que vous _____[8] vous tirer de cette mauvaise situation aussi vite que possible!

aller
avoir
être
faire
pouvoir (× 2)
prêter
voler

**B.** Cher professeur Harmonie… Ecrivez une lettre au professeur Harmonie (qui répond aux problèmes des étudiants dans le journal de l'université). Dans votre lettre vous vous plaignez d'un(e) camarade de chambre ou d'un(e) voisin(e) difficile, ou d'une autre personne qui vous a fait du tort.

Ensuite, échangez votre lettre contre celle d'un(e) camarade de classe. Chacun doit alors jouer le rôle du professeur Harmonie pour répondre à la lettre en donnant des conseils.

**Expressions à utiliser:** je suis furieux (content, étonné, etc.) que… ; il faut que… ; il est dommage (bon, ridicule, etc.) que… ; il est essentiel (important, indispensable, etc.) que… ; il vaut mieux que… ; pour que… ; avant que/de… ; à condition que/de… ; afin que/de… ; bien que… ; etc.

# On se débrouille…
## Pour écrire une lettre

**A.** Le savoir-faire de la correspondance. Pour vivre plus agréablement avec les autres, il faut parfois écrire des lettres: un petit mot de félicitations, une lettre de remerciements trop longtemps différée, des condoléances, etc. Lisez chacune des six lettres suivantes et dites de quel genre de lettre il s'agit.

**Voici les possibilités:** une invitation, une acceptation à une invitation, un refus à une invitation, des félicitations, des condoléances, des remerciements. Puis dites si c'est une lettre de style formel destinée à une personne inconnue ou à une personne que vous ne connaissez pas bien ou bien une lettre plus intime destinée à un(e) ami(e). Comment le savez-vous?

> Chers amis,
>
> Nous avons été très émus° d'apprendre la perte° cruelle que vous venez de subir et même si les paroles sont bien impuissantes à apporter la consolation, nous tenons à vous dire toute notre affection. Nous sommes avec vous dans cette dure épreuve.°

*moved, upset / loss*

*ordeal*

> Chers amis,
>
> Nous ne voulons pas tarder à vous dire combien le week-end passé ensemble nous a fait plaisir. Nous sommes rentrés en pleine forme, et les enfants ne parlent que d'oiseaux, de fleurs et de… tondeuse° mécanique.
>
> Ce qui nous ferait plaisir serait de nous revoir prochainement pour…

*lawnmower*

Je me permettrai donc de vous appeler dans le courant de la semaine.

A bientôt donc, chers amis, et croyez...

Chers amis,

C'est avec une grande joie que nous avons appris les fiançailles de Pierre et de Jacqueline.

Je vous appellerai d'ici peu pour vous demander de nous dire en toute simplicité quel cadeau nous pouvons leur offrir.

En attendant, nous comptons sur vous pour leur transmettre tous nos vœux de bonheur.

Croyez...

Cher ami,

Je suis navré° de ne pouvoir accepter votre aimable invitation pour la soirée du 30 avril. Je dois malheureusement faire un saut° à Paris pour régler l'affaire de la succession° de mon père, et je serai absent jusqu'au lundi suivant. La famille étant déjà convoquée, vous comprendrez qu'il m'est difficile de faire décommander° tout le monde.

Je vous remercie d'avoir pensé à moi et j'espère que ce contretemps° ne nous empêchera pas de nous revoir très prochainement.

Croyez...

*vraiment désolé*

*faire... skip off*
*estate, inheritance*

*call off, cancel*

*inconvenience*

Chers amis,

Nous organisons une petite réception-cocktail en l'honneur des 18 ans de Christine, le samedi 28 mars à partir de 17 heures, et nous serions très heureux s'il vous était possible d'être des nôtres...

Chère Madame,

C'est bien volontiers que j'accepte votre aimable invitation à votre dîner du 30 avril.

Nous nous réjouissons, mon mari et moi, de cette soirée qui va égayer la vie un peu monotone—il faut bien le dire—que nous menons dans notre petite ville.

En vous remerciant très sincèrement, nous vous prions...

**B.** Formules de politesse. Etudiez le tableau à la page suivante pour savoir terminer vos lettres correctement selon le destinataire et les circonstances. Puis, choisissez une formule pour terminer chacune des lettres de l'exercice A.

| QUELQUES FORMULES DE POLITESSE POUR BIEN TERMINER TOUTES LES LETTRES | | | |
|---|---|---|---|
| *Destinées à...* | *des supérieurs* | *des égaux* | *des inférieurs* |
| des gens qu'on n'a jamais rencontrés | Je vous prie d'agréer, Monsieur le Directeur, mes salutations respectueuses. | Veuillez agréer, Monsieur, mes salutations distinguées. | Veuillez agréer, Monsieur, mes sincères salutations (ou salutations distinguées). |
| des gens que l'on connaît vaguement | ... l'expression de ma considération distinguée. | ... l'assurance de ma considération distinguée. | ... l'assurance de ma parfaite considération. |
| des gens qu'on connaît bien | | | ... mes salutations les meilleures. |
| pour exprimer sa sympathie | | Recevez, Monsieur et cher collègue, l'assurance de mes sentiments fidèles et cordiaux. | ... l'assurance de mes sentiments très cordiaux. |
| d'un homme à une femme plus âgée | ... mes hommages respectueux et dévoués. | ... mes hommages respectueux. | ... l'assurance de mes sentiments très sincères. |
| d'un homme à une femme plus jeune | ... mes respectueux hommages. | Veuillez agréer, Madame, mes sentiments respectueux. | ... l'assurance de mes sentiments les meilleurs. |
| d'une femme à un homme plus âgé | ... sincères salutations. | ... sincères salutations. | ... sincères salutations. |
| d'une femme à un homme plus jeune | ... sincères salutations. | Mon mari se joint à moi pour vous adresser, cher ami, notre meilleur souvenir. | ... sincères salutations. |
| entre femmes | Veuillez agréer, madame, l'expression de mes sentiments respectueux. | Veuillez croire, chère madame, à toute ma sympathie. | Croyez, chère madame, à toute ma sympathie (ou à mes sentiments les meilleurs). |
| entre amis | Je vous prie de croire, mon cher directeur, à mes sentiments très fidèles. | sincèrement, amicalement, cordialement, fidèlement, affectueusement | |

**C.** Maintenant, rédigez votre propre lettre en vous adressant à (1) une personne inconnue ou à un «supérieur», et (2) à un(e) ami(e). Changez le style de votre lettre selon le/la destinataire. Vous pouvez écrire une lettre d'invitation, d'acceptation, de refus, de félicitations, etc., en prenant modèle sur les lettres proposées dans l'exercice A.

# Mots utiles: L'art de vivre avec autrui

*les autres*

### L'amitié, c'est...

| | |
|---|---|
| demander son opinion (à quelqu'un) | to ask (someone's) opinion |
| dire quelque chose de gentil | to say something nice |
| donner des conseils | to give advice |
| envoyer un petit mot | to send a little note |
| éviter de critiquer | to avoid criticizing |
| ne pas dire de mal de quelqu'un | not to speak ill of someone |
| ne pas être égoïste | not to be selfish |
| raconter ses problèmes | to talk one's problems out |
| rassurer quelqu'un | to reassure someone |

### Des attitudes que l'on peut avoir à l'égard d'autrui

| | |
|---|---|
| faire des bêtises | to do silly, absurd things |
| faire du tort à quelqu'un | to harm someone |
| grincer des dents (contre) | to grind one's teeth (at) |
| perdre son sang-froid | to lose one's cool |
| porter plainte (contre) | to lodge a complaint (against) |
| présenter des excuses (à) | to apologize (to) |
| rompre avec | to break up with |

### Quelques expressions supplémentaires...

#### Noms

| | |
|---|---|
| le bien-être | well-being |
| le chauffage | heating |
| la concurrence | competition |
| les condoléances (*f.*) | condolences |
| un coup de main | a (helping) hand |
| le courrier | mail |
| l'épicerie (*f.*) | grocery store |
| les félicitations (*f.*) | congratulations |
| le gazon | grass, lawn |

| | |
|---|---|
| la lutte | fight |
| le magnétoscope | VCR, video recorder |
| le malentendu | misunderstanding |
| la patrie | homeland |
| les proches (*m.*) | close relatives |
| la rédaction | composition, essay |
| le singe | monkey |
| le soutien | support |
| le trottoir | sidewalk |

#### Adjectifs

| | |
|---|---|
| bienveillant(e) | benevolent, kind |
| bruyant(e) *bruit* | noisy |
| étonné(e) ↓ *Noise* | surprised |
| gâté(e) | spoiled |
| malveillant(e) | malevolent, spiteful |
| ravi(e) | delighted |

#### Verbes

| | |
|---|---|
| balayer | to sweep (*the floor*) |
| blesser | to hurt (*someone's feelings*) |
| cacher | to hide |
| convaincre | to convince |
| éprouver | to feel |
| prévenir | to warn |
| résoudre | to solve, resolve |

#### Mots divers

| | |
|---|---|
| bien que (+ *subj.*) | although |
| faire exprès de (+ *inf.*) | to do something on purpose |
| il vaut mieux que (+ *subj.*) | it is better that |
| jouer cartes sur table (*pop.*) | to act honestly |
| jusqu'à ce que (+ *subj.*) | until |
| pourvu que (+ *subj.*) | provided that |
| prendre une décision | to make a decision |

*(take)*

# Chapitre dix
# La publicité

Tendre et sauvage
comme son parfum : J'ai Osé.

J'ai Osé de Guy Laroche
*De la Haute Couture à la Haute Parfumerie.*

# Dans le vif du sujet

## Avant de lire

**Understanding Advertising.** Many of the preceding chapters have dealt with strategies for reading comprehension with emphasis on words and sentences. A text, however, is more than a series of words and sentences; it is a system of related ideas organized by the writer to communicate a message.

One kind of message frequently communicated in a text is that of persuasion: The author is trying to convince the reader to agree with a certain point of view or, in the case of advertising, to buy a certain product or service. The first part of the reading for this chapter, "Les pièges de la publicité," discusses how some advertising might be deceptive and suggests ways to recognize the hidden messages in ads. Good advertising is quite creative. The second and third sections of the reading discuss how effective ads, such as the ones in this chapter, are designed to appeal to our basic needs.

Make a list of the ways that an advertisement might try to make its product or service appeal to the reader. After reading, compare your list with the ideas in the sections below.

# Les pièges° de la publicité

*traps*

L e directeur de l'Institut national de la consommation estime qu'une publicité sur trois est «abusive ou indirectement mensongère°». La publicité peut nous tromper. Nous devons donc bien lire les annonces publicitaires pour mieux les comprendre.

*deceptive*

Si certains messages publicitaires ne mentent pas ouvertement, ils ne nous disent quand même pas toute la vérité; ce sont des «mensonges par omission». Le meilleur exemple, peut-être, serait la publicité pour les cigarettes, qui promet aux fumeurs toutes sortes d'aventures ou un certain «sex-appeal» sans parler des risques médicaux.

Il faut également se méfier des mots savants° qui nous séduisent sans rien nous expliquer. Le dentifrice le plus efficace est celui qui contient du «protesgent» ou du «gardol»… mais on ne vous dit pas ce que sont ces merveilleuses substances!

*très spécialisés*

## L'action psychologique de la publicité

L a publicité est l'ensemble de tous les moyens utilisés pour faire connaître les produits commerciaux, pour les mettre en valeur, pour les vanter.° Elle nous informe en exploitant certains besoins et certains désirs.

*boast about*

- *Le désir d'acquisition et de confort.* La publicité nous persuade qu'un certain confort nous est nécessaire. La publicité ci-dessous nous promet des nuits de sommeil profond.
- *Le goût de l'économie.* La dépense d'argent est une chose désagréable pour tout le monde. Pour l'encourager, la publicité nous persuade que les produits sont meilleur marché que nous ne le pensons, ou qu'à long terme ils nous permettront de faire plus d'économies.
- *Le besoin de certitude.* La plupart des gens cherchent la sécurité dans la vie. Les compagnies d'assurance font appel à ce besoin de sécurité.
- *La vanité, le snobisme.* La publicité profite de nos grands et de nos petits défauts. Le snobisme des gens lui offre plusieurs possibilités d'exploitation. La publicité influence les consommateurs, elle les flatte et les encourage à acheter les produits qui vont leur donner plus de chic et d'élégance.
- *La sexualité.* La publicité fait appel à notre inconscient et à nos pulsions sexuelles. Le parfum, par exemple, qui l'achète? Les femmes les plus chic, les plus mystérieuses, les plus attirantes, bien sûr.

Adapté de «Les pièges de la publicité», *Que sais-je? La Publicité.*

# Comment créer des messages publicitaires

Une annonce publicitaire se compose le plus souvent de quatre parties liées entre elles par un même thème. Ce thème, au centre de l'annonce, doit modifier l'attitude du consommateur et donner au message son pouvoir de persuasion. Voici les quatre éléments les plus importants de n'importe quelle publicité:

*L'accroche,*° c'est le texte qui attire et retient l'attention du consommateur. C'est peut-être l'élément le plus important.
*the "hook" or leading line or opener of the ad*

*Le texte,* qui explique l'argument contenu dans l'accroche pour le rendre plus convaincant. C'est à lui de développer des arguments supplémentaires, tout en parlant très simplement. Mais simple ne veut pas dire banal. La publicité la plus intelligemment conçue sera facile à comprendre, mais elle sera aussi originale.

*L'illustration,* qui permet de transmettre le message et qui met le produit en valeur, sans que le produit disparaisse derrière elle.

*La mise en page,*° qui unifie les éléments de l'annonce sur la page. C'est elle qui donne au message la cohésion nécessaire par le jeu des formes et des couleurs.
*la... layout*

Adapté de «Les pièges de la publicité», *Que sais-je? La Publicité*

Regardez maintenant la publicité pour le *Saumon frais de Norvège.* Voici les quatre éléments de ce message.

- *L'accroche:* «Question d'Education»
- *Le texte:* «Recevoir ses amis ou sa famille, c'est leur rendre un hommage... C'est une question d'éducation.»
- *L'illustration:* Nous voyons un aristocrate (un vicomte), très correct, dont l'éducation (*breeding*) est évidente, et qui nous regarde d'un air sûr de lui.
- *La mise en page:* C'est le vicomte qui domine dans cette publicité. Il nous apprend l'art de bien manger.

# QUESTION D'ÉDUCATION

Par le vicomte Harold de la Barre de Nanteuil

## SAUMON FRAIS DE NORVÈGE

L'ARISTOCRATIE DE LA MER.

"Recevoir ses amis ou sa famille, c'est leur rendre un hommage.

Grande ou petite, officielle ou intime, une réception est le reflet d'une certaine éducation. J'ai souvent entendu ma mère dire en ces occasions : "il faut que ce soit parfait". Elle m'a transmis cette exigence de la perfection.

Voici pourquoi aujourd'hui, quand je reçois, comme elle, j'aime servir du saumon frais.
Mais exclusivement de Norvège. Le plaisir se lit alors sur les yeux.

Je sais que je ne me trompe pas.
C'est une question d'éducation."

**Avez-vous compris?**

**A.** Les pièges de la publicité. Dites si les affirmations suivantes sont vraies ou fausses selon le texte que vous venez de lire. Justifiez vos réponses.

1. Il faut se méfier des annonces publicitaires, car leurs messages peuvent nous tromper.   2. Si les messages publicitaires ne mentent pas, cela veut dire qu'ils disent toujours la vérité!   3. On peut faire confiance aux mots savants employés par la publicité.   4. La publicité nous fournit des renseignements et nous laisse libres de choisir.   5. La publicité nous aide à nous débarrasser de notre complexe d'infériorité.   6. Grâce à la publicité nous pouvons faire des économies.   7. La publicité profite de nos grands et de nos petits défauts pour nous faire acheter de plus en plus de produits.

**B.** Analyse d'un texte publicitaire. Choisissez dans ce chapitre une publicité que vous trouvez intéressante. Répondez aux questions suivantes après avoir bien relu le texte.

1. Quels sont les quatre éléments de cette annonce publicitaire? Décrivez-les.   2. Est-ce que vous trouvez cette publicité convaincante? A quel(s) besoin(s) fait-elle appel? Expliquez.

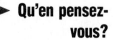

**Qu'en pensez-vous?**

Analysez les publicités du parfum J'ai Osé et de l'eau de toilette Darling (pages 259 et 264).

**Expressions utiles:** L'influence de la publicité

dire la vérité *to tell the truth*
donner à quelqu'un envie de faire quelque chose *to make someone feel like doing something*

faire confiance à quelqu'un  *to trust someone*
faire faire des économies  *to make (someone) save money*
faire penser à quelque chose  *to make (someone) think of something*
se sentir libre  *to feel free*
vouloir être élégant(e)  *to feel like dressing up*
la réclame  *advertisement*

1. Quelle est l'accroche? A quels sentiments humains fait-elle appel? Est-ce qu'elle attire plutôt les hommes ou les femmes? Expliquez pourquoi.
2. Décrivez l'illustration. Que voyez-vous sur cette page publicitaire? A quoi vous fait-elle penser? Est-ce que vous la trouvez belle? Expliquez pourquoi. Est-ce qu'elle vous donne envie d'être quelqu'un d'autre?
3. Décrivez l'organisation de la page publicitaire. Est-ce qu'il y a plus de texte que d'illustration? Décrivez les caractères d'imprimerie (*typefaces*) employés. Qu'est-ce qui est écrit en gros caractères? Et en petits caractères? Quelle est l'intention de cette mise en page?

# Grammaire en contexte
## 31 Comparisons (II): With Adverbs and Quantities

1. Adverbs, like adjectives, are used in three types of comparison:

   a. **plus… que** (*more… than*)

   Le parfum J'ai Osé est-il **plus objectivement** présenté **que** l'eau de toilette Darling?
   *Is the perfume J'ai Osé presented more objectively than the Darling eau de toilette?*

   b. **moins… que** (*less… than*)

   Je lis les articles **moins souvent que** les publicités!
   *I read the articles less often than the advertisements!*

   c. **aussi… que** (*as… as*)

   Ces publicités-ci sont **aussi ouvertement** mensongères **que** celles-là.
   *These ads are as openly deceptive as those.*

The comparative is sometimes used without mentioning the second term of the comparison.

Qui ne cherche pas à vivre
   **plus confortablement!**

Who doesn't want to live more
   *comfortably!*

Comparisons of adverbs can be reinforced with **bien, beaucoup,** or **encore.**

Dans les catalogues on trouve
   ce qu'on cherche **beaucoup
   plus rapidement** que dans
   les grands magasins.

*In catalogs, you find what you
   seek much more quickly
   than in department stores.*

La recherche du confort est un
   besoin **encore plus
   facilement** explicable que
   les autres.

*The pursuit of comfort is a
   need even more easily
   explainable than the others.*

2. The superlative of adverbs (*the most... , the least...* ) adds the definite article to the comparative form. The preposition **de** expresses *in* or *of* in a superlative construction.

Je voudrais trouver une voiture
   d'occasion **le plus vite**
   possible! Que dois-je faire?

*I'd like to find a used car as
   quickly as possible! What
   should I do?*

Ce sont les publicités pour les
   cigarettes que j'accepte **le
   moins facilement** de
   toutes.

*Cigarette ads are the ones I
   can deal with the least
   readily (of all).*

In the above examples, the adverb modifies a verb: **je voudrais trouver**—when?—**le plus vite possible; j'accepte**—how?—**le moins facilement.** In these cases, the superlative uses the definite article **le.** When an adverb qualifies an adjective, however, the article has the same gender and number (**le, la,** or **les**) as the adjective.

Cette illustration est **la moins
   bien conçue** de toutes.

*This illustration is the least
   well conceived of all.*

Les enfants sont **les plus
   facilement influençables**
   de tous les consommateurs.

*Children are the most easily
   influenced of all consumers.*

3. The comparative and superlative forms of **bien** are irregular. Note, though, that the comparative and superlative forms of **mal** are regular.

|  | COMPARATIVE | SUPERLATIVE |
|---|---|---|
| bien (*well*) | mieux | le mieux |
| mal (*badly*) | plus mal | le plus mal |

| | |
|---|---|
| Nous devons **bien** analyser les annonces publicitaires pour **mieux** les comprendre. | *We must analyze advertisements well in order to understand them better.* |
| Qu'est-ce qui informe **le mieux** le consommateur? | *What informs the consumer the best?* |
| Certains consommateurs sont encore **plus mal** renseignés que d'autres. | *Some consumers are even more misinformed than others.* |

4. The comparative and superlative forms are repeated with each adverb.

| | |
|---|---|
| Pourrions-nous vivre **plus agréablement** et **plus simplement** sans la publicité? | *Could we live more agreeably and simply without advertising?* |

5. Quantities can be compared with the following expressions:

a. **plus de... que** (*more... than*)

| | |
|---|---|
| La publicité cherche à nous persuader que nous allons faire **plus d'**économies **qu'**auparavant. | *Advertising attempts to convince us that we are going to save more money than before.* |

b. **moins de... que** (*less... than, fewer... than*)

| | |
|---|---|
| Ce catalogue présente **moins de** produits **que** l'autre. | *This catalog has fewer products for sale than the other one.* |

c. **autant de... que** (*as much... as, as many... as*)

| | |
|---|---|
| Les publicitaires utilisent **autant de** moyens **que** possible pour mettre leurs produits en valeur. | *Advertisers use as many means as possible to highlight their products.* |

As with all expressions of quantity, **de** is repeated before each noun.

| | |
|---|---|
| La vente par correspondance offre **plus de** choix et d'avantages. | *Mail order sales offer more choices and advantages.* |

## Précisons!

Les souris au régime. Regardez l'annonce pour Prédor Allégé (*Prédor Light*).

Vérifiez votre compréhension du texte en complétant les affirmations suivantes avec une expression comparative ou superlative (**plus, moins, aussi, mieux, moins de, autant de,** etc.).

Tiens, les souris se sont mises au régime.

Prédor Allégé : ... aussi bon, mais léger.

Prédor Allégé, c'est une véritable spécialité froma-gère allégée, avec les mêmes trous, le même goût, du calcium, des vita-mines et des protéines comme le fromage que vous connaissez, mais avec seulement 18 grammes de matières grasses pour 100 grammes de produit. Même les souris vont s'y tromper !

1. Le fromage Prédor Allégé a _autant de_ trous que le fromage ordinaire.
2. Prédor Allégé est _aussi_ bon que le gruyère (*Swiss cheese*).
3. Il y a _moins de_ matières grasses dans ce fromage.
4. Selon la publicité, les souris s'intéressent _plus_ sérieusement à leur ligne que nous. _> mice_
5. Les souris s'y trompent _moins_ facilement que les humains.
6. On mange _mieux_ quand on mange Prédor Allégé.

**Interactions**

Toutes les activités suivantes sont basées sur des annonces immobilières que l'on consulte pour trouver un logement ou pour vendre sa maison. Analysez les annonces immobilières suivantes et essayez de les déchiffrer. Les expressions données ci-après vous aideront à comprendre le langage de la publicité immobilière.

A LOUER

A. **3 pièces** 1.500 F/mois ch. comp. lib. déb. mois banlieue, 10 mn. centr. vil. tél. soir 92-42-13-04

B. **Imm. rén.** 7$^e$ éta. ascen. 3 ch. sdb. cuis. éq. 3.500 F/mois ch. non comp. plein centre. Contact. Agence Alouer 5, ave. Voltaire

C. **Maison à louer** 20 mn. centr. vil. 2 ch. liv. cuis. 1½ sdb. pet. jard. 2.000 F/mois tt. comp. tél. Jules 65-50-24-79

A VENDRE

D. **Appt. lux.** 2 ch. terras. tt. conft. 5$^e$ éta. ascen. centr. vil. 1.300 000 F Cont. Agence Avendre 3, rue Morgue

Trouvez l'équivalent des expressions suivantes dans les annonces.

a. appartement luxueux     *D - Appt. Lux*
b. ascenseur  B, D  Ascen.
c. banlieue (*suburbs*) à dix minutes du centre-ville  A
d. charges (*utilities, service fees*) comprises  A
e. charges non comprises  B
f. libre au début du mois  A
g. trois chambres  A, B
h. cuisine équipée  B
i. septième étage  B
j. terrasse  D

k. contactez  B, D
l. immeuble rénové  → B
m. tout confort  D
n. au centre-ville  D
o. tout compris (toutes charges comprises)  C
p. salle de bains  C, B
q. living (salle de séjour)  C
r. petit jardin  C
s. en plein centre de la ville  B
t. à vingt minutes du centre-ville  C
u. téléphonez  A, C

Maintenant que vous savez lire les annonces immobilières, faites des comparaisons dans les exercices suivants.

**A.** Questions personnelles. Discutez avec quelques autres étudiants des logements décrits ci-dessus.

1. Selon vous, quel logement est le moins bien décrit? Lequel est le mieux décrit?   2. D'après l'annonce, quel est le logement le plus proche du centre-ville? Pour vous, est-ce que c'est un avantage ou un inconvénient?   3. Où vivriez-vous le plus confortablement, dans la maison à louer ou dans l'appartement luxueux? Pourquoi?   4. Quel appartement aimez-vous le plus? Pourquoi?   5. Quel appartement aimez-vous le moins? Pourquoi?

**B.** Comparaisons. Comparez à tour de rôle les logements suivants.

MODELE:   se vendre cher: un appartement sans W.C. / un appartement élégant →
L'appartement sans W.C. se vend *le moins cher*.
L'appartement élégant se vend *le plus cher des deux*.

1. se louer rapidement: une petite maison à la campagne / une grande maison en ville
2. se vendre bon marché: un vieil appartement non rénové / un appartement tout neuf
3. se vendre facilement: un appartement non meublé / un appartement richement meublé
4. être bien situé: un studio dans la banlieue / un studio en plein centre-ville

**C.** Quel appartement? Vous aidez un ami (qui ne parle pas français) à choisir entre deux logements à Dijon. Il veut que vous posiez ses questions à l'agent immobilier.

1. Which apartment is the most conveniently (**commodément**) located for a student?   2. Which apartment house has been (**a été**) more

recently constructed? 3. Is one apartment more elegantly furnished than the other? 4. Is one apartment as completely equipped as the other? 5. Which apartment becomes available (**se libérer**) the soonest? 6. Has one of your two apartments been recently (**a été**) renovated? 7. Could you explain the service charges (**les charges**) more precisely?

Maintenant, avec un(e) camarade de classe, jouez le rôle de l'agent immobilier et du (de la) locataire en utilisant les questions précédentes. L'agent peut répondre comme il/elle le veut. Inventez des questions supplémentaires.

**D.** Une petite annonce. Avec un(e) camarade de classe, écrivez une petite annonce pour louer votre appartement/maison. Essayez d'employer des abréviations dans votre annonce. Faites une description honnête, mais essayez en même temps d'attirer le client. Parlez de l'emplacement, du confort, des facilités d'accès, du prix, etc. Faites appel au besoin de sécurité, d'économie, de snobisme, etc., comme vous le voulez. Comparez vos annonces en classe.

**E.** Une vente difficile. Vous avez une tâche (*task*) difficile. Vous devez vendre «la catastrophe» ci-dessous. Accentuez les avantages et cachez les défauts.

# **32** Indefinite Adjectives and Pronouns

Indefinite adjectives and pronouns refer to someone or something unspecified, or to an unspecified number of people or things.

> Il y a **quelques** produits qui se vendent sans publicité.
> **Certains** sont indispensables à notre existence, mais
>     **d'autres** ne le sont pas.

| INDEFINITE ADJECTIVES USED WITHOUT AN ARTICLE | |
|---|---|
| certains, certaines | *certain* |
| chaque | *each, every* |
| différents, différentes | *different* |
| divers, diverses | *various* |
| plusieurs | *several* |
| quelque, quelques | *some, a few* |
| n'importe quel(s), quelle(s) | *(just) any* |
| aucun, aucune… ne | *no* |
| nul, nulle… ne | *no* |

**Chaque** illustration doit présenter le
produit simplement.
*Each illustration must present the product
simply.*

**Divers** groupes de défense du
consommateur se sont formés.
*Various consumer protection groups have
formed.*

**Aucune** publicité **n'**est tout à fait
mensongère.
*No advertisement is totally deceptive.*

| INDEFINITE ADJECTIVES USED WITH AN ARTICLE | |
|---|---|
| un autre, une autre, d'autres | *another, other* |
| l'autre, les autres | *the other* |
| un certain, une certaine | *a certain* |
| le même, la même, les mêmes | *the same* |
| un tel, une telle | *such a* |
| de tels, de telles | *such* |
| tout le, toute la | *the whole, all* |
| tous les, toutes les | *every, all* |

**De telles** annonces font appel
à **un certain** snobisme.
**D'autres** annonces n'utilisent
pas **les mêmes** moyens.

*Such advertisements appeal to
a certain snobbishness.*
*Other ads do not use the same
methods.*

The adjective **tout, toute, tous, toutes** is *followed* by the article. The **-s** of
the masculine plural adjective **tous** is *not* pronounced.

**Toute la** journée, on voit des messages publicitaires à la télé.

*All day long, you see advertisements on TV.*

**Tous les** consommateurs doivent s'informer. Faut-il se méfier de **toutes les** publicités?

*All consumers have to be informed. Is it necessary to be suspicious of every ad?*

| INDEFINITE PRONOUNS | |
|---|---|
| un autre, une autre, d'autres | *another, others* |
| certains, certaines | *certain ones* |
| chacun, chacune | *each one* |
| plusieurs | *several* |
| quelque chose | *something* |
| quelqu'un | *someone* |
| tout | *everything* |
| tous, toutes | *everyone, all* |
| aucun, aucune... ne | *no one, none* |
| nul, nulle... ne | *no one, none* |
| personne... ne | *no one* |
| rien... ne | *nothing* |

Parmi les consommateurs, **certains** font confiance à la publicité; **d'autres** s'en méfient.

*Among consumers, certain people have confidence in advertising; others do not trust it.*

Les illustrations transmettent le message. **Plusieurs** sont vraiment artistiques.

*The illustrations communicate the message. Several are truly artistic.*

Les messages sont subtils. **Aucun ne** ment ouvertement.

*The messages are subtle. None lies openly.*

**Nul ne** conteste le pouvoir du message publicitaire.

*No one disputes the power of advertising.*

Unlike the corresponding adjectives, the pronouns **tout, tous,** and **toutes** are *not* followed by an article. The **-s** of the pronoun **tous** is pronounced [s].

**Tout** est bon marché dans ce magasin.

*Everything is inexpensive in this store.*

Examinez bien les produits. **Tous** ne sont pas de bonne qualité.

*Examine the products well. They are not all of good quality.*

**Précisons!**

**A.** La publicité est partout. Complétez le passage suivant avec une forme de **tout** (adjectif ou pronom).

_____ ¹ la journée, on est assailli par la publicité. Le long de _____ ² les routes se dressent d'affreux panneaux d'affichage. _____ ³ ne sont pas laids (*ugly*), bien sûr; il y en a même qui sont bien conçus. Mais _____ ⁴ est sujet à exploitation. Devons-nous croire _____ ⁵ ce que nous lisons? _____ ⁶ les consommateurs intelligents doivent réfléchir!

**B.** Trouvons le mot juste! Imaginez que vous venez de rédiger les accroches suivantes. Malheureusement, le patron n'est pas content de vous! Essayez de trouver une expression synonyme pour les mots en italique. Vous pouvez vous inspirer des listes des pages 270-271.

1. Vivre mieux *chaque* jour avec Perrier!
2. Eau de toilette Darling. *Tous les* hommes en parlent!
3. Votre chien demandera Canigou, le choix de *divers* connaisseurs!
4. *Toutes les* fois que vous êtes pressé, volez deux fois plus vite grâce au Concorde!
5. Le linge a enfin son produit de beauté. Reckitt Bleu—vous n'avez jamais vu de couleurs *comme ça!*
6. Les galettes de céréales Nestlé seront appréciées sur *chaque* planète!!
7. *Tous les* dimanches, dégustez Saint-Albray.
8. Signal prend les armes contre *toutes les* caries.
9. Toutes les eaux minérales ne produisent pas des résultats *identiques.* L'eau Volvic active les fonctions essentielles de votre organisme.
10. Croquine. Une biscotte *comme elle* est plus légère et aérée que les autres.

**Interactions**

**A.** De nouvelles idées! Avec un(e) camarade de classe, rédigez de nouveaux messages pour trois annonces publicitaires dans ce chapitre. Présentez le même produit d'une autre façon. C'est une compétition: Qui dans la classe a créé la publicité la plus intéressante? la plus convaincante? la plus originale?

## BROSSES SIGNAL
### LE BON PENCHANT POUR DES CARIES EN MOINS.

**Croquine, à peine plus lourde que l'air.**

# VIVRE
# TOUS LES JOURS
# MIEUX

## RECKITT BLEU. LE BLANC ET LES COULEURS TELS QU'ON LES AIME.

**B.** Quels sont ces produits? Voyez ci-dessous les accroches de quatre messages publicitaires. Mais tout le reste de ces messages a mystérieusement disparu! Avec un(e) camarade, créez les textes pour vendre ces produits et ajoutez des images. Présentez vos messages à la classe. (Vous pouvez créer une affiche pour chaque publicité.)

**C.** Des slogans originaux. Travaillez avec un(e) camarade pour créer des messages publicitaires. Choisissez cinq produits (réels ou imaginaires) et écrivez vos propres slogans. Utilisez des adjectifs indéfinis ou des comparatifs et superlatifs dans vos slogans.

**D.** Choisissez un produit bien connu aux Etats-Unis. Vous le décrirez à votre camarade en termes flatteurs (publicitaires). Il/Elle doit deviner de quoi vous parlez.

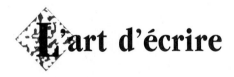

# L'art d'écrire

## Ecrire pour persuader

When writing about your opinions or personal point of view, you may find that it is much easier to state your beliefs than to support them in a convincing and persuasive fashion. Although you may not always agree with the way some advertisers attempt to convince us to buy their products, there are some principles of persuasive writing that you can learn from studying well-written ads. In this chapter, you will have a chance to practice the art of persuasion in the context of this chapter's theme, **la publicité.**

To communicate effectively with others, it is often helpful to know something about your potential readers so that you can reach a common understanding. As you have seen in this chapter, many advertisers have mastered the art of persuasion by considering the possible interests, beliefs, and values of their readers and attempting to appeal to those factors in the advertisements they design. Notice, in the example that follows, how the advertisement for a product as ordinary as children's socks has been crafted to have an extraordinary appeal to young parents, the advertiser's target audience.

# Du rôle fondamental de la chaussette dans l'education des enfants.

Par Aline du Busange.

Les parents, c'est bien connu, pensent que leurs dignes rejetons[a] sont toujours les plus beaux, les plus intelligents et les mieux élevés du monde. Elles n'auront donc pas été inutiles ces longues années d'éducation sévère mais juste et ces petites phrases mille fois serinées : [b] mets tes mains sur la table, dis bonjour à la dame, va faire tes devoirs. Certes.

Mais il ne faudrait tout de même pas oublier les chaussettes DD. Grâce à leur légendaire solidité — double fil retors,[c] pointes et talons renforcés — elles sont aussi à l'aise dans une partie endiablée de base-ball qu'en vacances chez papi-mamie.

Classiques ou fantaisie — ornées même de petits volants pour les filles — les chaussettes DD existent en matières naturelles dans de nombreux coloris et dans toutes les tailles, du 16 au 40.

DD fabrique également, avec le même souci de solidité et de finition, des gilets, des pulls, des cardigans aux dessins originaux et actuels et, toujours pour les filles, des jupes et des collants opaques pour ressembler à maman.

DD a même pensé aux tout-petits avec une gamme layette laine très complète : ensembles pulls et chaussettes coordonnés, chaussettes spécialement étudiées pour les mollets[d] rebondis de bébé et, c'est une nouveauté, des chaussettes dont la semelle est[e] imprimée de petits motifs antidérapants [f] pour ses premiers pas.

Et voilà pourquoi les enfants, habillés dès leur plus jeune âge en DD, transmettront un jour à leurs enfants ce qu'ils auront eux-mêmes appris de leurs parents : l'amour des chaussettes et vêtements DD. N'est-ce pas ainsi, d'ailleurs, que naissent les belles légendes ? **DD. L'empreinte de la qualité.**

DORÉ-DORÉ
**DD**

## Chaussettes DD

[a] ( *pop.*) enfants  [b] *drilled*  [c] *wound, twisted*  [d] *mollets… chubby legs*  [e] *sole*  [f] *non-skid*

▶ **Analyse**

1. A quelle sorte de personne cette publicité est-elle destinée? Quel est le thème central de la publicité?
2. Quelles sont les valeurs évoquées par le texte? Les expressions suivantes peuvent vous aider à les identifier: **ces longues années d'éducation sévère mais juste; légendaire solidité; matières naturelles; souci de solidité et de finition; chaussettes spécialement étudiées.** Trouvez d'autres expressions qui expriment des valeurs. Y a-t-il des mots qui reviennent souvent? Pourquoi?
3. Est-ce que l'accroche est bien liée au thème central du texte? Comment l'accroche retient-elle l'attention du lecteur? Est-ce une idée attendue ou inattendue?
4. Comment le type d'illustration et le jeu des formes sur la page contribuent-ils à l'annonce? Est-ce que les illustrations soutiennent l'accroche et le texte? Expliquez.

▶ **Préparation à l'écriture**

1. Pensez à un produit ou un service que vous voulez vendre. A qui voulez-vous adresser votre publicité? Quel thème principal voulez-vous développer? Quelle action psychologique voulez-vous utiliser? (le besoin de certitude, la vanité, la sexualité, etc.)
2. Créez l'accroche de votre publicité. L'accroche doit représenter le thème central et retenir l'attention du lecteur. Choisissez des expressions convaincantes.
3. Trouvez des images pour illustrer ce thème.
4. Composez un texte assez long où vous développerez les idées que vous avez trouvées auparavant (*earlier*).
5. Placez l'accroche, le texte et les illustrations judicieusement.

# Récapitulation

**A.** Perkins, le plus génial des lapins. Soyez créatifs! Récrivez le résumé de la publicité à la page suivante. Trouvez des expressions synonymes pour remplacer autant d'expressions en italique que possible. N'oubliez pas d'utiliser des comparatifs, des superlatifs et des adjectifs indéfinis.

SLOGAN : Salades de lé-
gumes Cassegrain, des mé-
langes hallucinants.
FICHE TECHNIQUE :
Annonceur : Cassegrain.
Directeur du Marketing :
Michel Bizet. Directeurs de
clientèle : Jean Buclet, Na-
deau Rolland. Concep-
teur/rédacteur : Alain Da-
net. Réalisation : John
Perkins.
DURÉE : 30 secondes.
OBJECTIF : Faire du la-
pin le symbole de la mar-
que Cassegrain.

## PERKINS, LAPIN GÉNIAL

Les plus grands films publicitaires sont parfois dus, en
partie, à un heureux hasard.
Le dernier film Cassegrain
nous en apporte la preuve vi-
vante sous la forme... d'un lapin.

Pour trouver la star idéale
du film, il fut en effet décidé
de faire subir un entraine-
ment intensif à non pas un
mais cinq superbes lapins al-
binos. Durant un mois et
demi, ces quatre acteurs en
herbe - et en carottes - tentè-
rent de sortir de la semi-
léthargie qui les caractérise
généralement pour appren-
dre les scènes difficiles exi-
gées par le scénario. A ce
stade, une chose extraordinaire se produisit : quatre
d'entre eux demeurèrent totalement amorphes, tandis
que le cinquième, exacte-
ment semblable aux précé-
dents, se révélait un comédien extraordinaire !

Baptisé Perkins (du nom
du réalisateur du film), l'acteur à grandes oreilles fut ensuite amené à Londres, pour
un tournage de deux jours
où son grand professiona-
lisme fit la joie de tous. Des

lunettes noires ? Aucun problème : Perkins s'en acco-
mode d'autant mieux
qu'elles protègent ses yeux
sensibles de la lumière des
projecteurs. Faire des mouvements de bouche ? Encore
une chose aisée, du moment
que certains aliments lui sont
donnés à mastiquer au bon
moment. Remuer les
oreilles? Là, la chose est plus
difficile, mais des fils de nylon invisibles permettent
d'obtenir le résultat voulu.
Evidemment, entre deux

prises de vue, la vedette est
choyée comme une Marilyn
à truffe rose.

En définitive, il ne lui
manque que la voix. L'ac-
teur Jean-Pierre Kalfon lui
prête la sienne. Grave, un
peu rauque, elle semble appartenir à un individu qui a
beaucoup et bien vécu. C'est
que maintenant, notre lapin
ingénu est devenu, par l'intermédiaire de Cassegrain,
une grosse légume. Il est à
parier que nous le reverrons
bientôt.

---

Les *plus grands* films publicitaires sont parfois dus à *divers* hasards. Le
dernier film Cassegrain nous en apporte *la meilleure* preuve sous la
forme… d'un lapin.

Pour trouver la star *la plus naturelle* du film, on a décidé d'entraîner
non pas un, mais cinq lapins. Pendant un mois et demi, *tous les lapins*
ont appris *diverses* scènes difficiles qu'exigeait le scénario. Mais les
lapins sont par nature plus inactifs qu'actifs! A ce stade de l'entraînement, la chose *la plus extraordinaire* est arrivée: quatre des lapins sont
restés complètement endormis et un seul s'est révélé être un véritable
comédien!

Baptisé Perkins (le nom du réalisateur du film), l'acteur aux grandes
oreilles a dû travailler *aussi sérieusement* que les professionnels de la
publicité, et il est même allé à Londres pour *quelques* jours de tournage.
*Toutes* les difficultés de tournage ont été vite résolues: les lunettes
noires? Perkins les acceptait aussi bien que les grandes vedettes car ses
yeux sont sensibles à la lumière des projecteurs; faire des mouvements
de bouche? c'était *la chose la plus aisée,* il suffisait de lui donner *le plus
petit* morceau de carotte; remuer les oreilles? c'était *moins évident* que
les mouvements de bouche! Il a fallu utiliser *plusieurs* fils de nylon pour
faire bouger les oreilles de Perkins! Enfin, Perkins a fait un travail
remarquable: c'est vraiment *le plus génial* des lapins!

**B.** Sujet de discussion: les pièges de la publicité. Regardez les deux réclames ci-dessous et comparez-les. Quelle publicité vous plaît le plus? Pourquoi? Identifiez les éléments qui les composent: Quelle est l'accroche? Que dit le texte? Décrivez la mise en page. Que pensez-vous de l'illustration? A votre avis, quelles sont les valeurs culturelles présentées? Selon les réclames, quelles sont les raisons pour lesquelles nous devrions acheter le produit présenté? Quelle est votre réaction personnelle devant ces réclames? Est-ce que ces annonces publicitaires vous donnent envie d'acheter ces produits? Expliquez vos réactions.

# *On se débrouille...*
## Pour faire vos achats dans un magasin

**A.** Vendeur ou client? Décidez si la personne qui parle dans chacune des circonstances suivantes est le vendeur ou le client. Donnez ensuite un contexte possible pour chaque commentaire.

MODELE:  «Puis-je vous être utile?» →
C'est le vendeur. Il s'approche du client et lui offre ses services.

1. «Je regarde seulement.»
2. «Pourriez-vous me montrer des vestes plus courtes?»
3. «Vous voulez l'essayer?»
4. «Je reste indécis.»
5. «Avez-vous choisi?»
6. «Je ne fais que regarder.»
7. «Je le prends. C'est combien?»
8. «Ceci vous conviendra mieux?»
9. «Je cherche une chemise bleu foncé en coton.»
10. «Ces complets sont-ils tous en solde?»
11. «Ça vous va vraiment bien.»
12. «Je vous l'emballe?»
13. «Je ne vois rien qui me plaît.»
14. «Vous désirez?»
15. «Lequel de ces manteaux me conseillez-vous?»

**B.** Aux Galeries Lafayette. Complétez le dialogue suivant en remplaçant les tirets par une des expressions à droite.

Martine a envie d'acheter un nouveau pantalon. Elle va au rayon femmes. La vendeuse s'approche d'elle.

LA VENDEUSE: _____?

MARTINE: Non, merci _____. (*Elle commence à examiner les pantalons en laine.*) Ah, quels jolis pantalons, mais ils sont hors de prix! (*Elle continue à chercher.*)

LA VENDEUSE: _____?

MARTINE: Non, pas encore. Dites-moi, _____?

LA VENDEUSE: Si, Mademoiselle. Nous avons ces pantalons-ci qui sont en solde maintenant.

MARTINE: (*voyant un pantalon qu'elle veut essayer*) Oh! _____! _____?

LA VENDEUSE: Bien sûr, Mademoiselle. La cabine d'essayage est par ici.

MARTINE: (*Elle essaie le pantalon mais il est trop serré.*) _____. _____?

a. Vous voulez voir quelque chose?
b. Voici exactement ce qu'il me faut!
c. N'avez-vous rien de moins cher?
d. Je ne fais que regarder.
e. Avez-vous décidé?
f. Est-ce que je peux l'essayer?
g. Je prends ceci.
h. Quel est le prix?
i. En avez-vous d'autres?
j. Quelle taille faites-vous?
k. Quelle affaire!
l. Je vous conseille celui-ci.
m. Ceci ne me convient pas.

LA VENDEUSE: Oui, je serai contente
d'aller en chercher un
autre. _____?

MARTINE: Je fais un 42,* je crois.

LA VENDEUSE: (*Elle apporte à Martine
un pantalon en laine
grise.*) _____.
Le style le rend un peu
plus lâche que l'autre.

MARTINE: (*Elle essaie le pantalon et
l'aime beaucoup.*)
_____.
_____?

LA VENDEUSE: 120 F 50.

MARTINE: _____! C'est bien
raisonnable!

### LES TAILLES (VETEMENTS)

| FEMMES | | HOMMES | |
|---|---|---|---|
| *En France* | *Aux Etats-Unis* | *En France* | *Aux Etats-Unis* |
| 38 | 6 | 36 | 35 |
| 40 | 8 | 38 | 36 |
| 42 | 10 | 40 | 37 |
| 44 | 12 | 42 | 38 |
| 46 | 14 | 44 | 39 |

### LES POINTURES (CHAUSSURES)

| *En France* | 36 | 37 | 38 | 39 | 40 | 41 | 42 | 43 |
|---|---|---|---|---|---|---|---|---|
| *Aux Etats-Unis* | 5 | 6 | 7 | 8 | 9 | 9½ | 10 | 10½ |

**C.** Conversation. Imaginez un dialogue entre un(e) client(e) et un vendeur/une vendeuse. Jouez les deux rôles avec un(e) camarade de classe ou avec le professeur. Choisissez une des situations suivantes. (Servez-vous des expressions de l'exercice A.)

1. Un client qui cherche un cadeau pour l'anniversaire de sa mère.
2. Un client qui cherche une robe pour sa femme.   3. Une cliente qui veut acheter une cravate pour son ami.   4. Une cliente qui veut acheter un jouet pour sa nièce qui est à l'hôpital.   5. Imaginez votre propre situation.

---

*See the size chart that follows.

# Mots utiles: La publicité

## L'influence de la publicité

| | |
|---|---|
| dire la vérité | to tell the truth |
| donner à quelqu'un envie de faire quelque chose | to make someone feel like doing something |
| faire penser à quelque chose | to make (someone) think of something |

## La publicité et la vente

| | |
|---|---|
| faire appel à | to call on, appeal to |
| mettre en valeur | to highlight, emphasize |
| persuader | to persuade |
| séduire | to seduce, win over |
| vanter | to speak in praise of |
| l'accroche (f.) | hook (publicity) |
| l'annonce publicitaire (f.) | commercial, ad |
| les caractères (m.) (d'imprimerie) | (print) characters, typefaces |
| le consommateur/la consommatrice | consumer |
| en solde | on sale |
| hors de prix | outrageously expensive |
| la marque | brand |
| la mise en page | layout |
| un panneau d'affichage | billboard |
| la réclame | advertisement |
| le tournage | making, shooting of a film |
| la vente par correspondance | mail order |

## Quelques expressions supplémentaires...

### Noms

| | |
|---|---|
| l'atout | trump (fig.); advantage, asset |
| la biscotte | rusk, zwieback |
| la cabine d'essayage | fitting room |
| la carie | (dental) cavity |
| le centre-ville | downtown |
| les chaussettes (f.) | socks |
| le fil | thread |
| la galette | type of pancake; tart, pie |
| le gruyère | Swiss cheese |
| l'immeuble (m.) | apartment or office building |

| | |
|---|---|
| l'immobilier (m.) | real estate |
| le jeune cadre dynamique | young urban professional |
| le lapin | rabbit |
| la ligne | figure (of a person's body) |
| le linge | laundry |
| le piège | trap |
| la souris | mouse |
| la tâche | task |
| la taille | size |

### Adjectifs

| | |
|---|---|
| affreux/affreuse | horrible |
| conçu(e) | made, conceived |
| efficace | efficient |
| immobilier/ immobilière | having to do with real estate |
| indécis(e) | undecided |
| laid(e) | ugly |
| léger/légère | light |
| proche | close, near |
| savant(e) | learned, scholarly |
| serré(e) | tight |
| situé(e) | located |

### Verbes

| | |
|---|---|
| attirer | to attract |
| se débarrasser (de) | to get rid of |
| déchiffrer | to decipher, decode |
| déguster | to taste (wine) |
| disparaître | to disappear |
| emballer | to wrap (up) |
| louer | to rent |
| remuer | to move (about) |
| retenir | to hold, retain |
| soutenir | to support |
| voler | to steal; to fly |

### Mots divers

| | |
|---|---|
| à louer | for rent |
| auparavant | earlier, before |
| à vendre | for sale |
| charges comprises | service fees, utilities included |
| commodément | conveniently |

# Chapitre onze

# Elargissons nos horizons!

La France vous accueille
à bras ouverts.

# Dans le vif du sujet

## Avant de lire

**Assessing an Author's Attitude and Purpose.** Essential to the skill of reading is assessing the attitude of the author toward the subject. This can be determined by the author's tone and style. Some writers have a bias toward (or against) their subject and want the reader to see things in a certain way. Some may write with a factual tone, others with an ironic or satirical one. Recognizing the author's tone and style is an important part of understanding the message conveyed in a text.

In your native language this skill has become second nature, but in another language it requires some practice. This chapter's reading is an essay that could be helpful to students planning to go abroad for study in France or in another Francophone country. Skim the reading to consider the following questions about the author's intention, tone, style, and attitude.

1. Does the title of the reading contain any clues about content, style, or the author's intention? For example, does the phrase **mises en garde** from the title suggest humor? advice? satire? anger?
2. Is the function of the text to educate? to criticize? to give a warning? to amuse?
3. Is the writer's tone or style objective? ironic? satirical? humorous?
4. Is the writer's attitude toward the subject indifferent? pitying? critical? sympathetic? angry?

Now read the essay and see whether your guesses were correct.

# Conseils et mises en garde avant un séjour en France

Dans un monde «de plus en plus petit», les séjours à l'étranger sont monnaie courante.° Chaque année un grand nombre d'étudiants américains vont étudier en France. En collaboration avec des organismes français, un nombre d'universités américaines offrent une myriade de possibilités de séjours d'études.

Selon son niveau de langue, l'étudiant peut suivre des cours en anglais (pour les plus faibles), étudier dans un Institut pour Etudiants Etrangers ou encore assister aux cours de l'Université (pour les plus forts).

monnaie... *commonplace*

Les Instituts offrent une gamme° de cours variés: les disciplines les plus demandées sont l'histoire, la littérature, les sciences politiques, l'histoire de l'art, ainsi que les études culturelles et médiatiques. L'enseignement est adapté au niveau linguistique des étudiants qui sont bien encadrés° par des professeurs sensibles aux difficultés d'adaptation. Le plus souvent, ces instituts offrent avant la rentrée des classes un stage intensif afin que les étudiants puissent se préparer du point de vue linguistique et culturel.

*range, gamut*

*surrounded*

Les cours universitaires permettent aux jeunes étrangers de partager à 100 pour cent la vie des étudiants français. Les cours et les conférences souvent donnés devant des centaines d'étudiants par un professeur plus ou moins anonyme produisent quelquefois le dépaysement° chez les étudiants américains venus de petits «colleges». La plupart des cours à l'université (appelée plus familièrement «la Fac», c'est-à-dire, la Faculté) durent toute l'année; il est donc préférable de séjourner un an, ce qui n'est pas toujours facile pour les étudiants américains qui ont de nombreuses exigences° à remplir avant de finir leurs études.

*disorientation*

*requirements*

Il est important pour l'étudiant(e) de connaître à l'avance les nombreux choix qu'il (elle) devra faire. Il en est de même des possibilités de logement: Si vous êtes réservé, timide et introverti, vous feriez mieux de vivre au sein d'une famille° française, là où les occasions de parler sont nombreuses, où l'effort est minimum. Il faut toutefois considérer que votre liberté sera plus ou moins entravée.° Si, par contre, vous chérissez votre indépendance plus que tout au monde, il vous est conseillé de vivre dans une Cité Universitaire ou même dans un foyer d'étudiants. Là, il vous faudra° du dynamisme et du courage pour aborder° les autres et pour vous faire des copains, mais le résultat en vaut bien la peine. Quel que soit votre choix, refusez de partager votre logement avec un(e) anglophone. Cela serait catastrophique! Il est certain que dans les moments de «cafard»,° vous rechercherez le réconfort d'une voix amie, mais n'en abusez pas. Vous n'en serez que plus fier de vous à votre retour.

*au... dans une famille*

*limitée*

*il... you will need*
*approach*

*découragement*

**Avez-vous compris?**

1. Essayez de retrouver l'idée principale de chacun des cinq paragraphes.
2. Décidez si les affirmations suivantes sont vraies ou fausses. Si elles sont fausses, corrigez-les.
   a. A l'étranger, le choix du logement doit être déterminé par le niveau linguistique.
   b. Les cours de «la Fac» sont les plus exigeants.
   c. Pour assister à des cours en France, il faut parler français sans fautes.
   d. En France, on n'est pas obligé de suivre des cours de langue française.
   e. Les Instituts en collaboration avec les universités américaines ont prévu des structures d'accueil pour les étrangers.

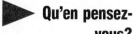

**Qu'en pensez-vous?**

**Expressions utiles**

aimer sortir et s'amuser *to like to party*
apprendre à se débrouiller *to learn how to manage*
assister à une conférence *to attend a lecture*
avoir assez d'argent pour payer les frais scolaires *to have enough money to pay
　　tuition*
avoir une bonne préparation *to be well prepared*
fréquenter la bibliothèque *to visit the library often*
s'inscrire à la Fac(ulté) *to register at the university*
s'intégrer à la culture environnante *to become part of the culture*
organiser son propre emploi du temps *to organize (arrange) one's own schedule*
parler couramment *to speak fluently*
prendre l'avis de son conseiller *to take the advice of one's counselor*
prendre part aux travaux dirigés *to take part in lab sessions*
prendre un pot ensemble (*fam.*) *to have a drink together*
rédiger une dissertation *to write a term paper*
regretter de ne pas connaître ses professeurs *to regret not knowing one's teachers*
se sentir perdu(e) *to feel lost*
sortir en boîte (*fam.*) *to go to a nightclub*
suivre des cours exigeants *to take demanding courses*

1. Si vous alliez étudier en France, qu'est-ce que vous étudieriez?
   Pourquoi? Quelle formule de logement choisiriez-vous? Quels en
   sont les avantages? les inconvénients? Quel serait le véritable but de
   votre séjour? Comment l'atteindriez-vous?
2. Si vous deviez aider de jeunes étrangers qui viennent aux Etats-Unis
   pour faire des études, quels conseils leur donneriez-vous? Quelles
   sont les caractéristiques de «l'enseignement à l'américaine»? Quelles
   sont les activités de détente des étudiants américains? Sont-elles
   différentes de celles des jeunes Français?

# Grammaire en contexte
## 33 Relative Pronouns (II): With Prepositions

1. Like the other relative pronouns (see Chapter 4), **lequel**
   represents a previously mentioned person, thing, or idea.
   The form of **lequel** changes, however, according to the
   gender and number of the antecedent.

**L'école d'architecture de l'université Laval est située
dans les locaux du petit séminaire de Québec.**

Quelles sont **les raisons** pour **lesquelles** on étudie à l'étranger?

*What are the reasons for which people study abroad?*

→ of which? about which

C'est **une question** à **laquelle** je n'ai jamais réfléchi.

*That's a topic I've never thought about.*

Quels sont **les cours** dans **lesquels** il y a le plus de travail?

*What are the courses in which there is the most work?*

**Le cours** avec **lequel** j'ai le plus de difficulté est «L'analyse de texte».

*The course with which I have the most trouble is "Textual analysis."*

**Lequel** is used after prepositions. It contracts with **à**. It also contracts with **de**, but only in prepositional phrases such as **à côté de, autour de, en bas de, près de,** etc.

| | | | **WITH à** | **WITH A PREPOSITION CONTAINING de** |
|---|---|---|---|---|
| **SINGULAR** | *Masculine* | lequel | auquel | duquel |
| | *Feminine* | laquelle | à laquelle | de laquelle |
| **PLURAL** | *Masculine* | lesquels | auxquels | desquels |
| | *Feminine* | lesquelles | auxquelles | desquelles |

Quels sont les projets **auxquels** vous pensez?

*What are the projects you're thinking about?*

Nous irons à un hôtel **près duquel** il y a un lac.

*We're going to a hotel next to which there's a lake.*

2. When **de** stands alone as a preposition (**parler de, avoir envie de, avoir peur de,** etc.), **dont** is used instead of **lequel** (see Chapter 4).

Voilà l'hôtel **dont** je parlais.

*Here is the hotel I was talking about.*

3. When the antecedent is a person, **qui** is usually used after a preposition. However, this does not apply with **entre** and **parmi**.

Les Français **chez qui** j'habite aiment discuter des Etats-Unis.

*The French people with whom I live like to talk about the United States.*

*mais:*

Les Français **parmi lesquels** je
  me sens le plus à l'aise sont
  les Robidoux.

*The French people among
  whom I feel most at ease
  are the Robidoux family.*

4. When the antecedent is an indefinite thing or idea (with no specific
  gender or number), **quoi** is used after a preposition. In this case, **quoi**
  corresponds to the English *which*.

La prof a fait sa conférence,
  **après quoi** elle nous a
  donné une interrogation.

*The prof gave her lecture, after
  which she gave us a quiz.*

**Précisons!**

**A.** Quelques conseils pratiques. Quand on arrive en France, il y a certaines
choses à faire et d'autres à ne pas faire. Pour réviser les pronoms relatifs,
remplissez les tirets avec **qui, que, dont** et **où**, selon le cas.

1. La première chose à faire quand on descend de l'avion, c'est de
   trouver l'endroit __où__ sont déchargés les bagages.
2. Ne soyez pas impatient(e)! Les personnes __qui__ déchargent vos
   bagages ont tout leur temps.
3. Trouvez tout de suite un agent de change __qui__ changera vos dollars
   en francs français.
4. Allez au kiosque à journaux __où__ vous achèterez un guide de la ville
   __dont__ vous allez visiter.

   *Or que*

5. Le métro est une réalisation technique __dont__ les Français sont très
   fiers et à juste titre, mais si vous n'aimez pas la foule (*crowds*),
   évitez-le.
6. Si vous ne vous sentez pas sûr de vous, achetez un petit dictionnaire
   de poche __que__ vous garderez toujours sur vous.
7. Avant de prendre l'autobus, préparez la monnaie __que__ vous
   donnerez au conducteur.
8. Les automobilistes __qui__ circulent dans Paris sont assez intrépides
   (*reckless*). Soyez calme.
9. Dans l'autobus, ne soyez pas étonné si quelqu'un __qui__ vous ne
   connaissez pas s'assied près de vous.
10. Si vous le lui demandez poliment, le conducteur vous indiquera la
    station __où__ vous devez descendre.

**B.** Avertissement aux jeunes étrangers. Voici les extraits d'une conversation
entre deux Américains au sujet de leurs études en France. Pour réviser les
pronoms relatifs indéfinis, remplissez les tirets avec **ce qui, ce que, ce
dont** ou **quoi**.

1. __Ce qu'__est important, c'est d'avertir à l'avance les jeunes Américains
   qui vont en France.
2. Un professeur sensible sait __dont__ les étudiants ont besoin.

*ce que* (handwritten annotation)

3. *ce que* compte le plus, c'est la discipline.
4. Sais-tu *ce que* les profs exigent le plus dans une université française?
5. Steve veut voir son prof, *quoi* est impossible, étant donné les rares contacts qu'il a avec les étudiants.
6. Nous devons faire une explication de texte, après *quoi* nous devons rédiger une dissertation.
7. Devine (*Guess*) *ce que* le prof nous a demandé de faire hier!
8. Les étudiants étrangers feraient mieux de suivre ces conseils, sans *quoi* leur séjour ne sera pas réussi.

**C.** Attention aux stéréotypes! Pour mieux comprendre et apprécier une autre culture, il faut éliminer les stéréotypes. Complétez les déclarations ci-dessous avec une forme de **lequel (laquelle, auquel, auxquelles,** etc.).

LES FRANÇAIS VUS PAR LES AMERICAINS

1. Les Français sont arrogants. C'est la raison pour *laquelle* ils ont la réputation d'être impolis.
2. L'amour est une chose *à quel* tous les Français pensent constamment.
3. La cuisine est un art pour *laquelle* les Français sont particulièrement doués.
4. Le vin est une boisson sans *laquelle* les Français ne pourraient pas survivre.
5. A l'hôtel, avoir à partager des W.C. avec des voisins est une situation à *laquelle* les Français ne font guère attention.

LES AMERICAINS VUS PAR LES FRANÇAIS

1. La voiture est une nécessité sans *laquelle* l'Américain se sent perdu.
2. Les Américains ont de drôles de coutumes, parmi *lesquels* l'habitude de mettre les pieds sur la table!
3. Le dollar tout-puissant est un dieu devant *lequel* tous les Américains se prosternent.
4. Les plats parmi *lesquels* l'Américain peut choisir ses repas quotidiens sont tous faits à base de ketchup.
5. Les actes de violence sont des faits courants *auxquels* les Américains se sont habitués.

**Interactions**

**A.** Discutez avec plusieurs autres étudiants des stéréotypes représentés dans les phrases de l'exercice C ci-dessus. Corrigez les phrases qui représentent des stéréotypes pour qu'elles expriment la réalité.

**B.** Des séjours linguistiques. Voici à la page 288 une liste de programmes d'échange qui offrent des séjours linguistiques de toutes sortes. Après avoir lu les descriptions des programmes, complétez les phrases suivantes avec l'aide d'un(e) camarade de classe. Remplacez d'abord les tirets à l'aide des pronoms relatifs convenables, puis complétez les phrases comme vous voulez.

## Riviera International

Elèves: Adultes à partir de 18 ans
Dates: Du 4-02 au 15-11
Cours: standard (4 heures par jour) intensif (6 heures par jour)
et français des affaires
Prix: 10.000 et 11200 francs, hébergement et cours compris
pour 4 semaines (sans repas du soir)
Lieu: Antibes dans château avec parc.

Adresse: 14 Rte de la Badine 06600 Antibes

## C.L.E.

Elèves: Tout public à partir de 17 ans
Dates: Toute l'année, toutes les 2 semaines
Cours: 20 heures par semaine selon les niveaux.
Immersion en famille française si désiré.
Pour juin, juillet et août, s'inscrire 6 à 8 semaines à l'avance.
Prix: en fonction du type et de la durée du séjour
Lieu: Tours (près de la Tour Charlemagne)

Pour plus d'informations contacter: Louise Harber
FOREIGN LANGUE/STUDY ABROAD PROGRAMS

## L.S. Studies

Elèves: Tout public à partir de 17 ans
Dates: Toute l'année, toutes les deux semaines
Cours: Entre 20 et 30 heures par semaine
+ programme d'activités sociales et culturelles
+ immersion en famille française si désiré.
Prix: en fonction du type et de la durée du séjour
Lieu: Paris (Rue St-Honoré et près du Bois de Vincennes).

Pour plus d'informations contacter: Louise Harber
FOREIGN LANGUE/STUDY ABROAD PROGRAMS

## Actilangue

Elèves: Tout public à partir de 17 ans
Dates: Toute l'année, toutes les 2 semaines
Cours: 3, 4 ou 6 heures de classe par jour
+ Immersion dans des familles françaises si désiré
Prix: en fonction du type et de la durée du séjour
Lieu: Nice (près de la Promenade des Anglais)

Pour plus d'informations contacter: Louise Harber
FOREIGN LANGUE/STUDY ABROAD PROGRAMS

## C.E.L.A.

Elèves: Tout public à partir de 17 ans
Dates: Toute l'année, toutes les 2 semaines
Cours: 20 heures par semaine selon les niveaux. Immersion en
famille française si désiré.
Cours de language et littérature au mois de juillet.
Prix: en fonction du type et de la durée du séjour
Lieu: Centre d'Avignon (près du Palais des Papes)

Pour plus d'informations contacter: Louise Harber
FOREIGN LANGUE/STUDY ABROAD PROGRAMS

## Vacances Internationales en France

Elèves: Débutants ou avancés en langue française
Dates: Du 16-03 au 21-04 et du 15-06 au 25-08 pour les cours.
Cours: Formule avec cours et formule avec cours + activités.
Prix: De 4.000 francs à 7650 francs selon la durée,
le centre et la formule choisie.
Lieu: Clermont -Ferrand, Biarritz, Paris/Lisses
Adresse: 39 Rue Saint-Dominique 63000 Clermont-Ferrand

1. Le programme _____ je voudrais participer est...
2. Une chose _____ on a besoin quand on fait un séjour à l'étranger est...
3. La clientèle à _____ ces programmes s'adressent est...
4. La famille française chez _____ j'aimerais vivre devrait être...
5. La date à _____ je voudrais partir est...

**C.** Choisissez des programmes d'études. Avec votre camarade, établissez par ordre de préférence une liste des programmes qui vous intéressent. Puis discutez de vos choix (activités, dates, localités, nombre d'heures de classe, etc.). Quels sont les autres renseignements dont vous auriez besoin pour faire un choix définitif?

# 34 Demonstrative Pronouns

Demonstrative pronouns point out a person, thing, or idea. A demonstrative pronoun in French may refer to a specific noun antecedent, or it may refer to an indefinite antecedent or idea.

A ton avis, quel est le chemin le plus court: celui-ci ou celui-là?

## DEFINITE DEMONSTRATIVE PRONOUNS

The definite demonstrative pronouns represent specific noun antecedents and are equivalent to the English expressions *this one, that one, the one (that), these, those, the ones (that)*. They agree in gender and number with the nouns they represent.

|  | SINGULAR | PLURAL |
|---|---|---|
| *Masculine* | celui... | ceux... |
| *Feminine* | celle... | celles... |

These pronouns are not used alone. They are always followed by:

1. the suffix **-ci** (*this one, these, the latter*) or **-là** (*that one, those, the former*)

| | |
|---|---|
| Regarde tous ces livres: **Ceux-ci** sont beaucoup plus intéressants que **ceux-là.** | *Look at all these books: These are much more interesting than those.* |
| Cette règle-ci semble plus méthodique que **celle-là.** | *This rule seems more methodical than that one.* |

2. a prepositional phrase, usually with **de**, indicating possession

| | |
|---|---|
| Parmi les cours de civilisation française, **ceux de la Sorbonne** sont peut-être les mieux connus. | *Among French Civilization courses, those of the Sorbonne are probably the best known.* |

| | |
|---|---|
| Les traditions des facultés françaises sont souvent différentes de **celles de chez nous.** | *Traditions in French universities are often different from those at home.* |

3. a relative clause with **qui, que,** or **dont**

| | |
|---|---|
| Regardez cette liste des cours et montrez-moi **ceux qui vous intéressent.** | *Look at this list of courses and show me the ones that interest you.* |
| Ces livres-là sont **ceux dont nous avons besoin pour le cours.** | *Those books are the ones that we need for the course.* |

## INDEFINITE DEMONSTRATIVE PRONOUNS

The indefinite demonstrative pronouns **ceci** *(this)* and **cela** *(that)* refer to ideas or situations that have no specific number or gender. **Ceci** and **cela** function as the subject or direct object of a verb, or as the object of a preposition. The pronoun **ça** is an informal equivalent of **cela.** In conversation, **ça** is often used to add emphasis.

| | |
|---|---|
| Ecoutez bien **ceci:** Mes conseils vont vous aider. | *Listen to this: My advice is going to help you.* |
| Ne posez pas trop de questions. **Cela** est très mal vu. | *Don't ask too many questions. That's considered very bad form.* |
| N'exigez pas de voir le professeur. **Ça** ne se fait pas. | *Don't insist on seeing the professor. That just isn't done.* |
| **Ça, c'**est vrai! | *That's true!* |

## THE INDEFINITE DEMONSTRATIVE PRONOUN *ce*

The pronoun **ce** is often used as the subject of the verb **être** to introduce or define someone or something. In this context, **être** is followed by a noun (with article) or by a stressed pronoun. **C'est** is used with singular nouns and with all pronouns except **eux/elles. Ce sont** is used with plural nouns and with **eux/elles.**

| | |
|---|---|
| **C'est** un professeur exigeant. | *He is a demanding teacher.* |
| **Ce sont** des mises en garde utiles. | *Those are useful warnings.* |
| **Ce** n'**est** pas tout: L'étudiant doit prendre part aux travaux dirigés. | *That's not all: The student must participate in lab sessions.* |
| **C'est** lui qui m'a conseillé de suivre ce cours. | *He's the one who advised me to take this course.* |

When **être** is followed by an adjective or by a noun without an article (denoting nationality, profession, race, or religion), a subject pronoun (**il, elle, ils, elles**) is used instead of **ce.**

> **Il est** professeur. *He's a teacher.*
> **Il est** exigeant. *He's demanding.*
> **Ils sont** utiles. *They are useful.*
> **Elle est** française. *She is French.*

**Précisons!**

**A.** Centre International d'Etudes. Un groupe d'étudiants de différents pays se réunit pour discuter. Chacun présente son point de vue. Complétez les phrases avec un pronom démonstratif défini.

1. En ce qui concerne les femmes, l'attitude d'Ali est plutôt sévère. _Celle_ de Steve est plus ouverte.
2. L'idéal de Sook-Hee est d'atteindre la sérénité intérieure; _Celui_ de Françoise est d'avoir une famille unie.
3. Les ancêtres de Li Huang sont vénérés dans sa famille, alors que _Ceux_ de Steve sont oubliés.
4. Candy est _Celle_ qui a le plus de confiance en l'avenir. Carmella vit dans le présent.
5. _Celui_ qui est le plus fier de son travail est Kurt, alors que Gina est _Celle_ qui apprécie le mieux son temps libre.
6. Les étudiants américains sont _Ceux_ qui semblent valoriser le plus le bonheur.
7. Les femmes musulmanes sont _Celles_ qui respectent le plus les valeurs traditionnelles de leur culture.

**B.** Deux étudiants participent à un échange aux U.S.A. Les échanges vont dans les deux sens, n'est-ce pas? Laure et François sont deux étudiants venus étudier aux U.S.A. Ils se promènent sur un campus américain et discutent de leurs impressions. Complétez leur dialogue avec des pronoms démonstratifs ou les pronoms **il(s)** ou **elle(s)** selon le cas.

LAURE: Qu'est-ce que _C'_[1] est que ces trois lettres grecques sur la façade de cette maison-là?
FRANÇOIS: Laquelle? _Celle_[2]-ci?
LAURE: Oui. _Celle_[3]-ci, juste en face de nous.
FRANÇOIS: Mais tu ne sais pas que _C'_[4] est une «fraternité»? Regarde _celle_[5]-là, là-bas. _Celle_[6] est encore plus belle. On dirait un château comme _Celui_[7] qui est près de Bellegarde.* _Celui_[8] est plus grand, d'ailleurs.
LAURE: Explique ce que _C'_[9] est qu'une «fraternité». Je n'ai jamais entendu parler de _cela_[10]! _C'_[11] est une organisation politique ou quoi?

---
*Bellegarde: ville du centre de la France

FRANÇOIS: Non, _C_[12] est un groupe d'hommes. Ici aux U.S.A. _Il_[13] se fait souvent, être membre d'un groupe comme _Celui_.[14] ?

LAURE: _Il_[15] semble sexiste. Est-ce que les femmes sont exclues?

FRANÇOIS: Bien sûr que non. Toutes les maisons dans cette rue ne sont pas des «fraternités». _Celles_[16] -là, là-bas, sont exclusivement pour les femmes. _Celles_[17] sont des «sororités».

LAURE: Comment est-ce que tu sais _ça_[18]?

FRANÇOIS: Ben... J'étais à une boum l'autre soir...

LAURE: _Ça_,[19] _C_[20] est trop fort! Tu aurais pu m'inviter!

## Interactions

**A.** Voici quelques extraits d'un article sur les campus américains vus par les Français. Vous voulez maintenant convaincre des étudiants français de venir

---

### Les must des campus

Les plus beaux campus: Washington et Cornell.
La meilleure boutique universitaire: Harvard Coop.
Les trois villes universitaires les plus sympathiques: Austin, Berkeley et Boulder.
Les deux meilleures librairies: Berkeley et Cambridge.
Le meilleur souvenir: les étonnants sous-vêtements bleus de Yale sur lesquels est inscrite la devise: «Beat Harvard» (battre Harvard).
Les étudiants les plus élégants: ceux de Vassar.
Les plus politisés: à l'université du Wisconsin.
Le campus le plus populaire: Ohio State University.
La plus belle plage: University of Hawaii.
La plus effroyable bureaucratie: Ohio State University.
Le plus grand nombre d'anciens: Harvard.

---

**Michigan State University**
*Michigan*
**Ses points forts:** business, éducation.
Etablissement public.
Nombre d'élèves: 32 339.
Tarif scolarité: $4 072; hébergement et pension: $2 352.
Installée sur un spectaculaire campus qui ressemble à un arboretum. Une quarantaine d'hectares où abondent plantes exotiques, bâtiments néogothiques tapissés de lierre;[a] terrains de golf et vastes pelouses. Le troisième campus du pays par la superficie, le cinquième pour son taux d'inscription. Très cosmopolite. Pilules et contraceptifs gratuits à l'infirmerie.
**Michigan State University, East Lansing, MI 48824,**
tél.: (517) 355.83.32.

[a] *ivy*

---

**San Francisco State University**
*Californie*
**Ses points forts:** business, médecine, radiodiffusion.
Etablissement public.
Nombre d'élèves: 18 677 undergraduates.
Tarif scolarité: $3 500; hébergement et pension: $2 800.
D'abord, il y a la baie, admirable; puis la ville, la plus belle des Etats-Unis, dit-on; enfin le fog - rien n'est parfait. Ici, les étudiants semblent plus préoccupés par leur vie hors du campus que par leurs études. Le cours le plus passionnant: l'histoire du rock and roll.
**San Francisco State University, San Francisco, CA 94132,**
tél.: (415) 469.20.14.

---

From "Campus américains" by André Coutin, *Magazine GEO*

étudier chez vous. Après avoir lu ces extraits, travaillez avec un(e) partenaire pour faire une description de votre université. Mettez l'accent sur les points forts. (Utilisez des phrases où il y a des pronoms relatifs, si possible.) La classe choisira la description la plus convaincante.

**B.** Discussion. Lisez le texte «Le système grec».

---

### Le système grec

Lorsque l'on vous parle sur un campus américain des «frat boys» (membres d'une fraternité) ou des «sorority girls» (clubs féminins) entendez par là: étudiants undergraduates appartenant à des clubs sociaux regroupés sous une terminologie intitulée «système grec», ainsi nommé en raison des trois lettres de l'alphabet grec apposées sur la porte de chacune de leurs résidences. Autrefois, ces clubs étaient le privilège exclusif des Anglo-Saxons protestants; on les rencontre maintenant sous forme de fraternités et de «sororities» noires, catholiques, athlétiques ou privées. Toujours situés à proximité du campus, frats et sororities occupent en général de grandes vilas, gérées par une maison-mère et supervisées par les «alumni» (anciens). Chaque maison accueille trente à soixante étudiants. La structure est établie sur le système de vie communautaire où chacun assume ses responsabilités et accomplit des devoirs vis-à-vis du groupe (chambres à deux, trois ou quatre). Les fêtes des fraternités arrosées à la bière sont très recherchées. En revanche, les sororities ne reçoivent que sur rendez-vous. La cérémonie annuelle de sélection des nouveaux membres tient à la fois du «passage de l'équateur» et du bizutage. [a]Les étudiants qui adhèrent à ces clubs très fermés s'engagent pour la vie à respecter le code de l'entraide, à se suivre et à se soutenir.

[a] *hazing*

---

La classe va se diviser en deux groupes. Le premier groupe sera pour le système grec et le deuxième groupe sera contre. Voici les éléments du débat:

| POUR | CONTRE |
|---|---|
| action philanthropique | snobisme |
| lieu de rencontre | exclusion |
| loisirs | problèmes de la |
| solidarité | consommation d'alcool |
| soutien moral | temps libre pour les études |
| bénévolat (*volunteerism*) | conformisme |
| tradition | etc. |
| etc. | |

A tour de rôle, une personne de chaque côté va présenter le point de vue de son groupe. Après chaque présentation le groupe opposé a le droit de répondre et de réagir aux idées présentées.

Pour vous aider, voici quelques expressions à utiliser: **c'est chic, cela est bien/mal vu, c'est incroyable, ça, c'est vrai, ça me surprend, ça m'étonne, ça ne se fait pas, ça se fait.** Pour d'autres expressions utiles voir l'activité A à la page 300.

# 35 Possessive Pronouns

Frédérique habite cette pension-là, dans la rue Soufflot. C'est pas loin de la nôtre.

A possessive pronoun (in English, *mine, yours, ours, theirs,* etc.) represents a noun modified by a possessive adjective. It agrees in person with the possessor, but in gender and number with the possessed noun it represents.

| POSSESSIVE PRONOUNS REFERRING TO SINGULAR NOUNS | | | |
|---|---|---|---|
| *Masculine Noun* | | *Feminine Noun* | |
| mon séjour | **le mien** | ma préférence | **la mienne** |
| ton séjour | **le tien** | ta préférence | **la tienne** |
| son séjour | **le sien** | sa préférence | **la sienne** |
| notre séjour | **le nôtre** | notre préférence | **la nôtre** |
| votre séjour | **le vôtre** | votre préférence | **la vôtre** |
| leur séjour | **le leur** | leur préférence | **la leur** |

The possessive pronouns are always used with a form of the definite article (**le, la, les**), which contracts, as usual, with the prepositions **à** and **de**.

| | |
|---|---|
| Tu as fait un séjour formidable. **Le mien** a été catastrophique! | *You had a wonderful stay. Mine was a disaster!* |
| Je te parlerai de mon séjour en France si tu me parles **du tien.** | *I'll tell you about my stay in France if you tell me about yours.* |
| Mon cours préféré, c'est le français. Quel est **le vôtre?** | *My favorite course is French. What's yours?* |
| Je pense souvent à ma famille. Est-ce que tu penses **à la tienne?** | *I often think about my family. Do you think about yours?* |

The possessive pronouns referring to plural nouns add **-s** to the singular form. The plural definite article **les** is used with the plural possessive pronouns.

| POSSESSIVE PRONOUNS REFERRING TO PLURAL NOUNS | |
|---|---|
| *Masculine Noun* | *Feminine Noun* |
| mes livres **les miens** | mes études **les miennes** |
| tes livres **les tiens** | tes études **les tiennes** |
| ses livres **les siens** | ses études **les siennes** |
| nos livres **les nôtres** | nos études **les nôtres** |
| vos livres **les vôtres** | vos études **les vôtres** |
| leurs livres **les leurs** | leurs études **les leurs** |

| | |
|---|---|
| Tes conseils sont bons, mais **les leurs** sont plus utiles. | *Your advice is good, but theirs is more useful.* |
| Je vois souvent mes professeurs, mais Hélène parle rarement **aux siens.** | *I often see my teachers, but Hélène rarely speaks with hers.* |

**Précisons!**

La France vous accueille. Plusieurs étudiants discutent dans un café de leur séjour en France, mais ils s'obstinent à parler anglais. De votre côté, vous savez que c'est en parlant français qu'on améliore son usage de la langue. Traduisez ce que les étudiants disent.

FRED: I really like my French parents. What do you think of yours?

SHEILA: Mine are super! But Karen says hers are less strict than mine. And she really loves her house.

JIM and JOHN: Our house is right in the middle of town (**au centre-ville**). We heard that yours was in the boondocks (**perdue dans la campagne**), Sheila.

SHEILA: Yeah, but they let me use their car. And our house is so big! My room is on the third floor. Yours is in the basement (**au sous-sol**), isn't it, Fred?

FRED: Yeah, but the people are so friendly it doesn't matter.

JIM and JOHN: Ours looks out on (**donne sur**) la Place de la Préfecture.

**Interactions**

**A.** Deux types de séjour en France. Margaret et John, deux étudiants américains, racontent leur séjour en France. Lisez leurs récits, puis faites l'activité qui suit.

LE SEJOUR DE MARGARET

Moi, j'ai passé un semestre à Strasbourg dans une famille. C'étaient des gens jeunes et dynamiques qui me laissaient faire presque tout ce que je voulais. Ma «mère» travaillait au Conseil de l'Europe et j'ai appris beaucoup de choses sur l'Europe Unie, qui existe depuis le 1er janvier 1993. Grâce au «marché unique», mon «père» qui est comptable va pouvoir travailler en Allemagne. Il est plus facile d'obtenir un emploi dans un autre pays maintenant. Tous les deux sont très optimistes et ils pensent que leur vie va s'améliorer.

Pour les vacances de Noël, ils m'ont payé un voyage en Suisse. Nous parlions français constamment et j'ai appris beaucoup d'expressions populaires, surtout grâce à leurs deux petits enfants. Ça a été un séjour instructif et formidable!

LE SEJOUR DE JOHN

Moi, je n'ai vraiment pas eu de chance! Mes «parents» français étaient assez vieux jeu (*old-fashioned*). Ils faisaient la tête quand je rentrais tard le soir. Chaque week-end ils me demandaient de jouer au gardien d'enfants et de faire la poussière (*dusting*). Comme ils n'étaient pas riches, ils n'ont pas pu m'emmener en vacances. Mes «parents» s'inquiètent de l'Europe Unie parce qu'ils ont des opinions politiques très conservatrices. En plus, nous ne parlions pas toujours français! Mon «père» français, qui avait passé six mois aux Etats-Unis, en profitait pour améliorer son anglais. Heureusement que j'avais des copains à l'université qui ont rendu mon séjour plus agréable.

Maintenant, avec votre camarade, vous allez être Margaret et John. Comparez vos expériences en France. Ajoutez autant de détails que possible.

MODELE:    Discutez de votre séjour. →

JOHN:    Comment s'est passé ton séjour?

MARGARET:    Le mien était instructif. J'ai beaucoup appris. Et le tien?

JOHN:    Le mien a été un véritable cauchemar! Je n'ai pas eu de chance.

1. Discutez de votre niveau de français après votre séjour.
2. Décrivez la personnalité de vos hôtes (votre mère, votre père, vos sœurs, vos frères).
3. Discutez de vos relations avec votre famille française.
4. Parlez de vos distractions et de vos vacances.
5. Discutez de votre attitude envers la France et l'Europe Unie.

**B.** Le Conseil de l'Europe. Lisez la brochure ci-dessous. Puis, avec quelques camarades, établissez une liste de six questions minimum que vous allez poser à toute la classe pour voir s'ils ont compris.

### Ne pas confondre Conseil de l'Europe et Communauté européenne

Le *Conseil de l'Europe,* qui compte 21 Etats membres[*], a pour but[a] essentiel de renforcer la coopération entre ses membres dans les domaines politique, social, juridique et culturel. Son *Assemblée parlementaire* se compose de députés issus des 21 parlements nationaux.

La *Communauté européenne* s'attache principalement à réaliser l'intégration économique de ses douze Etats membres, qui font tous également partie du Conseil de l'Europe. Le *Parlement européen* est l'assemblée de la Communauté : ses membres sont élus au suffrage universel lors des[b] élections européennes. Le Parlement européen utilise le Palais de l'Europe pour ses sessions plénières.

[a] *goal*   [b] *pendant*

| | |
|---|---|
| ALLEMAGNE | LIECHTENSTEIN |
| AUTRICHE | LUXEMBOURG |
| BELGIQUE | MALTE |
| CHYPRE | NORVEGE |
| DANEMARK | PAYS-BAS |
| ESPAGNE | PORTUGAL |
| FRANCE | ROYAUME-UNI |
| GRECE | SUEDE |
| IRLANDE | SUISSE |
| ISLANDE | TURQUIE |
| ITALIE | |

## 21 DEMOCRATIES
## 400 MILLIONS D'EUROPEENS

### Le drapeau européen
Le drapeau européen- un cercle de douze étoiles d'or sur fond azur- représente l'union des peuples d'Europe. Le nombre d'étoiles est invariable, douze étant le symbole de la perfection.

Emblème officiel du Conseil de l'Europe depuis 1955, le drapeau européen a aussi été adopté par la Communauté européenne en 1986.

# L'art d'écrire

## Pour faire un portrait détaillé

In Chapter 3 you learned to sketch a description of a character in broad strokes. In this chapter you will refine your writing skills by developing detailed descriptions of people, using both direct and indirect techniques to create the image you want.

The passage on the next page is taken from a novel by Philippe Labro published in 1986 and entitled *L'Etudiant étranger.* In this autobiographical novel the author talks about his life as a student at a southern university in the United States. In this excerpt he's thumbing through the pages of the school yearbook, *Calyx,* from 1954 to 1955.

---

*Il est possible que ce nombre change selon la situation politique et économique en Europe.

## La photo

... Tellement semblables, les visages: cheveux courts, sourires pour le photographe, fronts dégagés° et dentures correctes, de bons *college boys,* encore nimbés° de la lumière de l'adolescence. De toute la rangée, Buck est le seul à n'avoir pas les cheveux en brosse, la *crew cut;* il sourit plus imperceptiblement que les autres et ses yeux noirs semblent fixes, avec un menu strabisme° qui arrête l'attention un court instant. Ils sont tous habillés de la même façon, on croirait presque un uniforme: col de chemise à pointes boutonnées, cravate à rayures, *tweed jacket* à chevrons° ou blazer sombre. La photo s'arrête à la poitrine mais je sais, moi, à quoi ressemblait le reste: pantalon de flanelle noir ou marron en automne ou en hiver; pantalon de toile beige clair appelé là-bas *chino* et que l'on mettait dès qu'il faisait beau. En hiver, ils portaient des grosses chaussures à lacets, noires ou marron foncé, qu'ils faisaient briller à en perdre le souffle° tellement ils les astiquaient° chaque soir dans leur chambre pour deux... C'était ainsi que l'on s'habillait, pas autrement, il n'y avait aucune règle mais une volonté unanime de se conformer à une image et un style—vous auriez eu du mal à ne pas être immédiatement reconnu n'importe où, dans les grandes villes ou sur la route, dans un restaurant ou au guichet° d'une banque: vous étiez un *college boy* et du Sud, pas du Sud profond, mais d'un Sud plus clair, un Sud moins moite.° Pas le Sud des marécages° et des moustiques des bayous, mais le Sud des ciels bleus, des vallées ordonnées et radieuses, les vallées vert et blanc.

fronts... *no bangs*
*bathed*

avec... *slightly cross-eyed*

*herringbone*

faisaient... *made shine to perfection / polished*

*counter*
*humid*
*swamps*

Extrait de *L'étudiant étranger* de Philippe Labro, Gallimard, 1986

 **Analyse**

1. Regardez la première phrase de la description. Quel est l'effet principal de cette phrase? Notez l'énumération des éléments choisis par l'auteur. Pourquoi a-t-il choisi de les présenter de cette façon?
2. Regardez la deuxième et la troisième phrase. Notez la description de Buck. Est-ce une image de conformisme ou d'individualisme? Pourquoi?
3. Dans la quatrième phrase, notez que l'auteur abandonne la photo pour se tourner vers un souvenir intérieur encore plus détaillé. Quelles sortes de détails se rappelle-t-il?

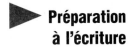 **Préparation à l'écriture**

1. Choisissez la photo d'un groupe afin de la décrire. Vous pouvez trouver un annuaire récent de votre université, par exemple, ou la photo d'un autre groupe si vous voulez. Inventez une photo dans votre imagination si nécessaire.
2. Afin de pouvoir faire un portrait détaillé, notez vos observations minutieusement (*meticulously*). Concentrez-vous sur les détails suivants: le visage, la coiffure, le regard, les vêtements, etc.
3. Quels éléments montrent le conformisme parmi les gens sur la photo? Quelles similarités voyez-vous? Notez les vêtements, leurs coiffures, leurs visages.

4. Notez les individus qui se détachent du groupe. Comment sont-ils différents des autres? Notez les détails vestimentaires de ces individus. Enumérez-les.
5. En vous servant de vos notes, décrivez la photo et faites un portrait. Quels sentiments, quelles réactions éprouvez-vous en regardant cette photo? Décrivez vos réactions en quelques phrases.
6. Si vous avez une photo réelle, attachez-la à votre description.

 # Récapitulation

**A.** Quelques mises en garde. Avant d'aller en France, il y a quelques conseils que vous devez suivre. Remplacez les tirets avec les pronoms relatifs qui conviennent.

1. C'est une bonne idée de vous acheter un *Guide Michelin* sans _____ vous vous sentirez un peu perdu.
2. Achetez plusieurs petits carnets dans _____ vous pourrez noter les mots nouveaux que vous apprendrez.
3. N'oubliez pas de noter les adresses des amis _____ vous comptez écrire pendant votre séjour.
4. Essayez toujours de parler français! C'est une des raisons pour _____ vous allez en France.
5. Si vous ne vous sentez pas sûr(e) de vous, achetez un petit dictionnaire de poche dans _____ vous trouverez le vocabulaire nécessaire.

**B.** Lisez le texte «La culture européenne, multiple et commune», puis complétez les phrases suivantes pour montrer que vous avez compris. Remplacez les tirets avec le pronom démonstratif ou possessif convenable avant de compléter la phrase.

---

**La culture européenne, multiple et commune**

Les pays de la Communauté ont en commun la religion chrétienne, une longue histoire et un certain nombre de pratiques ou d'attitudes culturelles. Bien qu'elles restent diversifiées, les cultures nationales se sont rapprochées. Le mouvement devrait être amplifié par la multiplication des échanges et les réalisations communes.

Ces points communs n'empêchent pas des particularismes nationaux importants. Les pays du nord de la Communauté incarnent les valeurs de travail, d'effort, de sérieux, de sens de l'organisation. Ceux du Sud représentent la spontanéité, la chaleur, la convivialité, l'affectivité. On observe que dans tous les pays s'exprime un sentiment de confiance majoritaire, mais qu'il est plus élevé dans les pays du Nord que dans ceux du Sud. Le principal obstacle à l'unité européenne est linguistique.

Mais les différences culturelles sont également marquées entre les divers groupes sociaux à l'intérieur d'un même pays. Il y a souvent plus de ressemblance entre des individus de divers pays partageant un système de valeurs proche, qui entraîne des modes de vie similaires, qu'entre les habitants d'une même nation séparés par des conceptions qui peuvent être très éloignées.

---

Adapted from *Francoscopie 1991,* Larousse

1. Le texte discute de plusieurs éléments qui unissent les pays d'Europe. _____ qui est mentionné en premier est...
2. Notre culture américaine est diversifiée, mais _____ des pays d'Europe...
3. Les pays du nord de la Communauté européenne représentent..., mais _____ du Sud représentent...
4. Aux U.S.A. le principal obstacle à l'unité est d'ordre social, alors que _____ est d'ordre...
5. Il est probable que les valeurs (*f.*) des étudiants français sont semblables aux _____ ici aux Etats-Unis, alors que _____ des ouvriers français...

# *On se débrouille...*

## Pour prendre position et exprimer votre point de vue

**A.** Mots utiles pour mieux vous exprimer. Regardez la liste d'expressions suivantes. Quelles expressions pouvez-vous employer pour (1) défendre votre point de vue? (2) demander la parole ou redemander la parole après avoir été interrompu(e)? (3) dire que vous n'êtes pas d'accord? Classez les expressions suivantes dans ces trois catégories, selon leur fonction.

1. Je ne suis pas d'accord avec vous...
2. Pardon, mais je voudrais dire quelque chose...
3. Je le dis sans hésiter...
4. Vous avez tort...
5. J'attire votre attention sur le fait que...
6. Je demande la parole...
7. Ne savez-vous pas que...
8. A mon avis...
9. Je n'ai pas terminé...
10. Cette proposition n'est pas pratique (n'a aucun sens)...
11. Mon point de vue est le suivant...
12. Si vous me le permettez, je voudrais ajouter quelque chose...
13. Nous touchons ici un point essentiel...
14. Il me semble que...
15. Laissez-moi terminer...
16. Il ne faut pas oublier que...
17. Je suis convaincu(e) (persuadé[e]) que...
18. Personnellement, je suis pour (contre)...
19. Vous avez des préjugés...

**B.** Débats et discussions

Le renouvellement de l'image de la France. Après avoir lu l'article suivant, organisez une discussion sur le besoin de renouvellement de l'image des Français et des Américains respectivement. (a) Quelle est l'image désuète (*obsolete*) que les Américains ont des Français? Comment les Français désireraient-ils être perçus par les Américains? (b) Quelle est l'image fausse que les Français ont des Américains? Quelle est l'image que vous voudriez donner de la culture américaine?

### Le renouvellement de l'image de la France aux Etats-Unis

PAR MARIE GALANTI

En dépit des succès technologiques du TGV, d'Airbus et d'Ariane, les Américains restent attachés à une image traditionnelle de la France. Parmi les groupes susceptibles de changer cette image auprès du grand public, aucun n'est plus important que celui des professeurs de français des niveaux secondaire et universitaire.

Cette importance se voit accrue[a] du fait qu'aux Etats-Unis, l'enseignement des langues étrangères retrouve un accueil favorable.

**Une image à redéfinir**

Outre[b] la prise de contact et la présentation de méthodes, manuels, logiciels[c] et documents de toute sorte, l'autre préoccupation de ce colloque était incontestablement celle de l'image de la France véhiculée par les enseignants de français aux Etats-Unis.

Du côté français, on souhaiterait que les images désuètes de leur pays soient mises au rencart[d] et que de nouvelles images plus conformes à la France moderne soient transmises aux jeunes Américains par l'intermédiaire de leurs professeurs et de leurs manuels scolaires.

Du côté américain la réaction semble être ambiguë. D'une part, on souhaiterait une participation plus active du gouvernement français et des sociétés françaises implantées aux Etats-Unis. D'autre part, beaucoup restent sceptiques sur les possibilités de transformer l'image de la France. Si on est d'accord pour actualiser certaines idées reçues, on ne souhaite pas, non plus, écarter[e] ce qui fait le charme de la vie française.

Pour M. Jacques Maisonrouge, Vice-Président d'Air Liquide et président d'un comité officiel «Images de la France», le problème est essentiellement un problème d'information. Les Français doivent faire connaître leurs réalisations techniques, apprendre à faire leur publicité et se positionner sur le marché américain. La création d'une grande revue scientifique française destinée au marché américain contribuerait à faire passer le message et à changer les perceptions américaines de la France.

D'autres intervenants étaient moins optimistes. M. Jean Ferniot, journaliste au *Point,* est pour sa part persuadé que l'image que les Américains se font de la France est exacte. «Nous arrivons, dit-il, derrière les Mexicains et les Orientaux». Selon lui, la France n'a jamais été un pays commercial et ne fait pas assez d'efforts pour se faire connaître. Les Français, a-t-il ajouté, doivent être conscients de la diversité des marchés et savoir s'y adapter.

Pour le correspondant du *New York Times* à Paris, M. Richard Bernstein, il s'agit de faire très attention de ne pas transformer de façon trop radicale l'image de la France. «Les Américains, a-t-il déclaré, prennent au sérieux la vie de l'esprit français, la culture, tout ce qui fait le charme de vie». Ce serait une erreur que de rejeter ceci au profit d'une image industrielle.

Pour les professeurs et responsables de la promotion du français aux Etats-Unis, le débat reste ouvert.

[a] se... *has increased*
[b] *In addition to*
[c] *software*
[d] mises... *abandonnées*
[e] *push aside*

Extrait et adapté du *Journal Français d'Amérique*

# Mots utiles: Elargissons nos horizons!

*Pour parler de la vie d'étudiant en France et aux Etats-Unis*

| | |
|---|---|
| assister à une conference | to attend a lecture |
| fréquenter la bibliothèque | to visit the library often |
| s'inscrire à la Fac(ulté) | to register at the university |
| organiser son propre emploi du temps | to organize (arrange) one's own schedule |
| prendre l'avis de son conseiller | to take the advice of one's counselor |
| prendre part aux travaux dirigés | to take part in lab sessions |
| prendre un pot ensemble | to have a drink together |
| rédiger une dissertation | to write a term paper |
| sortir en boîte (*fam.*) | to go to a nightclub |
| suivre des cours exigeants | to take demanding courses |

*Questions d'adaptation...*

| | |
|---|---|
| aborder les autres | to approach others |
| avoir une bonne préparation | to be well prepared |
| s'intégrer à la culture environnante | to become part of the culture |
| parler couramment | to speak fluently |
| se sentir perdu(e) | to feel lost |
| suivre des conseils | to follow advice |

*Quelques expressions supplémentaires...*

*Noms*

| | |
|---|---|
| le but | goal |
| le cauchemar | nightmare |
| la crise cardiaque | heart attack |
| la devise | motto |
| la foule | crowd |
| le kiosque à journaux | newsstand |
| la mise en garde | warning |
| le préjugé | prejudice, bias |
| le sous-sol | basement |

*Adjectifs*

| | |
|---|---|
| courant(e) | ordinary, common |
| désuet/désuète | obsolete |
| doué(e) | gifted |
| intrépide | reckless |
| sensible | sensitive, thoughtful |

*Verbes*

| | |
|---|---|
| s'abstenir (de) | to abstain (from) |
| avertir | to warn |
| circuler | to drive (around) |
| décharger | to unload |
| éviter | to avoid |
| marchander | to bargain |
| valoriser | to value |

*Mots divers*

| | |
|---|---|
| à juste titre | rightly |
| avoir de la chance | to be lucky |
| de votre (mon) côté | as for you (me) |
| faire la tête | to sulk |
| un film doublé | a dubbed film |

# Chapitre douze
# Les média sont partout!

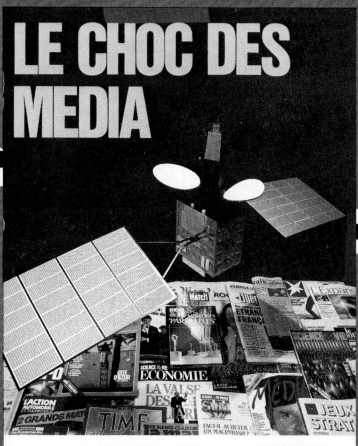

## LE CHOC DES MEDIA

Ce nouveau numéro hors-série de SCIENCE & VIE vous dévoile ce que sera notre nouvel environnement audiovisuel.
Bientôt, 300 millions d'Européens recevront 10 programmes télé en stéréo et en six langues, au choix.

Télé haute définition, écran géant, vidéo-disque effaçable, caméscope de poche, télévision par satellites, réseaux câblés... Quel sera le paysage de la communication de demain ?

**LE CHOC DES MEDIA**
18 F. EN VENTE PARTOUT.

UN HORS-SERIE DE

SCIENCE & VIE

# Dans le vif du sujet

## Avant de lire

**Recognizing Text Organization.** Recognizing the internal structure or organization of a text can help you to read and understand it more easily. This is particularly true of newspaper and magazine articles. These texts generally follow an "inverted pyramid" organization such as the one detailed in the diagram below.

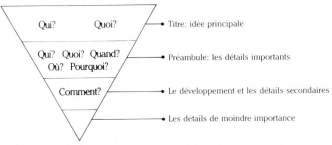

Voici la structure habituelle d'une nouvelle.

The facts are presented in order of importance. The title indicates the subject of the article, then the basic questions of *who?* and *what?* are addressed in the first paragraph. In the subsequent paragraphs, additional details may be discussed.

As you read the article that follows, note how it illustrates the inverted pyramid structure. Think of the answers to the questions *who? what? when? where? how? why?*

# Vivre un mois complet sans télé

Peut-on en France, alors que le téléspectateur passe en moyenne une vingtaine d'heures par semaine devant son petit écran,° vivre un mois complet sans télé? *screen*
Une série de trois émissions diffusées sur Antenne 2 fin avril, a tenté de répondre à cette question qui angoisse autant les téléspectateurs que les producteurs de télévision.

La télévision, ce média qui permet à chacun d'être informé et distrait sans avoir à prendre la peine de sortir de chez soi, est devenue indispensable à la vie quotidienne. On n'imagine plus la vie «sans télé».

# Familles volontaires

L'expérience a été tentée à Créteil dans la région parisienne auprès de 22 familles volontaires qui ont accepté, non sans peine, de se défaire de leur petit écran durant le mois de juin en pleine finale de Roland Garros* (tennis), 24 heures du Mans (célèbre course automobile) et autres manifestations sportives dont le début du Tour de France cycliste.

Dans l'ensemble, les familles ont tenu le coup. Une seule femme a craqué au bout de quinze jours et un couple est parti en vacances une semaine avant la fin de cette expérience qui ressemblait fort, du moins aux yeux des cobayes,° à une expérience masochiste.

*guinea pigs*

# Un mari retrouvé

P armi les résultats positifs, et révélateurs, une femme y a gagné un mari retrouvé. Après cette cure de désintoxication (avant l'expérience il regardait la télévision de 7 heures du matin à minuit) celui-ci s'est révélé un être à forte personnalité que sa femme avait totalement oublié, transformé qu'il était en miroir passif du petit écran.

Un sondage réalisé par Louis Harris/Télérama à l'occasion de la diffusion de ces émissions,° révèle qu'un Français sur trois est prêt à arrêter totalement de regarder la télévision… Comme on est prêt à arrêter de fumer! Dans le même temps, un Français sur deux se déclare partisan d'un jour par semaine sans télévision.

*broadcasts*

Les Français, qui passent en moyenne une vingtaine d'heures par semaine devant leur petit écran, déclarent pourtant à 37% qu'ils pourraient s'en passer tout le temps et à 27% pour une période de 7 à 30 jours. 11% des personnes interrogées avouent cependant ne pas pouvoir s'en passer et, révélateur de l'importance de la télé dans les habitudes françaises, 37% préféreraient se passer totalement de cinéma que de télé.

Que regardent les Français en priorité? A 36% le journal télévisé de 20 heures et à 28% les films, puis le sport (13%). Les plus mauvais scores sont réalisés par les variétés (6%), les jeux (5%) et les feuilletons° et téléfilms (4%).

*serials, soap operas*

# La dernière fenêtre sur le monde

U ne émission de Marie-Claude Treilhou, toujours diffusée par Antenne 2 fin avril et intitulée «Il était une fois la télé», a entraîné le téléspectateur dans un petit village du Midi de la France dont les 75 habitants, tous viticulteurs ou petits exploitants° âgés, ne vivent que par la télé, «cette fenêtre ouverte sur le monde» qui les projette hors de leur univers restreint.

*farmers*

---

*championnats de France de tennis qui ont lieu chaque année au stade Roland Garros

Ils n'aiment pas tellement cela d'ailleurs. «On parle beaucoup trop de l'étranger» et pas assez des problèmes régionaux, disent-ils. Ils s'émerveillent («Dallas, quelle belle histoire!»), contestent, critiquent. Ils regrettent° l'époque où le village avait une vie collective. «Plus personne ne vient à l'Amicale depuis l'apparition de la télévision», déclare un animateur. Mais à quelque chose malheur est bon. Pour la première fois de leur vie les 75 villageois ont pu réagir, discuter, s'expliquer... Et se voir à la télé!

*miss*

Tiré du *Journal Français d'Amérique,* mai 1986

 **Avez-vous compris?**

1. Qu'est-ce que la télévision permet de faire sans sortir de chez soi? 2. A Créteil, dans la région parisienne, 22 familles ont accepté de tenter une expérience. Laquelle?   3. Est-ce que toutes les familles ont tenu le coup sans télé?   4. Grâce à cette expérience, une femme a retrouvé son mari. Pouvez-vous expliquer comment?   5. Qu'a révélé le sondage réalisé par Louis Harris/Télérama?   6. Combien d'heures les Français passent-ils, en moyenne, devant leur télévision par semaine? 7. Qu'est-ce qui montre que la télévision a une grande importance dans les habitudes françaises?   8. Quel est le programme favori des familles françaises?   9. Pourquoi est-ce que la télé est une fenêtre sur le monde pour les viticulteurs du petit village du Midi?

 **Qu'en pensez-vous?**

Avec un(e) camarade de classe, discutez des questions suivantes en vous servant des expressions utiles.

**Expressions utiles:** Habitudes télévisuelles

les actualités (*f.*) *news, current events*
les documentaires (*m.*) *documentaries*
les feuilletons (*m.*) *TV serials, soap operas*
les informations (*f.*) *news (on TV, radio); data*
les manifestations sportives (*f.*) *sporting events*
les nouvelles (*f.*) *news (in the press)*
la rapidité de l'information *the speed of information*
les variétés (*f.*) *variety shows*
inviter des amis à la maison *to invite friends over*
louer des vidéocassettes *to rent videotapes*
ne pas pouvoir s'en passer *to be unable to do without it*
passer des heures devant le petit écran *to spend hours in front of the TV*
la qualité de l'image et du son *the quality of the picture and sound*
souffrir de la solitude *to suffer from loneliness*
la taille de l'écran *the size of the screen*
voir un film plusieurs fois *to see a movie several times*

1. Regardez-vous souvent la télévision? Quelles sont vos émissions préférées? Pensez-vous que la télévision soit une drogue pour certaines personnes? Pourquoi? Quels sont les avantages de la télévision?

2. Quelles sont les grandes différences entre le petit écran (la télévision) et le grand écran (le cinéma)? Quels sont les avantages du cinéma? Est-ce que le cinéma présente des inconvénients? Pourquoi?

# Grammaire en contexte
## 36 The Infinitive

### THE PRESENT INFINITIVE: FORMS AND USES

The infinitive (or present infinitive) is the unconjugated form of a verb: **regarder, lire, prendre, avoir, être,** etc. It is most often used in conjunction with a conjugated verb.

1. An infinitive can complete the meaning of the main verb in a sentence. A present infinitive may follow the main verb directly or it may be preceded by any preposition except **en.**

> Nous adorons **regarder** la télévision.
> *We love to watch television.*

> Tous les soirs, **avant de manger,** nous allumons le poste **pour voir** les actualités.
> *Every evening, before eating, we turn on the set (in order) to see the news.*

2. An infinitive may be used with **à** or **de** to complete the meaning of a noun or adjective.

> Un Français sur trois est **prêt à arrêter** de regarder la télévision.
> *One French person out of three is ready to quit watching television.*

> Mais il est **intéressant de noter** que 37 pour-cent des Français préféreraient se passer totalement de cinéma que de télé.
> *But it is interesting to note that 37% of the French would rather give up movies than TV.*

3. An infinitive may begin a sentence as its subject.

> **Vivre** un mois complet sans télé, ce n'est pas une chose facile!
> *Living an entire month without TV is not an easy thing!*

# Infinitives Complementing the Main Verb

A main verb can be followed directly by an infinitive, by **à** + *infinitive,* or by **de** + *infinitive.* There is no fixed pattern to these structures. Usages with common verbs are given below and others can be found in dictionaries.

1. Verbs followed *directly* by an infinitive. Many of these verbs express likes or dislikes, wishing and hoping, motion, or perception.

| | | |
|---|---|---|
| adorer | penser | VERBS OF PERCEPTION |
| aimer | pouvoir | |
| aller | préférer | écouter |
| compter | prétendre | entendre |
| croire | (*to claim*) | regarder |
| désirer | savoir | sentir |
| détester | sembler | voir |
| devoir | souhaiter | |
| espérer | valoir mieux (il | |
| faire | vaut mieux) | |
| falloir (il faut) | venir | |
| laisser | vouloir | |
| oser (*to dare*) | | |

**Peut**-on **vivre** un mois complet sans télé?

*Can one live an entire month without TV?*

Nous **espérons acheter** une de ces nouvelles télés à écran géant.

*We're hoping to buy one of those new giant-screen TVs.*

2. Verbs followed by **à** + *infinitive*

| | | |
|---|---|---|
| aider à | se décider à | persister à |
| s'amuser à | demander à | renoncer à |
| apprendre à | encourager à | réussir à |
| s'attendre à | enseigner à | servir à |
| avoir à | s'habituer à | songer à |
| chercher à | hésiter à | tarder à |
| commencer à | inviter à | tenir à |
| consentir à | se mettre à | travailler à |
| continuer à | s'occuper à | |

Est-ce que les 22 familles françaises **se sont habituées à vivre** sans télévision?

*Did the 22 French families get used to living without television?*

Je **cherchais à écouter** la radio quand Renée a allumé la télévision.

*I was trying to listen to the radio when Renée turned on the television.*

3. Verbs followed by **de** + *infinitive*

| | | |
|---|---|---|
| accepter de | décider de | oublier de |
| s'arrêter de | se dépêcher de | parler de |
| avoir besoin de | empêcher de | prier de |
| avoir envie de | essayer de | refuser de |
| avoir l'intention de | s'étonner de | regretter de |
| avoir peur de | finir de | remercier de |
| cesser de | manquer de | rêver de |
| choisir de | négliger de | risquer de |
| craindre de | offrir de | tenter de |

| | |
|---|---|
| Ils **ont accepté de se défaire** de leur petit écran pendant un mois. | *They agreed to do without their TV (small screen) for a month.* |
| Ils **se sont arrêtés de regarder** la télévision. | *They stopped watching television.* |

4. Some verbs have different meanings when used with different prepositions.

| | |
|---|---|
| commencer à + *infinitive* | to begin to do something |
| commencer par + *infinitive* | to begin by doing something |
| finir de + *infinitive* | to finish doing something |
| finir par + *infinitive* | to end up doing something |
| s'occuper à + *infinitive* | to be busy doing something |
| s'occuper de + *noun object* | to take care of someone or something |
| penser + *infinitive* | to think of doing something |
| penser à + *noun object* | to think of someone or something |
| Que penses-tu de ⎱ + *noun*<br>Que pensez-vous de ⎰ *object* | What do you think about . . .? |
| venir + *infinitive* | to come in order to do something |
| venir de + *infinitive* | to have just done something |

| | |
|---|---|
| Qu'est-ce que tu **penses des nouveaux caméscopes de poche?** —Je **pensais** en **acheter** un, mais j'**ai fini par décider** qu'ils coûtaient trop cher. | *What do you think about the new pocket camcorders? —I was thinking about buying one, but I ended up deciding that they were too expensive.* |

5. Some verbs are followed by **à** + *person* and **de** + *infinitive*.

commander à quelqu'un de
conseiller à quelqu'un de
défendre à quelqu'un de
demander à quelqu'un de
dire à quelqu'un de

permettre à quelqu'un de
promettre à quelqu'un de
proposer à quelqu'un de
reprocher à quelqu'un de
suggérer à quelqu'un de

Il y a des parents qui
  **défendent à leurs enfants
  de regarder** la télé.
**J'ai promis à ma mère
  d'éteindre** le poste à
  11 h 00.

*There are some parents who
  forbid their children to
  watch TV.*
*I promised my mother that I
  would turn the set off at
  11:00.*

**Précisons!**

**A.** Qu'aime-t-on regarder? Chacun a des goûts particuliers en ce qui concerne la télévision et le cinéma. Exprimez les vôtres en faisant des phrases construites à l'aide des éléments de chaque colonne.

| A | B | C |
|---|---|---|
| adorer | acheter | les vidéocassettes |
| aimer | louer | les feuilletons |
| s'amuser | regarder | les émissions de sport |
| hésiter | comprendre | les films d'amour |
| avoir envie (de) | apprécier | les informations |
| cesser | écouter | les comédies musicales |
| persister | admirer | les grands classiques du cinéma |
| détester | s'enthousiasmer | la musique rock |
| choisir | (pour) | les matchs de catch (*wrestling*) |
| refuser | | les concerts de musique de |
| regretter | | chambre |
| s'habituer | | les films policiers |

**B.** La télévision scolaire. Le petit écran au secours du tableau noir, quelle bonne idée! Pour en savoir davantage, combinez les éléments qui vous sont proposés ci-dessous.

1. les écoles / français / commencer / utiliser / télévision / en classe
2. on / essayer / passer / émissions scolaires / deux fois / semaine
3. la / nouveau / télévision / scolaire / refuser / présenter / documentaires / ennuyeux
4. les élèves / détester / voir / émissions / sur / palmipèdes (*web-footed animals*) et / leur / habitat
5. les / nouveau / émissions / permettre / jeune / spectateurs / participer activement

6. à la suite / émission / professeurs / demander / élèves / créer / dessins et / collages

7. on / réussir / apprendre / l'informatique / ou / langues / étranger / sans angoisse

## THE PAST INFINITIVE

The past infinitive expresses actions or conditions that were completed before the time of the main clause. Like the compound tenses, it is formed with **avoir** or **être,** as appropriate, and the past participle. The past infinitive occurs frequently in clauses introduced by the preposition **après.**

> **Après avoir regardé** le film à la télé, j'avais envie de lire le roman.
>
> *After watching the film on TV, I wanted to read the novel.*
>
> **Après m'être couché,** j'ai regardé le journal télévisé.
>
> *After getting in bed, I watched the news.*

The past infinitive can also complete the meaning of another verb. The past participle agrees, as in the compound tenses, with a preceding direct object (verbs with **avoir**) or with the subject (verbs with **être**).

> Je vous remercie de m'**avoir prêté** ces revues françaises. Je regrette seulement de ne pas les **avoir lues.**
>
> *Thank you for having lent me these French magazines. I'm only sorry I did not read them.*

**Précisons!**

A vos minitels! En France, si vous avez un téléphone et un terminal, le réseau minitel* vous permet d'obtenir n'importe quel renseignement ou service. Faites une seule phrase pour chaque paire de phrases ci-dessous.

MODELE: M. Aubert est rentré du travail. Puis il s'est assis devant son minitel. →
Après être rentré du travail, M. Aubert s'est assis devant son minitel.

1. M. Aubert a composé un numéro. Puis il a tapé «M.A.T.»   2. Il a tapé le code. Puis il a vu apparaître le menu.   3. M. Aubert a réfléchi. Ensuite il a demandé son horoscope.   4. Il a fait une petite pause. Puis il s'est mis au courant de l'actualité.   5. M. Aubert a lu les nouvelles sur son minitel. Puis il a cherché des recettes de cuisine.   6. M. Aubert a préparé son repas. Puis il a vérifié les cours de la Bourse (*stock market prices*).   7. M. Aubert a pris son repas. Ensuite il a éteint son terminal.

---

*Le réseau minitel* is a computer network accessible by phone and connected to data banks throughout France.

**Interactions**

**A.** Etes-vous un «fana» du cinéma? Avec un(e) partenaire, complétez les descriptions des intrigues suivantes avec la préposition qui convient, s'il y en a une. Puis, trouvez les titres correspondants parmi ceux qui vous sont suggérés.

TITRES DES FILMS

a.  L'attaque des tomates monstrueuses
b.  La conquête de l'ouest
c.  La bataille de Midway
d.  La femme de l'amiral japonais

e.  Au voleur!
f.  Gare aux peaux-rouges!
g.  Le triangle ardent
h.  Arsenic et vieilles dentelles

1.  En avril 1942, l'amiral japonais Yamamoto décide _____ attaquer une île américaine du Pacifique. Nimitz, le commandant américain, réussit _____ repousser l'attaque.
2.  Les Indiens cherchent _____ attaquer la cavalerie américaine. Le lieutenant Grant se met _____ chercher de l'aide, mais les renforts tardent _____ arriver et toute la troupe est massacrée.
3.  Un grand savant américain prétend _____ avoir créé une nouvelle variété de légumes. Il travaille _____ améliorer cette variété, mais les choses se gâtent (*deteriorate*). La terreur règne et les habitants ont peur _____ sortir de chez eux. Ils craignent _____ être engloutis (*swallowed up*) par ces créatures géantes!
4.  Deux vieilles filles très douces persistent _____ aider les vieux messieurs _____ atteindre sans peine le paradis éternel. Elles n'hésitent pas _____ mettre de l'arsenic dans leur vin. A la fin de l'histoire, elles s'étonnent _____ être arrêtées par leur neveu Mortimer.
5.  David est tombé amoureux de Sabrina. Ses parents veulent l'empêcher _____ épouser la jeune fille qui est trop pauvre. Ils envoient Laurent, le frère de David, pour tenter _____ persuader son frère. Laurent tombe également amoureux de Sabrina qui doit bientôt choisir entre les deux frères. Quel dilemme!

Maintenant, si vous voulez, inventez d'autres titres pour ces films.

**B.** Essayez de raconter l'intrigue d'un film ou d'une émission de télévision que vous avez vu récemment. Votre partenaire devra en deviner le titre.

**C.** Un sondage sur le cinéma. *Le Journal Français d'Amérique* a organisé un sondage sur le cinéma français. Voici les questions. Utilisez ces questions pour interviewer un(e) camarade de classe. Puis, comparez vos réponses avec celles des autres étudiants.

## CINEMA: Tout ce que vous avez toujours voulu savoir sur le cinéma français. . . *sans jamais oser le demander!*

Allez-vous au cinéma
_____ Une fois par semaine ou plus
_____ Au moins deux fois par mois
_____ Une fois par mois ou moins

Vous diriez que vous voyez des films français
_____ Souvent
_____ Assez souvent
_____ Peu souvent
_____ Rarement

Lorsqu'un film français est à l'affiche (*showing*) dans votre ville
_____ Vous vous précipitez pour le voir, quel que soit le film
_____ Vous vous fiez à ce qu'en a dit la presse ou le *Journal Français d'Amérique*
_____ Vous attendez de savoir ce qu'en disent vos amis
_____ Vous choisissez en fonction de l'histoire
_____ Vous choisissez en fonction du réalisateur (*director/producer*)
_____ Ce sont les acteurs à l'affiche qui guident votre choix

Quels sont les deux derniers films français que vous avez vus?

_____

_____

_____

_____

Par rapport au cinéma d'autres pays, comme celui des Etats-Unis, de l'Italie ou du Japon, estimez-vous que le cinéma français est
_____ Aussi bon
_____ Moins bon
_____ Meilleur
_____ On ne peut pas comparer

Après avoir vu un film français, êtes-vous généralement
_____ Déçu
_____ Satisfait
_____ Ni l'un, ni l'autre, cela dépend du film

Les films français vous donnent une vision de la réalité française contemporaine que vous estimez
_____ Juste
_____ Intéressante
_____ Stéréotypée
_____ Fausse
_____ Vulgaire
Autre (précisez):

_____

_____

Pour perfectionner votre connaissance du français courant, jugez-vous les dialogues
_____ Utiles
_____ Inutiles
_____ Sans opinion

A votre avis, les dialogues des films français contiennent des expressions argotiques ou du franglais
_____ En trop grand nombre
_____ De façon raisonnable
_____ Pas assez

Quels sont vos acteurs et actrices français favoris?

_____

_____

Quels sont vos réalisateurs et réalisatrices français favoris?

_____

_____

Tiré du *Journal Français d'Amérique*

# **37** Participles

## THE PRESENT PARTICIPLE

The present participle can be used as a verb or as an
adjective: It can indicate an action or condition, and it
can also describe a noun. French present participles end
in **-ant**; English ones end in *-ing*.

**parlant** *speaking*          **dormant** *sleeping*

**Les enfants sont transportés
dans un autre monde
en regardant la télé.**

## Forms

The present participle replaces the **-ons** from the present-tense **nous** form
with **-ant**. There are three exceptions: **ayant (avoir)**, **étant (être)**, and
**sachant (savoir)**.

| | | | |
|---|---|---|---|
| **-er VERBS** | parler | nous parlons | **parlant** |
| **-ir VERBS** | finir | nous finissons | **finissant** |
| | dormir | nous dormons | **dormant** |
| **-re VERBS** | rendre | nous rendons | **rendant** |
| **OTHERS** | aller | nous allons | **allant** |
| | boire | nous buvons | **buvant** |
| | faire | nous faisons | **faisant** |
| | pouvoir | nous pouvons | **pouvant** |
| | voir | nous voyons | **voyant** |
| | vouloir | nous voulons | **voulant** |

Pronominal verbs retain the reflexive pronoun in the present participle.
Object pronouns precede the present participle.

En **s'habillant** le matin,
   M. Martin aime écouter les
   nouvelles à la radio. Il fait sa
   toilette en **les écoutant.**

*While getting dressed in the
   morning, Mr. Martin likes
   to listen to the news on the
   radio. He washes up while
   listening to it.*

## Uses

1. The present participle is used after the preposition **en** to express an
   action or condition closely related to the action of the main clause. It
   can express a simultaneous action, the manner in which something is
   done, or the cause of an action.

Est-ce que vous mangez **en regardant** la télévision?

*Do you eat while watching television?*

**En écoutant** la radio, on apprend beaucoup de choses.

*By listening to the radio you learn a lot of interesting things.*

L'appétit vient **en mangeant.** (proverbe)

*The more you have, the more you want.*

2. To emphasize that two actions are simultaneous or contradictory to each other, the expression **tout en** + *present participle* is used.

**Tout en protestant** qu'il détestait la télé, Emile a allumé le poste pour regarder les actualités.

*Even while protesting that he hated TV, Emile turned on the set to watch the news.*

3. The present participle is usually invariable.

**En allumant la télévision,** Jacqueline nous a dit de nous taire.

*Turning on the television, Jacqueline told us to be quiet.*

4. Many present participles are used as adjectives. In that case they agree in gender and number with the nouns they modify.

Ces émissions de radio sont très **amusantes.**

*These radio programs are very entertaining.*

## THE PERFECT PARTICIPLE

The perfect participle is used to express an action that took place before the action of the main clause. The perfect participle is formed with the present participle of the auxiliary verb (**ayant** or **étant**) and the past participle. Object pronouns precede the auxiliary verb in this construction.

**Ayant vécu** un mois complet sans télé, une femme et son mari se sont retrouvés.

*Having lived a month without TV, a woman and her husband rediscovered each other.*

**S'étant retrouvés,** ils ont décidé de ne plus jamais regarder la télévision.

*Having rediscovered one another, they decided never to watch any more TV.*

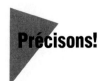

**Précisons!**

**A.** La télé. Voici plusieurs remarques sur la télévision. Faites des phrases complètes en utilisant le participe présent des verbes donnés entre parenthèses. Utilisez une préposition si c'est nécessaire.

1. Beaucoup de gens détestent la télé, tout _____ la _____ plus de vingt heures par semaine. (regarder)

2. Il y a des gens qui trouvent la télé _____ et d'autres qui trouvent que certaines émissions sont _____. (amuser/embêter)
3. Il y a parfois des émissions _____ à la télé. (émouvoir)
4. Beaucoup d'étudiants regardent la télévision _____ leurs devoirs. (faire)
5. _____ les informations télévisées plutôt que la *Roue de la Fortune* on peut très bien s'informer. (choisir)
6. Il n'est pas _____ que les Français regardent de plus en plus la télévision. (surprendre)

**B.** Branché sur les média. La plupart des gens sont très attachés aux média. Faites de nouvelles phrases en suivant le modèle.

MODÈLE:    Les Français regardent la télévision pendant qu'ils mangent. →
           Les Français regardent la télévision en mangeant.

1. Presque la moitié des Français avouent qu'ils lisent le journal pendant qu'ils prennent leur petit déjeuner.
2. Un grand nombre de Français le consultent pendant qu'ils déjeunent.
3. Certains poussent le vice jusqu'à (*carry it to the extreme of*) regarder la télé pendant qu'ils font leur toilette!
4. Il y a des Français qui mettent la radio pendant qu'ils s'habillent le matin.
5. D'autres écoutent les informations pendant qu'ils se préparent pour aller au boulot.
6. Ceux qui possèdent une radio portative (un Walkman) l'écoutent pendant qu'ils se promènent.

Maintenant, écrivez cinq phrases du même genre décrivant vos propres habitudes.

# Interactions

**A.** Sondage personnel. Utilisez les questions suivantes pour interviewer un(e) camarade. Essayez d'utiliser un participe présent dans vos réponses.

1. Regardez-vous la télévision en mangeant? en étudiant le français? en faisant vos devoirs? Qu'est-ce que vous faites en regardant la télévision? en écoutant la radio?
2. Ayant allumé la télévision le soir, quelles émissions choisissez-vous? Où aimez-vous vous installer? Que mangez-vous? Qu'aimez-vous boire, une fois installé(e) devant la télé?
3. Etes-vous devenu(e) plus habile en français en écoutant les enregistrements (*tapes*) du laboratoire de langues? en lisant des journaux et des magazines? en écoutant des émissions françaises à la radio? en regardant des films français? Comment devient-on plus compétent dans une langue étrangère, à votre avis?
4. Nommez deux choses que vous pouvez faire simultanément. Comment?

**B.** Votre propre mélodrame. Les Français aiment beaucoup les feuilletons américains. Voici quelques idées pour créer vous-même une intrigue mélodramatique. Avec votre partenaire, transformez chacune des phrases suivantes, selon le modèle; puis terminez la phrase de façon originale.

> MODELE:  Robert est entré dans la maison... →
> *Etant entré dans la maison,* Robert s'est aperçu que sa femme Monique pleurait à chaudes larmes.

1. Monique a avoué son infidélité à son mari Robert...   2. Monique est montée dans sa chambre...   3. Elle a téléphoné à l'aéroport... 4. Elle a quitté la maison...   5. Robert s'est reproché sa colère... 6. Il a découvert le journal intime de Monique...   7. Robert a invité à dîner sa voisine célibataire Jeanne-Louise...   8. Il lui a expliqué ses ennuis avec Monique...   9. Jeanne-Louise a écouté la triste histoire de Robert...

**C.** Nouveau scénario. Toute la classe doit contribuer à créer une histoire (fantastique, comique ou sérieuse). Chaque étudiant(e) reprend la phrase précédente et la transforme selon le modèle.

> MODELE:  ETUDIANT 1: Belle s'est levée de bonne heure.
> ETUDIANT 2: S'étant levée de bonne heure, Belle a avalé son petit déjeuner en vitesse.
> ETUDIANT 3: Ayant avalé son petit déjeuner en vitesse, Belle...

# **38** The *passé simple*

## Le cinéma va bientôt fêter son centenaire.

**Deux Français en furent les inventeurs: C'est en effet le 28 décembre 1895 que les Parisiens furent conviés au sous-sol du Grand Café, boulevard des Capucines, á un étrange spectacle: les premières séances publiques du cinématographe des frères Lumière. A gauche, Auguste et Louis Lumière, inventeurs du cinéma, au travail dans leur laboratoire de Lyon.**

The **passé simple** is a literary past tense used in formal written French. It is not used in speaking or in informal writing.

## FORMS

1. The **passé simple** stem of most verbs is formed by dropping the infinitive ending. One set of endings is added to **-er** verbs, and another set of endings is added to **-re** and **-ir** verbs.

| aller | | perdre | choisir |
|---|---|---|---|
| j' | all**ai** | perd**is** | chois**is** |
| tu | all**as** | perd**is** | chois**is** |
| il/elle/on | all**a** | perd**it** | chois**it** |
| nous | all**âmes** | perd**îmes** | chois**îmes** |
| vous | all**âtes** | perd**îtes** | chois**îtes** |
| ils/elles | all**èrent** | perd**irent** | chois**irent** |

2. The **passé simple** stem of many irregular verbs resembles the past participle.

| | PAST PARTICIPLE | PASSE SIMPLE |
|---|---|---|
| avoir | eu | il eut, ils eurent |
| boire | bu | il but, ils burent |
| courir | couru | il courut, ils coururent |
| croire | cru | il crut, ils crurent |
| devoir | dû | il dut, ils durent |
| falloir | fallu | il fallut |
| lire | lu | il lut, ils lurent |
| plaire | plu | il plut, ils plurent |
| pleuvoir | plu | il plut |
| pouvoir | pu | il put, ils purent |
| savoir | su | il sut, ils surent |
| vivre | vécu | il vécut, ils vécurent |
| vouloir | voulu | il voulut, ils voulurent |
| dire | dit | il dit, ils dirent |
| mettre | mis | il mit, ils mirent |
| prendre | pris | il prit, ils prirent |
| rire | ri | il rit, ils rirent |
| suivre | suivi | il suivit, ils suivirent |

3. The **passé simple** stems of several other verbs do not follow this pattern.

|  | (PAST PARTICIPLE) | PASSE SIMPLE |
|---|---|---|
| conduire | (conduit) | il conduisit, ils conduisirent |
| craindre | (craint) | il craignit, ils craignirent |
| écrire | (écrit) | il écrivit, ils écrivirent |
| faire | (fait) | il fit, ils firent |
| naître | (né) | il naquit, ils naquirent |
| ouvrir | (ouvert) | il ouvrit, ils ouvrirent |
| mourir | (mort) | il mourut, ils moururent |
| tenir | (tenu) | il tint, ils tinrent |
| venir | (venu) | il vint, ils vinrent |
| voir | (vu) | il vit, ils virent |
| être | (été) | il fut, ils furent |

## USES

Events or conditions in the **passé simple** form a narration of the past, remote from the present, often from a historical or impersonal point of view. In formal literary French, the **passé simple** may be used in place of the **passé composé.** The third person forms are the most frequently used.

| | |
|---|---|
| Les frères Lumière **inventèrent** le cinématographe en 1895. | *The Lumière brothers invented the cinematograph in 1895.* |
| Ce **fut** un succès immédiat. | *It was an instant success.* |
| Le cinéma **gagna** les Etats-Unis quelques années plus tard. | *Cinema reached the United States a few years later.* |

**Précisons!**

**A.** Petit historique du cinéma. Donnez le passé composé des verbes au passé simple.

1. Le cinéma devint très populaire aux Etats-Unis au début du vingtième siècle.   2. Les studios s'installèrent en Californie à cause du climat.
3. Charlie Chaplin vint d'Angleterre pour faire carrière aux Etats-Unis.
4. C'est dans un film américain avec Al Jolson que le cinéma devint parlant.   5. Pendant les «grandes années» de Hollywood on appela le cinéma le septième art.   6. Dans les années 50–60, nous vîmes apparaître en France un phénomène cinématographique appelé «la nouvelle vague».

**B.** Où va le cinéma? Racontez le récit suivant en remplaçant tous les verbes au passé simple par des verbes au passé composé.

Louis Lumière mourut en 1948, couvert d'honneurs, mais victime d'une grande déception (*disappointment*). Lors du festival de Cannes qui se tint tout de suite après la fin de la Seconde Guerre mondiale, on oublia de l'inviter: «On m'a remisé (*snubbed*)», dit amèrement le savant qui résidait non loin de là.

Il faut dire que dans les années quarante, le cinéma atteignit son apogée. Louis Lumière, en sortant son invention des laboratoires pour les salles de spectacles, avait donné naissance à un art nouveau qui finit par devenir assurément l'art du vingtième siècle.

Dès cette époque, hélas, son avenir fut menacé par une nouvelle reproduction de l'image: c'était l'arrivée de la télévision, le spectacle chez soi. Du coup, les salles obscures, temples du cinéma, commencèrent à se vider.

Depuis on est entré bien sûr dans l'ère de l'audiovisuel et vous connaissez la suite...

# Interactions

L'invention du cinéma. Le Professeur Pompeux vient de donner une conférence sur le cinéma. Voici un extrait de ses remarques:

Louis et Auguste Lumière mirent au point d'abord des plaques photographiques, puis Louis inventa un appareil exceptionnel qui ne pesait que cinq kilos et qui servait à la fois aux prises de vue et à la projection. Louis Lumière ne nia jamais qu'il avait seulement été le catalyseur de nombreuses découvertes qui suivirent. Il n'empêche que c'est grâce à lui que le cinéma abandonna son caractère de démonstration scientifique et devint un instrument qui conquit les spectateurs du monde entier.

Georges Méliès, autre génie du cinéma, assista à ces premières séances. Il comprit le potentiel de cette invention et voulut l'acheter. Les Lumière refusèrent et le cinéma leur rapporta un bénéfice net de 3 millions (de francs) entre 1895 et 1900. Que de chemin parcouru depuis... (*We've come a long way.*)

Maintenant votre partenaire va vous poser des questions en transformant les questions ci-dessous au passé composé. Vous allez répondre selon les renseignements donnés dans l'extrait de la conférence du professeur.

1. Qu'est-ce que les frères Lumière mirent au point?   2. Qu'est-ce que Louis Lumière inventa?   3. Est-ce que Louis Lumière prétendit être l'unique inventeur du cinématographe?   4. Quelle fut l'évolution du cinéma à ses débuts?   5. Qui était Georges Méliès? Qu'est-ce qu'il fit? 6. Comment réagirent les frères Lumière quand on leur offrit d'acheter leur invention?   7. Combien d'argent les inventeurs gagnèrent-ils durant les cinq premières années?

# L'art d'écrire

## Pour écrire un compte rendu

In Chapter 4 you learned to write a film summary (**un résumé**) in which you recounted the basic plot of a movie. Now you will learn how to go beyond the facts to include your impressions and evaluations of the artistry of the work you are reviewing: a film, a play, or a television drama. Writing a **compte rendu** involves a brief synthesis of the plot, including an analysis of the main character and his or her motivations, an analysis of the elements of the work (such as acting, directing, and cinematography), and an expression of your opinions of its quality. Look for the ways in which these elements are crafted as you read the movie review of *La Petite Voleuse.*°     La... *The Little Thief*

---

*Par Patricia Chaban de Santandreu*

**L'adolescence rebelle de nouveau à l'écran. *La Petite Voleuse,* un film plein de charme avec l'actrice-fétiche des Français, Charlotte Gainsbourg se joue actuellement à New-York\* et dans les grandes villes américaines.**

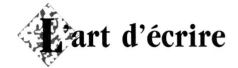

**« La Petite Voleuse » de Claude Miller : un air de famille**

*La Petite Voleuse est une version féminine des 400 Coups de Truffaut*

Nourrie de romans «à l'eau de rose» destinés aux jeunes filles très romantiques, Janine (Charlotte Gainsbourg) s'ennuie dans ses cours parmi les autres jeunes de 13 ans. Pour elle, le monde adulte rime avec luxe, calme et volupté. Elle veut conquérir le droit de s'habiller chic, de ne plus entendre les réprimandes des adultes et d'être libre de maîtriser son propre corps.

Cette aptitude innée au plaisir la pousse à acquérir les choses sans se soucier° des conséquences; elle vole tout ce qui lui semble beau: étole de renard,° lingerie de soie,° cigarettes de luxe. Elle passe d'ailleurs très vite du petit vol enfantin° sans conséquence aux vols financièrement utiles.     se... *to worry* / étole... *fox stole / silk* / vol... *childhood (petty) theft*

Adolescente sans scrupules, elle se trouve abandonnée dans la vie avec pour seul bagage une sensualité à fleur de peau,° facile à éveiller.°     à... *close to the surface / bring out*

Chaque personnage qu'elle rencontrera lui enseignera quelque chose: l'intellectuel de province (Didier Bezace) lui servira à la fois d'initiateur sexuel et culturel, et la maîtresse de maison (Clotilde de Bayser) de confidente maternelle. Quand elle tombera amoureuse du jeune Raoul (Simon de la Brosse), il ne s'agira plus de la petite écolière en plein trouble mais d'une vraie femme dont la maturation soudaine renforce par contraste la fragilité du personnage masculin.

L'énergie vitale qui l'anime l'oblige à continuer sans jamais se retourner sur le passé, et c'est pourquoi le film se termine sur une note martiale avec l'exclamation ultime de notre petite voleuse: «en route!»

Claude Miller a travaillé avec fidélité à partir d'un synopsis conçu par François Truffaut et Claude de Givray. «La Petite Voleuse» est en réalité une version féminine des «400 Coups», le célèbre film à tendance autobiographique de François Truffaut.

Malgré cette fidélité exemplaire, Claude Miller ne perd pas l'occasion de révéler sa propre identité. Avec lui, rien n'est laissé au hasard, ni le rythme alerte du film, ni les références à la réalité de l'époque: les teintes° grises et beiges évoquent le souvenir.    *tones*

Une fois de plus, Claude Miller nous confirme l'immense talent de Charlotte Gainsbourg qui «n'est plus une enfant prodige mais une véritable actrice».

Extrait et adapté d'un compte rendu par Patricia Chaban de Santandreu, *Journal Français d'Amérique,* octobre 1989.

 **Analyse**

1. Le compte rendu de «La Petite Voleuse» est divisé en trois parties: la synthèse de l'intrigue, l'analyse des éléments du film, et l'opinion de l'auteur sur sa valeur. Où commencent ces trois parties? Laquelle est la plus longue? Où et comment l'auteur introduit-elle les noms des acteurs et du metteur-en-scène (*director*)?
2. L'auteur présente l'intrigue d'une manière subjective et elle extrait seulement certains détails. Quels détails choisit-elle? Quels sont les éléments de l'histoire dont vous n'apprenez rien? (Souvenez-vous qu'au Chapitre 4, dans le résumé de *Jean de Florette,* vous saviez exactement tout ce qui se passait en détail.)
3. Dans la deuxième partie, l'auteur va au-delà de l'action pour se concentrer sur les éléments artistiques. Quels sont ces éléments?
4. Est-ce que le film a plu à l'auteur? Comment le savez-vous? Est-ce qu'elle dit directement «je l'ai aimé» ou «il ne m'a pas plu»? Qu'est-ce qu'elle dit à propos du talent de l'actrice? Pourquoi?

**Préparation à l'écriture**

1. Choisissez un film ou un téléfilm qui vous a particulièrement plu ou déplu. Notez les noms des acteurs principaux et les personnages qu'ils ont joués, si vous vous les rappelez.
2. Décidez quels éléments de l'histoire sont importants à décrire dans la synthèse de l'intrigue. Quels éléments ne sont pas nécessaires?
3. Quelle est votre impression de cette œuvre? Est-ce que l'histoire est passionnante, ennuyeuse, bête, sentimentale, profonde? Faites une liste de commentaires possibles sur le jeu des acteurs, le choix des images, etc.
4. Faites un plan de votre compte rendu en trois parties: la synthèse de l'intrigue, l'analyse des éléments du film, et votre opinion.
5. Maintenant, en utilisant les notes que vous avez préparées, écrivez votre compte rendu. Faites une conclusion d'une seule phrase dans laquelle vous donnerez votre impression de l'ensemble.

# Récapitulation

**A.** Lecture et/ou télévision. Caroline et Denis sont copains. Parfois, ils regardent la télévision ensemble. Complétez leur dialogue avec les participes présents des verbes suggérés. (Deux verbes sont utilisés deux fois.) **Verbes:** regarder, lire, proposer (*use perfect participle*), manger

CAROLINE: Mon pauvre Denis, comment peux-tu regarder la télévision en _____[1]?

DENIS: Ah mais pardon, je ne regarde pas la télévision en _____.[2] Je lis en _____[3] la télévision. Il y a une nuance importante!

CAROLINE: Ah oui? M'_____[4] _____[5] cette théorie, pourrais-tu maintenant me l'expliquer?

DENIS: Mais oui, c'est très simple. Mon but (*goal*) principal est de lire. De temps en temps, je lève la tête pour regarder les images sur l'écran, ce qui me repose de mes lectures.

CAROLINE: Mais bien sûr! J'aurais dû y penser.

DENIS: Tu fais la même chose quand tu manges en _____[6] la télévision.

CAROLINE: Ah mais pas du tout! Je regarde la télévision tout en _____[7]! Il y a une nuance.

**B.** *Falcon Crest* c'est *Dallas* «dans les vignes… ». Que pensent les Français du feuilleton américain *Falcon Crest?* Complétez les paragraphes avec l'infinitif, le participe présent, ou le participe passé. Si vous avez besoin d'une préposition, ajoutez-en une.

Tournée il y a onze ans et déjà diffusée en France, cette saga va _____[1] sur nos petits écrans cet été. Tout l'été, Antenne 2 nous propose _____[2] les personnages de *Falcon Crest*. C'est l'histoire d'une famille d'immigrés italiens, les Gioberti, installés au cœur des vignobles californiens. Antenne 2 nous invite _____[3] leurs aventures.

redécouvrir
revenir
suivre

Lorsque la série débute, les héritiers du vignoble sont divisés. Angie, la mère autoritaire, refuse _____[4] le pouvoir et le contrôle. Elle cherche _____[5] la totalité du domaine. Son beau-frère Chase songe également _____[6] le domaine. Tous les personnages plus ou moins sympathiques craignent _____[7] leur argent et leur prestige.

gérer (*manage*)
partager
perdre
rassembler

Nous les aimons tout _____[8] les _____.[9] _____[10] les complots (*plots*) malicieux qui se jouent, on peut _____[11] penser que *Dallas* se trouve maintenant en Californie.

détester
finir
regarder

**C.** Sujets de discussion.

> Pourquoi lit-on les journaux? Discutez du rôle de la presse dans la vie quotidienne. Discutez de vos impressions personnelles: par exemple, que pensez-vous de la liberté de la presse, de son objectivité, de la censure, des buts avoués de certains journaux? Parlez en particulier de votre journal local. Quel(le)s en sont les qualités? les défauts? Y a-t-il des rubriques qui prennent trop de place? Y en a-t-il qui sont négligées? Les nouvelles sont-elles trop pessimistes? négatives? Si vous étiez le rédacteur en chef, comment transformeriez-vous le journal?

# *On se débrouille...*

## Pour choisir une émission de télévision

**A.** La télévision française. Regardez le programme de télévision à la page 325 publié par le magazine français *Télé 7 Jours.* Savez-vous choisir un programme? Répondez aux questions suivantes.

1. Combien de chaînes de télévision y a-t-il en France? Comment s'appellent-elles?
2. Y a-t-il beaucoup de feuilletons, de films ou d'autres émissions qui viennent des Etats-Unis? Qu'est-ce que cela signifie, à votre avis, en ce qui concerne les préférences des Français?
3. Selon les émissions diffusées pendant la semaine, définissez les préférences des Français. Est-ce qu'il y a une différence entre ce que les Français regardent pendant la semaine et ce que les Américains regardent? Expliquez.
4. Trouvez les émissions suivantes. Donnez la date, l'heure et la chaîne de chaque émission.
   a. un téléfilm australien
   b. un jeu entre une ville italienne et une ville française*
   c. un documentaire scientifique
   d. un reportage sur la Guerre du Golfe
   e. un reportage sur la Polynésie
   f. un film italien
   g. une émission de variétés
   h. un feuilleton américain
5. Imaginez que vous êtes en France pendant la semaine télévisée annoncée ici. Quelles émissions allez-vous regarder? Expliquez. Y a-t-il des émissions que vous ne voulez pas regarder? Pourquoi pas?

---

*Les jeux européens télévisés en France comprennent surtout des épreuves physiques (des courses, des tours d'acrobatie, etc.).

| TF1 | A2 | FR3 | la 5 | M6 | C+ |
|---|---|---|---|---|---|
| SAMEDI 3 AOÛT | | | | | |

| TF1 | A2 | FR3 | la 5 | M6 | C+ |
|---|---|---|---|---|---|

## SAMEDI 3 AOÛT

| TF1 | A2 | FR3 | la 5 | M6 | C+ |
|---|---|---|---|---|---|
| **20.45 SÉBASTIEN C'ÉTÉ FOU !** Variétés Animé par Patrick Sébastien | **20.45 LA VIE EN MARCHE** Téléfilm<br>**22.40 COPLAN** Téléfilm avec Philippe Caroit | **21.00 GRAND FORMAT** Document historique<br>**23.00 L'OEUF** Film hollandais de Daniel Danniel | **20.50 UN PRIVÉ NOMMÉ STRYKER** Téléfilm américain avec Burt Reynolds<br>**22.25 GRAIN DE FOLIE** Divertissement | **20.35 VIRGINIE** Téléfilm français de Michel Favart avec Jacques Denis, Anne bellec | **20.30 LE PUTSCH DE HARRY PERKINS** Téléfilm britannique de Mick Jackson avec Ray Mc Anally, Jim Carter, Marjorie Yates |

## DIMANCHE 4 AOÛT

| TF1 | A2 | FR3 | la 5 | M6 | C+ |
|---|---|---|---|---|---|
| **20.40 UN DRÔLE DE COLONEL** Film de Jean Girault avec Jean Yanne, Jean Lefebvre, Pascale Roberts | **20.45 TAGGART: LE TÉMOIN CAPITAL** Téléfilm policier de Alan McMillan avec Mark McManus, James McPherson | **20.40 VILLES OUVERTES: ROME** Documentaire<br>**22.45 IL BIDONE** Film de Federico Fellini | **20.50 ON CONTINUE A L'APPELER TRINITA** Film de E.B.Clucher avec Terence Hill, Bud Spencer | **20.40 POUR LA VIE D'UN ENFANT** Téléfilm américain de John Herzfeld avec Jukas Haas, Judith Light | **20.30 LE BAYOU** Film américain d'Andreï Konchalovsky avec Jill Clayburgh, Barbara Hershey, Martha Plimpton |

## LUNDI 5 AOÛT

| TF1 | A2 | FR3 | la 5 | M6 | C+ |
|---|---|---|---|---|---|
| **20.45 LES SOIRÉES DU RIRE** Variétés par Alexandre Debanne avec les meilleurs moments de Surprise sur prise | **20.45 CLARA** Téléfilm de Andréa et Antonio Frazzi (4) avec Barbara de Rossi, Jean Dalric, Pierre Malet | **20.45 LA PETITE AMIE** Film de Luc Béraud avec Jean Poiret, Jacques Villeret, Agnès Blanchot | **20.50 ESCROCS ASSOCIÉS** Téléfilm américain<br>**22.30 SAN ANTONIO NE PENSE QU'A ÇA** Film de Joël Séria | **20.35 HOLOCAUSTE** Téléfilm américain de Marvin Chomsky (Dernière partie) avec Meryl Streep, Joseph Bottoms | **20.30 LES P'TITS VÉLOS** Film italien de Carlo Mazzacurati avec Davide Torsello, Massimo Santella, Roberto Citran |

## MARDI 6 AOÛT

| TF1 | A2 | FR3 | la 5 | M6 | C+ |
|---|---|---|---|---|---|
| **20.40 LA GRANDE SAUTERELLE** Film de Georges Lautner avec Mireille Darc, Hardy Kruger, Joseph Abed | **20.45 LA ROMANCE DE CHARLES ET DIANA** Film de Peter Levin avec Catherine Ozenberg, Christopher Baines, Ray Milland | **20.45 LA DELERITTA** Film de Jean-Pierre Igoux avec Bulle Ogier, Daniel Olbrychski, Gérard Blain | **20.50 L'ÉCOLE DE TOUS LES DANGERS** Téléfilm australien d'Arch Nicholson avec Rachel Ward, Simon Garlick | **20.35 LE NOUVEL HOMME INVISIBLE** Téléfilm américain d'Alan Levi avec Katherine Crawford, Ben Murphy | **20.30 CYBORG** Film américain d'Albert Pyun avec Jean-Claude Van Damme, Deborah Richter, Vincent Klyn |

## MERCREDI 7 AOÛT

| TF1 | A2 | FR3 | la 5 | M6 | C+ |
|---|---|---|---|---|---|
| **20.45 MARIE PERVENCHE** Téléfilm de Claude Boissol avec Danièle Évenou, Alain Doutey, Christian Alers | **20.45 JEUX SANS FRONTIÈRES** Jeu présenté par Daniela Lumbroso et Georges Beller A Vigevano (Italie) | **20.45 LA ROSE ET LE CHACAL** Téléfilm américain de Jack Gold avec Christopher Reeve Madolyn Smith Osborne, Carrie Snodgress | **20.50 UN HOMME POUR DEUX** Téléfilm de Gabrielle Beaumont avec Katharine Ross, Linda Hamilton | **20.35 LE PEUPLE CROCODILE** Téléfilm américain de Elmot Dewitt avec Vernon Wells, Stack Pierce | **21.00 CHERRY 2 000** Film américain de Steve De Jarnatt avec David Andrews, Melanie Griffith, Pamela Gidley |

## JEUDI 8 AOÛT

| TF1 | A2 | FR3 | la 5 | M6 | C+ |
|---|---|---|---|---|---|
| **20.40 LA VENGEANCE AUX DEUX VISAGES** Féuilleton (10) avec Rebecca Gilling<br>**22.20 BONJOUR LES 70** | **20.45 PLANÈTE MIRACLE** Documentaire<br>**21.35 SOLEIL ROUGE** Film de Terence Young avec Charles Bronson | **20.45 PAS DE LAURIERS POUR LES TUEURS** Film de Mark Robson avec Paul Newman, Elke Sommer, Edward G. Robinson | **20.50 A NOUS LA 5** Divertissement<br>**23.00 BERNARD HALLER** One Man Show | **20.35 CASANOVA: LA VIE ET LES AMOURS D'UN VÉNITIEN** Téléfilm américain de Simon Langton avec Richard Chamberlain | **20.30 SOUVENIRS DE CHICAGO** Film américain d'Armyan Berstein avec John Shea, Kate Capshaw, Josh Mostel |

## VENDREDI 9 AOÛT

| TF1 | A2 | FR3 | la 5 | M6 | C+ |
|---|---|---|---|---|---|
| **20.40 INTERVILLES** animé par Guy Lux Marignan - Bourg-en-Bresse<br>**22.40 LA GUERRE DU GOLFE** | **20.45 LES CLEFS DE FORT BOYARD** Jeu animé par Patrice Laffont<br>**22.50 ADORABLE MENTEUSE** Film de Michel Deville | **20.45 THALASSA** Magazine de la mer de Georges Pernoud Reportage sur l'île polynésienne de Bora-Bora | **20.50 RISQUES PARTAGÉS** Téléfilm américain<br>**22.25 MYSTÈRES A TWIN PEAKS** Feuilleton (17) | **20.35 LE SAINT** Téléfilm franco-britannique de Marijan Vajda avec Simon Duton, Arielle Dombasle | **20.30 ETAT DE CHOC** Téléfilm américain de Mark Rutland avec Tom Brenznahan, Susan Strasberg, Robert F.Lyons |

**B.** Une situation délicate. Comment vous débrouillez-vous dans la situation suivante? Jouez les deux rôles avec un(e) camarade de classe.

Vous venez d'acheter un nouveau poste de télévision mais c'est votre camarade de chambre qui passe la plupart de ses journées devant l'écran. Il/Elle le regarde en mangeant, en faisant ses devoirs, en parlant au téléphone, etc. Ça commence à vous énerver, mais vous ne voulez pas lui refuser l'usage de la télé puisqu'il/elle vous prête sa voiture quand vous en avez besoin. Que lui dites-vous pour résoudre ce problème?

# Mots utiles: Les média sont partout!

### Habitudes télévisuelles

| | |
|---|---|
| les actualités (*f.*) | news, current events |
| les feuilletons (*m.*) | TV serials, soap operas |
| les informations (*f.*) | news (on TV, radio); data |
| les manifestations sportives (*f.*) | sports events |
| les nouvelles (*f.*) | news (in the press) |
| le reportage | report |
| les variétés (*f.*) | variety shows |
| ne pas pouvoir s'en passer | not to be able to do without it |
| passer des heures devant le petit écran | to spend hours in front of the TV |
| souffrir de la solitude | to suffer from loneliness |

### Télé, ciné et magnétoscope

| | |
|---|---|
| louer des vidéocassettes | to rent videotapes |
| la qualité de l'image et du son | the sound and picture quality |
| la taille de l'écran | the size of the screen |

### Quelques expressions supplémentaires...

### Noms

| | |
|---|---|
| l'angoisse (*f.*) | anxiety, worry |
| la Bourse | stock exchange |
| le catch | wrestling |
| la censure | censorship |
| le complot | plot, plan |
| les cours (*m.*) de la Bourse | stock market prices |
| la déception | disappointment |
| l'émission (*f.*) | (TV) program |
| l'enregistrement (*m.*) | recording |
| l'héritier/l'héritière | heir |
| l'intrigue (*f.*) | plot |
| le sondage | poll |
| les sous-titres (*m.*) | subtitles |
| le vignoble | vineyard |
| le viticulteur | grape grower |
| le voleur/la voleuse | thief |

### Adjectifs

| | |
|---|---|
| diffusé(e) | broadcast |
| embêtant(e) | annoying, bothersome |
| émouvant(e) | moving, touching |
| englouti(e) | swallowed up, devoured |
| fana (de) (*pop.*) | fanatic, crazy (about) |

### Verbes

| | |
|---|---|
| avouer | to confess |
| cesser (de + *inf.*) | to cease |
| craindre | to fear |
| se défaire (de) | to get rid of |
| s'enthousiasmer (pour) | to be enthusiastic (about) |
| gérer | to manage |
| se mettre au courant | to become informed |
| mettre au point | to perfect; to fine tune |

### Mots divers et proverbe

| | |
|---|---|
| à l'affiche | billed, showing (*play, film*) |
| L'appétit vient en mangeant. | The more you have, the more you want. |
| dans l'ensemble | on the whole |
| en moyenne | on average |
| sans peine | without difficulty |
| tenir le coup | to hold on; to endure |

# Appendice A

## 1. Conjugaisons régulières

### Verbes en -er : parler (speak) — parlant, parlé

|  | Indicatif PRESENT | PASSE COMPOSE | IMPARFAIT | PLUS-QUE-PARFAIT | PASSE SIMPLE | FUTUR | FUTUR ANTERIEUR | Conditionnel PRESENT | Conditionnel PASSE | Impératif | Subjonctif PRESENT | Subjonctif PASSE |
|---|---|---|---|---|---|---|---|---|---|---|---|---|
| je / j' | parle | ai parlé | parlais | avais parlé | parlai | parlerai | aurai parlé | parlerais | aurais parlé |  | parle | aie parlé |
| tu | parles | as parlé | parlais | avais parlé | parlas | parleras | auras parlé | parlerais | aurais parlé | parle | parles | aies parlé |
| il | parle | a parlé | parlait | avait parlé | parla | parlera | aura parlé | parlerait | aurait parlé |  | parle | ait parlé |
| nous | parlons | avons parlé | parlions | avions parlé | parlâmes | parlerons | aurons parlé | parlerions | aurions parlé | parlons | parlions | ayons parlé |
| vous | parlez | avez parlé | parliez | aviez parlé | parlâtes | parlerez | aurez parlé | parleriez | auriez parlé | parlez | parliez | ayez parlé |
| ils | parlent | ont parlé | parlaient | avaient parlé | parlèrent | parleront | auront parlé | parleraient | auraient parlé |  | parlent | aient parlé |

### Verbes en -ir : finir (finish) — finissant, fini

|  | Indicatif PRESENT | PASSE COMPOSE | IMPARFAIT | PLUS-QUE-PARFAIT | PASSE SIMPLE | FUTUR | FUTUR ANTERIEUR | Conditionnel PRESENT | Conditionnel PASSE | Impératif | Subjonctif PRESENT | Subjonctif PASSE |
|---|---|---|---|---|---|---|---|---|---|---|---|---|
| je / j' | finis | ai fini | finissais | avais fini | finis | finirai | aurai fini | finirais | aurais fini |  | finisse | aie fini |
| tu | finis | as fini | finissais | avais fini | finis | finiras | auras fini | finirais | aurais fini | finis | finisses | aies fini |
| il | finit | a fini | finissait | avait fini | finit | finira | aura fini | finirait | aurait fini |  | finisse | ait fini |
| nous | finissons | avons fini | finissions | avions fini | finîmes | finirons | aurons fini | finirions | aurions fini | finissons | finissions | ayons fini |
| vous | finissez | avez fini | finissiez | aviez fini | finîtes | finirez | aurez fini | finiriez | auriez fini | finissez | finissiez | ayez fini |
| ils | finissent | ont fini | finissaient | avaient fini | finirent | finiront | auront fini | finiraient | auraient fini |  | finissent | aient fini |

### Verbes en -re : perdre (lose) — perdant, perdu

|  | Indicatif PRESENT | PASSE COMPOSE | IMPARFAIT | PLUS-QUE-PARFAIT | PASSE SIMPLE | FUTUR | FUTUR ANTERIEUR | Conditionnel PRESENT | Conditionnel PASSE | Impératif | Subjonctif PRESENT | Subjonctif PASSE |
|---|---|---|---|---|---|---|---|---|---|---|---|---|
| je / j' | perds | ai perdu | perdais | avais perdu | perdis | perdrai | aurai perdu | perdrais | aurais perdu |  | perde | aie perdu |
| tu | perds | as perdu | perdais | avais perdu | perdis | perdras | auras perdu | perdrais | aurais perdu | perds | perdes | aies perdu |
| il | perd | a perdu | perdait | avait perdu | perdit | perdra | aura perdu | perdrait | aurait perdu |  | perde | ait perdu |
| nous | perdons | avons perdu | perdions | avions perdu | perdîmes | perdrons | aurons perdu | perdrions | aurions perdu | perdons | perdions | ayons perdu |
| vous | perdez | avez perdu | perdiez | aviez perdu | perdîtes | perdrez | aurez perdu | perdriez | auriez perdu | perdez | perdiez | ayez perdu |
| ils | perdent | ont perdu | perdaient | avaient perdu | perdirent | perdront | auront perdu | perdraient | auraient perdu |  | perdent | aient perdu |

## Verbes en -oir recevoir (*receive*) recevant reçu

| | Indicatif — PRESENT | PASSE COMPOSE | IMPARFAIT | PLUS-QUE-PARFAIT | PASSE SIMPLE | FUTUR | FUTUR ANTERIEUR | Conditionnel — PRESENT | PASSE | Impératif | Subjonctif — PRESENT | PASSE |
|---|---|---|---|---|---|---|---|---|---|---|---|---|
| je | reçois | j' ai reçu | recevais | avais reçu | reçus | recevrai | aurai reçu | recevrais | aurais reçu | | reçoive | aie reçu |
| tu | reçois | tu as reçu | recevais | avais reçu | reçus | recevras | auras reçu | recevrais | aurais reçu | reçois | reçoives | aies reçu |
| il | reçoit | il a reçu | recevait | avait reçu | reçut | recevra | aura reçu | recevrait | aurait reçu | | reçoive | ait reçu |
| nous | recevons | nous avons reçu | recevions | avions reçu | reçûmes | recevrons | aurons reçu | recevrions | aurions reçu | recevons | recevions | ayons reçu |
| vous | recevez | vous avez reçu | receviez | aviez reçu | reçûtes | recevrez | aurez reçu | recevriez | auriez reçu | recevez | receviez | ayez reçu |
| ils | reçoivent | ils ont reçu | recevaient | avaient reçu | reçurent | recevront | auront reçu | recevraient | auraient reçu | | reçoivent | aient reçu |

## Verbe pronominal se laver (*wash oneself*) se lavant lavé

| | Indicatif — PRESENT | PASSE COMPOSE | IMPARFAIT | PLUS-QUE-PARFAIT | PASSE SIMPLE | FUTUR | FUTUR ANTERIEUR | Conditionnel — PRESENT | PASSE | Impératif | Subjonctif — PRESENT | PASSE |
|---|---|---|---|---|---|---|---|---|---|---|---|---|
| je | me lave | me suis lavé(e) | me lavais | m'étais lavé(e) | me lavai | me laverai | me serai lavé(e) | me laverais | me serais lavé(e) | | me lave | me sois lavé(e) |
| tu | te laves | t'es lavé(e) | te lavais | t'étais lavé(e) | te lavas | te laveras | te seras lavé(e) | te laverais | te serais lavé(e) | lave-toi | te laves | te sois lavé(e) |
| il/elle | se lave | s'est lavé(e) | se lavait | s'était lavé(e) | se lava | se lavera | se sera lavé(e) | se laverait | se serait lavé | | se lave | se soit lavé |
| nous | nous lavons | nous sommes lavé(e)s | nous lavions | nous étions lavé(e)s | nous lavâmes | nous laverons | nous serons lavé(e)s | nous laverions | nous serions lavé(e)s | lavons-nous | nous lavions | nous soyons lavé(e)s |
| vous | vous lavez | vous êtes lavé(e)(s) | vous laviez | vous étiez lavé(e)(s) | vous lavâtes | vous laverez | vous serez lavé(e)(s) | vous laveriez | vous seriez lavé(e)(s) | lavez-vous | vous laviez | vous soyez lavé(e)(s) |
| ils/elles | se lavent | se sont lavé(e)s | se lavaient | s'étaient lavé(e)s | se lavèrent | se laveront | se seront lavé(e)(s) | se laveraient | se seraient lavés | | se lavent | se soient lavés |

# 2. *avoir* et *être*

## avoir (*have*) — ayant, eu

### Indicatif

| | PRESENT | IMPARFAIT | PASSE SIMPLE | FUTUR |
|---|---|---|---|---|
| j' | ai | avais | eus | aurai |
| tu | as | avais | eus | auras |
| il | a | avait | eut | aura |
| nous | avons | avions | eûmes | aurons |
| vous | avez | aviez | eûtes | aurez |
| ils | ont | avaient | eurent | auront |

| | PASSE COMPOSE | PLUS-QUE-PARFAIT | FUTUR ANTERIEUR |
|---|---|---|---|
| j' | ai eu | avais eu | aurai eu |
| tu | as eu | avais eu | auras eu |
| il | a eu | avait eu | aura eu |
| nous | avons eu | avions eu | aurons eu |
| vous | avez eu | aviez eu | aurez eu |
| ils | ont eu | avaient eu | auront eu |

### Conditionnel

| | PRESENT | PASSE |
|---|---|---|
| | aurais | aurais eu |
| | aurais | aurais eu |
| | aurait | aurait eu |
| | aurions | aurions eu |
| | auriez | auriez eu |
| | auraient | auraient eu |

### Impératif

| aie |
| ayons |
| ayez |

### Subjonctif

| | PRESENT | PASSE |
|---|---|---|
| | aie | aie eu |
| | aies | aies eu |
| | ait | ait eu |
| | ayons | ayons eu |
| | ayez | ayez eu |
| | aient | aient eu |

## être (*be*) — étant, été

### Indicatif

| | PRESENT | IMPARFAIT | PASSE SIMPLE | FUTUR |
|---|---|---|---|---|
| je | suis | étais | fus | serai |
| tu | es | étais | fus | seras |
| il | est | était | fut | sera |
| nous | sommes | étions | fûmes | serons |
| vous | êtes | étiez | fûtes | serez |
| ils | sont | étaient | furent | seront |

| | PASSE COMPOSE | PLUS-QUE-PARFAIT | FUTUR ANTERIEUR |
|---|---|---|---|
| j' | ai été | avais été | aurai été |
| tu | as été | avais été | auras été |
| il | a été | avait été | aura été |
| nous | avons été | avions été | aurons été |
| vous | avez été | aviez été | aurez été |
| ils | ont été | avaient été | auront été |

### Conditionnel

| | PRESENT | PASSE |
|---|---|---|
| | serais | aurais été |
| | serais | aurais été |
| | serait | aurait été |
| | serions | aurions été |
| | seriez | auriez été |
| | seraient | auraient été |

### Impératif

| sois |
| soyons |
| soyez |

### Subjonctif

| | PRESENT | PASSE |
|---|---|---|
| | sois | aie été |
| | sois | aies été |
| | soit | ait été |
| | soyons | ayons été |
| | soyez | ayez été |
| | soient | aient été |

# 3. Changements orthographiques dans la conjugaison des verbes

| Infinitif et participes | | Indicatif – PRESENT | IMPARFAIT | PASSE SIMPLE | PASSE COMPOSE | FUTUR | Conditionnel PRESENT | Imperatif | Subjonctif PRESENT |
|---|---|---|---|---|---|---|---|---|---|
| **acheter** (*buy*) achetant acheté | j' tu il nous vous ils | achète achètes achète achetons achetez achètent | achetais achetais achetait achetions achetiez achetaient | achetai achetas acheta achetâmes achetâtes achetèrent | ai acheté as acheté a acheté avons acheté avez acheté ont acheté | achèterai achèteras achètera achèterons achèterez achèteront | achèterais achèterais achèterait achèterions achèteriez achèteraient | achète achetons achetez | achète achètes achète achetions achetiez achètent |
| **appeler** (*call*) appelant appelé | j' tu il nous vous ils | appelle appelles appelle appelons appelez appellent | appelais appelais appelait appelions appeliez appelaient | appelai appelas appela appelâmes appelâtes appelèrent | ai appelé as appelé a appelé avons appelé avez appelé ont appelé | appellerai appelleras appellera appellerons appellerez appelleront | appellerais appellerais appellerait appellerions appelleriez appelleraient | appelle appelons appelez | appelle appelles appelle appelions appeliez appellent |
| **commencer** (*begin*) commençant commencé | je tu il nous vous ils | commence commences commence commençons commencez commencent | commençais commençais commençait commencions commenciez commençaient | commençai commenças commença commençâmes commençâtes commencèrent | ai commencé as commencé a commencé avons commencé avez commencé ont commencé | commencerai commenceras commencera commencerons commencerez commenceront | commencerais commencerais commencerait commencerions commenceriez commenceraient | commence commençons commencez | commence commences commence commencions commenciez commencent |
| **essayer** (*try*) essayant essayé | j' tu il nous vous ils | essaie essaies essaie essayons essayez essaient | essayais essayais essayait essayions essayiez essayaient | essayai essayas essaya essayâmes essayâtes essayèrent | ai essayé as essayé a essayé avons essayé avez essayé ont essayé | essaierai essaieras essaiera essaierons essaierez essaieront | essaierais essaierais essaierait essaierions essaieriez essaieraient | essaie essayons essayez | essaie essaies essaie essayions essayiez essaient |
| **manger** (*eat*) mangeant mangé | je tu il nous vous ils | mange manges mange mangeons mangez mangent | mangeais mangeais mangeait mangions mangiez mangeaient | mangeai mangeas mangea mangeâmes mangeâtes mangèrent | ai mangé as mangé a mangé avons mangé avez mangé ont mangé | mangerai mangeras mangera mangerons mangerez mangeront | mangerais mangerais mangerait mangerions mangeriez mangeraient | mange mangeons mangez | mange manges mange mangions mangiez mangent |
| **préférer** (*prefer*) préférant préféré | je tu il nous vous ils | préfère préfères préfère préférons préférez préfèrent | préférais préférais préférait préférions préfériez préféraient | préférai préféras préféra préférâmes préférâtes préférèrent | ai préféré as préféré a préféré avons préféré avez préféré ont préféré | préférerai préféreras préférera préférerons préférerez préféreront | préférerais préférerais préférerait préférerions préféreriez préféreraient | préfère préférons préférez | préfère préfères préfère préférions préfériez préfèrent |

# 4. Conjugaisons irrégulières

| Infinitif et participes | | Indicatif — PRESENT | IMPARFAIT | PASSE SIMPLE | PASSE COMPOSE | FUTUR | Conditionnel — PRESENT | Impératif | Subjonctif — PRESENT |
|---|---|---|---|---|---|---|---|---|---|
| **aller** (go) allant allé | je<br>tu<br>il/elle<br>nous<br>vous<br>ils/elles | vais<br>vas<br>va<br>allons<br>allez<br>vont | allais<br>allais<br>allait<br>allions<br>alliez<br>allaient | allai<br>allas<br>alla<br>allâmes<br>allâtes<br>allèrent | suis allé(e)<br>es allé(e)<br>est allé(e)<br>sommes allé(e)s<br>êtes allé(e)(s)<br>sont allé(e)s | irai<br>iras<br>ira<br>irons<br>irez<br>iront | irais<br>irais<br>irait<br>irions<br>iriez<br>iraient | <br>va<br><br>allons<br>allez | aille<br>ailles<br>aille<br>allions<br>alliez<br>aillent |
| **s'asseoir** (sit) asseyant assis | je<br>tu<br>il/elle<br>nous<br>vous<br>ils/elles | m'assieds<br>t'assieds<br>s'assied<br>nous asseyons<br>vous asseyez<br>s'asseyent | m'asseyais<br>t'asseyais<br>s'asseyait<br>nous asseyions<br>vous asseyiez<br>s'asseyaient | m'assis<br>t'assis<br>s'assit<br>nous assîmes<br>vous assîtes<br>s'assirent | me suis assis(e)<br>t'es assis(e)<br>s'est assis(e)<br>nous sommes assis(e)s<br>vous êtes assis(e)(s)<br>se sont assis(e)s | m'assiérai<br>t'assiéras<br>s'assiéra<br>nous assiérons<br>vous assiérez<br>s'assiéront | m'assiérais<br>t'assiérais<br>s'assiérait<br>nous assiérions<br>vous assiériez<br>s'assiéraient | assieds-toi<br><br>asseyons-nous<br>asseyez-vous | m'asseye<br>t'asseyes<br>s'asseye<br>nous asseyions<br>vous asseyiez<br>s'asseyent |
| **s'asseoir** (alternate forms) assoyant | je<br>tu<br>il/elle<br>nous<br>vous<br>ils/elles | m'assois<br>t'assois<br>s'assoit<br>nous assoyons<br>vous assoyez<br>s'assoient | m'assoyais<br>t'assoyais<br>s'assoyait<br>nous assoyions<br>vous assoyiez<br>s'assoyaient | | me suis assis(e)<br>t'es assis(e)<br>s'est assis(e)<br>nous sommes assis(e)s<br>vous êtes assis(e)(s)<br>se sont assis(e)s | m'assoirai<br>t'assoiras<br>s'assoira<br>nous assoirons<br>vous assoirez<br>s'assoiront | m'assoirais<br>t'assoirais<br>s'assoirait<br>nous assoirions<br>vous assoiriez<br>s'assoiraient | assois-toi<br><br>assoyons-nous<br>assoyez-vous | m'assoie<br>t'assoies<br>s'assoie<br>nous assoyions<br>vous assoyiez<br>s'assoient |
| **battre** (beat) battant battu | je<br>tu<br>il<br>nous<br>vous<br>ils | bats<br>bats<br>bat<br>battons<br>battez<br>battent | battais<br>battais<br>battait<br>battions<br>battiez<br>battaient | battis<br>battis<br>battit<br>battîmes<br>battîtes<br>battirent | ai battu<br>as battu<br>a battu<br>avons battu<br>avez battu<br>ont battu | battrai<br>battras<br>battra<br>battrons<br>battrez<br>battront | battrais<br>battrais<br>battrait<br>battrions<br>battriez<br>battraient | bats<br><br>battons<br>battez | batte<br>battes<br>batte<br>battions<br>battiez<br>battent |
| **boire** (drink) buvant bu | je<br>tu<br>il<br>nous<br>vous<br>ils | bois<br>bois<br>boit<br>buvons<br>buvez<br>boivent | buvais<br>buvais<br>buvait<br>buvions<br>buviez<br>buvaient | bus<br>bus<br>but<br>bûmes<br>bûtes<br>burent | ai bu<br>as bu<br>a bu<br>avons bu<br>avez bu<br>ont bu | boirai<br>boiras<br>boira<br>boirons<br>boirez<br>boiront | boirais<br>boirais<br>boirait<br>boirions<br>boiriez<br>boiraient | bois<br><br>buvons<br>buvez | boive<br>boives<br>boive<br>buvions<br>buviez<br>boivent |
| **conduire** (lead) conduisant conduit | je<br>tu<br>il<br>nous<br>vous<br>ils | conduis<br>conduis<br>conduit<br>conduisons<br>conduisez<br>conduisent | conduisais<br>conduisais<br>conduisait<br>conduisions<br>conduisiez<br>conduisaient | conduisis<br>conduisis<br>conduisit<br>conduisîmes<br>conduisîtes<br>conduisirent | ai conduit<br>as conduit<br>a conduit<br>avons conduit<br>avez conduit<br>ont conduit | conduirai<br>conduiras<br>conduira<br>conduirons<br>conduirez<br>conduiront | conduirais<br>conduirais<br>conduirait<br>conduirions<br>conduiriez<br>conduiraient | conduis<br><br>conduisons<br>conduisez | conduise<br>conduises<br>conduise<br>conduisions<br>conduisiez<br>conduisent |
| **connaître** (be acquainted) connaissant connu | je<br>tu<br>il<br>nous<br>vous<br>ils | connais<br>connais<br>connaît<br>connaissons<br>connaissez<br>connaissent | connaissais<br>connaissais<br>connaissait<br>connaissions<br>connaissiez<br>connaissaient | connus<br>connus<br>connut<br>connûmes<br>connûtes<br>connurent | ai connu<br>as connu<br>a connu<br>avons connu<br>avez connu<br>ont connu | connaîtrai<br>connaîtras<br>connaîtra<br>connaîtrons<br>connaîtrez<br>connaîtront | connaîtrais<br>connaîtrais<br>connaîtrait<br>connaîtrions<br>connaîtriez<br>connaîtraient | connais<br><br>connaissons<br>connaissez | connaisse<br>connaisses<br>connaisse<br>connaissions<br>connaissiez<br>connaissent |
| **courir** (run) courant couru | je<br>tu<br>il<br>nous<br>vous<br>ils | cours<br>cours<br>court<br>courons<br>courez<br>courent | courais<br>courais<br>courait<br>courions<br>couriez<br>couraient | courus<br>courus<br>courut<br>courûmes<br>courûtes<br>coururent | ai couru<br>as couru<br>a couru<br>avons couru<br>avez couru<br>ont couru | courrai<br>courras<br>courra<br>courrons<br>courrez<br>courront | courrais<br>courrais<br>courrait<br>courrions<br>courriez<br>courraient | cours<br><br>courons<br>courez | coure<br>coures<br>coure<br>courions<br>couriez<br>courent |

# Indicatif / Conditionnel / Impératif / Subjonctif

| Infinitif et participes | | PRESENT | IMPARFAIT | PASSE SIMPLE | PASSE COMPOSE | FUTUR | Conditionnel PRESENT | Impératif | Subjonctif PRESENT |
|---|---|---|---|---|---|---|---|---|---|
| **craindre** (*fear*) craignant craint **joindre** | je tu il nous vous ils | crains crains craint craignons craignez craignent | craignais craignais craignait craignions craigniez craignaient | craignis craignis craignit craignîmes craignîtes craignirent | ai craint as craint a craint avons craint avez craint ont craint | craindrai craindras craindra craindrons craindrez craindront | craindrais craindrais craindrait craindrions craindriez craindraient | crains craignons craignez | craigne craignes craigne craignions craigniez craignent |
| **croire** (*believe*) croyant cru | je tu il nous vous ils | crois crois croit croyons croyez croient | croyais croyais croyait croyions croyiez croyaient | crus crus crut crûmes crûtes crurent | ai cru as cru a cru avons cru avez cru ont cru | croirai croiras croira croirons croirez croiront | croirais croirais croirait croirions croiriez croiraient | crois croyons croyez | croie croies croie croyions croyiez croient |
| **cueillir** (*pick*) cueillant cueilli | je tu il nous vous ils | cueille cueilles cueille cueillons cueillez cueillent | cueillais cueillais cueillait cueillions cueilliez cueillaient | cueillis cueillis cueillit cueillîmes cueillîtes cueillirent | ai cueilli as cueilli a cueilli avons cueilli avez cueilli ont cueilli | cueillerai cueilleras cueillera cueillerons cueillerez cueilleront | cueillerais cueillerais cueillerait cueillerions cueilleriez cueilleraient | cueille cueillons cueillez | cueille cueilles cueille cueillions cueilliez cueillent |
| **devoir** (*owe, have to*) devant dû, due | je tu il nous vous ils | dois dois doit devons devez doivent | devais devais devait devions deviez devaient | dus dus dut dûmes dûtes durent | ai dû as dû a dû avons dû avez dû ont dû | devrai devras devra devrons devrez devront | devrais devrais devrait devrions devriez devraient | | doive doives doive devions deviez doivent |
| **dire** (*say, tell*) disant dit | je tu il nous vous ils | dis dis dit disons dites disent | disais disais disait disions disiez disaient | dis dis dit dîmes dîtes dirent | ai dit as dit a dit avons dit avez dit ont dit | dirai diras dira dirons direz diront | dirais dirais dirait dirions diriez diraient | dis disons dites | dise dises dise disions disiez disent |
| **dormir** (*sleep*) dormant dormi **s'endormir** | je tu il nous vous ils | dors dors dort dormons dormez dorment | dormais dormais dormait dormions dormiez dormaient | dormis dormis dormit dormîmes dormîtes dormirent | ai dormi as dormi a dormi avons dormi avez dormi ont dormi | dormirai dormiras dormira dormirons dormirez dormiront | dormirais dormirais dormirait dormirions dormiriez dormiraient | dors dormons dormez | dorme dormes dorme dormions dormiez dorment |
| **écrire** (*write*) écrivant écrit | j' tu il nous vous ils | écris écris écrit écrivons écrivez écrivent | écrivais écrivais écrivait écrivions écriviez écrivaient | écrivis écrivis écrivit écrivîmes écrivîtes écrivirent | ai écrit as écrit a écrit avons écrit avez écrit ont écrit | écrirai écriras écrira écrirons écrirez écriront | écrirais écrirais écrirait écririons écririez écriraient | écris écrivons écrivez | écrive écrives écrive écrivions écriviez écrivent |
| **faire** (*do, make*) faisant fait | je tu il nous vous ils | fais fais fait faisons faites font | faisais faisais faisait faisions faisiez faisaient | fis fis fit fîmes fîtes firent | ai fait as fait a fait avons fait avez fait ont fait | ferai feras fera ferons ferez feront | ferais ferais ferait ferions feriez feraient | fais faisons faites | fasse fasses fasse fassions fassiez fassent |
| **falloir** (*be necessary*) fallu | | il faut | il fallait | il fallut | il a fallu | il faudra | il faudrait | | il faille |

# Infinitif et participes

## fuir (flee), fuyant, fui, s'enfuir

| | PRESENT | IMPARFAIT | PASSE SIMPLE | PASSE COMPOSE | FUTUR | Conditionnel PRESENT | Impératif | Subjonctif PRESENT |
|---|---|---|---|---|---|---|---|---|
| je | fuis | fuyais | fuis | ai fui | fuirai | fuirais | | fuie |
| tu | fuis | fuyais | fuis | as fui | fuiras | fuirais | fuis | fuies |
| il | fuit | fuyait | fuit | a fui | fuira | fuirait | | fuie |
| nous | fuyons | fuyions | fuîmes | avons fui | fuirons | fuirions | fuyons | fuyions |
| vous | fuyez | fuyiez | fuîtes | avez fui | fuirez | fuiriez | fuyez | fuyiez |
| ils | fuient | fuyaient | fuirent | ont fui | fuiront | fuiraient | | fuient |

## lire (read), lisant, lu, élire

| | PRESENT | IMPARFAIT | PASSE SIMPLE | PASSE COMPOSE | FUTUR | Conditionnel PRESENT | Impératif | Subjonctif PRESENT |
|---|---|---|---|---|---|---|---|---|
| je | lis | lisais | lus | ai lu | lirai | lirais | | lise |
| tu | lis | lisais | lus | as lu | liras | lirais | lis | lises |
| il | lit | lisait | lut | a lu | lira | lirait | | lise |
| nous | lisons | lisions | lûmes | avons lu | lirons | lirions | lisons | lisions |
| vous | lisez | lisiez | lûtes | avez lu | lirez | liriez | lisez | lisiez |
| ils | lisent | lisaient | lurent | ont lu | liront | liraient | | lisent |

## mentir (lie), mentant, menti, sentir

| | PRESENT | IMPARFAIT | PASSE SIMPLE | PASSE COMPOSE | FUTUR | Conditionnel PRESENT | Impératif | Subjonctif PRESENT |
|---|---|---|---|---|---|---|---|---|
| je | mens | mentais | mentis | ai menti | mentirai | mentirais | | mente |
| tu | mens | mentais | mentis | as menti | mentiras | mentirais | mens | mentes |
| il | ment | mentait | mentit | a menti | mentira | mentirait | | mente |
| nous | mentons | mentions | mentîmes | avons menti | mentirons | mentirions | mentons | mentions |
| vous | mentez | mentiez | mentîtes | avez menti | mentirez | mentiriez | mentez | mentiez |
| ils | mentent | mentaient | mentirent | ont menti | mentiront | mentiraient | | mentent |

## mettre (put), mettant, mis, et composés

| | PRESENT | IMPARFAIT | PASSE SIMPLE | PASSE COMPOSE | FUTUR | Conditionnel PRESENT | Impératif | Subjonctif PRESENT |
|---|---|---|---|---|---|---|---|---|
| je | mets | mettais | mis | ai mis | mettrai | mettrais | | mette |
| tu | mets | mettais | mis | as mis | mettras | mettrais | mets | mettes |
| il | met | mettait | mit | a mis | mettra | mettrait | | mette |
| nous | mettons | mettions | mîmes | avons mis | mettrons | mettrions | mettons | mettions |
| vous | mettez | mettiez | mîtes | avez mis | mettrez | mettriez | mettez | mettiez |
| ils | mettent | mettaient | mirent | ont mis | mettront | mettraient | | mettent |

## mourir (die), mourant, mort

| | PRESENT | IMPARFAIT | PASSE SIMPLE | PASSE COMPOSE | FUTUR | Conditionnel PRESENT | Impératif | Subjonctif PRESENT |
|---|---|---|---|---|---|---|---|---|
| je | meurs | mourais | mourus | suis mort(e) | mourrai | mourrais | | meure |
| tu | meurs | mourais | mourus | es mort(e) | mourras | mourrais | meurs | meures |
| il | meurt | mourait | mourut | est mort(e) | mourra | mourrait | | meure |
| nous | mourons | mourions | mourûmes | sommes mort(e)s | mourrons | mourrions | mourons | mourions |
| vous | mourez | mouriez | mourûtes | êtes mort(e)(s) | mourrez | mourriez | mourez | mouriez |
| ils | meurent | mouraient | moururent | sont morts | mourront | mourraient | | meurent |

## naître (be born), naissant, né

| | PRESENT | IMPARFAIT | PASSE SIMPLE | PASSE COMPOSE | FUTUR | Conditionnel PRESENT | Impératif | Subjonctif PRESENT |
|---|---|---|---|---|---|---|---|---|
| je | nais | naissais | naquis | suis né(e) | naîtrai | naîtrais | | naisse |
| tu | nais | naissais | naquis | es né(e) | naîtras | naîtrais | nais | naisses |
| il/elle | naît | naissait | naquit | est né(e) | naîtra | naîtrait | | naisse |
| nous | naissons | naissions | naquîmes | sommes né(e)s | naîtrons | naîtrions | naissons | naissions |
| vous | naissez | naissiez | naquîtes | êtes né(e)(s) | naîtrez | naîtriez | naissez | naissiez |
| ils/elles | naissent | naissaient | naquirent | sont né(e)s | naîtront | naîtraient | | naissent |

## ouvrir (open), ouvrant, ouvert, offrir, couvrir, souffrir

| | PRESENT | IMPARFAIT | PASSE SIMPLE | PASSE COMPOSE | FUTUR | Conditionnel PRESENT | Impératif | Subjonctif PRESENT |
|---|---|---|---|---|---|---|---|---|
| j' | ouvre | ouvrais | ouvris | ai ouvert | ouvrirai | ouvrirais | | ouvre |
| tu | ouvres | ouvrais | ouvris | as ouvert | ouvriras | ouvrirais | ouvre | ouvres |
| il | ouvre | ouvrait | ouvrit | a ouvert | ouvrira | ouvrirait | | ouvre |
| nous | ouvrons | ouvrions | ouvrîmes | avons ouvert | ouvrirons | ouvririons | ouvrons | ouvrions |
| vous | ouvrez | ouvriez | ouvrîtes | avez ouvert | ouvrirez | ouvririez | ouvrez | ouvriez |
| ils | ouvrent | ouvraient | ouvrirent | ont ouvert | ouvriront | ouvriraient | | ouvrent |

## partir (leave), partant, parti

| | PRESENT | IMPARFAIT | PASSE SIMPLE | PASSE COMPOSE | FUTUR | Conditionnel PRESENT | Impératif | Subjonctif PRESENT |
|---|---|---|---|---|---|---|---|---|
| je | pars | partais | partis | suis parti(e) | partirai | partirais | | parte |
| tu | pars | partais | partis | es parti(e) | partiras | partirais | pars | partes |
| il | part | partait | partit | est parti | partira | partirait | | parte |
| nous | partons | partions | partîmes | sommes parti(e)s | partirons | partirions | partons | partions |
| vous | partez | partiez | partîtes | êtes parti(e)(s) | partirez | partiriez | partez | partiez |
| ils | partent | partaient | partirent | sont partis | partiront | partiraient | | partent |

| Infinitif et participes | | Indicatif | | | | | Conditionnel | Impératif | Subjonctif |
|---|---|---|---|---|---|---|---|---|---|
| | | **PRESENT** | **IMPARFAIT** | **PASSE SIMPLE** | **PASSE COMPOSE** | **FUTUR** | **PRESENT** | | **PRESENT** |
| **peindre** (*paint*) peignant peint | je tu il nous vous ils | peins peins peint peignons peignez peignent | peignais peignais peignait peignions peigniez peignaient | peignis peignis peignit peignîmes peignîtes peignirent | ai peint as peint a peint avons peint avez peint ont peint | peindrai peindras peindra peindrons peindrez peindront | peindrais peindrais peindrait peindrions peindriez peindraient | peins peignons peignez | peigne peignes peigne peignions peigniez peignent |
| **plaire** (*please*) plaisant plu | je tu il nous vous ils | plais plais plaît plaisons plaisez plaisent | plaisais plaisais plaisait plaisions plaisiez plaisaient | plus plus plut plûmes plûtes plurent | ai plu as plu a plu avons plu avez plu ont plu | plairai plairas plaira plairons plairez plairont | plairais plairais plairait plairions plairiez plairaient | plais plaisons plaisez | plaise plaises plaise plaisions plaisiez plaisent |
| **pleuvoir** (*rain*) pleuvant plu | | il pleut | il pleuvait | il plut | il a plu | il pleuvra | il pleuvrait | | il pleuve |
| **pouvoir** (*be able*) pouvant pu | je tu il nous vous ils | peux, puis peux peut pouvons pouvez peuvent | pouvais pouvais pouvait pouvions pouviez pouvaient | pus pus put pûmes pûtes purent | ai pu as pu a pu avons pu avez pu ont pu | pourrai pourras pourra pourrons pourrez pourront | pourrais pourrais pourrait pourrions pourriez pourraient | | puisse puisses puisse puissions puissiez puissent |
| **prendre** (*take*) prenant pris | je tu il nous vous ils | prends prends prend prenons prenez prennent | prenais prenais prenait prenions preniez prenaient | pris pris prit prîmes prîtes prirent | ai pris as pris a pris avons pris avez pris ont pris | prendrai prendras prendra prendrons prendrez prendront | prendrais prendrais prendrait prendrions prendriez prendraient | prends prenons prenez | prenne prennes prenne prenions preniez prennent |
| **rire** (*laugh*) riant ri sourire | je tu il nous vous ils | ris ris rit rions riez rient | riais riais riait riions riiez riaient | ris ris rit rîmes rîtes rirent | ai ri as ri a ri avons ri avez ri ont ri | rirai riras rira rirons rirez riront | rirais rirais rirait ririons ririez riraient | ris rions riez | rie ries rie riions riiez rient |
| **savoir** (*know*) sachant su | je tu il nous vous ils | sais sais sait savons savez savent | savais savais savait savions saviez savaient | sus sus sut sûmes sûtes surent | ai su as su a su avons su avez su ont su | saurai sauras saura saurons saurez sauront | saurais saurais saurait saurions sauriez sauraient | sache sachons sachez | sache saches sache sachions sachiez sachent |
| **suivre** (*follow*) suivant suivi | je tu il nous vous ils | suis suis suit suivons suivez suivent | suivais suivais suivait suivions suiviez suivaient | suivis suivis suivit suivîmes suivîtes suivirent | ai suivi as suivi a suivi avons suivi avez suivi ont suivi | suivrai suivras suivra suivrons suivrez suivront | suivrais suivrais suivrait suivrions suivriez suivraient | suis suivons suivez | suive suives suive suivions suiviez suivent |

| Infinitif et participes | | Indicatif PRESENT | IMPARFAIT | PASSE SIMPLE | PASSE COMPOSE | FUTUR | Conditionnel PRESENT | Impératif | Subjonctif PRESENT |
|---|---|---|---|---|---|---|---|---|---|
| **tenir** (*hold, keep*) tenant tenu | je | tiens | tenais | tins | ai tenu | tiendrai | tiendrais | | tienne |
| | tu | tiens | tenais | tins | as tenu | tiendras | tiendrais | tiens | tiennes |
| | il | tient | tenait | tint | a tenu | tiendra | tiendrait | | tienne |
| | nous | tenons | tenions | tînmes | avons tenu | tiendrons | tiendrions | tenons | tenions |
| | vous | tenez | teniez | tîntes | avez tenu | tiendrez | tiendriez | tenez | teniez |
| | ils | tiennent | tenaient | tinrent | ont tenu | tiendront | tiendraient | | tiennent |
| **vaincre** (*conquer*) vainquant vaincu convaincre | je | vaincs | vainquais | vainquis | ai vaincu | vaincrai | vaincrais | | vainque |
| | tu | vaincs | vainquais | vainquis | as vaincu | vaincras | vaincrais | vaincs | vainques |
| | il | vainc | vainquait | vainquit | a vaincu | vaincra | vaincrait | | vainque |
| | nous | vainquons | vainquions | vainquîmes | avons vaincu | vaincrons | vaincrions | vainquons | vainquions |
| | vous | vainquez | vainquiez | vainquîtes | avez vaincu | vaincrez | vaincriez | vainquez | vainquiez |
| | ils | vainquent | vainquaient | vainquirent | ont vaincu | vaincront | vaincraient | | vainquent |
| **valoir** (*be worth*) valant valu | | il vaut | il valait | il valut | il a valu | il vaudra | il vaudrait | | il vaille |
| **venir** (*come*) venant venu | je | viens | venais | vins | suis venu(e) | viendrai | viendrais | | vienne |
| | tu | viens | venais | vins | es venu(e) | viendras | viendrais | viens | viennes |
| | il/elle | vient | venait | vint | est venu(e) | viendra | viendrait | | vienne |
| | nous | venons | venions | vînmes | sommes venu(e)s | viendrons | viendrions | venons | venions |
| | vous | venez | veniez | vîntes | êtes venu(e)(s) | viendrez | viendriez | venez | veniez |
| | ils/elles | viennent | venaient | vinrent | sont venu(e)s | viendront | viendraient | | viennent |
| **vivre** (*live*) vivant vécu survivre | je | vis | vivais | vécus | ai vécu | vivrai | vivrais | | vive |
| | tu | vis | vivais | vécus | as vécu | vivras | vivrais | vis | vives |
| | il | vit | vivait | vécut | a vécu | vivra | vivrait | | vive |
| | nous | vivons | vivions | vécûmes | avons vécu | vivrons | vivrions | vivons | vivions |
| | vous | vivez | viviez | vécûtes | avez vécu | vivrez | vivriez | vivez | viviez |
| | ils | vivent | vivaient | vécurent | ont vécu | vivront | vivraient | | vivent |
| **voir** (*see*) voyant vu prévoir | je | vois | voyais | vis | ai vu | verrai | verrais | | voie |
| | tu | vois | voyais | vis | as vu | verras | verrais | vois | voies |
| | il | voit | voyait | vit | a vu | verra | verrait | | voie |
| | nous | voyons | voyions | vîmes | avons vu | verrons | verrions | voyons | voyions |
| | vous | voyez | voyiez | vîtes | avez vu | verrez | verriez | voyez | voyiez |
| | ils | voient | voyaient | virent | ont vu | verront | verraient | | voient |
| **vouloir** (*wish, want*) voulant voulu | je | veux | voulais | voulus | ai voulu | voudrai | voudrais | | veuille |
| | tu | veux | voulais | voulus | as voulu | voudras | voudrais | | veuilles |
| | il | veut | voulait | voulut | a voulu | voudra | voudrait | | veuille |
| | nous | voulons | voulions | voulûmes | avons voulu | voudrons | voudrions | | voulions |
| | vous | voulez | vouliez | voulûtes | avez voulu | voudrez | voudriez | veuillez | vouliez |
| | ils | veulent | voulaient | voulurent | ont voulu | voudront | voudraient | | veuillent |

# Appendice B

## Les temps littéraires

Four past tenses, two indicative and two subjunctive, are used in formal literary French. The **passé simple** is presented in Chapter 12; the other literary tenses are the **passé antérieur,** the **imparfait du subjonctif,** and the **plus-que-parfait du subjonctif.**

## Le passé antérieur

The **passé antérieur** designates an event that occurred prior to another past event that is usually expressed in the **passé simple.** The **passé antérieur** is formed with the **passé simple** of **avoir** or **être** and the past participle.

| parler | | aller | |
|---|---|---|---|
| j' | eus parlé | je | fus allé(e) |
| tu | eus parlé | tu | fus allé(e) |
| il/elle/on | eut parlé | il | fut allé |
| | | elle | fut allée |
| | | on | fut allé |
| nous | eûmes parlé | | |
| vous | eûtes parlé | nous | fûmes allé(e)s |
| ils/elles | eurent parlé | vous | fûtes allé(e)(s) |
| | | ils | furent allés |
| | | elles | furent allées |

| se souvenir | | | |
|---|---|---|---|
| je | me fus souvenu(e) | nous | nous fûmes souvenu(e)s |
| tu | te fus souvenu(e) | vous | vous fûtes souvenu(e)(s) |
| il | se fut souvenu | | |
| elle | se fut souvenue | ils | se furent souvenus |
| on | se fut souvenu | elles | se furent souvenues |

# L'imparfait du subjonctif

The **imparfait du subjonctif** can be used in subordinate clauses when the verb in the main clause is in any past or conditional tense. It is formed by adding a set of endings to the stem vowel of the **passé simple** (see Chapter 12). The **imparfait du subjonctif** corresponds in meaning to the present subjunctive.

| aller | sortir |
|---|---|
| (passé simple:<br>j'allai, etc.) | (passé simple:<br>je sortis, etc.) |
| que j'    alla**sse**<br>que tu    alla**sses**<br>qu'il<br>qu'elle  } all**ât**<br>qu'on<br>que nous    alla**ssions**<br>que vous    alla**ssiez**<br>qu'ils<br>qu'elles } alla**ssent** | que je    sorti**sse**<br>que tu    sorti**sses**<br>qu'il<br>qu'elle  } sort**ît**<br>qu'on<br>que nous    sorti**ssions**<br>que vous    sorti**ssiez**<br>qu'ils<br>qu'elles } sorti**ssent** |

| connaître | |
|---|---|
| (passé simple:<br>je connus, etc.) | |
| que je    connu**sse**<br>que tu    connu**sses**<br>qu'il<br>qu'elle  } conn**ût**<br>qu'on | que nous    connu**ssions**<br>que vous    connu**ssiez**<br>qu'ils<br>qu'elles } connu**ssent** |

# Le plus-que-parfait du subjonctif

The **plus-que-parfait du subjonctif** can be used in subordinate clauses for events that occurred prior to the time of the verb in the main clause. Like the **imparfait du subjonctif**, it is used when the main-clause verb is in any past or conditional tense. It is formed with the **imparfait du subjonctif** of **avoir** or **être** and the past participle. The **plus-que-parfait du subjonctif** corresponds in meaning to the **passé du subjonctif**, shown here for reference.

| travailler | | | |
|---|---|---|---|
| **plus-que-parfait<br>du subjonctif** | | **passé du<br>subjonctif** | |
| que j' | **eusse travaillé** | que j' | aie travaillé |
| que tu | **eusses travaillé** | que tu | aies travaillé |
| qu'il/qu'elle/qu'on | **eût travaillé** | qu'il/qu'elle/qu'on | ait travaillé |
| que nous | **eussions travaillé** | que nous | ayons travaillé |
| que vous | **eussiez travaillé** | que vous | ayez travaillé |
| qu'ils/qu'elles | **eussent travaillé** | qu'ils/qu'elles | aient travaillé |

| venir | | | |
|---|---|---|---|
| **plus-que-parfait<br>du subjonctif** | | **passé du<br>subjonctif** | |
| que je | **fusse venu(e)** | que je | sois venu(e) |
| que tu | **fusses venu(e)** | que tu | sois venu(e) |
| qu'il | **fût venu** | qu'il | soit venu |
| qu'elle | **fût venue** | qu'elle | soit venue |
| qu'on | **fût venu** | qu'on | soit venu |
| que nous | **fussions venu(e)s** | que nous | soyons venu(e)s |
| que vous | **fussiez venu(e)(s)** | que vous | soyez venu(e)(s) |
| qu'ils | **fussent venus** | qu'ils | soient venus |
| qu'elles | **fussent venues** | qu'elles | soient venues |

# Appendice C

## Les prépositions avec les noms géographiques

| | CITIES* | STATES AND PROVINCES† | | COUNTRIES† | |
|---|---|---|---|---|---|
| | | *masculine* | *feminine* | *masculine beginning with a consonant; plural* | *feminine; masculine beginning with a vowel* |
| *in, to* | à Dakar<br>à New York<br>à Nice<br>à Québec<br>à Rome | **dans le** Colorado<br>**dans l'**Ohio<br>**dans le** Vermont<br>**dans le** Limousin<br>**dans le** Poitou<br><br>*exceptions:*<br>**au** Nouveau-<br>    Mexique<br>**au** Texas<br>**au** Québec | **en** Californie<br>**en** Floride<br>**en** Virginie<br>**en** Bourgogne<br>**en** Provence | **au**   Brésil<br>**au**   Canada<br>**aux** Etats-Unis<br>**au**   Mexique<br>**aux** Pays-Bas | **en** Argentine<br>**en** France<br>**en** Iran (*masc.*)<br>**en** Israël<br>    (*masc.*)<br>**en** Suisse |
| *from* | **de** Dakar<br>**de** New York<br>**de** Nice<br>**de** Québec<br>**de** Rome | **du** Colorado<br>**de l'**Ohio<br>**du** Vermont<br>**du** Limousin<br>**du** Poitou<br>**du** Nouveau-<br>    Mexique<br>**du** Texas<br>**du** Québec | **de** Californie<br>**de** Floride<br>**de** Virginie<br>**de** Bourgogne<br>**de** Provence | **du** Brésil<br>**du** Canada<br>**des** Etats-Unis<br>**du** Mexique<br>**des** Pays-Bas | **d'**Argentine<br>**de** France<br>**d'**Iran<br>**d'**Israël<br>**de** Suisse |

*If an article is part of the name of a city, it is used with a preposition:
    Le Havre → au Havre, du Havre    Le Mans → au Mans, du Mans
    La Havane → à La Havane, de La Havane    La Nouvelle-Orléans → à La Nouvelle-Orléans, de La Nouvelle-Orléans
†The names of states, provinces, and countries are feminine if they end in mute **-e**. Exceptions: **le Cambodge, le Mexique, le Zaïre.**

# Appendice D

## Le pluriel des noms composés

Compound nouns are made up of two or more words usually linked with a hyphen: **un gratte-ciel, ma grand-mère.** In the plural of compound nouns, adjectives and nouns generally follow the regular rules for plural formation.

| | |
|---|---|
| un chou-fleur *(cauliflower)* | des choux-fleurs |
| un coffre-fort *(strongbox, safe)* | des coffres-forts |
| un wagon-lit *(sleeping car)* | des wagons-lits |
| un grand-parent | des grands-parents |
| une petite-fille | des petites-filles |

*exceptions:*

| | |
|---|---|
| un chef-d'œuvre *(masterpiece)* | des chefs-d'œuvre |
| un timbre-poste | des timbres-poste |

The plural of compound nouns consisting of *a noun with a verb or a preposition* is usually invariable.

| | |
|---|---|
| un après-midi | des après-midi |
| un faire-part *(announcement)* | des faire-part |
| un gratte-ciel *(skyscraper)* | des gratte-ciel |
| un hors-d'œuvre | des hors-d'œuvre |
| un réveille-matin | des réveille-matin |

*exceptions:*

| | |
|---|---|
| un arc-en-ciel *(rainbow)* | des arcs-en-ciel |
| un couvre-lit | des couvre-lits |
| un tire-bouchon | des tire-bouchons |

# Appendice E

## La suite des idées dans la narration

Many conjunctions, adverbs, and other phrases are used to link ideas and to give structure to a description or narrative. Several common conjunctions and other connectors are listed here according to their functions.

*Coordination of ideas*

| | |
|---|---|
| ainsi que | *just as* |
| alors que | *while* |
| comme | *since, as* |
| de même que | *in the same way as* |
| et | *and* |

Peut-on en France, **alors que** le téléspectateur passe en moyenne une vingtaine d'heures devant son petit écran, vivre un mois complet sans télé?

**Comme** la télévision est devenue indispensable à la vie quotidienne, on n'imagine plus la vie «sans télé».

*Opposition of ideas*

| | |
|---|---|
| cependant | *however* |
| d'ailleurs | *moreover, besides* |
| d'une part... d'autre part | *on the one hand . . . on the other hand* |
| mais | *but* |
| néanmoins | *nevertheless* |
| pourtant | *yet, all the same, even so* |
| quand même | *anyhow* |
| quoique | *although* |
| toutefois | *however* |

Les Français déclarent **pourtant** à 37% qu'ils pourraient se passer de télévision tout le temps.

Onze pourcent des personnes interrogées avouent **cependant** ne pas pouvoir s'en passer.

La télévision a **toutefois** des avantages: elle permet à chacun d'être informé et distrait sans avoir à prendre la peine de sortir de chez soi.

*Sequence of ideas and events*

| | |
|---|---|
| alors | *then* |
| d'abord | *first* |
| ensuite | *next* |
| puis | *then* |

Au lieu de vous inviter chez lui immédiatement, un Français va **d'abord** vous convier à prendre un verre.

**Ensuite,** si vous vous entendez bien, votre nouvel ami va vous inviter au restaurant.

*Consequence, conclusion*

| | |
|---|---|
| ainsi | *so, thus* |
| alors | *then* |
| car | *for* |
| donc | *therefore, so, thus* |
| en effet | *in fact* |
| enfin | *finally* |
| par conséquent | *consequently* |
| parce que | *because* |

A la première rencontre, les Français sont **en effet** distants et peu démonstratifs, **car** la formalité qui règle les rapports entre les gens assure la protection de l'individu.

Les Français peuvent **donc** être surpris de voir la façon familière dont les vendeurs et les vendeuses saluent leurs nouveaux clients dans les magasins américains.

# Lexique: Vocabulaire français-anglais

This vocabulary contains French words and expressions used in this book, with their contextual meanings. The gender of nouns is indicated by **le** or **la**; the abbreviations *m.* or *f.* are provided for plural nouns and nouns beginning with a vowel. Both masculine and feminine forms of adjectives are shown.

Conjugated verb forms, present participles, and regular past participles are not included. Most exact cognates and near cognates, including feminine nouns ending in **-ion,** do not appear here.

In addition, regular adverbs do not appear if the adjectives upon which they are based are included (*e.g.*, **lent[e], lentement**); regular past participles used as adjectives do not appear if the verbs upon which they are based are included (*e.g.*, **varier, varié[e]**). An asterisk (*) indicates words beginning with an aspirate *h*.

## Abbreviations

| | | |
|---|---|---|
| *A.* archaic | *fam.* familiar, popular | *pl.* plural |
| *ab.* abbreviation | *Gram.* grammar term | *p.p.* past participle |
| *adj.* adjective | *interj.* interjection | *prep.* preposition |
| *adv.* adverb | *intr.* intransitive | *pron.* pronoun |
| *conj.* conjunction | *inv.* invariable | *s.* singular |
| *f.* feminine | *m.* masculine | *trans.* transitive |

**abandonner** to give up; to abandon; to desert

**abdiquer** to abdicate, give up

**abolir** to abolish

**abonder** to abound, be plentiful

**abonné(e): être abonné(e) à** *adj.* to subscribe to

**abord: d'abord** *adv.* first, at first

**aborder** to approach; to accost; to address

**l'abri** *m.* shelter; **se mettre à l'abri** to take shelter

**l'abside** *f.* apse (*in Gothic church*)

**absolu(e)** *adj.* absolute

**s'abstenir de** to abstain from

**l'abus** *m.* abuse, misuse; **l'abus de la drogue** drug abuse

**abuser de** to misuse, abuse

**abusif/abusive** *adj.* excessive, undue; abusive

**accélérer (j'accélère)** to accelerate

**l'accent** *m.* accent; **mettre l'accent sur** to emphasize, highlight

**accentuer** to accentuate, emphasize, stress

**l'acceptation** *f.* acceptance

**l'accessoire** *m.* accessory

**s'accommoder de** to make do with, make the best of

**accompagner** to accompany

**accomplir** to accomplish, fulfill, carry out

**l'accord** *m.* agreement; **d'accord** all right, OK; **être d'accord** to agree, be in agreement; **se mettre d'accord** to reconcile, come to an agreement

**accorder** to grant, bestow, confer

**l'accroche** *f.* hook; advertising slogan

**accrocher** to hang up; to hook

**s'accroître** (*like* **croître**) to increase, add to

**accroupi(e)** *adj.* crouched

**accru(e)** *adj.* increased

**l'accueil** *m.* greeting, welcome; **la capacité d'accueil** guest capacity; **la famille d'accueil** host family

**accueillant(e)** *adj.* hospitable, welcoming; appealing

**accueillir** to welcome; to greet

**acharné(e)** *adj.* inveterate, relentless

**l'acharnement** *m.* obstinacy, fury; **avec acharnement** eagerly, fiercely

**s'acharner à** to persist in

**l'achat** *m.* purchase; **faire des achats** to go shopping

**acheter (j'achète)** to buy

**acidulé(e)** *adj.* sour; acid

**les à-côtés** *m. pl.* asides; side issues; extras

**acquérir** (*p.p.* **acquis**) *irreg.* to acquire, obtain

**l'acrobatie** *f.* acrobatics

**l'acteur/l'actrice** actor, actress

**actif/active** *adj.* active; working; *n. m. pl.* people in the workforce

**l'actualité** *f.* present-day; *pl.* current events; news

**actuel(le)** *adj.* present, current; **à l'heure actuelle** at the present time

**actuellement** *adv.* now, at the present time

**adapter** to adapt; **adapter sa tenue**

aux circonstances to dress appropriately; **s'adapter à** to adapt oneself to; to get accustomed to

**l'addition** *f.* bill (*in a restaurant*); addition

**additionner** to add (up); to add to

**adhérer (j'adhère)** to adhere; to join

**l'adjoint(e)** assistant

**admettre** (*like* **mettre**) to admit

**admiratif/admirative** *adj.* admiring

**admirer** to admire; **s'admirer** to admire oneself

**admis(e)** *adj.* admitted

**l'adresse** *f.* address; cleverness

**adresser** to address, speak to; **s'adresser à** to speak to; to appeal to

**adroit(e)** *adj.* dexterous; clever

**advenir** (*like* **venir**) to happen, occur; **advienne que pourra** come what may

**aéré(e)** *adj.* ventilated; light

**aérien(ne)** *adj.* aerial; airline; **la compagnie aérienne** airline

**l'aérobic** *f.* aerobics

**aérobique** *adj.* aerobic

**l'aéroport** *m.* airport

**l'affaire** *f.* affair; business matter; *pl.* belongings; business

**affectif/affective** *adj.* affective, emotional

**affectueux/affectueuse** *adj.* affectionate

**l'affichage** *m.* display; advertisement; **le panneau d'affichage** signboard, billboard

**l'affiche** *f.* poster; billboard; **être à l'affiche** to be on the bill, showing (*film, theater*)

**affiché(e)** *adj.* displayed, ticketed

**affolé(e) (par)** *adj.* panicked (about)

**affranchir** to free, liberate; **s'affranchir,** to break free; to shake off

**affreux/affreuse** *adj.* horrible, frightful

**afin de** *prep.* to, in order to; **afin que** *conj.* so, so that

**agacer (nous agaçons)** to annoy, irritate

**l'âge** *m.* age; years; epoch; **quel âge avez-vous?** how old are you?

**âgé(e)** *adj.* aged, old; elderly

**l'agence** *f.* agency; **l'agence de voyages** travel agency

**l'agent** *m.* agent; **l'agent de change** stockbroker; **l'agent de voyages** travel agent; **l'agent immobilier** real estate agent

**agir** to act; **il s'agit de** it's about, it's a question of

**s'agiter** to be in movement, bustle about

**l'agneau** *m.* lamb

**l'agonie** *f.* (*death*) agony; pangs of death

**l'agoramétrie** *f.* measurement of groups; statistics

**s'agrandir** to grow larger, widen

**agréer** to accept, recognize; **je vous prie d'agréer (veuillez agréer)... l'expression de mes sentiments distingués** very truly yours

**agricole** *adj.* agricultural

**l'agriculteur/l'agricultrice** cultivator, farmer

**ah bon? (ah oui?)** *interj.* really?

**l'aide** *f.* help, assistance; helper, assistant; **à l'aide de** with the help of

**aider** to help

**l'ail** *m.* garlic

**l'aile** *f.* wing; fin

**ailleurs** *adv.* elsewhere; **d'ailleurs** *adv.* moreover; anyway

**aimable** *adj.* likeable, friendly

**aimer** to like; to love; **aimer bien** to like; **aimer mieux** to prefer

**l'aîné(e)** oldest sibling; *adj.* older

**ainsi** *conj.* thus, so, such as; **ainsi que** *conj.* as well as, in the same way as; **et ainsi de suite** and so on

**l'air** *m.* air; look; tune; **l'amateur (*m.*) de grand air** lover of the outdoors; **avoir l'air (de)** to seem, look (like); **en plein air** outdoors, in the open air

**l'aise** *f.* ease, comfort; **être à l'aise** to be at ease; **mettre à l'aise** to put at ease; **se mettre à l'aise** to relax; to make oneself at home

**aisé(e)** *adj.* easy, effortless

**ajouter** to add

**l'alcool** *m.* alcohol

**l'aliment** *m.* food, nourishment

**alimentaire** *adj.* alimentary, (pertaining to) food

**l'alimentation** *f.* food, feeding, nourishment

**l'allée** *f.* walk, lane, avenue

**allégé(e)** *adj.* lightened, lighter

**l'Allemagne** *f.* Germany

**allemand(e)** *adj.* German; *n. m.* German (*language*)

**aller** *irreg.* to go; **aller + *inf.*** to be going to + *inf.*; **aller à la pêche** to go fishing; **aller à l'université** to attend college; **aller au bout du monde** to go to the ends of the earth; **aller en vacances** to go on vacation; **l'aller-retour** *m.* round-trip ticket; **l'aller simple** *m.* one-way ticket; **allons-y!** here goes! **s'en aller** to go off, leave; **se laisser aller** to let oneself go (a bit); **tout va bien** all goes well

**allô** *interj.* hello (*phone greeting*)

**allongé(e)** *adj.* long, oblong

**s'allonger (nous nous allongeons)** to stretch out

**allumer** to light; to turn on

**l'allumette** *f.* match, matchstick

**alors** *adv.* then, in that case, therefore; **alors que** *conj.* while, whereas

**l'alpinisme** *m.* mountain climbing; **faire de l'alpinisme** to go mountain climbing

**amaigrissant(e)** *adj.* thinning, slimming

**l'amateur** *m.* amateur, connoisseur; **l'amateur de grand air** lover of the outdoors

**l'ambiance** *f.* atmosphere, surroundings

**ambigu(ë)** *adj.* ambiguous, cryptic

**l'âme** *f.* soul; spirit

**l'amélioration** *f.* improvement

**améliorer** to improve; **s'améliorer** to improve (oneself)

**amener (j'amène)** to bring; to take (*a person*)

**amer (amère)** *adj.* bitter

**l'Amérique** *f.* America; **l'Amérique (*f.*) du Nord** North America

**l'ami(e)** friend; *adj.* friendly; **le/la petit(e) ami(e)** boyfriend (girlfriend)

**amical(e)** *adj.* friendly; **venir à l'Amicale** to come to the Association's meeting

**l'amiral** *m.* admiral

**l'amitié** *f.* friendship; **nouer des liens d'amitié (avec)** to make friends (with)

**amorphe** *adj.* amorphous; spineless

**l'amour** *m.* love (*f.* in *pl.*)

**amoureux/amoureuse** *adj.* in love; *n.* person in love; **tomber amoureux/amoureuse (de)** to fall in love (with)

**l'amphithéâtre** *m.* amphitheater, lecture hall

**amplement** *adv.* amply, with room to spare

**amusant(e)** *adj.* amusing, fun

**amuser** to entertain, amuse; **s'amuser** to have fun, have a good time

**l'an** *m.* year; **le jour de l'an** New Year's Day; **par an** per year, each year; **voilà un an que...** it's been a year that...

**l'analyse** *f.* analysis

**l'ananas** *m.* pineapple

**l'ancêtre** *m., f.* ancestor

**ancien(ne)** *adj.* old, antique; former, ancient; *n.* alumnus

**l'ancrage** *m.* anchoring

**anglais(e)** *adj.* English

**l'Angleterre** *f.* England

**anglo-normand(e)** *adj.* Anglo-Norman

**l'anglophone** *m., f.* English-speaking person

**l'angoisse** *f.* anguish, anxiety

**angoisser** to distress, cause anguish

**l'animal** *m.* animal; **l'animal favori (domestique)** pet; **les animaux en voie de disparition** endangered species

**l'animateur/l'animatrice** host, hostess (*radio, TV*); **le train animé** *French train trip featuring cultural activities*

**l'année** *f.* year; **les années cinquante** the fifties

**l'anniversaire** *m.* anniversary; birthday

**l'annonce** *f.* announcement, ad; **l'annonce publicitaire** commercial, ad; **la petite annonce** (classified) ad

**annoncer (nous annonçons)** to announce, declare

**l'annonceur** *m.* announcer; advertiser

**l'annuaire** *m.* phone directory

**anonyme** *adj.* anonymous

**l'antenne** *f.* antenna; **Antenne 2** *name of a French TV channel*

**antérieur(e)** *adj.* anterior, previous; **le futur antérieur** *Gram.* future perfect

**l'antichambre** *f.* anteroom, waiting room

**antidérapant(e)** *adj.* nonskid

**les Antilles** *f. pl.* the West Indies

**antique** *adj.* old; antique; classical

**août** August

**apercevoir** (*like* **recevoir**) to perceive, notice; **s'apercevoir de (que)** to become aware of, notice (that)

**l'apéritif** *m.* before-dinner drink, aperitif

**l'apogée** *m.* apogee; climax, apex

**apparaître** (*like* **connaître**) to appear

**l'appareil** *m.* apparatus, device; appliance; (*still*) camera

**l'apparition** *f.* (first) appearance; **faire son (leur) apparition** to make one's (their) appearance

**l'appartenance** *f.* appurtenance; belonging

**appartenir** (*like* **tenir**) **à** to belong to

**l'appel** *m.* call; **faire appel à** to call on, appeal to

**appeler (j'appelle)** to call; to name; **s'appeler** to be named, called

**l'appétit** *m.* appetite; **l'appétit vient en mangeant** the more you eat the more you want; **bon appétit!** *interj.* enjoy your meal!

**applaudir** to applaud

**les applaudissements** *m. pl.* applause

**apporter** to bring; to furnish

**apposé(e)** *adj.* fixed, attached

**apprendre** (*like* **prendre**) to learn; to teach; **apprendre à** to learn (how) to

**approcher** to approach; **s'approcher de** to approach, draw near

**approximatif (approximative)** *adj.* approximate

**appt.** *ab.* **l'appartement** *m.* apartment

**après** *prep.* after; **après avoir (être)...** after having... ; **après que** *conj.* after; when; **d'après** *prep.* according to

**l'après-midi** *m.* afternoon

**l'aquarelle** *f.* watercolor (*painting*)

**l'araignée** *f.* spider

**l'arbitre** *m.* umpire; referee

**l'arbre** *m.* tree

**l'arcature** *f.* arcature, blind arcade

**ardent(e)** *adj.* burning; ardent

**ardu(e)** *adj.* arduous; difficult

**l'arène** *f.* arena; bullring

**l'argent** *m.* money; silver; **l'argent liquide** cash; **mettre de l'argent de côté** to put some money aside

**argotique** *adj.* slang, slangy

**l'arlequin** *m.* harlequin

**l'arme** *f.* weapon, arm; **prendre les armes contre** to take up arms against

**armé(e)** *adj.* armed; **les forces** (*f. pl.*) **armées** armed forces, military

**l'armement** *m.* armament, arms; **la course à l'armement** arms race

**aromatisé(e)** *adj.* flavored

**arrache: d'arrache-pied** *adv.* steadily, at a stretch

**arracher** to pull, tear (off, out)

**arranger (nous arrangeons)** to arrange; to accommodate; *fam.* to fix

**l'arrêt** *m.* stop

**arrêter (de)** to stop; to arrest; **s'arrêter de** to stop (oneself); **s'arrêter court** to stop short

**arrière** *adv.* back; **en arrière** in back; thrown back; **la lunette arrière** rear car window

**l'arrivé(e)** arrival (*person*); *f.* arrival

**arriver** to arrive, come; to happen; **arriver à** to manage to, succeed in

**arroser** to water; to sprinkle; to wash down

**l'art** *m.* art; **l'objet** (*m.*) **d'art** piece of art

**articuler** to articulate

**l'artisanat** *m.* handicraft; craftsmen

**artistique** *adj.* artistic

**ascen.** *ab.* **l'ascenseur** *m.* elevator

**l'ascenseur** *m.* elevator

**l'aspirateur** *m.* vacuum cleaner; **passer l'aspirateur** to vacuum

**l'aspirine** *f.* aspirin

**assailli(e)** *adj.* bombarded, attacked

**l'assaisonnement** *m.* seasoning

**l'assemblée** *f.* assembly

**asseoir** (*p.p.* **assis**) *irreg.* to seat; **s'asseoir** to sit down

**assez (de)** *adv.* enough; rather; quite; **en avoir assez** to have had enough

**l'assiette** *f.* plate; **l'assiette garnie** dish garnished with vegetables

**assis(e)** *adj.* seated
**assister** to help, assist; **assister à** to attend, go to (*concert, etc.*)
**l'associé(e)** associate, partner; *adj.* associated
**associer** to associate
**assortir** to match; to pair; to sort out
**assumer** to assume; to take on
**l'assurance** *f.* assurance; insurance; **l'assurance-auto** car insurance; **l'assurance-vie** *f.* life insurance
**assurément** *adv.* assuredly
**assurer** to insure; to assure; **s'assurer** to make certain, ascertain
**astiquer** to polish, scour
**astucieux/astucieuse** *adj.* astute; cunning
**l'atelier** *m.* workshop; (art) studio
**l'athlète** *m., f.* athlete
**l'Atlantique** *m.* the Atlantic Ocean
**l'atout** *m.* advantage; trump (*in cards*)
**attablé(e)** *adj.* seated at a table
**attacher** to tie; to attach; to buckle; **s'attacher à** to become attached to; to make a point of
**attaquer** to attack
**atteindre** (*like* **craindre**) to reach; to affect
**atteint(e)** *adj.* stricken; affected; **être atteint(e) de** to suffer from
**attendre** to wait for; **s'attendre à** to expect, anticipate
**l'attente** *f.* wait; expectation; **la salle d'attente** waiting room
**l'attention** *f.* attention; **attention à** watch out for; **faire attention à** to pay attention to
**attirant(e)** *adj.* attractive
**attirer** to attract; to draw
**l'attitude** *f.* attitude
**l'attrait** *m.* attraction, lure; attractiveness; charm
**l'attribution** *f.* assignment; ascription
**l'auberge** *f.* inn
**aucun(e)** (**ne… aucun[e]**) *adj., pron.* none; no one, not one, not any; anyone; any
**l'augmentation** *f.* increase
**augmenter** to increase
**augustéen(ne)** *adj.* pertaining to the time of Augustus
**aujourd'hui** *adv.* today; nowadays
**auparavant** *adv.* previously

**auprès de** *prep.* close to; with; for
**aussi** *adv.* also; so; as; consequently; **aussi bien que** as well as; **aussi… que** as… as
**aussitôt** *conj.* immediately, at once, right then; **aussitôt que** as soon as
**autant** *adv.* as much, so much, as many, so many; just as soon; **autant de** as many… as; **autant que** *conj.* as much as, as many as; **d'autant** proportionally; **d'autant mieux** all the better
**l'auteur** *m.* author; perpetrator
**l'autobus** *m.* bus
**l'automne** *m.* autumn
**l'automobiliste** *m., f.* motorist, driver
**l'autoroute** *f.* freeway
**l'auto-stop** *m.* hitchhiking; **faire de l'auto-stop** toa hitchhike
**autour (de)** *prep.* around
**autre** *adj., pron.* other; another; *m., f.* the other; *pl.* the others, the rest; **d'autre part** on the other hand; **quelqu'un d'autre** someone else
**autrefois** *adv.* formerly, in the past
**autrement** *adv.* otherwise
**l'Autriche** *f.* Austria
**autrui** *pron.* others, other people
**av.** *ab.* **avant** *prep.* before
**avaler** to swallow
**l'avance** *f.* advance; **à l'avance** beforehand; **en avance** early; **par avance** in advance
**avancer** (**nous avançons**) to advance
**avant** *adv.* before (*in time*); *prep.* before, in advance of; **avant de** *prep.* before; **avant que** *conj.* before
**avec** *prep.* with
**l'avenir** *m.* future; **à l'avenir** in the future, henceforth
**l'aventure** *f.* adventure
**l'aventurier/l'aventurière** adventurer
**averti(e)** *adj.* experienced; forewarned
**avertir** to warn, forewarn
**l'avertissement** *m.* warning
**aveugle** *adj.* blind
**l'avion** *m.* airplane; **prendre l'avion** to take a plane
**l'avis** *m.* opinion; **à son (mon, votre) avis**

in his/her (my, your) opinion; **prendre l'avis de quelqu'un** to take the advice of someone
**l'avocat(e)** lawyer
**avoir** (*p.p.* **eu**) *irreg.* to have; *n. m.* holdings, assets; **avoir à** to have to, be obliged to; **avoir (20) ans** to be (20) years old; **avoir besoin de** to need; **avoir confiance en** to have confidence in; **avoir de la chance** to be lucky; **avoir de la conversation** to be a (good) conversationalist; **avoir droit à** to have a right to; **avoir du mal à** to have a hard time; **avoir envie de** to feel like, to want to; **avoir faim** to be hungry; **avoir horreur de** to hate; **avoir l'air de** to look like; **avoir le culot de** *fam.* to have the nerve to; **avoir le droit de** to be allowed to; **avoir le mal du pays** to be homesick; **avoir le sens de l'humour** to have a sense of humor; **avoir le temps (de)** to have the time (to); **avoir le trac** *fam.* to have stage fright; **avoir les yeux bleus** to have blue eyes; **avoir lieu** to take place; **avoir l'intention de** to intend to; **avoir l'occasion de** to have the chance to; **avoir mal à la tête (aux dents)** to have a headache (a toothache); **avoir peur (de)** to be afraid (of); **avoir raison** to be right; **avoir recours à** to have recourse to; **avoir rendez-vous** to have a date, an appointment; **avoir tendance à** to tend to; **avoir tort** to be wrong; **ayez l'obligeance de** be so kind as to (*formal*); **en avoir marre, en avoir ras-le-bol** to be fed up with, sick of
**avouer** to confess, admit
**avril** April; **poisson d'avril** April Fool's joke, hoax
**l'axe** *m.* axis
**l'azur** *m.* azure, blue

**le baccalauréat (le bac)** French secondary school degree
**le bagage** stock of knowledge; *s.* or *pl.* luggage
**le bagagiste** porter
**la bagnole** *fam.* car; jalopy

**la baie** bay

**baigné(e) de** *adj.* bathed in

**la baignoire** bathtub

**le bain** bath; **le maillot de bain** swimsuit, bathing suit; **la salle de bain(s)** bathroom; **la serviette de bain** bath towel

**le baiser** kiss

**la baisse** decrease, lowering

**baisser** to lower

**le bal** ball, dance

**la balade** stroll; outing; **faire une balade** to take a stroll

**le baladeur** portable cassette player, Walkman

**balayer (je balaie)** to sweep

**le balcon** balcony

**le banc** bench

**bancaire** *adj.* banking, bank

**la bande** band; group; gang; **la bande dessinée** comic strip; *pl.* comics

**la banlieue** suburbs

**la banque** bank; **le compte en banque** bank account

**baptisé(e)** *adj.* named; baptized

**le bar** bar; snack bar; pub

**la barbe** beard

**barbu(e)** *adj.* bearded

**le barrage** dam

**bas(se)** *adj.* low; *n. m.* stocking(s); bottom; *adv.* low; softly; **à bas** down with; **en bas** at the bottom; **là-bas** *adv.* over there; **parler bas** to speak softly

**la base** base; basis; **à base de (maïs)** (corn) product; **de base** basic

**baser** to base; **se baser sur** to be based on

**la bataille** battle

**le bateau** boat

**le bâtiment** building

**bâtir** to build

**le bâton** stick; pole

**battre** ( *p.p.* **battu**) *irreg.* to beat; **battre les records** to beat the record(s)

**bavard(e)** *adj.* talkative; *n.* loquacious person

**le bavardage** talk, conversation, chat

**bavarder** to chat; to talk

**beau (bel, belle [beaux, belles])** *adj.* beautiful; handsome; **à la belle saison** in the summer; **faire beau** to be nice (*outside*); **parler de la pluie et du beau**

**temps** to speak of this and that

**beaucoup** *adv.* much, many

**le beau-frère** brother-in-law

**le bébé** baby

**le beignet** fritter; doughnut

**la Belgique** Belgium

**le bénéfice** profit

**le/la bénéficiaire** beneficiary; recipient

**bénéficier** to profit

**bénévolement** *adv.* benevolently, charitably

**la bergerie** sheepfold; pen

**le besoin** need; **avoir besoin de** to need

**bête** *adj.* silly; stupid; *n. f.* beast; animal; **la bête noire** pet peeve, aversion

**la bêtise** foolishness; foolish thing; **faire une bêtise** to do something stupid

**le beurre** butter; **avoir un oeil au beurre noir** to have a black eye

**la bibliothèque** library

**le bicentenaire** bicentennial

**la bicyclette** bicycle; **faire de la bicyclette** to cycle, go biking

**bien** *adv.* well, quite; comfortable; *n. m.* good; *pl.* goods, belongings; **aimer bien** to like; **aussi bien que** as well as; **bien de (d', des)** many; **bien élevé(e)** *adj.* well-behaved, well brought up; **bien entendu** *interj.* of course; naturally; **bien que** *conj.* although; **bien sûr** *interj.* of course; **eh bien!** *interj.* well! **ou bien** or else; **s'entendre bien** to get along; **se sentir bien dans sa peau** to feel comfortable with oneself; **tout va bien** all is well; **vouloir bien** to be willing (to)

**le bien-être** well-being; welfare

**bientôt** *adv.* soon; **à bientôt!** *interj.* see you soon!

**la bienveillance** benevolence, kindness

**bienveillant(e)** *adj.* kind, benevolent

**la bienvenue** welcome

**la bière** beer

**le bifteck** steak

**le bijou** jewel

**lc billard** billiards, pool; **jouer au billard** to play pool

**le billet** ticket

**la biscotte** rusk, melba toast

**le biscuit (sec)** cookie, wafer

**la bise** *fam.* kiss, smack; **grosses bises** love and kisses

**bistre** *adj.* dark brown, sepia

**le bizutage** hazing, initiation of new students

**la blague** joke; **faire des blagues** to play jokes; **sans blague** no kidding

**blanc (blanche)** *adj.* white

**la blanchisseuse** laundress

**blesser** to wound; to hurt (feelings)

**la blessure** wound

**bleu(e)** *adj.* blue; *n. m.* blue (cheese); bruise, contusion; *pl.* workclothes; **bleu foncé** dark blue; **bleu marine** navy blue

**blond(e)** *adj.* blond

**le/la blondinet(te)** fair-haired young person

**le bœuf** beef; ox; **le bœuf bourguignon** beef cooked with red wine and onions

**boire** ( *p.p.* **bu**) *irreg.* to drink

**le bois** wood; forest; woodworking

**boisé(e)** *adj.* wooded

**la boisson** drink

**la boîte** box; can; nightclub; *fam.* workplace; **sortir en boîte** to go out to a nightclub

**le bol** bowl; wide coffee cup

**bon(ne)** *adj.* good; charitable; right, correct; *n. f.* maid, chambermaid; **au bon moment** at the right time; **au bon vieux temps** in the good old days; **bon appétit!** enjoy your meal! **bon chic bon genre (BCBG)** preppie; **bon marché** *adj. inv.* cheap, inexpensive; **bonne nuit** good night; **bonnes œuvres** *f. pl.* charities; **de bonne heure** early; **en bonne santé** in good health

**le bonbon** (piece of) candy

**le bonheur** happiness

**bonjour** *interj.* hello

**le bord** edge; windowsill; (river) bank, seashore; side ( *politics*); **au bord de** on the banks (shore) of

**bordelais(e)** *adj.* from the Bordeaux region

**la bordure** border, edge; curb; **en bordure de** running along, bordering

**bosselé(e)** *adj.* battered, bumpy

**la bouche** mouth; **l'eau lui monte**

**à la bouche** his/her mouth begins to water
**boucher** to block (up), obstruct
**le bouchon** plug; traffic backup; cork
**la boucle** curl
**bouclé(e)** *adj.* curly
**boucler** to buckle; **boucler les fins de mois** to make ends meet
**la bouffée** puff, whiff
**bouffer** *fam.* to gobble; to eat; **bouffer comme quatre** *fam.* to pig out
**bouger (nous bougeons)** to move
**la bouillabaisse** bouillabaisse (*fish soup from Provence*)
**bouillant(e)** *adj.* boiling
**le bouillon** broth; boiling point
**boul.** *ab.* **le boulevard** boulevard
**le boulanger/la boulangère** baker
**la boule** ball; lump; *pl.* lawn bowling; **la boule de glace** scoop of ice cream
**le boulot** *fam.* job; work; **métro-boulot-dodo** *fam.* the daily grind, the rat race
**la boum** *fam.* party
**bourguignon(ne)** *adj.* from the Burgundy region of France
**la bourse** scholarship; stock market; **la bourse d'études** scholarship, study grant; **les cours de la Bourse** stock market rates
**le bout** end; **à bout de force(s)** exhausted; **aller au bout du monde** to go to the ends of the earth; **au bout (de)** at the end (of); **être à bout** to have reached one's limits
**la bouteille** bottle; **la capsule de bouteille** bottlecap
**la boutique** shop, store
**le bouton** button; pimple
**boutonné(e)** *adj.* buttoned; **à pointes boutonnées** button-down collar
**branché(e)** *n., adj., fam.* "with it," cool (*person*); **branché(e) (sur)** *adj.* hooked, tuned (into)
**brancher** to plug in; **se brancher (sur)** to connect up (with)
**le bras** arm; **à bras ouverts** with open arms
**brave** *adj.* brave; good, worthy; **un brave homme** a good man; **un homme brave** a brave, courageous man
**bref (brève)** *adj.* short, brief

**le Brésil** Brazil
**la Bretagne** Brittany (*region of France*)
**breton(ne)** *adj.* from Brittany (*region of France*)
**le bricolage** do-it-yourself, home projects
**le bricoleur/la bricoleuse** do-it-yourselfer
**brièvement** *adv.* briefly
**briller** to shine, gleam
**le briquet** cigarette lighter
**britannique** *adj.* British
**broder** to embroider
**bronzé(e)** *adj.* tanned, suntanned
**se bronzer** to tan
**la brosse** brush; **les cheveux en brosse** crew cut (hairstyle)
**brosser** to brush; **se brosser les dents** to brush one's teeth
**le brouillard** fog
**brouillé(e)** *adj.* jumbled, mixed; **les œufs** (*m. pl.*) **brouillés** scrambled eggs
**brouter** to browse (*on grass*); to graze
**le bruit** noise
**brûler** to burn (up)
**brun(e)** *adj.* brown; dark-haired
**bruyant(e)** *adj.* noisy
**budgétaire** *adj.* budgetary, fiscal
**le bureau** office; desk
**le but** goal, objective

**C.E. (Communauté Européenne)** *f.* European Economic Community (E.E.C.)
**ça** this, that; it; **ça alors!** wow! **ça fait... que** it's been... that; **ça m'est égal** it's all the same to me; **ça va** fine; it's going well; **comment ça?** how's that? (what did you say?) **comme ci, comme ça** so-so
**la cabine** cabin; booth; **la cabine d'essayage** dressing room
**le cabinet** office; **le cabinet du médecin** medical office
**câblé(e)** *adj.* cabled, wired
**la cacahuète** peanut
**cacher** to hide; **se cacher** to hide (oneself)
**le cachet** tablet, pill; **le cachet d'aspirine** aspirin tablet
**le cadeau** present, gift; **faire (offrir) un cadeau (à)** to give a present (to)
**le cadre** frame; setting; (business)

executive, manager; **le jeune cadre dynamique** yuppie
**le cafard** cockroach, bug; *fam.* the blues, depression
**le café** coffee; café; **le café crème** coffee with cream; **une cuillerée à café** a teaspoonful
**le cahier** notebook, workbook
**la caille** quail
**le caillou** pebble, stone
**la caisse** cash register; cashier's desk; box, crate
**calculer** to calculate, figure; **la machine à calculer** adding machine
**la calèche** light carriage
**le calendrier** calendar
**le calmant** tranquilizer
**le/la camarade** friend, companion; **le/la camarade de chambre** roommate; **le/la camarade de classe** classmate, schoolmate
**camarguais(e)** *adj.* from the Camargue region of France
**le caméscope** camcorder, video camera
**la campagne** countryside, country; campaign
**le camping** camping; campground; **faire du camping** to go camping; **le terrain de camping** campground
**le canapé** canapé; sofa, couch
**le canard** duck
**la candeur** candor, artlessness
**la candidature** candidacy
**le/la caniche** poodle
**la capacité** ability; capacity; **la capacité d'accueil** guest capacity
**capital(e)** *adj.* capital, chief; *n. f.* capital (city)
**la capsule** capsule; seal; **la capsule de bouteille** bottlecap
**car** *conj.* for, because
**le caractère** character; typeface, font; **les caractères d'imprimerie** print characters, typefaces
**caractériser** to characterize
**le caramel** caramel; **la crème caramel** caramel custard
**cardiaque** *adj.* cardiac; **la crise cardiaque** heart attack
**caressant(e)** *adj.* tender, affectionate
**caresser** to caress; to pet
**la carie** (*dental*) cavity

**le carnet** notebook; booklet

**la carotte** carrot

**carré(e)** *adj.* square

**le carreau** small square; tile; **à carreaux** checkered

**la carrière** career; **faire carrière** to make one's career

**la carte** card; map; menu; **à la carte** à la carte, from the menu; **la carte de crédit** credit card; **la carte postale** postcard; **jouer aux cartes** to play cards; **jouer cartes sur table** *fam.* to act honestly; **la partie de cartes** card game

**le cas** case; **selon le cas** as the case may be

**le casque** helmet; **le casque de sécurité** safety helmet, hard hat

**le casse-cou** *fam.* daredevil

**le casse-pieds** *fam.* pain in the neck, bore

**casser** to break; **casser la figure à** *fam.* to punch (someone) out; **casser les oreilles à** *fam.* to bother, annoy

**le catalyseur** catalyst

**le catch** wrestling; **le match de catch** wrestling match

**le/la catéchiste** catechist, catechism student

**le cauchemar** nightmare

**la cause** cause; **à cause de** because of

**la caution** security deposit; bail; **sujet à caution** unreliable, unconfirmed

**la cave** cellar; wine cellar

**ce (cet, cette, ces)** *pron.* this, that

**ceci** *pron.* this, that

**céder (je cède)** to give in; to give up; to give away

**cela** *pron.* this, that

**célèbre** *adj.* famous

**le/la célibataire** single, unmarried person; *adj.* single

**la cellule** cell

**celui (ceux, celle, celles)** *pron.* the one, the ones, this one, that one, these, those

**la censure** censorship

**cent** *adj.* one hundred

**la centaine** about one hundred

**le centenaire** centennial

**le centime** centime, cent

**le centre** center; **le centre commercial** shopping center, mall; **le centre-ville** downtown;

**en plein centre** right in the middle

**cependant** *adv.* in the meantime; meanwhile; *conj.* yet, still, however; nevertheless

**la cerise** cherry

**certain(e)** *adj.* sure; particular; certain; **certains** *pron.* certain ones, some people

**certes** *interj.* yes, indeed

**la certitude** certainty

**le cerveau** brain

**cesser (de)** to stop, cease

**c'est-à-dire** *conj.* that is to say

**ch.** *ab.* **les charges** *f.* fees, utilities; *ab.* **les chambres** *f.* rooms

**le chacal** jackal

**chacun(e)** *pron.* each, each one, every one

**le chagrin** sorrow, sadness

**la chaîne** channel; chain; **la chaîne stéréo** stereo system

**la chaise** chair; **la chaise-longue** chaise lounge

**la chaleur** heat; warmth

**chaleureux/chaleureuse** *adj.* warm; friendly

**la chambre** bedroom; chamber; **le/la camarade de chambre** roommate; **la chambre à deux** double room

**le champ** field

**le championnat** tournament; championship

**la chance** luck; possibility; opportunity; **avoir de la chance** to be lucky

**le chandail** sweater

**la Chandeleur** Candlemas (*February 2, Catholic festival*)

**le chandelier** candlestick

**le change** currency exchange; **l'agent** (*m.*) **de change** stockbroker

**le changement** change

**changer (nous changeons) (de)** to change; to exchange (*currency*); **se changer les idées** to take one's mind off a problem, a difficulty

**la chanson** song

**chanter** to sing; **chanter faux** to sing off-key

**le chanteur/la chanteuse** singer

**chantilly: la crème chantilly** whipped cream

**le chapardage** stealing, scrounging

**le chapeau** hat; **le chapeau melon** bowler hat

**chaque** *adj.* each, every

**la charge** load; maintenance (fee); **charges comprises** utilities included

**chargé(e) de** *adj.* in charge of, responsible for; heavy, loaded; busy

**la chasse** hunting

**chasser** to hunt; to chase away

**le/la chat(te)** cat

**le château** castle

**le chaton** kitten

**châtré(e)** *adj.* castrated

**chaud(e)** *adj.* warm; hot; **il fait chaud** it (the weather) is hot; **pleurer à chaudes larmes** to weep bitterly

**le chauffage** heat; heating system

**chauffer** to heat (up); **ça chauffe** *fam.* things are heating up

**les chaussettes** *f. pl.* socks

**les chaussures** *f. pl.* shoes

**chauve** *adj.* bald, bald-headed

**le chef** leader; head; chef, head cook; **le chef de famille** head of household; **le rédacteur/la rédactrice en chef** editor in chief

**le chemin** way; road; path; **le chemin de fer** railroad

**la cheminée** chimney; fireplace; hearth

**la chemise** shirt

**cher (chère)** *adj.* dear; expensive; **coûter cher** to be expensive; **se vendre cher** to be expensive

**chercher** to look for; to pick up; **chercher à** to try to

**chéri(e)** dear; darling; **mon/ma chéri(e)** dearest

**chérir** to cherish

**le cheval** horse; **le cheval de course** racehorse; **le cheval de race** thoroughbred horse

**le cheveu** (strand of) hair; **les cheveux** *pl.* hair

**chez** *prep.* at, to, in (*the house, family, business or country of*); among, in the works of

**le chic** chic; style; *adj. inv.* chic, stylish; **bon chic bon genre (BCBG)** preppie

**le/la chien(ne)** dog

**la chimie** chemistry

**la Chine** China

**chinois(e)** *adj.* Chinese

**le choc** shock

**choisir (de)** to choose (to)
**le choix** choice; **au choix** of your choosing
**le chômage** unemployment
**choquer** to shock; to strike, knock
**la chose** thing; **autre chose** something else; **quelque chose** something
**le chou** cabbage; **mon chou** my dear, darling
**chouette** *adj., inv., fam.* super, neat, great
**choyé(e)** *adj.* petted, coddled
**chrétien(ne)** *adj.* Christian
**chromé(e)** *adj.* chrome-plated
**chut** *interj.* shush
**la chute** fall, descent
**la Chypre** Cyprus
**la ciboulette** chives
**ci-dessous** *adv.* below
**ci-dessus** *adv.* above, previously
**le ciel** sky, heaven
**la cigale** cicada; grasshopper
**ci-joint** *adv.* attached, accompanying
**cimétérial(e)** *adj.* cemetery, of cemeteries
**le cinéma (le ciné)** cinema, movies
**le cinématographe** cinematograph, movie camera
**cinématographique** *adj.* cinematographic, film
**la cinquantaine** about fifty
**cinquante** *adj.* fifty
**cinquième** *adj.* fifth
**le cinquin** five-line poem
**le cippe** cippus, low column (*Roman*)
**la circonstance** circumstance; occurrence; **adapter sa tenue aux circonstances** to dress appropriately
**le circuit** circuit; tour; **le circuit organisé** organized vacation tour
**la circulation** traffic
**circuler** to circulate; to travel
**le cirque** circus
**ciselé(e)** *adj.* chiseled; cut
**le/la citadin(e)** city dweller
**la cité** (area in a) city; **la cité universitaire** university residence area
**le/la citoyen(ne)** citizen
**le citron** lemon; *adj. inv.* lemon-colored
**clair(e)** *adj.* light-colored; clear; evident
**claquer** to snap; to slam; to click

**la classe** class; classroom; **le/la camarade de classe** classmate; **la première (deuxième) classe** first (second) class
**classer** to classify; to sort
**le classeur** file; binder
**la clé (la clef)** key
**le/la client(e)** customer, client
**la climatisation** air-conditioning
**climatisé(e)** *adj.* air-conditioned
**la cloche** bell
**clos(e)** *adj.* enclosed, closed
**le clou** nail
**le cobaye** guinea pig
**le coca** *fam.* cola drink
**la cocarde** rosette, ribbon insignia
**le cocktail** cocktail party
**coco: le lait de coco** coconut milk; **la noix de coco** coconut
**la cocotte** stewpan
**le cœur** heart; **au cœur de** at the heart, center of
**le coiffeur/la coiffeuse** hairdresser
**la coiffure** coiffure, hairstyle; hairdressing
**le coin** corner
**le col** collar
**la colère** anger; **mettre en colère** to anger someone; **se mettre en colère** to get angry
**le colis** package
**le collant** tights, pantyhose
**collectionner** to collect
**le collège** French lower secondary school
**le/la collègue** colleague
**le colloque** colloquium, conference
**la colonie** colony; **la colonie de vacances** summer camp
**la colonne** column
**le coloris** color, shade
**combattre** (*like* **battre**) to fight
**combien (de)** *adv.* how much; how many
**la comédie** comedy; theater
**le/la comédien(ne)** actor (actress); comedian
**le comité** committee
**commander** to order (*a meal*); to give orders
**comme** *adv.* as, like, how
**commencer (nous commençons)** to begin
**comment** *adv.* how; **comment allez-vous?** how are you? **comment ça?** how's that? (what are you saying?) **comment ça va?** how are you? how's it going?

**commercial(e)** *adj.* commercial, business; **le centre commercial** shopping center, mall
**commettre** (*like* **mettre**) to commit
**le commissaire** member of a commission; police commissioner
**le commissariat** police station
**la commission** commission; errand
**commodément** *adv.* conveniently, comfortably
**commun(e)** *adj.* ordinary, common, usual; popular; **en commun** in common; **les transports** (*m. pl.*) **en commun** public transportation
**communautaire** *adj.* community
**la communauté** community
**communiquer** to communicate; to adjoin
**comp.** *ab.* **compris(e)(s)** *adj.* included
**la compagnie** company; **la compagnie aérienne** airline; **en compagnie de** accompanied by, in the company of
**le compagnon (la compagne)** companion
**le comparse** supernumerary, walk-on (*theater*)
**le complément** complement; **le pronom complément d'objet direct** *Gram.* direct object pronoun
**complet/complète** *adj.* complete; whole; filled; *n. m.* suit (of clothes)
**complètement** *adv.* completely
**le compliment** compliment; **faire des compliments à** to compliment
**le complot** conspiracy, plot
**(se) comporter** to conduct (oneself); to include
**composé(e)** *adj.* composed; **le passé composé** present perfect
**composer** to compose; to make up; **composer un numéro** to dial a number (*telephone*)
**composter** to stamp (*date*); to punch (*ticket*)
**la compote** compote, stewed fruit
**comprendre** (*like* **prendre**) to understand; to comprise, include
**le comprimé** tablet; *adj.* compressed

**compris(e)** *adj.* included; **charges comprises** maintenance fees, utilities included; **service compris** tip included; **tout compris** all inclusive; **y compris** *prep.* including
**le/la comptable** accountant
**le compte** account; **le compte d'épargne** savings account; **le compte en banque (le compte bancaire)** bank account; **le compte rendu** report, summary, account; **en fin de compte** all told; **se rendre compte de (que)** to realize (that); **tenir compte de** to take into account
**compter (sur)** to plan (on); to intend; to count
**le comptoir** counter
**concassé(e)** *adj.* crushed; ground
**se concentrer (sur)** to concentrate (on)
**le concepteur/la conceptrice** creative director
**concerner** to concern; **en ce qui concerne** with regard to, concerning
**le/la concierge** concierge, building manager
**conclure** (*p.p.* **conclu**) *irreg.* to conclude
**la concordance** *Gram.* agreement; **la concordance des temps** *Gram.* sequence of verb tenses
**la concorde** agreement, concord; *m.* Concord, supersonic plane
**concourir** (*like* **courir**) to concur, agree; to cooperate; to compete
**le concours** competition; contest
**conçu(e)** *adj.* conceived; designed
**la concurrence** competition
**condescendre** to condescend; to comply
**la condition** condition; **à condition que** *conj.* provided that
**les condoléances** *f. pl.* condolences, sympathy
**le conducteur/la conductrice** driver
**conduire** (*p.p.* **conduit**) *irreg.* to drive; to take; to conduct; **le permis de conduire** driver's license
**la conduite** behavior; driving; guidance; **la conduite à gauche** left-hand drive (*in*

*England*)
**la conférence** lecture; conference; **faire une conférence** to give a lecture
**la confiance** confidence; **avoir confiance en** to have confidence in; **faire confiance à** to trust
**confiant(e)** *adj.* confident
**confier** to confide; to give; **se confier à** to put one's trust in, confide in
**confirmer** to strengthen; to confirm
**confit(e)** *adj.* crystallized; preserved (*foods*)
**la confiture** jam (*food*)
**le conflit** conflict
**confondre** to confuse
**conforme** *adj.* consistent, corresponding
**conformer** to conform; **se conformer à** to conform to, comply with
**le confort** comfort; **tout confort** all modern conveniences
**confus(e)** *adj.* confused; troubled
**le congé** leave, vacation; **le jour de congé** holiday, day off
**conjurer** to avert, ward off
**la connaissance** knowledge; acquaintance; consciousness; **faire connaissance** to get acquainted
**le connaisseur/la connaisseuse** expert; connoisseur
**connaître** (*p.p.* **connu**) *irreg.* to know; to be acquainted with; **se connaître** to get to know one another
**connu(e)** *adj.* known
**conquérir** (*p.p.* **conquis**) *irreg.* to conquer
**la conquête** conquest
**consacrer** to consecrate; to devote
**conscient(e)** *adj.* conscious
**le conseil** advice; council, city council; **le Conseil de l'Europe** European Council; **le Conseil de Sécurité** U.N. Security Council; **donner (suivre) des conseils** to give (to follow) advice
**conseiller (de)** to advise (to); to counsel
**le conseiller/la conseillère** advisor, counselor
**consentir** (*like* **dormir**) to agree
**conséquent: par conséquent** *conj.*

therefore, accordingly
**conservateur/conservatrice** *adj.* conservative
**la conserve** preserve(s), canned food
**la considération** consideration; **prendre en considération** to take into consideration
**consister (à, en)** to consist (in, of)
**se consoler de** to console oneself; to get over
**le consommateur/la consommatrice** consumer
**la consommation** consumption; consumerism
**consommer** to consume
**constamment** *adv.* constantly
**constantinien(ne)** *adj.* of, pertaining to the Emperor Constantine
**constituer** to constitute
**construire** (*like* **conduire**) to construct, build
**construit(e)** *adj.* constructed, built
**cont.** *ab.* **contacter** to contact
**le contact** contact; **la prise de contact (avec)** preliminary conversation; first meeting
**le conte** tale, story; **le conte de fée(s)** fairy tale
**contemporain(e)** *adj.* contemporary
**contenir** (*like* **tenir**) to contain
**content(e)** *adj.* content; happy; **être content(e) de (que)** to be happy about (that)
**contenter** to please, make happy
**le contenu** contents
**contenu(e)** *adj.* contained, included
**contester** to contest, dispute
**la contrainte** constraint
**contraire** *adj.* opposite; *n. m.* opposite; **au contraire** on the contrary
**le contrat** contract
**contre** *prep.* against; contrasted with; **par contre** on the other hand
**le contretemps** contretemps, mishap, inconvenience
**controversé(e)** *adj.* controversial
**convaincant(e)** *adj.* convincing
**convaincre** (*like* **vaincre**) to convince
**convaincu(e)** *adj.* sincere, earnest; convinced
**convenable** *adj.* proper;

appropriate

**convenir** (*like* **venir**) to fit; to be suitable

**la conversation** conversation; **avoir de la conversation** to be a (good) conversationalist

**convier** to invite

**convoquer** to summon, invite, convene

**coordonné(e)** *adj.* coordinated

**le copain (la copine)** friend, pal

**le coq** rooster; **le coq au vin** chicken prepared in red wine

**la corde** rope, cord; **sauter à la corde** to jump rope

**le cordon** ribbon; string; **le cordon bleu** cordon bleu, first-rate cook

**la cornemuse** bagpipe(s); **jouer de la cornemuse** to play bagpipes

**corporel(le)** *adj.* bodily, body

**le corps** body; **le corps à corps** hand-to-hand combat

**la correspondance** correspondence; transfer, change (of trains); **la vente par correspondance** mail order

**le/la correspondant(e)** correspondent; pen pal; *adj.* corresponding

**correspondre** to correspond

**la corrida** bullfight (*Spain, So. France*)

**corriger (nous corrigeons)** to correct

**costaud** *adj. inv.* strapping, robust

**le costume** suit (*of clothes*)

**la côte** coast; **en côte** climbing speed (*hills*)

**le côté** side; **à côté (de)** *prep.* by, near, next to; at one's side; **de l'autre côté** from, on the other side; **d'un côté... d'un autre côté** on one hand... on the other hand; **de votre côté** from your point of view; **mettre de l'argent de côté** to put some money aside

**la Côte-d'Ivoire** Ivory Coast

**le coton** cotton; **en coton** (*made of*) cotton

**couchage: le sac de couchage** sleeping bag

**la couche** layer; stratum; diaper; **la couche d'ozone** ozone layer

**couché(e)** *adj.* lying down, lying in bed

**se coucher** to go to bed; to set (*sun*)

**couler** to flow, run; to lead; to spend

**la couleur** color

**le coulis** broth; fruit or vegetable sauce

**le couloir** hall(way)

**le coup** blow; coup; (gun)shot; influence; **au coup par coup** little by little; **le coup de téléphone** telephone call; **le coup de tonnerre** thunderclap; **le coup d'œil** glance; **donner un coup de main** to lend a hand; **du coup** now, at last; this time; **tenir le coup** to hold on, endure; **tout à coup** *adv.* suddenly

**coupable** *adj.* guilty

**la coupe (glacée)** ice cream sundae

**couper** to cut; to divide; to censor

**la cour** yard; playground; royal court

**couramment** *adv.* fluently; **parler couramment** to speak fluently

**courant(e)** *adj.* frequent; general, everyday; *n. m.* current; tide; course; **c'est monnaie courante** it's common, trivial; **dans le courant de** during, in the course of; **se mettre au courant** to become informed

**la courbature** stiff muscle

**courir** (*p.p.* **couru**) *irreg.* to run

**le courrier** mail

**le cours** course; rate; price; **les cours de la Bourse** stock market rates; **sécher un cours** to cut class, play hooky; **suivre un cours** to take a course

**la course** race; errand; **le cheval de course** racehorse; **la course automobile** car race; **le vélo de course** racing bike

**court(e)** *adj.* short (*not used for people*); *n. m.* (tennis) court; **s'arrêter court** to stop short

**courtois(e)** *adj.* polite, courteous

**le coût** cost; **le coût de la vie** cost of living

**le couteau** knife

**coûter** to cost; **coûter cher** to be expensive

**la coutume** custom

**la couture** sewing; clothes design; seam; **faire de la couture** to sew; **la \*haute couture** high fashion; **sans couture** seamless

**le couturier/la couturière** fashion designer; dressmaker

**couvert(e)** *adj.* covered; cloudy; **couvert(e) de** covered with

**la couverture** blanket

**couvrir** (*like* **ouvrir**) to cover

**craindre** (*p.p.* **craint**) *irreg.* to fear

**la crainte** fear

**craquer** to crack; to break down, go mad

**la cravate** tie

**le créateur/la créatrice** creator; *adj.* creative

**le crédit** credit; *pl.* funds, investments; **la carte de crédit** credit card

**créer** to create

**la crème** cream; *m.* coffee with cream; **la crème caramel** caramel custard; **la crème chantilly** whipped cream; **la crème solaire** sunscreen

**crémé(e)** *adj.* creamed

**creuser** to dig, excavate; to go deeply into

**crevé(e)** *adj.* punctured; *fam.* tired out, exhausted

**la crevette** shrimp; **les crevettes à l'ail** shrimp prepared with garlic

**le cri** shout; **le dernier cri** the latest thing; **pousser des cris (après)** to scream (at); **pousser un cri** to utter a cry

**crier** to cry out; to shout

**la criminalité** criminality; **le taux de criminalité** crime rate

**la crise** crisis; recession, depression (*economic*); **la crise cardiaque** heart attack

**la critique** (*literary*) criticism; critique; *n. m., f.* critic; *adj.* critical

**critiquer** to criticize

**croire** (*p.p.* **cru**) *irreg.* to believe; **ne pas en croire ses yeux** not to believe one's eyes; **se croire** to believe oneself

**croisé(e)** *adj.* crossed; **les mots croisés** crossword puzzle

**croiser** to cross; to run across

**crotte: la crotte en chocolat** chocolate (candy)

**cru(e)** *adj.* believed; raw

**la crudité** raw vegetable; *pl.* plate of raw vegetables

**le cryptoportique** cryptoporticus, covered passage (*Roman*)

**la cueillette** gathering, picking; **faire la cueillette** to gather,

pick
**cuil.** *ab.* **la cuillerée** spoonful
**cuillerée** spoonful
**le cuir** leather; **en cuir** (made of)
leather
**cuire** (*p.p.* **cuit**) *irreg.* to cook; to
bake; **faire cuire** to cook
**cuis.** *ab.* **la cuisine** kitchen
**la cuisine** cooking; cuisine; kitchen;
**la cuisine minceur** light,
low-fat cooking; **la recette (de
cuisine)** recipe
**cuisiner** to cook
**le cuisinier/la cuisinière** cook; *f.*
stove; **le maître cuisinier**
master cook
**les cuissardes** *f. pl.* thigh boots,
waders
**la cuisson** cooking (*process*)
**cuit(e)** *adj.* cooked
**le culot** *fam.* nerve, audacity
**les culottes** *f. pl.* knee breeches;
trousers
**le culte** cult, religion
**cultivé(e)** *adj.* educated; cultured
**la culture** education, culture;
growing (a crop); **faire la
culture de** to cultivate, grow (a
crop)
**le cumul** accumulation; plurality
**la cure** treatment
**le/la curiste** person undergoing a
treatment (at a spa)
**cyclable: la piste cyclable** bike
path, cycle track

**la dame** lady, woman; *f. pl.* (game
of) checkers; **jouer aux dames**
to play checkers
**danois(e)** *adj.* Danish; *n.* Great
Dane (*dog*)
**dans** *prep.* within, in
**dansant(e)** *adj.* dancing; **la soirée
dansante** dance
**dater de** to date from
**davantage** *adv.* more
**se débarrasser de** to get rid of
**débordant(e)** *adj.* overflowing
**déboucher** to emerge
**debout** *adv.* standing; **rester
debout** to remain standing
**débrouillard(e)** *adj.* resourceful
**débrouiller** to disentangle; **se
débrouiller** to manage, get
along
**le début** beginning; **au début (de)**
in, at the beginning (of)
**le/la débutant(e)** beginner

**débuter** to begin
**décembre** December
**la déception** disappointment
**décharger (nous déchargeons)** to
unload
**déchiffrer** to decipher, decode
**décider (de)** to decide (to); **se
décider (à)** to make up one's
mind (to)
**la décision** decision; **prendre une
décision** to make a decision
**déclarer** to declare; **se déclarer** to
declare oneself
**se déclencher** to release (itself), go
off
**déco: l'art déco** art deco (*early
20th century decorative style*)
**décommander** to cancel (an
order); **faire décommander** to
call off, cancel
**décorer (de)** to decorate (with)
**se décourager (nous nous
décourageons)** to get
discouraged
**la découverte** discovery
**découvrir** (*like* **ouvrir**) to
discover, learn
**décrire** (*like* **écrire**) to describe
**décrit(e)** *adj.* described
**décroître** (*like* **croître**) to
decrease, decline
**déçu(e)** *adj.* disappointed
**dedans** *prep., adv.* within, inside
**dédié(e) à** *adj.* dedicated to
**déduire** (*like* **conduire**) to deduce
**défaire** (*like* **faire**) to demolish,
destroy; **se défaire de** to get rid
of
**défait(e)** *adj.* undone; unmade;
disheveled
**le défaut** defect, fault
**défendre** to defend; **défendre de**
to forbid
**le déficit** deficit
**défini(e)** *adj.* defined; definite
**définir** to define
**définitif/définitive** *adj.* definitive;
**en définitive** finally
**dégagé(e)** *adj.* open; free
**le dégoût** disgust; distaste
**dégoûtant(e)** *adj.* disgusting
**déguster** to taste; to relish; to eat
**dehors** *adv.* out-of-doors; outside
**déjà** *adv.* already
**déjeuner** to have lunch; *n. m.*
lunch; **le petit déjeuner**
breakfast
**delà: au delà de** *prep.* beyond

**délicat(e)** *adj.* delicate; touchy,
sensitive; **un sujet délicat** a
sensitive subject
**le délice** delight
**délivrer** to set free; to deliver; to
hand over
**le deltaplane** hang glider
**demain** *adv.* tomorrow
**la demande** request; application; **la
demande d'emploi** job
application
**demander** to ask; **demander son
opinion à quelqu'un** to ask
someone's opinion
**la démarche** walk, air; (necessary)
step
**le démarrage** start, starting
**démarrer** to start (a car);
**démarrer dans la vie** to get a
start in life
**déménager (nous déménageons)**
to move (*house*)
**demeurer** to stay; to live, to reside
**demi(e)** *adj.* half; **il est minuit et
demi** it's twelve-thirty A.M.
**la demi-livre** half-pound (*250
grams*)
**le demi-sel** lightly salted cream
cheese
**la démission** resignation (from a
job)
**démonstratif/démonstrative** *adj.*
demonstrative; effusive
**démuni(e)** *adj.* not provided; sold
out
**dénicher** to find, uncover
**la dent** tooth; **grincer des dents
(contre)** to grind one's teeth
(at); **se brosser les dents** to
brush one's teeth
**la dentelle** lace
**le dentifrice** toothpaste
**la denture** teeth; set of false teeth
**dép.** *ab.* **le départ** departure
**le départ** departure
**dépaysé(e)** *adj.* disoriented, out of
one's element
**le dépaysement** disorientation
**se dépêcher (de)** to hurry (to)
**dépendre (de)** to depend (on)
**la dépense** expense; spending
**dépenser** to spend
**dépensier/dépensière** *adj.*
extravagant; spendthrift
**le dépit** spite; **en dépit de** in spite
of
**déplacer (nous déplaçons)** to
displace; to shift; **se déplacer**

to move around

**déplaire** (*like* **plaire**) to displease

**le dépliant** brochure, folder

**déployer** (**je déploie**) to deploy; to spread out

**déprimant(e)** *adj.* depressing

**depuis (que)** *prep.* since

**le député** delegate

**dérivé(e)** *adj.* derived

**dernier/dernière** *adj.* last, most recent; past; **le dernier cri** the latest thing

**se dérouler** to unfold; to develop

**derrière** *prep.* behind; *n. m.* back, rear

**le désaccord** disagreement, dissension; **être en désaccord** to disagree

**le désarroi** disarray

**descendre** *int.* to go down; *trans.* to take down; **descendre de** to get out of

**la descente** descent

**désert(e)** *adj.* desert; deserted; *n. m.* desert; wilderness

**désespéré(e)** *adj.* desperate

**déshabiller** to undress; **se déshabiller** to get undressed

**la désintoxication** detoxification

**la désinvolture** ease, easy manner

**désolé(e)** *adj.* desolate; very sorry

**le désordre** disorder, confusion; **en désordre** disorderly, untidy

**désormais** *adv.* henceforth

**le dessin** drawing

**dessiné(e)** *adj.* drawn, sketched; **la bande dessinée** comic strip; *pl.* comics

**dessiner** to draw

**dessous** *adv.* under, underneath; **au-dessous de** *prep.* below, underneath; **ci-dessous** *adv.* below

**dessus** *adv.* above; over; **au-dessus de** *prep.* above; **ci-dessus** *adj.* above, previously

**le/la destinataire** recipient

**destiné(e) à** *adj.* designed for, aimed at

**désuet/désuète** *adj.* obsolete, antiquated

**se détacher de** to separate; to break loose

**détailler** to detail; to cut up

**détendre** to relax; **se détendre** to relax (oneself)

**la détente** relaxation; detente

**se détériorer** to deteriorate

**la dette** debt

**deuxième** *adj.* second

**dévaliser** to rob

**devant** *prep.* before, in front of

**développer** to spread out; to develop

**devenir** (*like* **venir**) to become

**deviner** to guess

**la devinette** riddle, conundrum

**la devise** motto, slogan; *pl.* (foreign) currency

**dévoiler** to reveal, disclose

**devoir** (*p.p.* **dû**) *irreg.* to be obliged to; to have to; to owe; *n. m.* duty; *n. m. pl.* homework; **faire ses devoirs** to do one's homework

**dévoué(e)** *adj.* devoted

**le diagnostic** diagnosis

**le dicton** saying, maxim

**la diététique** dietetics, nutrition; *adj.* dietetic

**le dieu** god

**différé(e)** *adj.* postponed, put off

**difficile** *adj.* difficult; **difficile à vivre** difficult to get along with

**la difficulté** difficulty

**diffusé(e)** *adj.* broadcast

**la diffusion** broadcasting

**digne** *adj.* worthy

**le dimanche** Sunday

**la dinde** turkey

**dîner** to dine, have dinner; *n. m.* dinner

**le/la dingue** *fam.* crazy person, nut; *adj.* crazy, nutty; **un(e) dingue du travail** *fam.* workaholic

**dire** (*p.p.* **dit**) *irreg.* to tell; to say; to speak; **c'est-à-dire** that is to say, namely; **dire du mal de** to speak badly of; **dis donc** *interj.* say, listen; **vouloir dire** to mean

**direct(e)** *adj.* direct, straight; through, fast (*train*); **le pronom complément d'objet direct** *Gram.* direct object pronoun

**la direction** direction; management; leadership; **en direction de** in the direction of; **le/la secrétaire de direction** executive secretary

**dirigé(e)** *adj.* directed; **les travaux** (*m. pl.*) **dirigés** directed studies, tutorial

**le/la dirigeant(e)** leader

**se diriger (nous nous dirigeons) vers** to go toward, make one's way toward

**le discours** discourse; speech

**discuter (de)** to discuss

**disparaître** (*like* **connaître**) to disappear

**la disparition** disappearance; **les animaux** (*m. pl.*) **en voie de disparition** endangered species

**disponible** *adj.* available

**dispos(e)** *adj.* well, fit; alert; **frais et dispos** fresh as a daisy

**disposer de** to have (available); to dispose, make use of

**la disposition** disposition; ordering; **à votre disposition** at your disposal

**se disputer** to quarrel

**le disque** record, recording

**la dissertation** essay, term paper

**la distance** distance; **à distance** at, from a distance

**la distraction** recreation; entertainment; distraction

**se distraire** (*like* **traire**) to amuse oneself

**distrait(e)** *adj.* distracted, absent-minded

**divers(e)** *adj.* changing; varied

**le divertissement** amusement, pastime

**diviser** to divide; **se diviser** to divide up

**la dizaine** about ten

**le dodo** *fam.* sleep; **métro-boulot-dodo** *fam.* the rat race, the daily grind

**le doigt** finger; **s'en lécher les doigts** to lick one's fingers; to smack one's lips over

**le domaine** domain; specialty

**le/la domestique** servant; *adj.* domestic; **l'animal** (*m.*) **domestique** household pet

**le domicile** domicile, place of residence, home

**le dommage** damage; pity; **c'est dommage! quel dommage!** it's too bad! what a pity!

**donc** *conj.* then; therefore; **dis donc** *interj.* say, listen

**donné(e)** *adj.* given, supplied; **étant donné que** given that

**donner** to give; **donner des conseils** to give advice; **donner envie de** to make one want to; **donner naissance à** to give rise, give birth to; **donner rendez-vous à** to make a date with; **donner un coup de main** to lend a hand

**dont** *pron.* whose, of which, of whom, from whom, about which

**doré(e)** *adj.* golden; browned (*food*)

**dormir** *irreg.* to sleep

**le dortoir** dormitory

**le dos** back

**le dossier** file, record; case history

**le douanier/la douanière** customs officer

**doublé(e)** *adj.* lined (*clothing*); **un film doublé** subtitled movie

**doubler** to pass (a car); to double

**la douceur** softness; gentleness; sweetness

**la douche** shower(bath); **prendre une douche** to take a shower

**doué(e)** *adj.* talented, gifted; bright

**la douleur** pain

**le doute** doubt; **sans doute** probably, no doubt

**douter** to doubt; **se douter** to suspect

**douteux/douteuse** *adj.* doubtful, uncertain, dubious

**doux (douce)** *adj.* sweet, kindly, pleasant; soft, gentle; **à feu doux** on low heat

**la douzaine** dozen; about twelve

**douze** *adj.* twelve

**le/la doyen(ne)** dean (of college); oldest, most experienced person

**le drapeau** flag

**dresser** *adj.* to set (up); to arrange; **se dresser** to rise up, rear up

**la drogue** drug; **l'abus** (*m.*) **de la drogue** drug abuse

**se droguer** to take drugs

**droit** *n. m.* law; right; fee; *n. f.* right hand; right; *adv.* straight on; **à droite** on the right; **avoir droit à** to have a right to; **avoir le droit de** to be allowed to; **la faculté de droit** law school; **droit(e)** *adj.* straight; right

**drôle (de)** *adj.* droll, funny, amusing

**drôlement** *adv.* really, terribly

**dû (due)** *adj.* due, owing to

**dur(e)** *adj.* hard; difficult; **l'oeuf** (*m.*) **dur** hard-boiled egg; **travailler dur** to work hard

**durant** *prep.* during

**la durée** duration

**durer** to last, continue; to endure; to last a long time

**dynamique** *adj.* dynamic; **le jeune cadre dynamique** yuppie

**l'eau** *f.* water; **l'eau de toilette** toilet water, cologne; **l'eau gazeuse** carbonated water; **l'eau minérale** mineral water; **peindre à l'eau** to paint watercolors; **la salle d'eau** half-bath (*toilet and sink*)

**l'ébullition** *f.* boiling

**écarter** to put aside, set aside

**l'échange** *m.* exchange

**échanger (nous échangeons)** to exchange

**l'échantillonnage** *m.* sampling

**échapper (à)** to escape; **s'échapper** to escape, break free

**s'échauffer** to get (over)heated; to warm up

**l'échec** *m.* failure; checkmate; *pl.* chess; **jouer aux échecs** to play chess

**l'échelle** *f.* scale; ladder

**l'éclair** *m.* flash of lightning; chocolate éclair (*custard pastry*)

**l'école** *f.* school; **l'école primaire (secondaire)** elementary (secondary) school

**l'écolier/l'écolière** schoolboy, schoolgirl (*primary school*)

**l'économie** *f.* economy; *pl.* savings; **faire des économies** to save (*money*)

**économiser** to save

**écossais(e)** *adj.* Scottish; (Scotch) plaid

**écouter** to listen

**l'écran** *m.* screen; **le petit écran** television

**écraser** to crush; to run over

**s'écrier** to cry out, exclaim

**écrire** (*p.p.* **écrit**) *irreg.* to write

**écrit(e)** *adj.* written; **par écrit** in writing

**l'écriture** *f.* writing; handwriting

**édicté(e)** *adj.* decreed; enacted

**l'édition** *f.* edition; publishing (trade)

**l'éducation** *f.* upbringing; breeding; education

**éduquer** to bring up; to educate

**effaçable** *adj.* erasable

**effectuer** to effect, carry out; to accomplish

**l'effet** *m.* effect; **en effet** as a matter of fact, indeed

**efficace** *adj.* efficacious, effective, effectual

**l'effort** *m.* effort, attempt; **faire un (des) effort(s) pour** to try, make an effort to

**effrayant(e)** *adj.* terrifying, frightening

**effréné(e)** *adj.* frantic; unrestrained

**l'effronté(e)** brazen, nervy person

**effroyable** *adj.* dreadful, frightful

**égal(e)** *adj.* equal; all the same; **cela (ça) m'est égal** I don't care

**également** *adv.* equally; likewise, also

**l'égard** *m.* consideration; **à l'égard de** with respect to; **à votre égard** about you

**s'égarer** to get lost; to lose one's way

**égayer (j'égaie)** to enliven

**l'église** *f.* church

**égoïste** *adj.* selfish, *n. m., f.* selfish person

**égoutter** to drain; to strain

**eh!** *interj.* hey! **eh bien!** well! now then!

**l'élan** *m.* energy, spring; impetus, momentum

**élargir** to widen; to stretch

**l'élève** *m., f.* pupil, student

**élevé(e)** *adj.* high; raised; brought up; **bien élevé(e)** well brought up, well-educated

**élever (j'élève)** to raise; to lift up; to erect; **s'élever** to raise

**élire** (*like* **lire**) to elect

**éloigné(e) (de)** *adj.* distant, remote (from)

**élu(e)** *adj.* elected

**emballer** to wrap (up)

**embaucher** to hire

**embellir** to beautify; to embellish

**embêtant(e)** *adj. fam.* tiresome, boring

**embêter** to annoy; to bore

**embrasser** to kiss; to embrace; **je t'embrasse** love (*closing of letter*)

**l'embryon** *m.* embryo

**s'émerveiller (de)** to marvel (at)

**l'émission** *f.* show; program; broadcast

**emmener (j'emmène)** to take

along; to take (someone somewhere)

**émouvant(e)** *adj.* moving, touching; thrilling

**émouvoir** (*p.p.* **ému**) *irreg.* to move, touch (*emotionally*)

**empaqueté(e)** *adj.* bundled up, wrapped up

**empêcher (de)** to prevent; to preclude; **s'empêcher de** to prevent oneself from

**empester** to infect; to stink (up)

**l'emplacement** *m.* location

**l'emploi** *m.* use; job; **l'emploi du temps** schedule; **faire une demande d'emploi** to apply for a job; **l'offre** (*f.*) **d'emploi** job offer

**l'employé(e)** employee; *adj.* used, employed

**employer (j'emploie)** to use; to employ

**l'empreinte** *f.* imprint; mark, stamp

**emprunter** to borrow

**l'emprunteur/l'emprunteuse** borrower

**ému(e)** *adj.* moved, touched (*emotionally*)

**en** *prep.* in; to; within; into; at; like; in the form of; by; *pron.* of him, of her, of it, of them; from him, by him, *etc.*; some of it; any

**encadrer** to frame; to guide, train

**l'enceinte** *f.* enclosure, enclosed space; *adj. f.* pregnant

**encercler** to circle, encircle

**enchâssé(e)** *adj.* set; inserted

**l'enchère** *f.* bid, bidding; **la vente aux enchères** auction (*sale*)

**encombrant(e)** *adj.* cumbersome; clumsy

**encore** *adv.* still; again; yet; even; more; **ne... pas encore** not yet

**l'endettement** *m.* indebtedness

**endiablé(e)** *adj.* reckless; wild, frenzied

**endormir** (*like* **dormir**) to put to sleep; **s'endormir** to fall asleep

**l'endroit** *m.* place, spot

**énerver** to irritate; **s'énerver** to get upset, annoyed, irritated

**l'enfance** *f.* childhood

**l'enfant** *m., f.* child

**enfantin(e)** *adj.* childish; juvenile

**enfermé(e)** *adj.* locked up

**enfin** *adv.* finally, at last

**enfreindre** (*like* **craindre**) to infringe, transgress

**s'enfuir** (*like* **fuir**) to run away, escape

**engager (nous engageons)** to hire; to take on; **s'engager** to commit oneself

**englouti(e)** *adj.* swallowed up, devoured

**engueuler** *fam.* to abuse (verbally), scold

**enlever (j'enlève)** to take away; to remove, take off

**l'ennui** *m.* trouble, worry; **avoir des ennuis** to have worries, problems

**ennuyé(e)** *adj.* bored, weary

**ennuyer (j'ennuie)** to bother; to bore; **s'ennuyer** to be bored, get bored

**ennuyeux/ennuyeuse** *adj.* boring; annoying

**l'enquête** *f.* inquiry; investigation

**l'enregistrement** *m.* registration; recording

**enrober** to coat, cover

**l'enseignant(e)** teacher, instructor

**l'enseignement** *m.* teaching; education

**enseigner** to teach

**ensemble** *adv.* together; *n. m.* ensemble; whole; suit (*clothing*); **dans l'ensemble** on the whole

**ensoleillé(e)** *adj.* sunny

**ensuite** *adv.* next; then

**entendre** to hear; **s'entendre (bien, mal) avec** to get along (well, badly) with

**entendu(e)** *adj.* heard; agreed; understood; **bien entendu!** *interj.* of course!

**entêté(e)** *adj.* stubborn, obstinate

**s'enthousiasmer pour** to be enthusiastic over

**entier/entière** *adj.* entire, whole; complete

**l'entourage** *m.* circle of friends, set

**entourer** to surround

**l'entraide** *f.* mutual aid

**l'entraînement** *m.* (athletic) training, coaching

**entraîner** to carry along; to train; **s'entraîner** to work out; to train (oneself)

**entravé(e)** *adj.* impeded, hampered

**entre** *prep.* between, among

**l'entrecôte** *f.* rib steak

**l'entrée** *f.* entrance, entry; admission

**entreprenant(e)** *adj.* enterprising

**entreprendre** (*like* **prendre**) to undertake

**entrer (dans)** to go into, enter

**entretenir** (*like* **tenir**) to maintain, keep up

**l'entretien** *m.* upkeep, maintenance; conversation; interview

**l'entrevue** *f.* (*job*) interview

**l'envahisseur** *m.* invader

**envers** *prep.* to; toward; in respect to; **à l'envers** upside down

**l'envie** *f.* desire; **avoir envie de** to want; to feel like; **donner envie de** to make one want to

**environ** *adv.* about, approximately; *n. m. pl.* neighborhood, surroundings; outskirts

**environnant(e)** *adj.* surrounding

**envoyer (j'envoie)** to send

**épais(se)** *adj.* thick

**épanoui(e)** *adj.* in full bloom, full-blown

**s'épanouir** to bloom; to brighten up

**l'épargne** *f.* saving, thrift; **le compte d'épargne** savings account

**épargner** to spare; to save

**l'épaule** *f.* shoulder; \***hausser les épaules** to shrug one's shoulders

**l'épave** *f.* wreck; reject

**l'épice** *f.* spice

**l'épicerie** *f.* grocery store

**l'Épiphanie** *f.* Epiphany, Twelfth Night

**épouser** to marry

**l'épouvante** *f.* terror; **le film d'épouvante** horror film

**l'époux (l'épouse)** spouse; husband (wife)

**l'épreuve** *f.* test; trial; examination

**éprouver** to feel; to experience; to test

**épuisé(e)** *adj.* exhausted; used up

**épuiser** to exhaust; to use up

**eq.** *ab.* **équipé(e)** *adj.* equipped

**équestre** *adj.* equestrian

**l'équilibre** *m.* balance

**équilibré(e)** *adj.* balanced

**équilibrer** to balance, equilibrium

**l'équitation** *f.* horseback riding

**l'érable** *m.* maple

**l'ère** *f.* era

**errant(e)** *adj.* wandering; stray

**l'escalade** *f.* climbing

**l'escalier** *m.* stairs, stairway

**l'escargot** *m.* snail; escargot
**l'esclavage** *m.* slavery
**l'escroc** *m.* swindler, crook
**l'espace** *m.* space
**l'Espagne** *f.* Spain
**l'espèce** *f.* species; **en espèces** in cash
**espérer (j'espère)** to hope
**l'espoir** *m.* hope
**l'esprit** *m.* mind, spirit; wit
**l'essayage** *m.* trying on, fitting; **la cabine d'essayage** fitting room
**essayer (j'essaie) (de)** to try (to)
**l'essence** *f.* gasoline, gas
**essuyer (j'essuie)** to wipe
**l'estimation** *f.* estimate
**estimer** to value; to esteem; to think, consider
**et** *conj.* and
**éta.** *ab.* **l'étage** *m.* floor
**établir** to establish, set up; **s'établir** to settle; to set up
**l'établissement** *m.* settlement; establishment
**l'étage** *m.* floor (*of building*)
**l'étagère** *f.* shelving; étagère
**l'état** *m.* state
**les États-Unis** *m. pl.* United States (of America)
**l'été** *m.* summer
**éteindre** (*like* **craindre**) to put out; to turn off
**l'étoile** *f.* star
**l'étole** *f.* stole, wrap
**étonnant(e)** *adj.* astonishing, surprising
**l'étonnement** *m.* astonishment
**étonné(e)** *adj.* astonished, surprised
**étonner** to surprise, astonish; **s'étonner de** to be surprised at
**étrange** *adj.* strange
**étranger/étrangère** *adj.* foreign; human being *n. m., f.* stranger; foreigner; **à l'étranger** abroad, overseas
**être** (*p.p.* **été**) *irreg.* to be; *n. m.* being; **être à** to belong to; **être à bout** to be at one's limit; **être à l'aise** to be comfortable; **être à bout** to have reached one's limits; **être casse-pieds** to be a pain in the neck; **être d'accord** to agree; **être des nôtres** to be one of us, to be our guest; **être en panne** to have a (mechanical) breakdown; **être en train de** to be in the process of; **l'être** (*m.*) **humain** human

being; **être obligé(e) de** to be obligated to, have to; **être un casse-cou** to be a daredevil
**les étrennes** *f. pl.* New Year's gifts
**l'étude** *f.* study; **faire des études** to study
**l'étudiant(e)** student
**étudié(e)** *adj.* studied; designed
**étudier** to study
**euh** *interj.* hmm
**eux** *pron., m. pl.* them; **eux-mêmes** *pron.* themselves
**s'évader** to escape
**évaluer** to evaluate; to estimate
**s'évanouir** to faint
**l'évasion** *f.* escape
**éveiller** to awaken
**l'événement** *m.* event
**l'éventualité** *f.* possibility
**éventuellement** *adv.* possibly
**évidemment** *adv.* evidently, obviously
**évident(e)** *adj.* obvious, clear
**éviter** to avoid
**évoluer** to evolve
**évoquer** to evoke, call to mind
**l'examen** *m.* test, exam; **passer un examen** to take a test
**excentrique** *adj.* eccentric
**s'exclamer** to exclaim
**exclu(e)** *adj.* excluded
**l'excursion** *f.* excursion, outing; **faire l'excursion** to go on an outing
**l'excuse** *f.* excuse; **faire ses excuses** to excuse oneself; **présenter des excuses** to apologize
**s'excuser (de)** to excuse oneself (for)
**l'exemple** *m.* example; **à titre d'exemple** by way of an example; **par exemple** for example; **prendre en exemple** to take as an example
**exercer (nous exerçons)** to exercise; to practice; **s'exercer (à)** to practice; to be practiced
**exigeant(e)** *adj.* demanding; difficult
**l'exigence** *f.* demand
**exiger (nous exigeons)** to demand
**l'expérience** *f.* experience; experiment
**l'explication** *f.* explanation
**expliquer** to explain
**l'explorateur/l'exploratrice** explorer

**exploser** to explode
**exposer** to expose; to display
**l'exposition** *f.* exhibition; show
**exprès** *adv.* on purpose; **faire exprès de** to do something on purpose
**exprimer** to express; **s'exprimer** to express oneself
**extérieur(e)** *adj., n. m.* exterior; outside; **à l'extérieur** (on the) outside, out-of-doors
**extra** *adj. inv., fam.* great, first rate
**extrait(e)** *adj.* excerpted, extracted; *n. m.* excerpt; extract
**extrapoler** to extrapolate

**la fabrication** manufacture
**fabriquer** to fabricate; to manufacture
**la fac** *ab.* **la faculté** *fam.* university department or school; **la fac de droit** law school
**la face** face; façade; **en face (de)** *prep.* opposite, facing; **faire face à** to confront
**fâcher** to anger; to annoy; **se fâcher** to get angry
**facile** *adj.* easy; **facile à vivre** easy to get along with
**la facilité** facility, opportunity
**faciliter** to facilitate
**la façon** way, manner; **de façon (bizarre)** in a (funny) way
**factice** *adj.* artificial, forced
**la facture** bill; invoice
**la faculté** ability; **(la fac)** school of a university
**fade** *adj.* flat, tasteless
**faible** *adj.* weak; small
**faillir** + *inf.* to be on the point of; to almost do (something)
**la faim** hunger; **avoir faim** to be hungry
**faire** to do; to make; to form; to be; **faire appel à** to appeal to, call upon; **faire attention à** to pay attention to; **faire beau** to be nice out; **faire bonne (mauvaise) impression** to make a good (bad) impression; **faire carrière** to make one's career; **faire chaud** to be warm, hot (out); **faire confiance à** to trust; **faire connaissance de** to get acquainted with; **faire de la bicyclette** to cycle, go biking; **faire de la couture** to sew; **faire de la gymnastique** to do

gymnastics; to exercise; **faire de la natation** to swim, go swimming; **faire de la peinture** to paint; **faire de la politique** to go in for politics; **faire de la (une) randonnée** to go on a hike; **faire de la vitesse** to speed (*in a car*); **faire des achats** to go shopping; **faire des bêtises** to do silly things; **faire des blagues** to play jokes; **faire des compliments** to compliment; **faire des économies** to save money; **faire des études** to study; **faire des excuses** to make excuses; **faire des poids et haltères** to lift weights; **faire des progrès** to make progress; **faire du bruit** to make noise; **faire du camping** to camp; **faire du footing** to walk (*for exercise*); **faire du jardinage** to garden; **faire du mal à** to harm, hurt; **faire du shopping** to go shopping; **faire du ski** to ski; **faire du sport** to do sports; **faire du théâtre** to act; **faire du tort à** to harm; **faire exprès** to do something on purpose; **faire face à** to face, confront; **faire faire** to have done, make someone do something; **faire fortune** to make a fortune; **faire frais** to be cool (out); **faire froid** to be cold (out); **faire grève** to go on strike; **faire honneur à** to do credit to; **faire la connaissance de** to get acquainted with; **faire la cueillette** to gather, pick; **faire la cuisine** to cook; **faire la culture de** to cultivate, grow (a crop); **faire la queue** to stand in line; to queue up; **faire la tête** to sulk; to make faces; **faire la vaisselle** to do the dishes; **faire le lit** to make the bed; **faire le ménage** to do housework; **faire le plein d'essence** to fill up (with gasoline); **faire le premier pas** to take the first step; **faire le résumé** to summarize; **faire les magasins** to go shopping; **faire les valises** to pack one's bags; **faire les vendanges** to pick grapes; **faire le tour de** to go

around; to tour; **(se) faire mal à** to hurt, injure (oneself); **faire marcher quelqu'un** to pull someone's leg; **faire mauvais** to be bad weather (out); **faire noir (nuit)** to get dark (outside); **faire penser à** to make (someone) think about; **faire plaisir à** to please; **faire sa toilette** to wash up; **faire semblant de** to pretend; **faire ses devoirs** to do one's homework; **faire un cadeau à** to give a gift to; **faire un choix** to choose; **faire une collection de** to collect; **faire une demande d'emploi** to apply for a job; **faire une description** to describe; **faire une excursion** to go on an outing; **faire un effort (pour)** to try (to); **faire une nouvelle connaissance** to make a new acquaintance; **faire une promenade** to take a walk; **faire une remise** to discount; **faire une rencontre** to meet someone; **faire un placement** to invest money; **faire un saut à** *fam.* to pop over to; **faire un séjour** to spend some time; **faire un voyage** to take a trip; **je te fais une bise** hugs and kisses (*closing of letter*); **quelle taille faites-vous?** what's your size?
**fait(e)** *adj.* made; *n. m.* fact; **tout à fait** *adv.* completely, entirely
**falloir** (*p.p.* **fallu**) *irreg.* to be necessary; to be lacking
**familial(e)** *adj.* family
**la famille** family; **la famille d'accueil** host family
**le/la fana** fan, fanatic
**fantaisiste** *adj.* imaginative; whimsical
**le fardeau** burden
**la farine** flour
**fatigant(e)** *adj.* tiring
**fatigué(e)** *adj.* tired
**fauché(e)** *adj., fam.* broke (*financially*)
**la faute** fault, mistake
**le fauteuil** armchair, easy chair
**faux (fausse)** *adj.* false
**favori(te)** *adj.* favorite; **l'animal** (*m.*) **favori** pet
**la fécondation** fertilization
**le féculent** starchy food,

carbohydrate
**la fée** fairy; **le conte de fée(s)** fairy tale
**les félicitations** *f. pl.* congratulations
**femelle** *adj.* female
**la femme** woman; wife; **la femme au foyer** homemaker; **la femme de ménage** cleaning woman; **la femme politique** politician
**la fenêtre** window
**le fer** iron; **le chemin de fer** railroad; **le fer à cheval** horseshoe
**férié: le jour férié** official holiday
**ferme** *adj.* firm; *n. f.* farm
**fermer** to close
**la fermeture** closing; closure
**le festin** feast; banquet
**la fête** celebration, holiday; party; **la fête nationale française** July 14, Bastille Day; **le jour de fête** holiday
**fêter** to celebrate; to observe a holiday
**le fétiche** fetish; mascot
**le feu** fire; stoplight; **à feu doux** on low heat; **le feu vert (orange, rouge)** green (yellow, red) light
**la feuille** leaf; **la feuille de papier** sheet of paper
**le feuilleton** (*radio, TV*) serial
**février** February
**les fiançailles** *f. pl.* engagement
**la fiche** index card; form (*to fill out*); deposit slip
**se ficher de** *fam.* not to care; **fiche-moi la paix!** *fam.* get out of here! shut up!
**fidèle** *adj.* faithful
**la fidélité** loyalty, faithfulness
**fier (fière)** *adj.* proud; **être fier (fière) de** to be proud of
**se fier à** to trust
**la fièvre** fever
**le/la figurant(e)** extra, walk-on role (*film, theater*)
**la figure** face; **casser la figure à** *fam.* to punch out (someone)
**figurer** to appear; **figurez-vous (figure-toi)** imagine
**le fil** thread; cord
**filer** *fam.* to make tracks; to make a bolt for it
**le filet** net; fillet (*of fish*); thin strip
**le filigrane** filigree
**la fille** girl; daughter; **la jeune fille** girl, young woman; **la vieille**

**fille** spinster

**le film** film; movie; **le film d'épouvante** horror movie; **un film doublé** dubbed movie

**le fils** son; **le fils unique** only son

**fin(e)** *adj.* fine; thin; *n. f.* end; purpose; **à la fin de** at the end of; **mettre fin (à)** to end, put an end (to); **sans fin** endless

**financier/financière** *adj.* financial

**finir (de)** to finish; **finir par** to finish up by

**la finition** *f.* finishing (*in crafts*)

**fixe** *adj.* fixed; **le menu à prix fixe** fixed price meal

**le flambeau** torch; **la retraite aux flambeaux** torchlight parade

**flamber** to flame, blaze

**flâner** to stroll; to dawdle

**flatteur/flatteuse** *adj.* flattering; *n. m., f.* flatterer

**la fleur** flower; **à fleur de peau** skin-deep; **à fleurs** flowered

**fleurer** to smell (of)

**le fleuve** river (*flowing into the sea*)

**flottant(e)** *adj.* floating

**flou(e)** *adj.* blurred; fuzzy; *n. m.* fuzziness

**la foire** fair; show

**la fois** time, occasion; **à la fois** at the same time; **une fois** once

**la folie** madness

**foncé(e)** *adj.* dark (color)

**la fonction** function; use, office; **en fonction de** as a function of; according to

**le/la fonctionnaire** functionary, civil servant

**fonctionnel(le)** *adj.* functional, practical

**le fond** bottom; back, background; (artichoke) heart; **à fond** thoroughly; **à fond de verre** glass-bottomed; **du fond** in (from the) back

**le fondateur/la fondatrice** founder

**fonder** to found; **fonder une famille** to start a family

**fondu(e)** *adj.* melted; *n. f.* Swiss melted cheese dish

**le football (le foot)** soccer

**forain(e)** *adj.* itinerant; **la fête foraine** street fair, carnival

**la force** strength; **à bout de force(s)** exhausted; **les forces** (*f. pl.*) **armées** armed forces, military; **reprendre des forces** to feel refreshed

**la forêt** forest

**la formation** formation; education, training

**la forme** form; shape; figure; **se remettre en forme** to get (back) into shape; **sous (en) forme de** in the form of

**former** to form, shape; to train; **se former** to form oneself, get organized

**formidable** *adj.* great; wonderful; formidable

**le formulaire** form (*to fill out*)

**la formule** formula; form

**formuler** to formulate

**fort** *adv.* loudly; very; very much; hard; *n. m.* fort, fortress; **fort(e)** *adj.* loud; heavy-set; strong; **parler fort** to speak loudly

**la fortune** fortune; **faire fortune** to make a fortune

**fortuné(e)** *adj.* fortunate; rich

**fou (fol, folle)** *adj.* crazy, mad

**la foule** crowd

**la fourchette** fork

**la fourmi** ant

**le fourneau** furnace; oven

**fournir** to furnish, supply, provide

**le fournisseur/la fournisseuse** supplier

**foutre** (*p.p.* **foutu**) *irreg., vulg.* to do, make; **c'est foutu** *fam.* it's done for, finished; **je m'en fous** *fam.* I don't care.

**le foyer** hearth; home; student residence; **la femme au foyer** homemaker

**frais (fraîche)** *adj.* fresh; cool; *n. m. pl.* expenses; **les frais d'inscription (de scolarité)** school, university (tuition) fees; **frais et dispos** fresh as a daisy

**la fraise** strawberry

**franc (franche)** *adj.* frank; truthful; honest; *n. m.* franc (*currency*)

**français(e)** *adj.* French; **le/la Français(e)** Frenchman, Frenchwoman

**franchement** *adv.* frankly

**franchir** to cross

**franco-britannique** *adj.* French–British (collaboration)

**francophone** *adj.* French-speaking; of the French language

**le franglais** English or American terms used in French

**frapper** to strike; to knock; **frapper du pied** to kick; to stamp one's foot

**freiner** to brake

**fréquemment** *adv.* frequently

**fréquenter** to frequent, visit frequently

**le frère** brother

**le fric** *fam.* money, cash

**le frigo** *fam.* fridge, refrigerator

**friser** to curl; **se friser les moustaches** to curl one's mustache

**frit(e)** *adj.* fried; *n. f. pl.* French fries

**froid(e)** *adj.* cold; *n. m.* cold; **il fait froid** it's cold (outside)

**la froideur** coldness, indifference

**le fromage** cheese

**fromager/fromagère** *adj.* pertaining to cheese

**le front** forehead; front

**la frontière** frontier; border

**le fruit** fruit; **les fruits de mer** seafood; **le jus de fruit** fruit juice

**fuir** (*p.p.* **fui**) *irreg.* to flee, run away; to shun

**fumer** to smoke

**le fumeur/la fumeuse** smoker

**les funérailles** *f. pl.* funeral

**funéraire** *adj.* funerary, pertaining to a funeral

**fur: au fur et à mesure** *adv.* (in proportion) as, progressively

**futur(e)** *adj.* future; *n. m.* future; **le futur antérieur** *Gram.* future perfect; **le futur proche** *Gram.* immediate, near future; **le futur simple** *Gram.* (simple) future

**le/la futurologue** futurist, futurologist

**le/la gagnant(e)** winner

**gagner** to win; to earn; **gagner du poids** to gain weight

**la galette** pancake; tart, pie

**la gamme** range, gamut

**le gant** glove; **le gant de toilette** washcloth

**le/la garagiste** garage owner, mechanic

**garantir** to guarantee

**le garçon** boy; café waiter

**le/la garde** watch; guard; **la mise en garde** warning, advice; **prendre garde (à)** to take care (to)

**garder** to keep, retain
**le/la gardien(ne)** guardian, caretaker
**la gare** station, train station
**gare à** beware of
**garé(e)** *adj.* parked
**garni(e)** *adj.* garnished; furnished
**garnir** to garnish; to furnish
**le gars** *fam.* guy, fellow
**le gaspillage** waste
**gaspiller** to waste
**gâté(e)** *adj.* spoiled (child)
**le gâteau** cake; **le petit gâteau** cookie
**gâter** to spoil; **se gâter** to spoil, deteriorate
**gauche** *adj.* left; *n. f.* left; **à gauche** on the left
**le gaz** gas
**gazeux/gazeuse** *adj.* carbonated
**le gazon** lawn
**géant(e)** *adj.* giant
**gelé(e)** *adj.* frozen
**gêné(e)** *adj.* embarrassed; awkward
**gêner** to annoy, bother
**génial(e)** *adj.* brilliant, inspired
**le génie** genius; genie
**le genou** (*pl.* **les genoux**) knee
**le genre** gender; kind, type; **bon chic bon genre (BCBG)** preppie
**les gens** *m. pl.* people; **les jeunes gens** young men; young people
**gentil(le)** *adj.* nice, kind
**la gentilhommière** country seat, manor house
**la gentillesse** kindness, niceness
**gentiment** *adv.* nicely, prettily
**gérer (je gère)** to manage, administer
**le geste** gesture; movement; **la chanson de geste** heroic, epic poetry
**le gilet** vest
**le gingembre** ginger
**le girofle** clove (*spice*); **les clous de girofle** whole cloves
**le gîte** rustic vacation lodging(s)
**la glace** ice cream; ice; mirror
**glacé(e)** *adj.* chilled; frozen; **la coupe glacée** ice cream sundae
**glisser** to slide; to slip
**le golfe** gulf
**gonfler** to inflate; to swell
**gourmand(e)** *adj.* gluttonous, greedy; *n. m., f.* glutton, gourmand
**la gourmandise** treat, sweets

**le goût** taste; **chacun son goût** to each his own; **sans goût** tasteless
**goûter** to taste; *n. m.* afternoon snack
**la gouttière** gutter; **le chat de gouttière** stray cat
**grâce à** *prep.* thanks to
**le gradin** step; tier (*amphitheater*)
**le grain** grain; dash, touch
**grand(e)** *adj.* great; large, big; tall; **l'amateur** (*m.*) **de grand air** lover of the outdoors; **de grand standing** prestigious (*building*); **le grand écran** movies, cinema; **le grand magasin** department store; **le train grande vitesse (TGV)** high-speed bullet train
**grand-chose** *pron. m.* much
**la grand-mère** grandmother
**le grand-père** grandfather
**gras(se)** *adj.* fat; oily; rich; **la matière grasse** fat
**la gratitude** gratitude
**gratuit(e)** *adj.* free (*of charge*)
**gravir** to climb
**la gravure** engraving; print; picture (*in a book*)
**grec (grecque)** *adj.* Greek
**la Grèce** Greece
**la grève** strike, walkout; **faire (la) grève** to go on strike
**grignoter** to nibble; to snack
**grillé(e)** *adj.* toasted; grilled; broiled
**grimper** to climb
**grincer (nous grinçons)** to grind; to gnash; **grincer des dents (contre)** to grind one's teeth (at)
**gris(e)** *adj.* gray
**gros(se)** *adj.* big; fat; stout; loud; **grosses bises** hugs and kisses (*closing of letter*); **une grosse légume** *fam.* fat cat, bigwig
**grossir** to gain weight
**la grotte** cave, grotto
**le gruyère** Gruyère (*Swiss cheese*)
**guère** *adv.* but little; **ne... guère** scarcely, hardly
**guérir** to cure
**la guérison** cure; recovery
**la guerre** war; **la seconde guerre mondiale** the Second World War
**le guichet** (*ticket*) window, counter, booth
**le gymnase** gymnasium

**la gymnastique (la gym)** gymnastics; exercise; **faire de la gymnastique** to do gymnastics; to do exercises; **la salle de gym(nastique)** gym, gymnasium

**habile** *adj.* clever, skillful
**l'habillement** *m.* clothing
**s'habiller** to get dressed
**l'habit** *m.* clothing, dress; **l'habit ne fait pas le moine** you can't tell a book by its cover
**l'habitant(e)** inhabitant; resident
**habiter** to live
**l'habitude** *f.* habit; **avoir l'habitude de** to be accustomed to; **d'habitude** *adv.* usually, habitually
**s'habituer à** to get used to
**le \*hall** entrance hall; (*hotel*) lounge
**l'haltère** *m.* dumbbell, weight; **faire des poids et haltères** to lift weights
**le \*haricot** bean; **les \*haricots verts** green beans
**le \*hasard** chance, luck; **laisser au \*hasard** to leave to chance; **par \*hasard** by accident, by chance
**se \*hasarder à** to venture to
**\*hausser** to raise; **\*hausser les épaules** to shrug one's shoulders
**\*haut(e)** *adj.* high, tall; *n. m.* top; height; **à \*haute voix, à voix \*haute** out loud; **en \*haut (de)** upstairs, above, at the top of; **la \*haute couture** high fashion; **parler \*haut** to speak loud(ly); **vers le \*haut** upwards
**la \*hauteur** height
**l'hébergement** *m.* lodging, accommodations
**l'hectare** *m.* hectare (*2.47 acres*)
**hélas!** *interj.* alas!
**l'herbe** *f.* grass; **en herbe** budding, in embryo
**l'héritage** *m.* inheritance; heritage
**hériter (de)** to inherit
**l'héritier/l'héritière** heir, heiress
**hésiter(à)** to hesitate (to)
**l'heure** *f.* hour; time; **à l'heure** on time; per hour; **à quelle heure?** what time? **à tout à l'heure** see you later; **de bonne heure** early; **il est une heure et demie** it's one-thirty; **quelle**

**heure est-il?** what time is it?
**tout à l'heure** in a short while;
a short while ago
**heureusement** *adv.* fortunately
**heureux/heureuse** *adj.* happy;
fortunate
**le *hibou** owl
**hier** *adv.* yesterday
**l'histoire** *f.* history; story
**historique** *adj.* historical, historic;
*n. m.* historical account
**l'hiver** *m.* winter
***hocher: *hocher la tête** to shake
one's head, nod
***hollandais(e)** *adj.* Dutch
**le *homard** lobster
**l'hommage** *m.* homage, respects;
**rendre hommage à** to render
homage to
**l'homme** *m.* man
**honnête** *adj.* honest
**l'honneur** *m.* honor; **en l'honneur
de** in honor of; **faire honneur
à** to do, give credit to; **mettre
un point d'honneur à** to make
it a point to
**l'horaire** *m.* schedule
**l'horloge** *f.* clock
**l'horreur** *f.* horror; **avoir horreur
de** to hate, detest
***hors de** *prep.* out of, outside of;
***hors de prix** outrageously
expensive; ***hors série** special
(*edition, number*); ***hors taxe**
duty-free
**le *hors-d'œuvre** appetizer
**l'hôte/(l'hôtesse)** host, hostess;
guest; **la table d'hôte** table
d'hôte, family style; fixed price
meal
**l'hôtel** *m.* hotel; public building,
hall
**l'huile** *f.* oil; **peindre à l'huile** to
paint with oils
**huilé(e)** *adj.* oiled
**huit** *adj.* eight
**la huitaine** about a week; **sous
huitaine** within a week
**huitième** *adj.* eighth; *n. m.*
one-eighth
**l'huître** *f.* oyster
**humain(e)** *adj.* human; *n. m.*
human; **l'être** (*m.*) **humain**
human being
**l'humeur** *f.* temperament,
disposition; mood
**l'humour** *m.* humor; **avoir le sens
de l'humour** to have a sense of

humor
**l'hygiène** *f.* health; sanitation
**hypersensible** *adj.* oversensitive
**l'hypocauste** *m.* part of
underground heating system
(*Roman*)

**ici** *adv.* here; **d'ici cent ans** by a
hundred years from now; **par
ici** this way, in this direction
**l'idée** *f.* idea; **se changer les
idées** to change one's mind,
opinions
**l'île** *f.* island
**illimité(e)** *adj.* unlimited, limitless
**l'image** *f.* picture; image
**l'immeuble** *m.* (apartment or
office) building
**l'immigré(e)** immigrant
**immobilier/immobilière** *adj.*
(pertaining to) real estate; *n. m.*
real estate; **l'agent** (*m.*)
**immobilier** real estate agent;
**l'annonce** (*f.*) **immobilière**
real estate ad
**l'imparfait** *m., Gram.* imperfect
(verb tense)
**s'impatienter** to grow impatient,
lose patience
**impitoyable** *adj.* pitiless, merciless
**implanté(e)** *adj.* established;
(im)planted
**impoli(e)** *adj.* impolite
**importer** to import; to matter;
**n'importe où** anywhere;
**n'importe quel(le)** any, no
matter which; **n'importe quoi**
anything
**imposer** to impose; **s'imposer** to
be necessary; to assert oneself
**l'impôt** *m.* tax
**l'impression** *f.* impression; **faire
bonne (mauvaise) impression**
to make a good (bad)
impression
**impressionnant(e)** *adj.* impressive
**impressionner** to impress
**imprévu(e)** *adj.* unforeseen,
unexpected
**imprimer** to print
**l'imprimerie** *f.* printing; printing
plant; **les caractères** (*m. pl.*)
**d'imprimerie** print characters,
type(faces)
**l'imprimeur** *m.* (*book*) printer
**impuissant(e)** *adj.* impotent,
powerless
**impur(e)** *adj.* impure

**inattendu(e)** *adj.* unexpected
**incarner** to incarnate; to play the
part of
**l'incendie** *m.* (house) fire
**inclus(e)** *adj.* included
**incolore** *adj.* colorless
**inconnu(e)** *adj.* unknown; *n. m.*
unknown
**inconscient(e)** *adj.* unconscious; *n.
m.* the unconscious
**incontestablement** *adv.*
undeniably, beyond question
**l'inconvénient** *m.* disadvantage
**incroyable** *adj.* unbelievable
**indécis(e)** *adj.* indecisive,
undecided
**indéfini(e)** *adj.* indefinite
**les indications** *f. pl.* instructions;
indications
**indien(ne)** *adj.* Indian; *n. m., f.*
Indian
**l'indigent(e)** poor, indigent person
**indiquer** to indicate
**indirect(e)** *adj.* indirect; **le
pronom complément d'objet
indirect** *Gram.* indirect object
pronoun
**l'individu** *m.* individual, person
**infantile** *adj.* infantile; pertaining to
childhood
**inférieur(e)** *adj.* inferior; lower
**s'infiltrer** to infiltrate, seep in
**l'infirmier/l'infirmière** nurse
**influençable** *adj.* susceptible (to
influence)
**l'informaticien(ne)** computer
scientist
**l'information** *f.* information, data;
*pl.* news (broadcast)
**l'informatique** *f.* computer science
**informer** to inform; **s'informer** to
become informed
**l'ingénieur** *m.* engineer
**ingénu(e)** *adj.* unsophisticated
**ingrat(e)** *adj.* unproductive;
unprofitable; thankless;
ungrateful
**l'initiative** *f.* initiative; **le syndicat
d'initiative** chamber of
commerce; tourist bureau
**s'initier à** to get to know
**inlassablement** *adv.* tirelessly
**inné(e)** *adj.* innate
**inodore** *adj.* odorless
**inoubliable** *adj.* unforgettable
**inquiet/inquiète** *adj.* worried
**inquiéter (j'inquiète)** to worry;
**s'inquiéter (de)** to be worried

(about)

**l'inquiétude** *f.* worry

**insatisfait(e)** *adj.* dissatisfied

**l'inscription** *f.* matriculation; registration; inscription; **les frais** (*m. pl.*) **d'inscription** university fees, tuition

**s'inscrire** (*like* **écrire**) **(à)** to join; to enroll; to register

**inscrit(e)** *adj.* enrolled; inscribed

**s'installer (dans)** to settle down, settle in

**l'instituteur/l'institutrice** elementary school teacher

**l'instruction** *f.* instruction(s); investigation; **le juge d'instruction** examining magistrate

**l'instrument** *m.* instrument; **jouer d'un instrument** to play a musical instrument

**insupportable** *adj.* unbearable

**intégrer (j'intègre)** to integrate; **s'intégrer (à)** to integrate oneself, get assimilated (into)

**interdire** (*like* **dire, vous interdisez**) to forbid

**interdit(e)** *adj.* forbidden, prohibited

**intéresser** to interest; **s'intéresser à** to take an interest in

**l'intérêt** *m.* interest, concern; **le taux d'intérêt** interest rates

**intérieur(e)** *adj.* interior; *n. m.* interior; **à l'intérieur** inside

**l'interlocuteur/l'interlocutrice** interlocutor; speaker

**l'intermédiaire** *m., f.* intermediary; **par l'intermédiaire de** through

**s'interposer** to intervene

**l'interrogation** *f.* interrogation; quiz

**interroger (nous interrogeons)** to question

**interrompre** (*like* **rompre**) to interrupt

**interrompu(e)** *adj.* interrupted

**l'intervenant(e)** intervenor, person intervening

**intime** *adj.* intimate; private

**l'intimité** *f.* intimacy; privacy

**intitulé(e)** *adj.* titled

**intrépide** *adj.* reckless, intrepid

**l'intrigue** *f.* plot

**introduire** (*like* **conduire**) to introduce

**introverti(e)** *adj.* introverted

**inutile** *adj.* useless

**investir** to invest

**l'invité(e)** guest; *adj.* invited

**inviter** to invite; **inviter quelqu'un à déjeuner (à dîner)** to invite someone to lunch (to dinner)

**l'Islande** *f.* Iceland

**isolé(e)** *adj.* isolated; detached

**issu(e) (de)** *adj.* from, descended from

**l'italique** *m.* italic; **en italique** in italics

**jadis** *adv.* once; formerly

**jamais** *adv.* never, ever

**la jambe** leg

**le jambon** ham; **le jambon de Parme** Parma ham

**janvier** January

**le Japon** Japan

**japonais(e)** *adj.* Japanese

**le jardin** garden

**le jardinage** gardening; **faire du jardinage** to garden

**jardiner** to garden

**jaune** *adj.* yellow

**le jean** (blue)jeans

**jersiais(e)** *adj.* from the island of Jersey (*English Channel*)

**jetable** *adj.* disposable

**jeter (je jette)** to throw; to throw away

**le jeu** game; **le jeu de cartes** card game; **le jeu de société** board game; parlor game; **le jeu vidéo** video game; **vieux jeu** old-fashioned, dated

**le jeudi** Thursday

**jeune** *adj.* young; **le jeune cadre dynamique** yuppie; **la jeune fille** girl; **les jeunes** *m. pl.* young people; youth; **les jeunes gens** *m. pl.* young men; young people

**la jeunesse** youth

**la joie** joy; **sauter de joie** to jump for joy

**joindre** (*like* **craindre**) to join; to attach; **se joindre à** to join

**joint(e)** *adj.* joined, linked; assembled

**joli(e)** *adj.* pretty

**jouer** to play; **jouer à** to play (*a sport or game*); **jouer à la loterie** to play the lottery; **jouer cartes sur table** *fam.* to act honestly; **jouer de** to play (*an instrument*); **jouer de la cornemuse** to play the bagpipes

**le jouet** toy

**le joueur/la joueuse** player

**le jour** day; **de nos jours** these days, currently; **du jour** today's (menu); **le jour de fête** holiday; **le jour de l'an** New Year's Day; **le jour des Rois** Epiphany, Twelfth Night; **un jour férié** an official holiday; **par jour** per day, each day

**le journal** newspaper; journal, diary; **le kiosque à journaux** newsstand

**la journée** day; **toute la journée** all day long

**judiciaire** *adj.* judiciary, legal

**le juge** judge; **le juge d'instruction** examining magistrate

**juger (nous jugeons)** to judge

**juillet** July

**juin** June

**le jumeau (la jumelle)** twin

**la jupe** skirt

**juridique** *adj.* juridical; legal

**le jus** juice; **le jus de citron** lemon juice

**jusqu'à** *prep.* until, up to; **jusqu'à ce que** *conj.* until

**juste** *adj.* just; right; exact; *adv.* precisely; accurately; **à juste titre** fairly, rightly; **le juste milieu** happy medium

**le képi** kepi (*French military and police hat*)

**kg.** *ab.* **le kilogramme** kilogram

**le kilo** kilogram

**le kiosque** kiosk; **le kiosque à journaux** newsstand

**km.** *ab.* **le kilomètre** kilometer

**le laboratoire (le labo)** laboratory

**laborieux/laborieuse** *adj.* sluggish; arduous; laborious

**le lac** lake

**le lacet** shoelace

**lâche** *adj.* cowardly; loosely fitting

**lâcher** to release, let go

**là-dessus** *adv.* on that, thereupon

**laid(e)** *adj.* ugly

**la laine** wool

**laisser** to let, allow; to leave (behind); **laisser au *hasard** to leave to chance; **laisser en paix** to leave alone, in peace; **laisser faire** to allow; to leave alone; **laisser tomber** to drop; **se laisser aller** to let oneself go

(a bit)
**le lait** milk
**laitier/laitière** *adj.* pertaining to milk; **les produits** (*m. pl.*) **laitiers** dairy products
**la laitue** lettuce
**la lampe** lamp; **la lampe de poche** flashlight
**le lampion** Chinese, Japanese paper lantern
**lancer (nous lançons)** to launch; to throw, hurl; to put (a product) on the market
**le langage** language; jargon
**la langue** language; tongue; **la langue étrangère** foreign language
**lapidaire** *adj.* lapidary; concise
**le lapin** rabbit
**large** *adj.* wide; **au large de** off (*at sea*); **50 m. de large** 50 meters wide
**la larme** tear, teardrop
**la latte** (*bed*) slat
**le laurier** laurel; glory; award
**lavable** *adj.* washable
**le lavabo** (bathroom) sink
**le lavage** washing
**laver** to wash; **se laver** to wash (oneself), get washed; **se laver les mains** to wash one's hands
**la layette** layette, baby clothes
**lécher (je lèche)** to lick; **s'en lécher les doigts** *fam.* to lick one's fingers, smack one's lips over
**la leçon** lesson
**le lecteur/la lectrice** reader
**la lecture** reading
**léger/legère** *adj.* light; slight; mild
**le légume** vegetable; **une grosse légume** bigwig, fat cat
**le lendemain** next day, day after, following day
**lent(e)** *adj.* slow
**la lèpre** leprosy
**lequel (laquelle)** *pron.* which one, who, whom, which
**la lettre** letter; *pl.* literature; humanities; **en toutes lettres** spelled out; **poster une lettre** to mail a letter
**leur** *adj.* their; *pron.* to them
**lever (je lève)** to raise, lift; **se lever** to get up; to get out of bed
**se libérer (je me libère)** to free oneself

**la librairie** bookstore
**libre** *adj.* free; available; vacant; **le temps libre** leisure time
**le lien** tie, bond; **nouer des liens d'amitié (avec)** to make friends (with)
**lier** to bind; to link
**le lierre** ivy
**le lieu** place; **au lieu de** *prep.* instead of, in the place of; **avoir lieu** to take place; **en premier (dernier) lieu** in first (last) place; **tenir lieu de** to take the place of
**la ligne** line; figure
**la limonade** lemonade; soft drink
**le linge** (household) linen; clothes
**liquide** *adj.* liquid; *n. m.* liquid; cash; **en liquide** in cash
**lire** (*p.p.* **lu**) *irreg.* to read
**le lit** bed; **la chambre à deux lits** double room; **faire son lit** to make one's bed; **le lit à deux places** double bed
**la literie** bedding
**liv.** *ab.* **le living** living room
**le living** living room
**le livre** book; *f.* pound (*half-kilo*); **le livre de poche** paperback, pocket book
**le/la locataire** renter, tenant
**la location** rental
**le logement** housing, place to live
**le logiciel** software
**la loi** law
**loin (de)** *adv.* far, at a distance (from)
**lointain(e)** *adj.* distant
**le loisir** leisure, spare time; *pl.* leisure-time activities
**Londres** London
**long(ue)** *adj.* long; slow; **à long terme** long-term; **le long de** *prep.* along, alongside; **à manches longues** long-sleeved; **80 m. de long** 80 meters long
**longtemps** *adv.* long time
**longuement** *adv.* for a long time, lengthily
**la longueur** length
**lors de** *prep.* at the time of
**lorsque** *conj.* when
**la loterie** lottery; **jouer (gagner) à la loterie** to play (win) the lottery
**la lotion** lotion; **la lotion solaire** suntan lotion, sunscreen
**louer** to rent; to reserve; to praise; **à**

**louer** for rent
**lourd(e)** *adj.* heavy
**la lourdeur** heaviness, dullness
**le loyer** rent
**la lumière** light
**lunaire** *adj.* lunar, pertaining to the moon
**le lundi** Monday
**la lune** moon
**la lunette** rear window (*of car*); *pl.* eyeglasses; **les lunettes noires** dark glasses
**la lutte** struggle, battle
**lutter** to fight; to struggle
**le luxe** luxury; **de luxe** de luxe; luxury; first-class
**luxueux/luxueuse** *adj.* luxurious
**le lycée** French secondary school
**le/la lycéen(ne)** French secondary school student

**ma** *adj. f. s.* my
**macérer (je macère)** to soak, marinate
**mâcher** to chew
**la machine** machine; **la machine à calculer** calculator; **taper à la machine** to type
**le magasin** store; **le grand magasin** department store
**le magnétoscope** videocassette recorder (VCR)
**mai** May
**maigrir** to grow thin
**le maillot** jersey, T-shirt; **le maillot de bain** bathing suit, swimsuit
**la main** hand; **de la main droite (gauche)** with one's right (left) hand; **donner un coup de main** to lend a hand; **la poignée de main** handshake; **s'exprimer avec les mains** to express oneself with one's hands; **se laver les mains** to wash one's hands
**maintenant** *adv.* now
**maintenir** (*like* **tenir**) to maintain; to keep up; **se maintenir en forme** to keep in shape
**mais** *conj.* but
**le maïs** corn
**la maison** house; company, firm; **à la maison** at home; **la maison de redressement** correctional, reform school; **la maison-mère** parent establishment, firm; **la maîtresse de maison** homemaker; **le pâté maison**

house (recipe) pâté

**le maître/la maîtresse,** master mistress; teacher, mentor; **le maître cuisinier** master, expert cook; **la maîtresse de maison** homemaker

**maîtriser** to master

**mal** *adv.* badly; *n. m.* (*pl.* **maux**) evil; pain; **avoir du mal à** to have a hard time; **dire du mal de** to speak badly of; **faire du mal à** to harm, hurt; **le mal du pays** homesickness; **mal vu(e)** *adj.* disapproved of; **pas mal de** quite a few; **se faire mal** to hurt oneself

**malade** *adj.* sick; *n. m., f.* sick person

**la maladie** illness, disease

**maladroit(e)** *adj.* unskillful; clumsy

**le mâle** *n., adj.* male

**le malentendu** misunderstanding

**malgré** *prep.* in spite of

**le malheur** misfortune, calamity; **à quelque chose malheur est bon** every cloud has a silver lining; **ça porte malheur** it's unlucky

**malheureusement** *adv.* unfortunately

**malheureux/malheureuse** *adj.* unhappy; miserable

**malhonnête** *adj.* dishonest

**malicieux/malicieuse** *adj.* malicious

**Malte** Malta; **l'Ordre** (*m.*) **de Malte** Order of Malta

**malveillant(e)** *adj.* malevolent, spiteful

**mamy (mami)** *fam.* grandma; **chez papi-mami** *fam.* at the home of one's grandparents

**la manche** sleeve; **à manches courtes (longues)** short-sleeved (long-sleeved)

**manger (nous mangeons)** to eat; *n. m.* food; eating; **l'appétit vient en mangeant** the more you eat the more you want; **manger comme quatre** to eat voraciously, pig out

**la manière** manner, way; **les bonnes manières** *f. pl.* good manners; **de manière que** so that

**la manifestation** manifestation; (*political*) demonstration; **la manifestation sportive** sports event

**manifester** to show, display

**le mannequin** mannequin; (fashion) model

**le manoir** country house

**le manque** lack

**manquer (de)** to miss; to fail; to lack, be lacking; **tu nous manques** we miss you

**le manteau** coat, overcoat

**le/la marchand(e)** merchant, shopkeeper

**marchander** to bargain

**la marche** walking; gait; running; movement; step; stair tread; **en marche** in motion, moving

**le marché** market; **bon marché** *adj. inv.* cheap, inexpensive; **meilleur marché** better buy, less expensive

**marcher** to walk; to work, function (*device*); **faire marcher quelqu'un** *fam.* to pull someone's leg

**le mardi** Tuesday

**le marécage** marshland, swamp

**marelle: jouer à la marelle** to play hopscotch

**la marge** margin; **en marge** in the margin

**le mari** husband

**le/la marié(e)** groom, bride; *adj.* married

**marier** to link, join; to perform the marriage ceremony; **se marier** to get married

**la marine** navy; **le bleu marine** navy blue

**mariné(e)** *adj.* marinated; pickled

**la marque** mark; trade name, brand

**marquer** to mark; to indicate; **marquer un point** to score a point

**marre: en avoir marre** *fam.* to be fed up with

**marron** *adj. inv.* brown; maroon

**mars** March

**le mas** small farmhouse (*south of France*)

**masser** to massage

**massif/massive** *adj.* massive, bulky; solid; **en argent massif** solid silver

**mastiquer** to masticate, chew

**le match** game; **le match de catch** wrestling match

**matériel(le)** *adj.* material; *n. m.* material, working stock; tools

**la matière** matter; academic subject; **en matière de** in the matter of; **la matière grasse** fat

**le matin** morning; **dix heures du matin** ten A.M.

**matinal(e)** *adj.* morning; early-rising (person)

**la matinée** morning (*duration*)

**mauvais(e)** *adj.* bad; wrong; **faire mauvais** to be bad weather (outside)

**le/la mécanicien(ne)** mechanic; technician

**méchant(e)** *adj.* naughty, bad; wicked

**la mèche** lock (of hair)

**mécontent(e)** *adj.* dissatisfied; unhappy

**le mécontentement** dissatisfaction, discontent

**le médecin** doctor

**médiatique** *adj.* (pertaining to the) media

**le médicament** medication; drug

**la Méditerranée** Mediterranean (*sea*)

**la méfiance** distrust, suspicion

**méfiant(e)** *adj.* suspicious

**se méfier de** to be wary of

**le mégalopole** megalopolis

**meilleur(e)** *adj.* better; **le/la meilleur(e)** best; **meilleur marché** better buy, less expensive

**le mélange** mixture; blend

**mélanger (nous mélangeons)** to mix; to mingle

**melba: la pêche melba** peaches with raspberry sauce

**se mêler de** to get involved in

**le/la mélomane** music lover

**le melon** melon; **le chapeau melon** bowler hat

**même** *adj.* same; itself; very same; *adv.* even; **de même** in the same way, likewise; **de même que** just as; **en même temps** at the same time; **quand même** anyway, even though; **tout de même** all the same, for all that

**la mémoire** memory; thesis, term paper

**la menace** threat

**menacer (nous menaçons) (de)** to threaten (to)

**le ménage** housekeeping; married couple; household; **faire le ménage** to do housework; **la**

**femme de ménage** housekeeper; **le ménage à trois** love triangle; **le pain de ménage** large loaf of home-baked bread

**le ménagement** consideration; caution; care

**ménager (nous ménageons)** to spare; to treat tactfully

**ménager/ménagère** adj. pertaining to the home; housekeeping

**mener (je mène)** to take; to lead

**le mensonge** lie

**mensonger/mensongère** adj. lying, deceptive

**la mensualité** monthly payment

**mensuel(le)** adj. monthly

**le menteur/la menteuse** liar

**la menthe** mint

**mentir** (*like* **partir**) to lie

**le menton** chin

**menu(e)** adj. small, slight; n. m. (restaurant) menu

**la mer** sea; **au bord de la mer** at the seashore; **les fruits** (*m. pl.*) **de mer** seafood

**merci** interj. thanks

**le mercredi** Wednesday

**la mère** mother

**mériter** to deserve

**merveilleux/merveilleuse** adj. marvelous

**mes** adj. m., f., pl. my

**la messe** (*Catholic*) Mass

**la mesure** measure; extent; **au fur et à mesure** (*in proportion*) as, progressively

**la météorologie (la météo)** meteorology, weather forecasting

**le métier** trade, profession, occupation

**le métro** subway (*train, system*); **métro-boulot-dodo** fam. the rat race, the daily grind

**le metteur en scène** producer; film director

**mettre** (*p.p.* **mis**) irreg. to put; to put on; to take (time); **mettre au point** to put into shape; **mettre au rancart** to cast aside, set aside; **mettre de l'argent de côté** to put some money aside; **mettre de l'ordre dans** to organize, set straight; **mettre en colère** to anger (someone); **mettre en valeur** to emphasize; to highlight; **mettre fin (à)** to

end, put an end (to); **mettre l'accent sur** to emphasize, highlight; **mettre un point d'honneur (à)** to make it a point (to); **se mettre à** to begin to; **se mettre à l'abri** to take shelter; **se mettre à l'aise** to relax; to make oneself at home; **se mettre à table** to sit down at the table; **se mettre au courant** to become informed; **se mettre au régime** to go on a diet; **se mettre d'accord** to reach an agreement; **se mettre en colère** to get angry

**le meuble** piece of furniture

**meublé(e)** adj. furnished

**meunière: la truite meunière** trout lightly battered and sautéed

**le meurtrier/la meurtrière** murderer

**à mi-temps** half-time, part-time (work)

**le micro-ordinateur (le micro)** personal computer

**le midi** noon; south-central France; **à midi** at noon

**le miel** honey

**le/la mien(ne)** pron. mine

**mieux** adv. better; **aimer mieux** to prefer; **d'autant mieux** all the better; **de mieux en mieux** better and better; **valoir mieux** to be better; **vous feriez mieux de** you had better

**mignon(ne)** adj. cute

**mijoter** to simmer; fam. to cook

**mil** m. thousand (*in years*)

**le milieu** milieu; environment; middle; **au milieu de** in the middle of; **le juste milieu** the "golden mean," the happy medium

**le militaire** serviceman, soldier; adj. military

**militer** to militate (*engage in political activism*)

**mille** adj. thousand

**le milliard** billion

**le/la millionnaire** millionaire

**mince** adj. thin; slender

**la minceur** thinness, slimness; **la cuisine minceur** light, low-fat cooking

**la mine** mine; **la mine d'or** gold mine

**minier/minière** adj. mining

**le ministère** ministry

**le Minitel** *French personal communications terminal*

**minuit** midnight; **à minuit** at midnight

**minutieusement** adv. meticulously

**la mise** putting; **la mise en garde** warning; **la mise en page** formatting, layout

**la misère** misery, poverty

**mitoyen(ne)** adj. intermediate; **le mur mitoyen** dividing wall, garden wall

**mn.** *ab.* **minute** f. minute

**le mobilier** furnishings

**la mobylette** moped, scooter

**moche** adj. fam. ugly; rotten

**la mode** fashion, style; *m., Gram.* mood; mode; method; **à la mode** in style; **le mode de vie** lifestyle; **suivre la mode** to keep in fashion

**modérément** adv. moderately

**modifier** to modify, transform

**la moelle** marrow (*of bone*); **l'os** (*m.*) **à moelle** marrowbone

**moi** stressed pron. I; **à moi** mine; **fiche-moi la paix!** fam. get out of here! shut up!

**moindre** adj. less, smaller, slighter

**le moine** monk; **l'habit ne fait pas le moine** you can't tell a book by its cover

**moins** adv. less; **à moins que** conj. unless; **au moins** at least; **de moins en moins** less and less; **le moins** the least; **moins de/que** fewer than

**le mois** month; **par mois** per month

**moite** adj. moist, clammy

**la moitié** half

**le mollet** calf (of leg)

**le moment** moment; **à ce moment-là** then, at that moment; **au bon moment** at the right time; **au moment où** when; **du moment que** from the moment when; seeing that

**mon** adj. m. s. my

**le monde** world; people; society; **aller au bout du monde** to go to the ends of the earth; **tout le monde** everybody

**mondial(e)** adj. world; worldwide

**le moniteur/la monitrice** coach; instructor; supervisor

**la monnaie** change; coins; **c'est monnaie courante** it's common, trivial

**la montagne** mountain; **à la montagne** in the mountains

**le montant** total (amount)

**monter** *intr.* to climb into; to get in; to go up; *trans.* to take up; to climb; **l'eau lui monte à la bouche** his/her mouth begins to water

**la montgolfière** hot-air balloon

**la montre** watch; wristwatch

**montrer** to show; **montrer sa gratitude** to show one's appreciation

**se moquer de** to make fun of; to mock

**la moquette** wall-to-wall carpeting

**moqueur/moqueuse** *adj.* derisive, mocking

**le morceau** piece

**mordre** to bite

**mordu(e)** *adj.* bitten; **être mordu(e) de quelque chose** to be crazy, mad about something

**la mort** death

**mortel(le)** *adj.* mortal; fatal

**le mot** word; **envoyer un petit mot** to send a note; **le mot-clé** key word; **le mot juste** the exact, right word; **les mots croisés** crossword puzzle

**le motif** design, pattern

**la moto** *fam.* motorbike

**mou (molle)** *adj.* soft; flabby

**mouiller** to wet, dampen

**mourir** (*p.p.* **mort**) *irreg.* to die

**la mousse** moss; foam; **la mousse à raser** shaving cream; **la mousse au chocolat** chocolate mousse

**mousser** to froth, foam

**le moustique** mosquito

**la moutarde** mustard

**moyen(ne)** *adj.* average; mean, middle, medium; *n. m.* means; way; *n. f.* average; **en moyenne** on average

**le Moyen-Orient** Middle East

**muet(te)** *adj.* silent

**muni(e) de** *adj.* supplied, equipped

**les munitions** *f. pl.* munitions; ammunition

**le mur** wall; **le mur mitoyen** dividing wall, garden wall

**muros: extra muros** outside the walls

**le muscadet** muscat, muscatel

(wine)

**le musée** museum

**muséographique** *adj.* museographic, pertaining to museums

**la musette** bagpipe(s); accordion band

**la musique** music; **la musique classique** classical music

**le must** *inv.* necessity, "a must"

**musulman(e)** *adj.* Moslem

**la myriade** myriad, plethora

**nager (nous nageons)** to swim

**naïf (naïve)** *adj.* naïve; simple-minded

**la naissance** birth; **donner naissance à** to give rise, give birth to

**naissant(e)** *adj.* nascent, incipient

**naître** (*p.p.* **né**) to be born

**la nappe** tablecloth

**nappé(e) de** *adj.* coated with

**le napperon** tea-cloth; doily

**natal(e)** *adj.* native

**la natation** swimming; **faire de la natation** to swim, go swimming

**national(e)** *adj.* national

**la nature** nature; **le yaourt nature** plain yoghurt

**naturellement** *adv.* naturally

**le navet** turnip

**la navette** (space) shuttle

**navré(e)** *adj.* terribly sorry; heartbroken

**nécessiter** to need

**la nécropole** necropolis, cemetery

**négligé(e)** *adj.* neglected; very casual; **la tenue négligée** casual, informal dress

**négliger (nous négligeons) de** to neglect to

**négocier** to negotiate

**la neige** snow

**le nerf** nerve; **ça me tape sur les nerfs** that gets on my nerves

**net(te)** *adj.* neat; net (*weight*); **le bénéfice net** clear profit

**nettoyer (je nettoie)** to clean; **nettoyer les tables** to bus tables

**neuf (neuve)** *adj.* new, brand-new; nine

**neuvième** *adj.* ninth

**le neveu** nephew

**la névrose** neurosis

**le/la névrotique** neurotic

**le nez** nose

**ni** neither; nor; **ne... ni... ni** neither ... nor

**nier** to deny

**nimbé(e)** *adj.* surrounded by a nimbus or aura

**le niveau** level; **le niveau de vie** standard of living

**la noblesse** nobility

**nocif/nocive** *adj.* noxious, harmful

**(le) Noël** Christmas; **le Père Noël** Santa Claus; **le sapin de Noël** Christmas tree

**noir(e)** *adj.* black; **une bête noire** bête noire, aversion; **faire noir** to get dark (outside); **les lunettes** (*f. pl.*) **noires** dark glasses; **un œil au beurre noir** black eye; **le tableau noir** blackboard, chalkboard

**la noix** nut; **la noix de coco** coconut

**le nom** noun; name

**le nombre** number; quantity

**nombreux/nombreuse** *adj.* numerous

**nommer** to name

**non** *interj.* no; not; **non plus** neither, not ... either

**le nord** north; **l'Amérique** (*f.*) **du Nord** North America

**normal(e)** *adj.* normal

**normand(e)** *adj.* from the Normandy region of France

**la Norvège** Norway

**nos** *adj. m., f., pl.* our

**la note** note; grade; bill; **prendre note de** to take note of; **régler la note** to pay one's bill

**noter** to notice

**notre** *adj. m., f., s.* our

**le/la nôtre** *pron.* ours; our own; *pl.* ours; our people; **être des nôtres** to be one of us

**nouer** to knot; **nouer des liens d'amitié** to make friends

**nourri(e)** *adj.* nourished, fed

**la nourriture** food

**nous** *subject pron., stressed pron.* we; us

**nouveau (nouvel, nouvelle)** *adj.* new; **quelque chose de nouveau** something new

**le nouveau-né** newborn

**la nouveauté** novelty

**la nouvelle** piece of news; short story; *pl.* news, current events; **la mauvaise nouvelle** bad news

**novembre** November

**la nuit** night; **bonne nuit** goodnight; **il fait nuit** it's dark out

**nul(le)** *adj., pron.* no, not any; **ne... nulle part** *adv.* nowhere

**le numéro** number

**obéir (à)** to obey

**l'objet** *m.* objective; object; **le complément d'objet direct (indirect)** direct (indirect) object pronoun; **l'objet d'art** work of art

**obligé(e)** *adj.* obliged, required; **être obligé(e) de** to be obliged to

**l'obligeance** *f.* kindness; **ayez l'obligeance de** be so kind as to

**obliger (nous obligeons) (à)** to oblige (to); to compel (to); to do a favor

**obscur(e)** *adj.* dark; obscure

**l'obstacle** *m.* obstacle; **franchir un obstacle** to overcome an obstacle

**s'obstiner (à)** to persevere, persist (in)

**obtenir** (*like* **tenir**) to obtain, get

**obtenu(e)** *adj.* gotten, obtained

**l'occasion** *f.* opportunity; occasion; bargain; **à l'occasion de** on the occasion of; **avoir l'occasion de** to have the chance to; **(une voiture) d'occasion** used, second-hand (car); **donner l'occasion de** to offer the opportunity to

**occasionné(e)** *adj.* brought about, caused

**occuper** to occupy; **s'occuper de** to look after, be interested in

**s'octroyer (je m'octroie)** to grant oneself; to indulge in

**l'œil** (*m. pl.* **yeux**) eye; look; **le coup d'œil** glance; **un œil au beurre noir** black eye

**l'œillet** *m.* carnation

**l'œuf** *m.* egg; **l'oeuf dur** hard-boiled egg

**l'œuvre** *f.* work; artistic work; **bonnes œuvres** *f. pl.* charitable activities; **le \*hors-d'œuvre** hors-d'oeuvre, appetizer

**l'offre** *f.* offer; **l'offre d'emploi** job offer

**offrir** (*like* **ouvrir**) to offer; **offrir des cadeaux** to give presents; **s'offrir** to buy (something) for oneself

**l'oiseau** *m.* bird

**onctueux/onctueuse** *adj.* unctuous, oily

**onéreux/onéreuse** *adj.* onerous, burdensome; expensive

**onze** *adj.* eleven

**l'opinion** *f.* opinion; **demander son opinion à quelqu'un** to ask someone's opinion

**opposé(e)** *adj.* opposing, opposite; *n. m.* opposite

**opter** to opt, choose

**or** *m.* gold

**l'orage** *m.* storm

**orange** *adj. inv.* orange; *n. f.* orange; **le feu orange** yellow light

**l'ordinateur** *m.* computer

**l'ordonnance** *f.* prescription

**ordonné(e)** *adj.* orderly, tidy

**l'ordre** *m.* order; **mettre de l'ordre dans** to organize, set straight; **par ordre (de)** in order (of)

**l'oreille** *f.* ear; **casser les oreilles à** to drive someone crazy (with noise)

**organiser** to organize

**originaire (de)** *adj.* originating (from); native (of); original

**orné(e) de** *adj.* decorated with

**l'os** *m.* bone; **l'os à mœlle** marrowbone

**oser** to dare

**oublier (de)** to forget (to)

**l'ouest** *m.* west

**oui** *interj.* yes

**l'outil** *m.* tool

**outre** *prep.* beyond, in addition to

**ouvert(e)** *adj.* open; frank

**l'ouverture** *f.* opening

**l'ouvrier/l'ouvrière** worker, factory worker

**ouvrir** (*p.p.* **ouvert**) *irreg.* to open; **s'ouvrir** to open (up)

**l'ozone** *m.* ozone; **la couche d'ozone** ozone layer

**P.T.T.** *ab.* **l'administration des Postes, Télécommunications et Télédiffusion** *f. pl. French government communications agency, postal service*

**la page** page; **la mise en page** formatting, layout

**le paiement** payment

**païen(ne)** *adj.* pagan, pre-Christian

**le pain** bread; **le pain de ménage** large loaf of home-baked bread; **le petit pain** dinner roll

**paisible** *adj.* peaceful, tranquil

**la paix** peace; **fiche-moi la paix!** *fam.* get out of here! shut up! **laisser en paix** to leave alone, in peace

**le palais** palace; palate (*in mouth*)

**paléochrétien(ne)** *adj.* paleochristian, early Christian

**le palmipède** palmiped, web-footed bird

**palpitant(e)** *adj.* thrilling, exciting

**le panier** basket

**la panique** panic, scare; **pris(e) de panique** *adj.* panic-stricken

**la panne** (mechanical) breakdown; **être en panne** to have a breakdown; **tomber en panne** to have a breakdown

**le panneau** road sign; billboard; panel; **le panneau d'affichage** signboard, billboard

**la panoplie** panoply; armor

**le pantalon** (pair of) pants

**le pape** pope

**le papier** paper; **le papier peint** wallpaper

**le papillon** butterfly

**papi-mami** *fam.* grandma and grandpa

**Pâques** *f. pl.* Easter

**le paquet** package

**par** *prep.* by, through; **au coup par coup** little by little; **par avance** beforehand; **par avion** air mail; **par conséquent** consequently; **par écrit** in writing; **par exemple** for example; **par \*hasard** by chance; **par mois** per month; **par ordre (de)** in order (of); **par terre** on the ground; **par voie de** by, through; **la vente par correspondance** mail order

**paraître** (*like* **connaître**) to appear

**le parapluie** umbrella

**le parasite** parasite; *pl.* (*radio*) static, interference

**parcourir** (*like* **courir**) to travel through

**le parcours** route, course, distance to cover

**parcouru(e)** *adj.* covered

**par-dessus** *prep., adv.* over (the top of)

**pardon** *interj.* pardon me

**le parent** parent; relative

**le paréo** pareo, grass skirt
**paresseux/paresseuse** *adj.* lazy
**parfait(e)** *adj.* perfect
**parfois** *adv.* sometimes; now and then
**le parfum** perfume
**la parfumerie** perfume factory, perfume boutique
**parier** to bet
**parler** to speak, talk; **parler à** to speak to; **parler couramment** to speak fluently; **parler de** to talk about; **parler de la pluie et du beau temps** to talk about nothing in particular; **parler politique (religion)** to discuss politics (religion)
**parmi** *prep.* among
**la parole** word; **ma parole** *interj.* my word; **prendre (demander) la parole** to take (to ask for) the floor
**la part** share, portion; **de ma (votre, sa) part** from me (you, him/her); **d'une part... d'autre part** on the one hand ... on the other hand; **ne... nulle part** nowhere; **pour ma part** as for me; **prendre part à** to participate, take part in; **quelque part** somewhere
**partager (nous partageons)** to share
**le participe** participle
**participer à** to participate in
**la partie** part (*of a whole*); game, match; **en partie** in part; **faire partie de** to be part of
**partir** to leave; **à partir de** *prep.* starting from; **partir en vacances** to leave on vacation
**partout** *adv.* everywhere
**paru(e)** *adj.* appeared; published
**pas (ne... pas)** not; **ne... pas du tout** not at all
**le/la passant(e)** passerby
**passé(e)** *adj.* past, gone, last; spent, strained; *n. m.* past; **le conditionnel passé** *Gram.* past conditional; **le passé composé** *Gram.* present perfect; **le passé simple** *Gram.* simple (historic, literary) past tense
**passer** *int.* to pass; *trans.* to pass; to cross; to spend (time); **ce film passe** this film is showing; **en passant** incidentally; **passer à** table to sit down to the table; **passer dans** to enter; **passer l'aspirateur** to vacuum; **passer un check-up** to have a medical check-up; **passer un examen** to take an exam; **se passer** to happen, take place; to go; **se passer de** to do without
**le passe-temps** pastime, hobby
**passionnant(e)** *adj.* exciting, thrilling
**passionné(e)** *adj.* passionate; **être passionné(e) de, pour** to be very fond of, interested in
**la pastille** drop, lozenge
**la pâte** dough; *pl.* pasta, noodles
**le pâté** liver paste, pâté; **le pâté maison** house (recipe) pâté
**la patience** patience; **avoir de la patience** to be patient, have patience; **perdre patience** to lose patience
**patiné(e)** *adj.* weathered (wood)
**la pâtisserie** pastry; pastry shop
**le pâtissier/la pâtissière** pastry chef; **le chef pâtissier** pastry chef
**la patrie** country; homeland, native land
**le patrimoine** heritage
**le/la patron(ne)** boss
**la paume** palm (of hand)
**pauvre** *adj.* poor, needy; wretched; unfortunate; *n. m. pl.* the poor
**la pauvreté** poverty
**pavé(e)** *adj.* paved
**payé(e)** *adj.* paid
**payer (je paie)** to pay; **se payer** to treat oneself to
**le pays** country; land; **le mal du pays** homesickness
**le paysage** landscape, scenery
**les Pays-Bas** *m. pl.* Holland, the Netherlands
**la peau** skin; **à fleur de peau** skin-deep; **être bien dans sa peau** to feel comfortable with oneself; **le Peau-Rouge** "redskin" (Indian)
**la pêche** fishing; peach; **aller à la pêche** to go fishing; **la pêche melba** peaches with raspberry sauce
**pédestre** *adj.* pedestrian, on foot
**peindre** (*like* **craindre**) to paint; **peindre à l'eau (à l'huile)** to paint in watercolors (in oils)
**la peine** bother, trouble; punishment, sentence; **à peine** hardly; **ce n'est pas la peine** it's not worth the bother; **prendre la peine de** to go to the trouble of; **sans peine** without difficulty; painlessly; **valoir la peine** to be worth the trouble
**peint(e)** *adj.* painted; **le papier peint** wallpaper
**le peintre** painter
**la peinture** paint; painting
**la pelouse** lawn; **tondre la pelouse** to mow the lawn
**le penchant** penchant, tendency, propensity
**se pencher** to bend down, lean over
**pendant** *prep.* during; **pendant que** *conj.* while
**la pensée** thought
**penser** to think; reflect; to expect; to intend; **faire penser à** to make one think of; **penser à** to think of (something); **penser de** to think about, have an opinion about; **qu'en pensez-vous?** what do you think about it?
**la pension** board, meals; boardinghouse; **la pension complète** full board
**perçu(e)** *adj.* perceived
**le/la perdant(e)** loser
**perdre** to lose; to waste; **à en perdre le souffle** to take one's breath away; **perdre du temps** to waste time; **perdre l'occasion de** to miss the opportunity to; **perdre patience** to exhaust one's patience; **perdre son sang-froid** to lose his/her equanimity, "cool"; **se perdre** to get lost
**perdu(e)** *adj.* lost; wasted
**le père** father; **le Père Noël** Santa Claus
**perfectionner** to perfect
**permanent(e)** *adj.* permanent; *n. m., f.* employee, staff member
**permettre** (*like* **mettre**) to permit, allow, let; **se permettre** to permit oneself; to afford
**permis(e)** *adj.* permitted; *n. m.* license; **le permis de conduire** driver's license
**la Perse** Persia (*modern Iran*); **un tapis de Perse** Persian rug

**pérsévérant(e)** *adj.* persevering, dogged

**persister à** to persist in

**le personnage** (fictional) character; personage

**la personne** person; **ne... personne** nobody, no one; **personne d'important** no one important

**persuader** to persuade, convince

**la perte** loss; **une perte de temps** a waste of time

**peser (je pèse)** to weigh

**la peste** plague

**le pétard** firecracker

**petit(e)** *adj.* little; short; very young; *m. pl.* young ones; little ones; **le petit ami/la petite amie** boyfriend, girlfriend; **petit à petit** little by little; **le petit déjeuner** breakfast; **la petite annonce** classified ad; **le petit écran** television; **le petit pain** dinner roll; **les petits pois** *m. pl.* green peas

**le petit-beurre** (*pl.* **les petits-beurre**) French butter cookie

**le petit-enfant** grandchild

**le petit-fils** grandson

**le pétrole** oil, petroleum; **le puits de pétrole** oil well

**pétrolier/pétrolière** *adj.* petroleum

**peu** *adv.* little, not much; few, not many; not very; **à peu près** *adv.* nearly; **il est peu probable que** it's doubtful that; **peu à peu** little by little; **un peu** a little

**le peuple** nation; people of a country

**la peur** fear; **avoir peur (de)** to be afraid (of); **faire peur à** to scare, frighten

**peut-être** *adv.* perhaps, maybe

**le phare** lighthouse; headlight

**le/la pharmacien(ne)** pharmacist

**le phénomène** phenomenon

**le/la photographe** photographer

**la photographie** photography; photograph

**photographique** *adj.* photographic

**la phrase** sentence

**physique** *adj.* physical; *n. m.* physical appearance; *n. f.* physics

**pianoter** to strum; to drum (*e.g., on a table*)

**la pièce** (*theatrical*) play; piece; coin; room (of a house)

**le pied** foot; **à pied** on foot; **au pied de** at the foot of; **frapper du pied** to kick; to stamp one's foot

**le piège** trap; **prendre au piège** to trap

**la pierre** stone

**piéton(ne)** *adj., n. m., f.* pedestrian

**pile: il est cinq heures pile** it's exactly five o'clock

**la pilule** pill

**la pincée** pinch

**pique-niquer** to have a picnic

**pire** *adj.* worse; **le/la pire** the worst

**pis** *adv.* worse; **tant pis** too bad

**la piscine** swimming pool

**la piste** path, trail; course; slope; **la piste cyclable** bike path

**la pitié** pity; **avoir pitié de** to have pity on

**pittoresque** *adj.* picturesque

**le placard** cupboard, cabinet

**la place** place; position; seat (*theater, train*); public square; **à votre place** in your place, if I were you; **le lit à deux places** double bed; **mettre en place** to put into place; **sur place** on/in the field; in the same place

**le placement** investment

**placer (nous plaçons)** to find a seat for; to place; to situate

**la plage** beach

**plaindre** (*like* **craindre**) to pity; **se plaindre** to complain

**la plainte** complaint; **porter plainte (contre)** to file a complaint (against); to sue

**plaire** (*p.p.* **plu**) **à** *irreg.* to please; **s'il te (vous) plaît** *interj.* please; **se plaire à** to delight in

**plaisanter** to joke

**le plaisir** pleasure; **faire plaisir à** to please

**le plan** plan; diagram, map; **en gros plan** close-up

**la planche** board; **la planche à voile** sailboard, windsurfer

**la plaque** plate; tablet

**plat(e)** *adj.* flat; *n. m.* dish; course; **le plat de service** serving plate

**le plateau** plateau; tray

**le plâtre** plaster; plaster cast

**plein(e) (de)** *adj.* full (of); **en plein air** in the open air,

outdoors; **en plein centre** right in the middle; **en pleine forme** physically fit; **faire (refaire) le plein (d'essence)** to fill up (again) (with gasoline)

**plénière** *adj. f.* full, complete; **la session plénière** plenary session

**pleurer** to cry

**pleuvoir** (*p.p.* **plu**) *irreg.* to rain

**le plomb** lead (*metal*)

**le plombier** plumber

**plonger (nous plongeons)** to dive; to dip; to immerse; **se plonger (dans)** to immerse, lose oneself

**le plongeur/la plongeuse** *fam.* dishwasher (*restaurant worker*)

**la pluie** rain; **parler de la pluie et du beau temps** to talk about nothing in particular

**la plupart (de)** most (of); the majority of

**le pluriel** *Gram.* plural

**plus (de)** *adv.* more; more ... than ... ; plus; **le/la/les plus + adj. or adv.** most; **de plus en plus** more and more; **en plus (de)** in addition (to); **je n'en peux plus** I can't go on any longer; **ne... plus** no longer, not anymore; **non plus** neither, not ... either

**plusieurs** *adj., pron.* several

**le plus-que-parfait** *Gram.* pluperfect, past perfect

**plutôt** *adv.* more; rather; sooner

**le pneu** tire

**po: les sciences po** *f. pl., fam.* (**sciences politiques**) political science

**la poche** pocket; **la lampe de poche** flashlight; **le livre de poche** paperback; pocket book

**la pochette** slipcase; (record) sleeve

**le poêlon** small saucepan, casserole

**le poids** weight; **faire des poids et haltères** to lift weights; **prendre (perdre) du poids** to gain (lose) weight

**la poignée** handful; **la poignée de main** handshake

**le poil** hair; bristle

**le point** point; period (*punctuation*); **mettre au point** to restate, focus; **mettre un point d'honneur (à)** to make it a point (to); **le point**

**de repère** reference point; landmark; **le point de vue** point of view

**la pointe** peak; point; touch; bit; **le col à pointes boutonnées** button-down collar; **les heures** (*f. pl.*) **de pointe** rush hour(s)

**la pointure** shoe size

**le pois** pea; **à pois** polka-dotted; **les petits pois** *m. pl.* green peas

**le poisson** fish; **poisson d'avril** April Fool's joke, hoax; **le poisson rouge** goldfish

**le poissonnier/la poissonnière** fishseller, fishmonger

**la poitrine** chest; breasts

**le poivre** pepper

**poivrer** to pepper

**poli(e)** *adj.* polite; polished

**policier/policière** *adj.* pertaining to the police; *n. m.* police officer; **le roman (le film) policier** detective novel (film)

**la politesse** politeness; good breeding

**politique** *adj.* political; *n. f.* politics; policy; **l'homme/la femme politique** politician; **les sciences** (*f. pl.*) **politiques** political science

**politisé(e)** *adj.* politicized, politically-minded

**la pomme** apple; **la compote de pommes** apple compote, stewed apples; **la pomme de terre** potato; **la tarte aux pommes** apple tart, pie

**pomponné(e)** *adj.* adorned, embellished

**le pont** bridge

**portatif/portative** *adj.* portable

**la porte** door

**porter** to carry; to wear; **porter malheur à** to bring bad luck to; **porter plainte (contre)** to file a complaint (against); to sue; **porter une tenue négligée** to wear casual clothing; **le prêt-à-porter** ready-to-wear women's clothing

**le porteur/la porteuse** carrier, bearer; (*luggage*) porter

**poser** to pose; to ask; to put (down); to state; **se poser des questions** to ask one another questions

**la position** position; stand; **prendre position contre**

**(pour)** to take sides against (for)

**se positionner (sur)** to position oneself (on)

**posséder (je possède)** to possess

**la possession** possession; **être en possession de** to possess, be in possession of

**postal(e)** *adj.* postal, post; **la carte postale** postcard

**le poste** position; employment; television, radio set; *n. f.* post office, postal service; **aller à la poste** to go to the post office; **allumer le poste** to turn on the TV

**poster** to mail (a letter); *n. m.* poster

**le postier/la postière** post office employee; mail carrier

**le pot** pot; jar; pitcher; **prendre un pot** *fam.* to have a drink

**le potage** soup

**le pote (mon pote)** *fam.* buddy, pal

**la poubelle** garbage can

**le poulet** chicken

**la poupée** doll

**pour** *prep.* for; on account of; in order; for the sake of; **pour que** *conj.* so that, in order that

**le pourboire** tip, gratuity

**pourquoi** *adv., conj.* why

**poursuivre** (*like* **suivre**) to pursue

**pourtant** *adv.* however, yet, still; nevertheless

**pourvoir** *irreg.* to fill (a vacancy)

**pourvu que** *conj.* provided that

**le pousse-café** *inv.* after-dinner drink; liqueur

**pousser** to push; to encourage; to utter, emit; to grow; **pousser des cris (après)** to scream (at); **pousser un cri** to utter a cry

**la poussière** dust

**pouvoir** (*p.p.* **pu**) *irreg.* to be able; *n. m.* power, strength; **je n'en (j'en) peux plus** I can't go on any longer; **les pouvoirs publics** *m. pl.* public authorities

**le pré** field, meadow

**précéder (je précède)** to precede

**se précipiter** to rush over; to hurl oneself

**précisément** *adv.* precisely, exactly

**préciser** to state precisely; to specify

**préférer (je préfère)** to prefer; to

like better

**le préjugé** prejudice

**premier/première** *adj.* first; principal; former; **en première classe** in first class

**prendre** (*p.p.* **pris**) *irreg.* to take; to catch, capture; to choose; to begin to; **prendre au piège** to trap; **prendre au sérieux** to take seriously; **prendre des mesures (pour)** to take steps (to); **prendre des risques** to take risks; **prendre des rondeurs** to "take on curves," gain weight; **prendre des vacances** to take a vacation; **prendre du poids** to gain weight; **prendre du temps** to take time; **prendre garde** to watch out; **prendre la parole** to begin speaking, take the floor; **prendre la peine de** to go to the trouble of; **prendre la route** to leave (on a trip); **prendre l'avis de quelqu'un** to take someone's advice; **prendre le petit déjeuner** to have breakfast; **prendre les armes contre** to take up arms against; **prendre le temps (de)** to take the time (to); **prendre modèle sur** to be modeled after; **prendre note de** to take note of; **prendre part à** to participate, take part in; **prendre position** to take sides; **prendre rendez-vous** to make an appointment, a date; **prendre soin de** to take care of; **prendre son temps** to take one's time; **prendre une décision** to make a decision; **prendre une douche** to take a shower; **prendre un pot (un verre)** *fam.* to have a drink; **se prendre pour** to take oneself for; **s'y prendre** to go about it, set about it

**le prénom** first name, Christian name

**se préoccuper de** to concern, preoccupy oneself with

**la préparation** preparation

**préparer** to prepare; **se préparer à** to prepare oneself, get ready for

**près** *adv.* by, near; **à peu près** around, approximately; **près de** *prep.* near, close to; almost

**présent(e)** *adj.* present; *n. m.* present; **le participe présent** *Gram.* present participle
**présenter** to present; to introduce; to put on (a performance); **présenter des excuses** to apologize; **se présenter** to present, introduce oneself; to appear
**presque** *adv.* almost, nearly
**pressé(e)** *adj.* in a hurry, rushed; squeezed
**la pressothérapie** acupressure
**la prestation** benefit; loan(ing) (*of money*)
**prêt(e)** *adj.* ready; *n. m.* loan; **le prêt-à-porter** ready-to-wear women's clothing
**prétendre** to claim, maintain; to require
**prêter** to lend, loan
**la preuve** proof
**prévenir** (*like* **venir**) to warn, inform; to prevent, avert
**la prévision** forecast(ing)
**prévu(e)** *adj.* expected, anticipated
**prier** to pray; to beg, entreat; to ask (someone); **je vous (t') en prie** please
**le prieuré** priory
**le principe** principle
**le printemps** spring, springtime
**pris(e)** *adj.* taken; occupied; busy; *n. f.* setting; grasp; **la prise de contact** initial meeting; **pris(e) de panique** panic-stricken; **la prise de vue** shooting (*movies*)
**privé(e)** *adj.* private; deprived of; *n. m.* private (*military*)
**privilégié(e)** *adj.* privileged; *n. m., f.* privileged, fortunate person
**le prix** price; prize; **à tout prix** at all cost(s); *hors de prix outrageously expensive; **le menu à prix fixe** fixed price meal(s)
**probable** *adj.* probable; **il est peu probable que** it's doubtful that
**probablement** *adv.* probably
**le problème** problem
**procéder (je procède)** to proceed
**le processus** process
**prochain(e)** *adj.* next; near; immediate
**proche** *adj., adv.* near, close; *n. m. pl.* close relatives; **le futur proche** *Gram.* immediate, near future; **proche de** *prep.* near;

on the verge of
**se procurer** to procure, get, obtain
**le procureur/la procuratrice** attorney; public prosecutor
**le prodige** prodigy; **l'enfant prodige** *m., f.* child prodigy
**le producteur/la productrice** producer
**produire** (*like* **conduire**) to produce; **se produire** to occur, happen, arise
**le produit** product; **les produits laitiers** dairy products
**le professeur (le prof)** professor; teacher
**professionnel(le)** *adj.* professional; *n. m., f.* professional
**le profit** profit, benefit; **au profit de** on behalf of, for the benefit of
**profiter de** to take advantage of, profit from
**profond(e)** *adj.* deep
**la profondeur** depth
**le programme** program; course program; design, plan
**le progrès** progress; **faire du (des) progrès** to make progress, improve
**le projet** project; plan
**projeter (je projette) (de)** to project; to plan, intend (to)
**prolonger (nous prolongeons)** to prolong, extend
**la promenade** promenade; walk; stroll; drive; excursion, pleasure trip; **faire une promenade (à pied, en voiture)** to go on an outing (a walk, a car ride)
**promener (je promène...)** to take someone out walking (for exercise); **se promener** to go for a walk, drive, ride; **tout envoyer promener** *fam.* to chuck everything
**promettre** (*like* **mettre**) **(de)** to promise; **se promettre** to promise oneself; to promise each other
**le pronom** *Gram.* pronoun; **le pronom complément d'objet direct (indirect)** *Gram.* direct (indirect) object pronoun; **le pronom relatif (démonstratif, interrogatif, possessif)** *Gram.* relative (demonstrative, interrogative, possessive) pronoun

**pronominal(e)** *adj., Gram.* pronominal; **le verbe pronominal** *Gram.* pronominal, reflexive verb
**le propos** talk; utterance; **à propos de** *prep.* with respect to
**propre** *adj.* own; proper; clean
**la propreté** cleanliness
**le/la propriétaire** owner; landlord
**la propriété** property
**se prosterner** to prostrate oneself
**protéger (je protège, nous protégeons)** to protect
**protester** to protest; to declare
**prouver** to prove
**provençal(e)** *adj.* from the Provence region
**la Provence** Provence region, south of France
**provenir** (*like* **venir**) **de** to proceed, result, arise from
**la provision** supply; *pl.* groceries
**provocant(e)** *adj.* provocative; aggressive
**la proximité** proximity, closeness; **à proximité de** near
**prudent(e)** *adj.* prudent; cautious, careful
**la prune** plum; **travailler pour des prunes** to work for peanuts
**le/la psychologue** psychologist
**la psychose** psychosis
**public (publique)** *adj.* public; *n. m.* public; audience; **les pouvoirs** (*m. pl.*) **publics** public authorities
**le/la publicitaire** person working in advertising; *adj.* advertising, ad; **l'annonce** (*f.*) **publicitaire** ad; commercial
**la publicité (la pub)** publicity; advertising
**puis** *adv.* then afterward, next; besides
**puisque** *conj.* since, as, seeing that
**la puissance** power
**puissant(e)** *adj.* powerful, strong
**le puits** well, hole; **creuser un puits** to dig a well; **le puits de pétrole** oil well
**le pullover (le pull)** pullover
**la pulsion** (unconscious) impulse

**qualifié(e)** *adj.* qualified
**la qualité** quality; virtue
**quand** *adv., conj.* when; **quand même** anyway; even though
**quant à** *prep.* as for

**la quarantaine** about forty
**quarante** *adj.* forty
**le quart** quarter; quarter of an hour; fourth (*part*)
**le quartier** neighborhood
**quatorze** *adj.* fourteen
**quatre** *adj.* four
**quatre-vingts** *adj.* eighty
**quatrième** *adj.* fourth
**que (ne... que)** *adv.* only
**le Québec** Quebec (*province*); **Québec** Quebec City
**québécois(e)** *adj.* from, of Quebec
**quel(le)(s)** *adj.* what, which; what a …
**quelconque** *adj. indefinite* any, whatever, some
**quelque(s)** *adj.* some, any; a few; **quelque chose** *pron.* something; **quelque part** somewhere
**quelquefois** *adj.* sometimes
**quelqu'un** *pron.* someone, somebody; **quelques-un(e)s** *pron.* some, a few
**la querelle** quarrel
**la question** question; **poser (se poser) des questions** to ask questions (of each other)
**la queue** tail; line (of people); **faire la queue** to stand in line
**la quincaillerie** hardware store
**la quinzaine** about fifteen
**quinze** *adj.* fifteen
**quitter** to leave; to abandon, leave behind; **se quitter** to separate
**quoi (à quoi, de quoi)** *pron.* which; what; **de quoi** enough, something; **n'importe quoi** anything; no matter what; **quoi qu'il en soit** be that as it may
**quoique** *conj.* although
**quotidien(ne)** *adj.* quotidian, daily; *n. m.* daily newspaper

**r.** *ab.* **la rue** street
**la race** race; ancestry; stock; **le chat de race** pedigreed cat; **le cheval de race** thoroughbred horse
**la racine** root
**raconter** to tell; to recount, narrate
**radieux/radieuse** *adj.* radiant, dazzling
**la radiodiffusion** broadcasting
**raffiné(e)** *adj.* refined; cultivated
**le raisin** grape(s)
**la raison** reason; **avoir raison** to be

right; **en raison de** *prep.* by reason of
**raisonnable** *adj.* reasonable; rational
**le raisonnement** reasoning, argument
**ramasser** to pick up, collect
**rancart: mettre au rancart** to cast aside, set aside
**la randonnée** tour, trip; ride; **faire une (de la) randonnée** to go on a hike; to take a trip, tour
**la rangée** row; array
**ranger (nous rangeons)** to put in order; to arrange, categorize; **ranger la chambre (les placards)** to straighten the room (cupboards)
**râpé(e)** *adj.* grated
**rappeler (je rappelle)** to remind; to recall; **se rappeler** to recall; to remember
**le rapport** connection, relation; report; *pl.* relations; **par rapport à** concerning, regarding
**rapporter** to bring back, return; to report
**le rapporteur/la rapporteuse** reporter, spokesperson
**rapprocher** to bring together; **se rapprocher (de)** to draw nearer (to)
**se raser** to shave; **la mousse à raser** shaving cream
**ras-le-bol** *adv., fam.* up to here; **en avoir ras-le-bol** to be fed up with
**rassembler** to gather
**rassurer** to reassure; **se rassurer** to reassure each other, oneself
**rauque** *adj.* hoarse, harsh
**ravi(e)** *adj.* delighted
**le ravier** small glass dish, radish dish
**le ravissement** ecstasy, delight
**rayé(e)** *adj.* striped
**le rayon** store department
**la rayure** stripe; **à rayures** striped
**réagir** to react
**le réalisateur/la réalisatrice** (*TV, film*) producer
**la réalisation** realization; execution
**réaliser** to realize; to carry out, fulfill
**rebelle** *adj.* rebellious; stubborn
**rebondi(e)** *adj.* rounded; chubby
**la réception** entertainment, reception; hotel, lobby desk

**la recette (de cuisine)** recipe
**recevoir** (*p.p.* **reçu**) *irreg.* to receive; to entertain (guests)
**la recherche** research; search
**recherché(e)** *adj.* sought after; studied, affected
**rechercher** to seek; to search for
**le récit** account, story
**la réclamation** claim, demand; complaint
**la réclame** advertisement, commercial
**recommander** to recommend
**recommencer (nous recommençons)** to start again
**le réconfort** comfort; consolation
**la reconnaissance** recognition; gratitude
**reconnaître** (*like* **connaître**) to recognize
**reconnu(e)** *adj.* recognized
**le recours** recourse; **avoir recours à** to have recourse to
**recréer** to recreate
**récrire** (*like* **écrire**) to rewrite
**la recrue** (*m.* or *f.*) recruit
**reçu(e)** *adj.* received; entertained; *n. m.* receipt; **l'idée** (*f.*) **reçue** commonly held idea
**recueilli(e)** *adj.* collected, gathered
**le rédacteur/la rédactrice** writer; editor
**la rédaction** (piece of) writing, draft
**redécouvrir** (*like* **ouvrir**) to rediscover
**redéfinir** to redefine
**redemander** to ask for something again
**redevenir** (*like* **venir**) to become (once) again
**rédiger (nous rédigeons)** to draft (up), write (out)
**redouter** to fear, dread
**le redressement** rectification, amendment; **la maison de redressement** correctional, reform school
**réduire** (*like* **conduire**) to reduce
**refaire** to make again; to redo; **refaire le plein** to fill up again
**le réfectoire** cafeteria, dining hall
**réfléchir** to reflect; to think
**le reflet** reflection
**refléter (je reflète)** to reflect
**refroidir** to cool
**le refus** refusal
**refuser (de)** to refuse (to)

**se régaler de** to feast on, treat oneself to

**le regard** glance; gaze, look

**regarder** to look at

**le régime** diet; **se mettre au régime** to go on a diet

**régional(e)** *adj.* local, of the district

**la règle** ruler (*measuring*); rule

**la réglementation** regulation(s)

**réglementer** to regulate, make rules

**régler (je règle)** to regulate, adjust; to settle; **régler la note** to pay one's bill

**régner (je règne)** to reign

**regretter** to regret; to be sorry for; to miss

**regroupé(e)** *adj.* regrouped

**la reine** queen

**rejeter (je rejette)** to reject

**le rejeton** descendant, offspring

**se réjouir de** to be delighted at

**relâcher** to relax, ease up on

**la relation** relationship

**relativement** *adv.* relatively

**se relaver** to wash (up) again

**se relaxer** to relax

**relire** (*like* **lire**) to reread

**remarquer** to remark; to notice

**le remboursement** reimbursement

**rembourser** to reimburse

**le remerciement** thanks, acknowledgment; **la lettre de remerciements** thank-you note

**remercier (de)** to thank (for)

**remettre** (*like* **mettre**) to put back; to hand in, hand over; to postpone, put off; **se remettre en forme** to get back into shape

**la remise** discount, allowance; **faire une remise (sur)** to allow a discount (on)

**remplacer (nous remplaçons)** to replace

**remplir** to fill (in, out, up)

**remuant(e)** *adj.* restless, bustling

**remuer** to stir; to move (about)

**le renard** fox

**la rencontre** meeting, encounter

**rencontrer** to meet, encounter; **se rencontrer** to meet each other; to get together

**le rendez-vous** meeting, appointment; date; meeting place; **donner rendez-vous à** to make a date with; **prendre rendez-vous avec** to make an appointment with; **sur**

**rendez-vous** by appointment

**rendre** to render; to make; to give (back); **rendre hommage à** to render homage to; **rendre (un) service à** to do a favor for; to give help to; **rendre visite à** to visit (people); **se rendre (à, dans)** to go to; **se rendre compte de (que)** to realize (that)

**rendu: le compte rendu** report, account

**renfermer** to contain, include

**renforcer (nous renforçons)** to reinforce

**les renforts** *m. pl.* reinforcements

**renommé(e)** *adj.* renowned

**renoncer (nous renonçons) à** to give up, renounce

**renouvelable** *adj.* renewable

**le renouvellement** renewal

**rénové(e)** *adj.* renovated, restored

**le renseignement** (piece of) information

**renseigner** to inform, give information; **renseigner les touristes** to give tourists information; **se renseigner sur** to find out, get information about

**la rentrée (des classes)** beginning of the school year

**rentrer** *intr.* to return home

**la réparation** reparation, repair; atonement, amends

**réparer** to repair

**répartir** (*like* **partir**) to share, divide; **se répartir** to apportion, allot

**la répartition** apportionment, distribution

**le repas** meal

**repeindre** (*like* **craindre**) to repaint

**se repentir** (*like* **partir**) to repent, be sorry for

**le repère** reference (mark); **le point de repère** reference point, landmark

**le répertoire** index, list; repertory

**répéter (je répète)** to repeat

**replié(e)** *adj.* retired, withdrawn; **replié(e) sur soi-même** introverted

**répondre** to answer, respond

**la réponse** answer, response

**le reportage** reporting; commentary

**reporter** to take back; to postpone;

to carry over

**le repos** rest

**reposant(e)** *adj.* restful

**reposer (sur)** to put down again; to rest, refresh; to be based (on); **se reposer** to rest

**repousser** to push back; to repulse

**reprendre** (*like* **prendre**) to take (up) again; to continue; **reprendre des forces** to feel refreshed

**représenter** to represent; to present again; to play (a role)

**la reprise** retake; round; **à plusieurs reprises** repeatedly; on several occasions

**reprocher (de)** to reproach (for, with); **se reprocher** to blame oneself

**reproduire** (*like* **conduire**) to reproduce

**réputé(e)** *adj.* reputed, well-known

**le réseau** net; network

**réservé(e)** *adj.* reserved; shy; **avoir une attitude réservé(e)** to be reserved

**résolu(e)** *adj.* solved; resolved

**résoudre** (*p.p.* **résolu**) *irreg.* to resolve

**respectueux/respectueuse** *adj.* respectful

**respirer** to breathe

**le/la responsable** supervisor; staff member; *adj.* responsible

**ressembler à** to resemble; **se ressembler** to look alike, be similar

**ressentir** (*like* **partir**) to feel, sense

**la ressource** resource; funds

**restant(e)** *adj.* remainder, left(over)

**la restauration** restoration; restaurant business

**le reste** rest, remainder

**rester** to stay, remain; to be remaining; **rester debout** to remain standing; to stand (up)

**restreint(e)** *adj.* restricted, limited

**le résultat** result

**le résumé** summary; resumé; **faire le résumé** to summarize

**résumer** to summarize

**rétablir** to reestablish, reconstitute

**le retard** delay; **en retard** late

**retarder** to delay

**retenir** (*like* **tenir**) to retain; to keep, hold

**réticent(e)** *adj.* reserved, reticent;

unwilling
**retirer** to withdraw
**retors(e)** *adj.* twisted (*thread, silk*)
**le retour** return; **en retour** in return
**retourner** to return; to turn over, rotate; **se retourner** to turn over; to turn around; to look back
**la retraite** retreat; retirement; pension; **la maison de retraite** retirement home; **la retraite aux flambeaux** torchlight parade
**le/la retraité(e)** retired person
**retrouver** to find (again); to regain; **retrouver des amis** to get together with friends; **se retrouver** to find oneself, each other (again)
**le rétroviseur** rear-view mirror
**la réunion** meeting; reunion
**réunir** to unite, reunite; **se réunir** to get together
**réussir (à)** to succeed (in)
**la revanche** revenge; **en revanche** on the other hand; in return
**le rêve** dream
**le réveil** alarm clock
**le réveille-matin** alarm clock
**réveiller** to wake, awaken (someone); **se réveiller** to wake up
**le réveillon** Christmas or New Year's Eve party
**révélateur/révélatrice** *adj.* revealing, telling
**révéler (je révèle)** to reveal; **se révéler** to reveal oneself
**revenir** (*like* **venir**) to return, come back; **faire revenir** to brown (*in cooking*)
**rêver** to dream
**réviser** to review
**la révision** review, revision
**revivre** (*like* **vivre**) to relive; to come to life, revive
**revoir** (*like* **voir**) to see (again); **au revoir** goodbye, see you soon
**la revue** review; journal; magazine
**rhabiller** to dress again
**le rhum** rum
**la richesse** wealth
**le rideau** curtain
**ridicule** *adj.* ridiculous
**rien (ne... rien)** *pron.* nothing; **de tout et de rien** insignificant

matters
**rieur/rieuse** *adj.* laughing
**rigolo(te)** *adj., fam.* funny
**rimer** to rhyme
**rire** ( *p.p.* **ri**) *irreg.* to laugh; *n. m.* laughter
**le risque** risk; **prendre des risques** to take risks
**risquer (de)** to risk
**le/la rival(e)** rival, competitor
**la rive** (river)bank
**le riz** rice
**la robe** dress
**le rocher** rock, crag
**le roi** king; **le jour des Rois** Epiphany, Twelfth Night
**le rôle** part, character, role; **à tour de rôle** in turn; by turns; **jouer le rôle de** to play the part of
**romain(e)** *adj.* Roman; *n. m., f.* Roman (person)
**le roman** novel; **le roman policier** detective novel
**le romancier/la romancière** novelist
**rompre** ( *p.p.* **rompu**) *irreg.* to break
**rond(e)** *adj.* round; **à la ronde** in the vicinity
**la rondeur** roundness; *pl.* curves; **prendre des rondeurs** to "take on curves," gain weight
**la rose** rose; *adj.* pink
**le rôti** roast
**le rotin** rattan; **les meubles en rotin** rattan furniture
**la roue** wheel
**rouge** *adj.* red; **le feu rouge** red light; **le poisson rouge** goldfish
**rouillé(e)** *adj.* rusted
**roulé: le col roulé** turtleneck (*shirt*)
**rouler** to drive; to travel along: to roll (up)
**rousseur: les taches** ( *f. pl.*) **de rousseur** freckles
**la route** road; **prendre la route** to leave (on a trip)
**la routine** routine
**roux (rousse)** *adj.* red-haired
**le Royaume-Uni** Great Britain
**la rubrique** heading; newspaper column
**la rue** street
**la ruée** rush, onrush; **la ruée vers l'or** the Gold Rush
**la ruelle** narrow street, alleyway
**russe** *adj.* Russian; *n. m.* Russian

(language); **les œufs à la russe** salad of eggs in aspic

**S.N.C.F. (la Société Nationale des Chemins de Fer français)** *French national railroad system*
**le sac** sack; bag; handbag; **le sac de couchage** sleeping bag
**sacré(e)** *adj.* sacred, holy
**se sacrifier pour** to sacrifice oneself for
**la sagesse** wisdom
**sain(e)** *adj.* healthy, well, sound; sane
**le/la saint(e)** saint
**la Saint-Valentin** Valentine's Day
**la saison** season; **à la belle saison** in the summertime
**saisonnier/saisonnière** *adj.* seasonal
**saler** to salt
**la salle** room; auditorium; **la salle d'attente** waiting room; **la salle d'eau** half-bath (*toilet and sink*); **la salle de bain(s)** bathroom, washroom; **la salle de classe (de cours)** classroom; **la salle de douche** shower room, shower stall; **la salle de gym(nastique)** gym, gymnasium; **la salle de jeux** game room, den; **la salle de séjour** living room; **la salle de spectacles** auditorium, theater; **la salle informatique** computer room, data-processing center
**saluer** to greet; to salute
**le salut** greeting; **salut!** *interj.* hi! bye!
**la salutation** greeting; closing (*letter*)
**le samedi** Saturday
**le sang-froid** coolness, self-control; **perdre son sang-froid** to lose one's cool
**sans** *prep.* without; **sans blague** no kidding; **sans fin** endless(ly); **sans peine** without difficulty; painlessly; **sans que** *conj.* without
**la santé** health; **en bonne (meilleure, mauvaise) santé** in good (better, bad) health
**le sapin** fir (tree); **le sapin de Noël** Christmas tree
**le sarcophage** sarcophagus, stone coffin

**satisfaire** (*like* **faire**) to satisfy; to please

**satisfait(e)** *adj.* satisfied; pleased

**la sauce** sauce; gravy; salad dressing

**sauf** *prep.* except; **sauf que** except that

**le saumon** salmon

**saupoudrer** to dust (*cooking*)

**le saut** leap, jump; **faire un saut** *fam.* to pop over, drop in

**sauter** to jump; **sauter à la corde** to jump rope; **sauter de joie** to jump for joy

**la sauterelle** grasshopper

**sauvage** *adj.* wild; uncivilized; **le riz sauvage** wild rice

**le/la savant(e)** scientist; scholar; *adj.* learned, scholarly

**la saveur** flavor

**savoir** (*p.p.* **su**) *irreg.* to know; to know how to; to find out; **le savoir-faire** ability, know-how; tact

**le savon** soap

**savourer** to savor; to relish

**la scène** stage; scenery; scene; **le metteur en scène** stage director

**le schéma** diagram, sketch

**la science** science; **les sciences politiques (les sciences po)** political science

**scolaire** *adj.* pertaining to schools, school, academic; **les frais** (*m. pl.*) **scolaires** tuition, school fees; **le manuel scolaire** textbook, schoolbook

**la scolarité** school attendance; **les frais** (*m. pl.*) **de scolarité** tuition, school fees

**sdb** *ab.* **la salle de bain(s)** bathroom, washroom

**la séance** session, meeting; performance

**sec (sèche)** *adj.* dry; **le biscuit sec** cookie, wafer

**sécher (je sèche)** to dry; to avoid; **sécher un cours** to cut class, play hooky

**la sécheresse** drought

**le secours** help; **au secours!** help!

**la sécurité** security; safety; **le casque de sécurité** safety helmet, hard hat; **le Conseil de Sécurité** U.N. Security Council

**séduire** (*like* **conduire**) to charm, win over; to seduce

**séduisant(e)** *adj.* attractive, seductive

**le sein** breast, bosom; **au sein de** in the bosom, lap of

**seize** *adj.* sixteen

**seizième** *adj., n. m.* sixteenth

**le séjour** stay, sojourn; **faire un séjour** to stay, reside (temporarily); **la salle de séjour** living room

**séjourner** to stay, spend some time

**le sel** salt; **le demi-sel** lightly salted cream cheese

**sélectionner** to choose

**selon** *prep.* according to

**la semaine** week; **toutes les deux semaines** every other week; **une fois par semaine** once a week; **une semaine de congé** a week off

**semblable (à)** *adj.* like, similar, such

**le semblant** semblance; **faire semblant de** to pretend to

**sembler** to seem; to appear

**la semelle** sole (of shoe)

**le sens** meaning; sense; way, direction; **le sens de l'humour** sense of humor

**sensible** *adj.* sensitive; evident, discernable

**sensiblement** *adv.* perceptibly, noticeably

**le sentier** path; **le sentier battu** the beaten path

**le sentiment** feeling

**sentir** (*like* **partir**) to feel; to smell (of); **se sentir** to feel; **se sentir bien dans sa peau** to feel comfortable with oneself; **se sentir dépaysé(e) (perdu[e])** to feel disoriented (lost), out of one's element

**sept** *adj.* seven

**septième** *adj.* seventh

**sérieux/sérieuse** *adj.* serious; **prendre au sérieux** to take seriously

**seriné(e)** *adj.* drummed, dinned (into)

**le serpent** snake

**serré(e)** *adj.* tight, snug

**serrer** to tighten; to close, close up; **se serrer la main** to shake hands

**le serveur/la serveuse** bartender; waiter (waitress)

**le service** service; service charge; favor; **le plat de service** serving platter; **rendre (un) service à** to help, do a favor for; **le service d'étage** floor service (*in hotel*); **le service restauration** meal service

**la serviette** napkin; towel; briefcase; **la serviette de bain** bath towel

**servir** (*like* **partir**) to serve; to wait on; to be useful; **servir à** to be of use in, be used for; **servir de** to serve as, take the place of; **se servir** to help oneself (to); **se servir de** to use

**le serviteur** *A.* servant

**le seuil** threshold; limit

**seul(e)** *adj.* alone; single; only; **tout(e) seul(e)** all alone

**seulement** *adv.* only

**le shampooing** shampoo

**le shopping** shopping; **faire du shopping** to go shopping

**le SIDA** AIDS

**le siècle** century

**le siège** seat; place

**le/la sien(ne)** *pron.* his/hers; *m. pl.* close relatives, friends

**la sieste** nap; **faire la sieste** to take a nap

**signaler** to point out, draw one's attention to

**la signalisation** system of road signs

**le signe** acronym; abbreviation; sign, gesture

**signifier** to mean

**silencieusement** *adv.* silently

**simple** *adj.* simple; **le futur simple** *Gram.* (simple) future tense; **le passé simple** *Gram.* simple (historic, literary) past tense

**simultanément** *adv.* simultaneously

**le singe** monkey, ape

**sinon** *conj.* otherwise

**siroter** to sip

**situé(e)** *adj.* situated, located

**situer** to place, situate

**sixième** *adj.* sixth

**le ski** skiing; *pl.* skis; **faire du ski** to ski; **le moniteur/la monitrice de ski** ski instructor, ski coach; **la paire de skis** pair of skis

**le smoking** tuxedo; dinner jacket

**snob** *adj. inv.* snobbish

**la société** society; organization; firm; **le jeu de société** board game; parlor game

**la sœur** sister

**soi, soi-même** *pron.* oneself

**la soie** silk

**la soif** thirst; **avoir soif** to be thirsty

**soigner** to take care of; to treat; **se faire soigner** to be treated, cared for

**soigneusement** *adv.* carefully

**soigneux/soigneuse** *adj.* careful

**le soin** care; **prendre soin de** to take care of

**le soir** evening

**la soirée** party; evening; **la soirée dansante** dance

**soit... soit** *conj.* either ... or

**la soixantaine** about sixty; sixty (years old)

**soixante** *adj.* sixty

**le sol** soil; ground

**solaire** *adj.* solar; **la lotion (la crème) solaire** suntan lotion, sunscreen

**le solde** balance; surplus, overstock; **en solde** clearance (sale), on sale

**le soleil** sun

**la solitude** solitude, loneliness

**sombre** *adj.* dark

**la somme** sum, total; amount

**le sommeil** sleep

**le somnifère** sleeping pill

**son** *adj. m.* his, her, its; *n. m.* sound

**le sondage** opinion poll

**songer (nous songeons) (à)** to dream; to daydream (about); to think (about)

**sonner** to ring

**la sonnerie** alarm; doorbell

**la sortie** exit; going out; evening out

**sortir** *intr.* to go out, come out; *trans.* to take out; **sortir en boîte** to go out to a nightclub

**sot(te)** *adj.* stupid; silly; foolish

**le sou** sou (*copper coin*); cent

**le souci** care, worry

**se soucier (de)** to worry (about)

**soudain(e)** *adj.* sudden; **soudain** *adv.* suddenly

**le souffle** wind; breath; **à en perdre le souffle** to take one's breath away

**souffler** to blow (*wind*); to breathe

**la souffrance** suffering

**souffrir (like ouvrir) (de)** to suffer (from)

**souhaiter** to desire, wish for

**soulager (nous soulageons)** to relieve

**le soulier** shoe

**souligner** to underline; to emphasize

**soumettre** (*like* **mettre**) to submit; **se soumettre à** to submit oneself to

**la soupe** soup; **la cuillerée à soupe (à café)** tablespoonful (teaspoonful)

**la source** spring; spa; source

**sourire** (*like* **rire**) to smile; *n. m.* smile

**la souris** mouse

**sous** *prep.* under, beneath

**le sous-sol** basement, cellar

**le sous-titre** subtitle (*movies*)

**la soustraction** subtraction

**les sous-vêtements** *m. pl.* underwear

**soutenir** (*like* **tenir**) to support; to assert

**souterrain(e)** *adj.* underground

**le soutien** support

**le souvenir** memory, remembrance, recollection; souvenir; **se souvenir de** to remember

**souvent** *adv.* often

**se spécialiser (en)** to specialize (in)

**la spécialité** specialty (*cooking*)

**le spectacle** show, performance; spectacle; **la salle de spectacles** auditorium, theater

**la spéléologie** speleology, cave exploration

**le sport** sports; **faire du sport** to do, participate in sports; **la tenue sport** sportswear; **la voiture de sport** sports car

**sportif/sportive** *adj.* athletic; sportsminded; **la manifestation sportive** sports event

**le stade** stadium; stage, phase

**le stage** training course; practicum; internship; **le stage de formation** workshop

**le standard** standard; switchboard

**le/la standardiste** switchboard operator

**le standing** standing, status; **l'appartement** (*m.*) **de grand standing** luxury apartment

**la station** (vacation) resort; station; **la station de radio** radio station

**stéréo** *adj. m., f.* stereo(phonic); **la chaîne stéréo** stereo system

**le strabisme** strabismus, cross eye

**stressant(e)** *adj.* stressful

**le style** style; **le style de vie** lifestyle

**subir** to undergo; to endure

**submergé(e)** *adj.* flooded, swamped

**subsister** to subsist; to remain

**la substruction** substructure, foundation

**la succession** estate, inheritance; series, sequence

**le sucre** sugar

**sucré(e)** *adj.* sugared, sweetened

**le sud** south; **la Caroline du Sud** South Carolina

**la Suède** Sweden

**la sueur** sweat, perspiration

**suffire** (*like* **conduire**) to suffice; **il suffit de** that suffices, it's enough

**suffisamment (de)** *adv.* sufficient, enough

**suggérer (je suggère)** to suggest

**la Suisse** Switzerland; *adj. m., f.* Swiss

**la suite** continuation; series; **à la suite de** after; **et ainsi de suite** and so on; **tout de suite** immediately

**suivant(e)** *adj.* following; **suivant** *prep.* according to

**suivre** (*p.p.* **suivi**) *irreg.* to follow; to take; **suivre des conseils** to follow advice; **suivre des cours** to take classes; **suivre la mode** to keep in fashion

**le sujet** subject; topic; **un sujet délicat** a sensitive subject; **sujet(te) à** *adj.* subject to

**super** *adj. inv., fam.* super, fantastic

**la superficie** surface

**supérieur(e)** *adj.* superior; upper; *n.* superior, boss

**le supplément** supplement, addition; **en supplément** additional

**supporter** to tolerate, put up with

**supprimer** to suppress; to delete

**sur** *prep.* on upon; concerning; about

**la sûreté** safety

**surgelé(e)** *adj.* frozen

**surmonter** to overcome, get over

**surpeuplé(e)** *adj.* overpopulated

**surprenant(e)** *adj.* surprising

**surprendre** (*like* **prendre**) to surprise

**surpris(e)** *adj.* surprised; *n. f.* surprise; **la surprise-partie**

*fam.* party, gathering
**surtout** *adv.* above all, chiefly, especially
**surveiller** to watch over, supervise
**survivre** (*like* **vivre**) to survive
**susciter** to create, give rise to
**svelte** *adj.* svelte, slender, slim
**sympathique** *adj.* nice, likeable
**sympathisant(e)** *adj.* sympathizing; *n.* sympathizer
**le syndicat** labor union

**T.G.V. (le Train Grande Vitesse)** *French high-speed, bullet train*
**ta** *adj. f. s., fam.* your
**le tabac** tobacco
**la table** table; **jouer cartes sur table** to act honestly; **se mettre (passer) à table** to sit down at the table
**le tableau** picture; painting; chart; **le tableau noir** blackboard, chalkboard
**la tablette** cake, tablet; shelf
**la tache** stain, spot
**la tâche** task
**tacher** to spot, stain
**la taille** waist; build; size
**le tailleur** woman's suit; tailor
**se taire** (*like* **plaire**) to be quiet
**le talon** heel
**tandis que** *conj.* while; whereas
**tant** *adv.* so much; so many; **tant pis** too bad; **tant que** as long as
**la tante** aunt
**taper** to hit, strike; to hammer; to type; **ça me tape sur les nerfs** *fam.* that gets on my nerves; **taper à la machine** to type
**le tapis** rug; **un tapis de Perse** Persian rug
**tapissé(e)** *adj.* covered, clad
**tard** *adv.* late
**tarder (à)** to delay, put off
**le tarif** tariff; fare, price
**la tarification** tariffing, price determination
**la tartelette** tartlet
**la tartine** bread and butter sandwich
**le tas** lot, pile; **un tas de** a lot of
**la tasse** cup
**le taux** rate; **le taux d'intérêt (de criminalité)** interest (crime) rate
**te (t')** *pron.* you; to you
**la teinte** tint, shade, hue
**tel(le)** *adj.* such

**la télédiffusion** TV broadcasting
**le téléfilm** TV movie
**téléphonique** *adj.* telephonic, by phone; **le centre téléphonique** switchboard
**le téléspectateur/la téléspectatrice** television viewer
**la télévision (la télé)** television
**tellement** *adv.* so; so much
**le témoignage** witness; testimony
**témoigner** to witness; to testify
**le témoin** witness
**le temps** *Gram.* tense; time; weather; **à mi-temps** half-time, part-time; **au bon vieux temps** in the good old days; **depuis combien de temps** since when; **de temps en temps** from time to time; **l'emploi** (*m.*) **du temps** schedule; **en même temps** at the same time; **parler de la pluie et du beau temps** to talk about nothing in particular; **une perte de temps** a waste of time; **quel temps fait-il?** what's the weather like? **prendre le temps (de)** to take the time (to); **le temps libre** leisure time
**la tendance** tendency; trend; **avoir tendance à** to have a tendency to
**tendre** to tend (to); to offer, hand over; *adj.* sensitive; soft
**tenir** (*p.p.* **tenu**) *irreg.* to hold; **tenir à** to cherish; to be anxious to; **tenir compte de** to take into account; **tenir le coup** to hold on; to endure; **tenir un journal** to keep a diary
**la tentation** temptation
**tenté(e)** *adj.* tempted; attempted
**tenter (de)** to tempt; to try, attempt (to)
**tenu(e)** *adj.* held; operated; *n. f.* (manner of) dress; **adapter sa tenue aux circonstances** to dress appropriately; **la tenue négligée** casual, informal dress
**le terme** term; **à long terme** in the long run
**terminer** to end; to finish; **se terminer** to finish, end
**le terrain** ground; land; **le terrain de camping** campground; **le terrain de golf** golf course
**la terre** land; earth; **par terre** on

the ground; **la pomme de terre** potato; **le tremblement de terre** earthquake
**terrestre** *adj.* terrestrial, of the earth
**la terrine** earthenware pan
**tes** *adj. m., f. pl.* your
**la tête** head; mind; **chanter à tue-tête** sing at the top of one's lungs; **faire la tête** to sulk; to make faces; *hocher la tête to nod
**le thé** tea
**les thermes** *m. pl.* thermal baths; public baths (*Greek, Roman*)
**tiède** *adj.* lukewarm; warm; mild (*air*)
**le/la tien(ne)** *pron., fam.* yours; *pl.* close friends, relatives
**le tiers** one-third; *adj.* third
**tigré(e)** *adj.* tiger-striped
**le timbre** stamp
**tirer** to draw (out); to shoot; fire at; to pull
**le tiret** hyphen; dash; blank (*line*)
**la tisane** herb tea
**tissé(e)** *adj.* woven
**le tissu** material, fabric
**le titre** title; degree; **à juste titre** rightly, with good cause; **à titre de** as
**la toile** cloth; canvas
**la toilette** lavatory; grooming; **l'eau** (*f.*) **de toilette** toilet water, cologne; **faire sa toilette** to wash up; **le gant de toilette** washcloth, facecloth
**le toit** roof
**la tôle** sheet metal
**le tombeau** tomb, monument
**tomber** to fall; **laisser tomber** to drop; **tomber amoureux/amoureuse (de)** to fall in love (with); **tomber en panne** to have a (mechanical) breakdown
**ton** *adj. m. s., fam.* your; *n. m.* color, shade; tone
**la tondeuse** lawn mower
**tondre** to mow; **tondre le gazon (la pelouse)** to mow the lawn
**le tonneau** cask, barrel
**le tonnerre** thunder
**le tort** wrong; **avoir tort** to be wrong; **faire du tort à** to harm
**tôt** *adv.* early
**toucher (à)** to touch (on); to deal with; **touche pas à...** *fam.*

don't touch, don't meddle with
**toujours** *adv.* always; still
**la tour** tower; *n. m.* turn; tour;
trick; **à son (votre) tour** in
his/her (your) turn; **à tour de
rôle** in turn, by turns; **faire le
tour de** to go around, take a
tour of; **le Tour de France**
*annual French bicycle race held
in July*
**le/la touriste** tourist
**touristique** *adj.* tourist
**le tournage** film shooting
**tourner (à)** to turn, turn into; to
film (a movie); **se tourner vers**
to turn toward; **tourner autour**
to revolve; to hang around
**la Toussaint** All Saints' Day
(November 1)
**tout(e)** ( *pl.* **tous, toutes**) *adj.,
pron.* all; whole, the whole of;
every; each; any; **à tout à
l'heure** bye, see you later; **à
tout prix** at any cost; **de
toute(s) sorte(s)** of all kinds,
types; **de tout et de rien**
insignificant matters; **en toutes
lettres** spelled out; **ne... pas
du tout** not at all; **tous (toutes)
les deux** both (of them); **tout**
*adv.* wholly, entirely, quite,
very, all; **tout à coup** suddenly;
**tout à fait** completely, entirely;
**tout à l'heure** presently, in a
little while; a little while ago;
**tout de même** all the same, for
all that; **tout de suite**
immediately; **toute la journée**
all day long; **tout en** + *present
participle* while; **toutes les
deux semaines** every other
week; **toutes les fois que** every
time that; **tout le monde**
everybody; **tout le temps** all
the time; **tout(e) seul(e)** all
alone; **tout va bien** everything
is going well
**toutefois** *adv.* however,
nevertheless
**le/la tout(e)-petit(e)** youngest,
smallest baby
**tout(e)-puissant(e)** *adj.*
all-powerful
**le trac** *fam.* fright, stage fright;
**avoir le trac** to have stage fright
**le traducteur/la traductrice**
translator, interpreter
**traduire** (*like* **conduire**) to

translate
**le train** train; **être en train de** to
be in the process of
**le traîneau** sleigh, sled
**traîner** to drag
**le traitement** treatment
**traiter** to treat
**le trajet** journey, distance (*travel* )
**la tranche** slice
**tranquille** *adj.* tranquil, quiet, calm
**le transfert** transfer
**transmettre** (*like* **mettre**) to
transmit, pass on
**le transport** transportation; **les
transports** (*m. pl.*) **en
commun** public transportation
**le travail** ( *pl.* **les travaux**) work;
job; employment; **un(e) dingue
du travail** *fam.* workaholic; **les
travaux dirigés** directed
studies, tutorial
**travailler** to work; **travailler à
mi-temps (à plein temps)** to
work part-time (full-time);
**travailler dur** to work hard;
**travailler pour des prunes** to
work for peanuts
**le travailleur/la travailleuse**
worker; *adj.* hardworking
**travers: à travers** *prep.* through; **de
travers** crooked; crookedly
**la traversée** crossing
**traverser** to cross
**treize** *adj.* thirteen
**le tremblement** shaking, trembling;
**le tremblement de terre**
earthquake
**la trentaine** around thirty
**trente** *adj.* thirty
**très** *adv.* very; most; very much
**le trésor** treasure
**tricher** to cheat; to trick
**tricolore** *adj.* tricolor; *m.* French
flag
**le tricot** knit; knitting; **faire du
tricot** to knit
**tricoter** to knit
**le trimestre** trimester; (academic)
quarter
**triste** *adj.* sad
**troisième** *adj.* third
**tromper** to deceive; **se tromper
(de)** to be mistaken; to err
**trop (de)** *adv.* too much (of), too
many (of)
**le trottoir** sidewalk
**le trou** hole
**le trouble** trouble; disturbance;

**troublé** *adj.* uneasy; murky
**troué(e)** *adj.* holey, having holes
**trouver** to find; to deem; to like; **se
trouver** to be; to be located
**la truffe** truffle; animal's nose
**la truite** trout
**le tube** tube; *fam.* hit song
**tue-tête: à tue-tête** at the top of
one's lungs
**le tueur/la tueuse** killer
**le tuyau** pipe; *fam.* tip, hint
**le type** type; *fam.* guy

**ultime** *adj.* ultimate; last; final
**un(e)** *adj., pron.* one; **les uns les
(aux) autres** one another
**unanime** *adj.* unanimous
**uni(e)** *adj.* plain (*material*);
united; **l'Organisation** ( *f.*) **des
Nations Unies (O.N.U.)** United
Nations (U.N.)
**unique** *adj.* only, sole; **le fils
unique** only son
**unir** to unite
**l'univers** *m.* universe
**universitaire** *adj.* of or belonging
to the university
**urbain(e)** *adj.* urban, city
**urbaniser** to urbanize
**l'urée** *f.* urea
**l'urgence** *f.* emergency; **d'urgence**
*adv.* urgently
**l'usage** *m.* use
**s'user** to wear (away, out); to break
down
**l'usine** *f.* factory
**utile** *adj.* useful
**utiliser** to use, utilize

**les vacances** *f. pl.* vacation; **la
colonie de vacances** vacation
camp; **partir (aller) en
vacances** to leave on vacation;
**passer des vacances** to spend
one's vacation; **prendre des
vacances** to take a vacation
**la vache** cow
**la vague** (ocean) wave
**vaincre** ( *p.p.* **vaincu**) *irreg.* to
vanquish, conquer
**la vaisselle** dishes; **faire la
vaisselle** to wash, do the dishes
**valable** *adj.* valid, good
**la valeur** value; worth; **mettre en
valeur** to emphasize; to
highlight
**la valise** suitcase; **faire les valises**
to pack one's bags

**valoir** (*p.p.* **valu**) *irreg.* to be worth; **ça vaut la peine** it's worth the trouble; **faire valoir** to assert, enforce; **il vaut mieux** it is better
**valoriser** to valorize, put a value on
**vaniteux/vaniteuse** *adj.* vain, haughty person
**vanter** to praise, speak in praise of; **se vanter de** to boast about
**varier** to vary; to change
**la variété** variety; *pl.* variety show
**le veau** veal; calf
**la vedette** star, celebrity (*m.* or *f.*)
**véhiculé(e)** *adj.* conveyed, carried
**la veille** the day (night) before; eve
**veiller** to be watchful, vigilant
**le/la véliplanchiste** skateboarder
**le vélo** *fam.* bike; **faire du vélo** to bicycle, go cycling
**le vélomoteur** moped, bike
**le velours** velours, velvet
**la vendange** grape harvest; **faire les vendanges** to pick grapes
**le vendeur/la vendeuse** salesperson
**vendre** to sell; **à vendre** for sale; **se vendre** to be sold
**le vendredi** Friday
**vénéré(e)** *adj.* venerated, worshipped
**venger** (**nous vengeons**) to avenge; **se venger (de)** to take vengeance (for)
**venir** (*p.p.* **venu**) *irreg.* to come; **venir de** + *inf.* to have just
**le/la Vénitien(ne)** Venetian
**la vente** sale; selling; **la vente aux enchères** auction (*sale*); **la vente par correspondance** mail order
**venu(e)** *adj.* arrived; *n.* comer; arrival; **le nouveau venu (la nouvelle venue)** newcomer, new arrival
**le verbe** verb; language
**la verdure** greenery, foliage
**le verglas** sleet, frost
**vérifier** to verify
**véritable** *adj.* true; real
**la vérité** truth
**le verre** glass; **prendre un verre** to have a drink
**vers** *prep.* toward to; about; *n. m.* line (*of poetry*)
**verser** to pour (in); **verser (de l'argent) sur** to pay, deposit (money) in

**vert(e)** *adj.* green; **le feu vert** green light; **les \*haricots verts** green beans
**le vertige** vertigo, dizziness
**la veste** jacket
**vestimentaire** *adj.* pertaining to clothing
**le vêtement** garment; *pl.* clothes, clothing
**vêtu(e)** *adj.* dressed
**la viande** meat
**le vicomte/la vicomtesse** viscount/viscountess
**la vidéo** *fam.* video(cassette); *adj.* video; **le jeu vidéo** video game
**la vidéocassette** videocassette, video
**le vidéodisque** laser disc
**vider** to empty; **se vider** to empty, become empty
**la vie** life; **le coût de la vie** cost of living; **démarrer dans la vie** to get a start in life; **le mode (le style) de vie** lifestyle; **le niveau de vie** standard of living
**le vieillard/la vieille** old man (woman); *m. pl.* old people, elderly
**la vieillesse** old age
**vieux (vieil, vieille)** *adj.* old; **vieux jeu** dated, old-fashioned
**vif/vive** *adj.* lively, bright; **dans le vif du sujet** in the heart of the matter
**la vigne** vine; *pl.* vineyard
**le/la vigneron(ne)** grape grower, vintner
**le vignoble** vineyard
**la villa** villa; bungalow; single-family house
**le/la villageois(e)** *adj.* villager
**la ville** city; **en ville** in town, downtown
**le vin** wine; **le coq au vin** chicken prepared with red wine
**le vinaigre** vinegar
**vingt** *adj.* twenty
**la vingtaine** about twenty
**vingtième** *adj.* twentieth
**violet(te)** *adj.* purple, violet; *n. m.* violet (*color*)
**le virage** curve (*in road*)
**la virgule** comma
**le visage** face, visage
**vis-à-vis (de)** *adv., prep.* opposite, facing; toward, with respect to
**la visite** visit; **rendre visite à** to visit (people)

**visiter** to visit (a place)
**la vitamine** vitamin
**vite** *adv.* quickly, fast, rapidly
**la vitesse** speed; **en vitesse** hurriedly; **faire de la vitesse** to speed; **le Train Grande Vitesse (TGV)** *French high-speed bullet train*
**le viticulteur** grape grower
**le vitrail** (*pl.* **les vitraux**) stained-glass window
**la vitre** pane of glass, window
**vivant(e)** *adj.* living; alive
**vivre** (*p.p.* **vécu**) *irreg.* to live; **facile (difficile) à vivre** easy (difficult) to get along with; **vive l'amitié!** hurrah for (long live) friendship!
**les vœux** *m. pl.* wishes, good wishes
**voguer** to sail
**la voie** way, road; course; lane; **les animaux** (*m. pl.*) **en voie de disparition** endangered species; **par voie de** by means of
**voilà** *prep.* there, there now, there is, there are, that is; **voilà un an que...** it's been a year that ...
**la voile** sail; **la planche à voile** windsurfer, sailboard
**voir** (*p.p.* **vu**) *irreg.* to see
**le/la voisin(e)** neighbor
**la voiture** car, auto
**la voix** voice; **à haute voix** out loud, aloud; **à voix basse (haute)** in a low (high) voice
**le vol** flight; burglary, theft
**la volaille** poultry, fowl
**le volant** ruffle
**voler** *int.* to fly; *trans.* to steal
**le voleur/la voleuse** thief
**le volontariat** volunteer work
**le volontarisme** voluntarism, philosophy of the will
**la volonté** will, willingness; **la bonne volonté** goodwill
**volontiers** *adv.* willingly, gladly
**la volupté** sensual pleasure, sensation
**votre** *adj. s. m., f.* your
**le/la vôtre (les vôtres)** *pron.* yours; *pl.* your close friends, relatives
**vouloir** (*p.p.* **voulu**) *irreg.* to wish, want; **veuillez** please, be so kind as to; **vouloir dire** to mean

**voulu(e)** *adj.* desired, wished
**le voyage** trip; journey; **faire un voyage** to take a trip; **partir en voyage** to leave on a trip
**voyager (nous voyageons)** to travel
**le voyageur/la voyageuse** traveler
**voyant(e)** *adj.* showy; loud; glaring (*color*)
**vrai(e)** *adj.* true, real
**vraiment** *adv.* truly, really
**vu(e)** *adj.* seen; **mal vu(e)** badly (not well) regarded
**la vue** view; sight; **le point de vue** point of view; **la prise de vue** shooting, filming (*movies*)
**vulgaire** *adj.* vulgar; common, everyday

**le yaourt** yoghurt; **le yaourt nature** plain yoghurt
**les yeux** (*m. pl.* of **œil**) eyes

**zut!** *interj.* hang it all! darn!

# Index

Any abbreviations used in this index are identical to those used in the end vocabulary.

(*Continued from page IV*)

*Maisons de campagne au Québec,* reprinted with permission of Fédération des Agricotours du Québec; *156 Points de Repère,* Bayard Presse; *160* © *Science et Vie,* F. Puig Rosado; *173* © 1952, 1950 United Feature Syndicate, Inc.; *178* Drawing by Modell, © 1972 The New Yorker Magazine, Inc.; *187* © *Le Monde de L'Education; 190* © SNCF; *203* © *L'Express*/NYTSS; *207* SCNF; *211 (bottom right)—212 (top)* Crédit Agricole Mutuel; *212 (bottom)* © Journal Français d'Amérique; *223* © *L'Express*/NYTSS; *227 L'Evénement du Jeudi; 235* © 1960, 1958, 1950 United Feature Syndicate, Inc.; *245 L'Evénement du Jeudi; 250 (left)* Figaro-Europe 1/Sofres; *250 (right)* Laboratoires Duphar/IFOP; *259* Responsible Marketing International, J'ai Osé; *261 Madame Figaro; 262* COFINOGA Assurances; *263 Madame Figaro; 264* Eau de toilette DARLING; *267 Madame Figaro; 270* © Minolta; *274* Chaussettes DD; *275* © Télépoche; *277 (left)* Canigou, *(right)* Saint-Albray; *288* Reprinted with permission of Foreign Language/Study Abroad Programs; *292–293* From "Campus américains" by André Coutin, *Magazine GEO,* no. 88, June 1986; *303* © Science et Vie; *304* © Journal Français d'Amérique; *307* © AT&T; *317* © Journal Français d'Amérique; *321* © Journal Français d'Amérique; *323* Adapted from *Téléloisirs; 325* Reprinted with permission of *Télé 7 Jours.*

**Readings/Exercises:** *Page 12* Exercise A adapted from COMODO, Librairie PLON; *49–50* Exercise B adapted from COMODO, Librairie PLON; *56* Exercise D adapted from COMODO, Librairie PLON; *89* Reprinted with permission of *Elle*/Scoop; *94–95* From *Francoscopie 1991* by Gérard Mermet, © 1990 Librairie Larousse, Paris; *136* Adapted from *Guide Touristique: Gaspésie,* Ministère du Tourisme, Québec, 1989; *140–141* Exercise C adapted from "Globe Trotters en culottes courtes" by Maggie Kosner, *Paris Match; 167 Régates; 176* Exercise B based on "Criez, et vous serez guéri!", *Science et Vie,* 1985; *179–180* Adapted from *Francoscopie 1991* by Gérard Mermet, © 1990 Librairie Larousse, Paris; *181 Notre temps; 196* Exercise A adapted from COMODO, Librairie PLON; *211 (bottom left)* Adapted from *Francoscopie 1991* by Gérard Mermet, © 1990 Librairie Larousse, Paris; *213* Adapted from *Paris Match; 226* Adapted from *Francoscopie 1991* by Gérard Mermet, © 1990 Librairie Larousse, Paris; *233* Adapted from *Francoscopie 1991* by Gérard Mermet, © 1990 Librairie Larousse, Paris; *244* Adapted from *Francoscopie 1991* by Gérard Mermet, © 1990 Librairie Larousse, Paris; *252* Adapted from *Francoscopie 1991* by Gérard Mermet, © 1990 Librairie Larousse, Paris; *253–254* Exercise A adapted from COMODO, Librairie PLON; *255–257* Exercises A and B adapted from COMODO; *260–262* Adapted from *Que sais-je? La Publicité* by Bernard de Plas and H. Verdier, Presses Universitaires de France, Paris; *298* From *L'Etudiant étranger* by Philippe Labro, © 1986, Editions Gallimard; *299* Adapted from *Francoscopie 1991* by Gérard Mermet, Librairie Larousse, Paris; *301* © Journal Français d'Amérique; *304–306* © Journal Français d'Amérique; *313* © Journal Français d'Amérique; *321–322* © Journal Français d'Amérique.

**Photographs:** *Page 1* Ulrike Welsch; *22* Richard Nass; *33* Ulrike Welsch; *35 (left)* Ulrike Welsch; *35 (right)* Peter Menzel/Stock, Boston; *36* Stuart Cohen/COMSTOCK; *38* Peter Menzel; *47* Jean Argudo; *93* Mike Mazzaschi/Stock, Boston; *97* Hugh Rogers/Monkmeyer Press Photo; *114* Judy Poe/Photo Researchers, Inc.; *123* Mike Malyszko/Stock, Boston; *134* Stuart Cohen/COMSTOCK; *138* French Government Tourist Office; *183* Peter Menzel/Stock, Boston; *185* Kaku Kurita/Gamma-Liaison; *189* Armen Kachaturian/Gamma-Liaison; *194* Chip Hires/Gamma-Liaison; *206* QA Photos/Spooner/Gamma-Liaison; *232* Peter Menzel/Stock, Boston; *281* Gil Renard; *282* Courtesy of Laval University; *289* Gil Renard; *294* Gil Renard; *317* The Bettmann Archive.

# About the Authors

*Alice Omaggio Hadley* (Ph.D., Ohio State University) is an Associate Professor of French at the University of Illinois at Urbana-Champaign, where she is Director of Basic Language Instruction, comprising first and second-year courses. She supervises teaching assistants and is responsible for the curriculum development, testing, and administration of the elementary and intermediate language program. She is a co-author of two college French texts, *Rendez-vous* and *Bonjour, ça va?*, and a language teaching methods text, *Teaching Language in Context*. Her publications have appeared in various professional journals and she has given numerous workshops throughout the country. She is the recipient of the Stephen A. Freeman Award, the Pimsleur Award for Research, and the Papalia Award for Teacher Education, as well as the Mildenberger Award for her text on methodology.

*Jeffrey T. Chamberlain* is Associate Professor of French at George Mason University, where he teaches beginning and intermediate French, as well as advanced courses in phonetics, grammar, composition, linguistics, and the history of the French language. He received his Ph.D. in French from the University of Illinois, Urbana-Champaign, specializing in historical French linguistics. His research interests include late Latin and early French syntax, foreign language teaching, and the French language and literature of Québec. He was U.S. finalist in the 1992 *Championnat mondial d'orthographe* organized by Bernard Pivot and *Lire* magazine in cooperation with the *Alliance Française*.

*Françoise Coulont-Henderson* is a **bachelière** from France who received her doctoral degree in French literature at the University of Illinois at Urbana-Champaign. She is currently Associate Professor of French at DePauw University in Indiana. She has contributed to *Stendhal Club, Nineteenth-Century French Studies,* and has recently published a book on Stendhal, *Le Désir de la voix vive.*

*Frédérique Chevillot* is Assistant Professor of French at the University of Denver, where she teaches French language and literature. She received her Ph.D. in French at the University of Colorado at Boulder, specializing in twentieth-century French literature. Her research interests include contemporary women writers from France and Québec and twentieth-century French literature and criticism. She has recently completed a book entitled *La Réouverture du texte.*

*Leslie J. Harbour* received her master's degree in French at the University of Illinois at Urbana-Champaign and has also studied at the Sorbonne in Paris. She has taught French at the high school, junior college, and university levels. She has contributed to several professional publications and has partially fulfilled requirements leading to her doctoral degree in SLATE (Second Language Acquisition and Teacher Education) at the University of Illinois at Urbana-Champaign.